チーム学校での
効果的な援助

学校心理学の最前線

水野治久
Mizuno Haruhisa

家近早苗
Iechika Sanae

石隈利紀
Ishikuma Toshinori

編

ナカニシヤ出版

まえがき

　本書は学校教育に関わる教師，スクールカウンセラー，スクールソーシャルワーカー，保護者などの援助者，研究者，教育行政の方々はもちろんのこと，これから教師，スクールカウンセラーやスクールソーシャルワーカーをめざす人，広く教育に関心がある人を対象に編集・執筆されています。

　本書は，2009年5月に発行された『学校での効果的な援助をめざして—学校心理学の最前線』の第2版です。前書はおかげさまで幅広い読者に活用していただき，大学・大学院でも教科書・参考書として採用していただきました。このたび第2版の出版にあたり，今日の子どもや学校教育を取り巻く状況を踏まえ，本の構成を再検討いたしました。「チーム学校」時代の新しい学校の姿にマッチした内容になっていると編者としては考えております。

　本書は，初版から変わらず学校心理学の三段階の心理教育的援助サービスを基盤としています。したがって，すべての子どもを対象とした「第1部　学校心理学による一次的援助サービス」，苦戦する子どもの発見と援助に注目する「第2部　学校心理学による二次的援助サービス」，援助ニーズの高い子どもの援助である「第3部　学校心理学による三次的援助サービス」の3つのパートから構成されています。この3部門に，19の章を配置しました。特に理解を深めたいトピックについては，9つのコラムとして本に掲載しました。

　学校心理学は，心理学と学校教育を統合する学問領域ですから子どもの学校生活の課題の一つである不登校や，子ども同士の対人関係の課題であるいじめ被害など，子どもの援助に焦点があたります。同時に，チーム学校での援助サービスのシステムへの関わりが重要だと考えます。こうした学校全体の動きの中でスクールカウンセラーやスクールソーシャルワーカーも確かに位置づき，子どものために教師と協働できるのです。それは教師も同じことです。学級担任教諭，管理職，養護教諭，特別支援教育コーディネーターなどの様々な役割の教師が学校全体のマネジメントの中で位置づけられ，そして個々の専門性を活かしながら子どもを支えます。また，保護者は，自分の子どもの専門家として，チームの一員として子どもの援助に関わります。

　本書が様々な層の読者のみなさんにどのように貢献するのか，以下に述べたいと思います。まず，学校現場の実践家である教師，スクールカウンセラー，スクールソーシャルワーカーの方には，是非，この本を手に取って読んでいただきたいと思います。この本をたたき台にして現場での実践を振り返り，これまで積み上げた実践の知をこの本の執筆者と議論していただきたいと思います。本書の執筆者は，学校現場に詳しい実践家，研究者です。学校における実践を支える知見をここから学んでいただき，先生方のご実践に役立てるとともに，その実践知を共有させていただきたいと思います。議論の場としては日本学校心理学会，日本学校心理士会，日本教育心理学会，日本LD学会などがあげられます。

　そしてスクールカウンセラーをめざす学部生，大学院生にも推薦いたします。本書は公認心理師養成コースの「教育・学校心理学」「教育分野に関する理論と支援の展開」の教科書・参考書として最適です。本書で学校心理学，チーム学校，いじめ，不登校，学級経営，特別支援教育など学校をめぐる心理的な課題についてカバーできます。また学校福祉の学部生・大学院生にも本書を推薦したいと思います。学校においてどのように貧困や虐待の子どもを支援していくのか，教師やスクールカウンセラーとの連携について一緒に勉強させていただければと思い

ます。

そして重要な読者は，教員をめざす学部生・大学院生です。この本は「教育相談」「生徒指導」「進路指導」「特別支援教育」「スクールカウンセリング」，そしてもちろん「学校心理学」などの授業の教科書・参考書として最適です。この本を手がかりに，学校現場の支援や教育実習をすることも可能です。心理教育的援助サービスの実践と理論の往還をぜひ体験ください。

最後に教育学部や心理学部の大学の先生方にはぜひこの本を授業の教科書としてお使いいただきたいと思います。学校現場の課題について，理論と実践を両側面から考えることができます。教職科目や心理学関係の科目，ゼミナールなどの教科書・参考書として採用していただければ幸いです。

本書の初版が出た 2009 年から 9 年，教育現場及びそれを取り巻く日本社会の状況は変革のスピードを増しています。いじめ，不登校，問題行動などの問題は未だに教育現場の大きな課題です。学力は世界的な枠組みの中で議論されており，学校教育で身につけるべき学力の概念も変化してきます。そのため，学校現場の授業の光景も変化してきています。

これから次の 10 年，子どもや学校環境はどのような変化を迎えるのでしょうか？　その答えを出すのは難題です。しかしどのような時代になっても，教師やスクールカウンセラー，スクールソーシャルワーカー，保護者がチームを組み，子どもの援助ニーズをくみ取り，子どもの将来の視野に入れながら援助することが大事ではないかと思います。この本が，読者のみなさんの実践や研究に寄与することを願ってやみません。それがひいては，日本の学校で学ぶ多様な子どもたちのウェルビーイングに貢献すると信じております。

最後になりましたが，この本はナカニシヤ出版の宍倉由高氏の学校心理学へのご理解なしには完成しませんでした。宍倉氏は，今の学校現場の様子に耳を傾けていただきエールをお送りくださいました。また，本の編集につきましては，山本あかね氏に大変お世話になりました。山本氏の細やかで的確な編集作業がなければこの本は完成しませんでした。宍倉由高氏，山本あかね氏に感謝いたします。

2018 年 3 月
編者を代表して　水野治久

第2版によせて

水野治久・家近早苗・石隈利紀

1. はじめに

　小学校，中学校における生徒指導，学級経営の課題が現場の教員を疲弊させている。文部科学省初等中等教育局児童生徒課が，2017年10月に発表した「『児童生徒の問題行動等生徒指導上の諸問題に関する調査（速報値）』について」によると，不登校児童生徒数は134,398人，小・中・高等学校で暴力行為が確認された学校は，30.7%にのぼることが確認されている。いじめの認知件数は323,808件であり，児童生徒1千人あたりの認知件数は23.9件であった。報告された数値はどれも深刻である。こうしたことと呼応するように，わが国の教員の授業に関わる時間はOECD諸国と比較して差は認められないのであるが，授業以外に関わる時間が非常に大きく，勤務時間は群を抜いて多い（OECD, 2014）。

2. 学校心理学における「チーム」と「チーム学校」

　学校心理学では，石隈（1999）が学校教育を心理教育的援助サービスから捉え直し，教師やスクールカウンセラー，保護者など，子どもを取り巻く人たちが援助案を話し合う「チーム援助」を提案した。学校は，一人の教師が子どもを援助するのではない。また，一人のスクールカウンセラー（以下，SC）やスクールソーシャルワーカー（以下，SSW）だけが子どもを援助するのではない。様々な援助者がチームになって子どもを援助することが大事なのである。

　2015年12月21日に，「チームとしての学校の在り方と今後の改善方策について（答申）」が文部科学省（2015）の中央教育審議会から発表された。ここで指摘されたことは学校心理学が提案していたチーム援助と関連が深い。この答申には，問題行動，いじめ被害の問題に触れられており，こうした課題について教師が一人で対応するのではなく，心理や福祉などの専門家と協働し，チームで取り組む必要性が触れられている。

　たとえば，問題行動について，この答申では，問題行動の背景は，子どもたちの心の問題とともに，家族，友人関係，地域，学校など子どもたちの置かれている環境の問題を抜きにしては解決できないと述べている。加えて，この報告書では，いじめなどの子どもたちの生命・身体や教育を受ける権利を奪う重大事案については，校内の情報共有や専門機関との連携が不足し，子どもたちのSOSが見過ごされていることがあるとし，チームでの対応の必要性を指摘している。

　この答申が学校現場に与える影響は大きい。それは，この答申が一人の教師や養護教諭，SC，SSWの努力では，学校現場の課題を解決することが難しいということを示しているからである。またチーム学校と同時に出された答申において，チーム学校を支える教員はどうあるべきかについての記述がある。2014年12月に出された，「これからの学校教育を担う教員の資質能力の向上について—学び合い，高め合う教員育成コミュニティの構築に向けて—」では，これからの教師には，「『チーム学校』の考えの下，多様な専門性を持つ人材と効果的に連携・分担し，組織的・協働的に諸課題の解決に取り組む力の醸成が必要である」としている。これはまさに，学校心理学が目指してきた教師のあり方である。

　石隈（2016）は，「チーム学校答申」を受けて，この答申が以下の3つの連携を強化していると述べている。1つは①教員同士の連携の強化である。教育に関する専門性を基盤に持つ教員は，学習指導や生徒指導などの多様な教育活動を連携・分担しておこなっているが，さらにチ

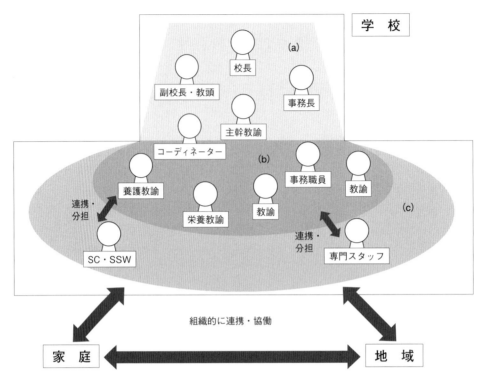

図1 「チーム学校」における連携（文部科学省（2015）の図を石隈（2016）が修正）

ームとしての機能を強化すべきという考え方である。図1の（a）（b）にあたる。

②第2に，心理や福祉などの専門スタッフ（SC，SSWなど）の学校教育への参加であり，学校の職員として職務内容を明確化して，質の確保と配置の充実を進める。これは図1の（c）にあたる。そして，学校マネジメントの充実が必要である。校長のリーダーシップが重要であり，副校長，教頭，主幹教諭を含めて（図1（a）），学校マネジメント機能を強化することが求められる。これはチーム学校の縦軸である。SCなどの専門スタッフは校長の監督のもとで働くスタッフである。

そして，③教職員一人ひとりが力を発揮できる環境を整備するためには，人材の育成の充実，業務改善，トラブル対処などで教育委員会の支援など，教職員の働く環境の整備が重要となってくる。

答申の「多様な専門性を持つ人材と効果的に連携・分担し，組織的・協働的に諸課題の解決に取り組む力」は，学校心理学においてはチーム援助と捉えることができる。個別の援助チーム，学校レベルのコーディネーション委員会，学校運営を支えるマネジメント委員会の流れの中で，コンサルテーションとコーディネーションをキーワードとしてチーム学校を支えていくのである。

そのためには，学校にいる教師，養護教諭，特別支援教育コーディネーター，SC，SSWなど様々な立場の人が子どもの見方の違いを尊重し，立体的な子ども像を描き，確かな子ども理解に近づけていく必要がある。ここで重要なのは相互コンサルテーション（田村・石隈，2003）の考え方である。学校内の様々な立場の人の相互の見方の違いを丁寧に尊重しながら，子どもの援助ニーズを把握し，子どものための援助として学校は何ができるかについて，具体的なアクションプランを考えることが求められる。学校内の異なる立場の人を尊重する態度が重要である。

しかし，日本の学校は，狭い意味での「援助」だけをおこなっているのではない。教師は子

どもに指導的な関わりを含めた多様な関わりをしている（石隈，1999）。弓削（2012）は小学校の教師177名，児童994名を対象に調査し，高学年においては，ひきあげる機能の指導行動である「突きつけ」と養う機能の「理解」に正の相関が認められ，教師が「突きつけ」と「理解」の両方の機能を高く発揮するとき，児童の学習意欲，規律遵守意欲，規律遵守度，学級連帯性の評定値が高かった。このことは，教師は「受容」と「要求」という2つの側面の関わりをしているという指摘（嶋野，2008）からもわかる。そもそも日本の学校教育は，学級集団という場を尊重しながら社会化の機能を果たしてきた（河村，2010）。その意味で言うと，教師は援助的な関わりと同時に，指導的な機能を持つ。こうした社会化の場である学校教育の中で，援助的な役割をどう位置づけ，子どもの個別のニーズ，かつ，学校全体のニーズを把握していくのか，議論と実践を積み上げる必要がある。

さらに加えて，教師は，養護教諭，SCと比較すると子どもを見ている側面が異なるという指摘もある。新井・庄司（2014）は，教師は問題行動の現状や経過に加え，一日を通して子どもの学校生活上の態度について情報を収集し，養護教諭は保健室の来室頻度や時間帯，体調面や内面の気持ちについての情報を収集する。そして，SCや教育相談員は，日頃の学校生活での様子よりも子どもの本人の気持ち，内面の状態を把握しやすいと指摘している。教師は社会化の機能をもっているために，子どもの問題行動や学校生活上の態度について情報を収集するとも考えられる。学校というコミュニティの中で，担任教諭，養護教諭，生徒指導担当，特別支援教育コーディネーター，事務職，SC，SSWなどが，学校教育の枠組みの中で子どもの知的発達，社会性の発達のために援助するという視点が大切である。チームで子どもの援助案を考えるときに大事なのは教師が自らを援助者として捉えることである（水野，2014）。

チーム学校をどのように学校現場に落とし込んでいくのか，どうしたら，チームで子どもを援助することができるようになるのか，本書は学校心理学の立場から，学校における効果的な援助を考えていきたい。

3. 本書の構成

さて，本書は，こうした今日的な学校における様々な課題を学校心理学の枠組みから考えた成果を集録した。2009年に刊行された『学校での効果的な援助をめざして―学校心理学の最前線―』の第2版である。版を重ねただけではなく，執筆者および内容も全面的に再検討し，現在の苦戦する学校現場に精力的に関わっているサイエンティスト・プラクティショナーの先生方に執筆をお願いした。研究と実践，その両面から執筆いただいた。先行研究を踏まえた実践，実践が学校心理学にどう影響するのか，どのように学校心理学との関連で実践が捉えられるのかについて，執筆してもらった。

学校心理学（石隈，1999）では，3段階の心理教育的援助サービスを図2のように示している。一次的援助サービスとは，すべての子どもを対象にした援助である。第1部は一次的援助サービスについて論じる。まずは学校づくりの面から，「1章　心理教育的援助サービスの包括的展開」，「7章　一次的援助サービスが定着する学校づくり」の2つの章がある。第1章は学校心理学そのものをどう学校づくりに活かすのか，第7章は第1部の締めくくりとして学校雰囲気などの概念から学校内でチームをどのようにつくるのかについての示唆がある。

教師がどのように子どもと信頼関係を紡ぐのか，信頼関係は教師の援助サービスの基本である。このことに言及したのが，「2章　教師が子どもと信頼関係を結び，関わる」である。現在，多様な子どもの学びを保障する考え方が一般的になってきた。様々な特性の子どもを授業において，どう支援していくのか，「3章　授業のユニバーサルデザイン化」の中心的なテーマである。また，何のために学校はあるのか。一人ひとりの子どもがその子どもの人生の主人公となり，自分の人生をより豊かにすることである。学校教育はそれを支援することが大事である。

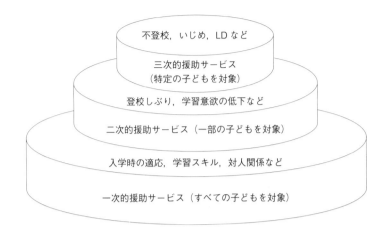

図2　3段階の心理教育的援助サービス，その対象，および問題の例 (石隈，1999)

こうしたことに言及しているのは，「5章　キャリア教育」である。しかし，学力が上昇し，キャリアの展望があっても子どもは自立できない。自分の情動を上手に制御したり，他者に共感的にあることが重要である。これが「4章　子どもの社会的能力の育成」である。そして，「6章　文化祭を活用した学級集団づくり」では文化祭を取り上げ，学級集団づくりの手法を解明している。

　援助ニーズの認められる一部の子どもを対象にしているのは第2部である。第2部は，まず，学級集団での適応に苦しむ子どもを援助する「8章　学級集団で苦戦する子どもの発見と援助」である。また，その中の苦戦の状況はいじめ被害や不登校といったことが考えられるが，このいじめの問題を取り扱うのが「10章　いじめの被害側・加害側・傍観者」である。そして，不登校の援助について言及したのが「11章　教師による「不登校」の子どもの援助」である。また，昨今，感情の育ちがうまくいっていない子どもたちが存在する。こうした子どもたちについて考えるのが「9章　感情の育ちの視点から見た子どもの苦戦」である。二次的援助サービスは，学校の中で，苦戦しはじめている子どもたちをいかに早く発見するかである。この子どもたちを見守る立場として養護教諭がある。「12章　養護教諭が中心となる健康面からの援助」では養護教諭が健康面からの援助にどう関わるかについて言及している。同時に，「13章　スクールカウンセラーから見た二次的援助サービス」ではスクールカウンセラーから見た二次的援助サービスについて解説し，スクールカウンセラーが子どもの援助にどのように関わるかについて言及している。

　そして，援助ニーズの高い，特定の子どもを援助するのは三次的援助サービスの第3部である。学校において三次的援助サービスの子どもをどう発見するのかは，大きなテーマである。
　まず，「14章　子ども個人と環境に注目した生態学的アセスメント」が大事なポイントを解説している。また，援助ニーズの高い子どもの中に，障害のある子どももいる。「15章　一人ひとりの子どもに応じた支援教育」では，こうした子どもの援助を解説している。一方で，特に中学校においては，教師は反社会的な行動を示す子どもの指導に苦戦している。この点について言及するのが，「16章　反社会的行動を伴う子どもの援助」である。またこうした援助ニーズのある子どもをどう援助するのかについての学校心理学の仕掛けが「チーム援助」である。「17章　教師とスクールカウンセラーがチームで援助をおこなう」ではカウンセラーと教師の連携について言及し，「18章　子ども・保護者参加の援助チームの展開」では，援助チームをどう学校で実践していくのかについて，子ども・保護者の参加という新しい実践を提案している。援助ニーズの高い子どもの援助を効果的におこなうためには，援助を上手にコーディネートする必要がある。「19章　教師が変わるコーディネーション委員会」はこの点について言及する。

目　　次

まえがき　　*i*
第2版によせて　　*iii*

第1部　学校心理学による一次的援助サービス
―すべての子どもへの援助

1章　心理教育的援助サービスの包括的展開 ——————— 3
1. 茨城県フレックススクールの取り組みの進展と学校心理学　3
2. 茨城県フレックススクールの心理教育的援助サービスの実践モデル　5
3. 結城フレックススクールの特別支援教育の視点を生かした実践　8
4. フレックススクールにおける心理教育的援助サービスの成果と今後の課題　12

2章　教師が子どもと信頼関係を結び，関わる ——————— 15
1. はじめに　15
2. 教師と子どもの関係の現状及び研究動向　15
3. 信頼感研究に基づく心理教育的援助サービスのモデル・実践例　18
4. 信頼感研究から見た心理教育的援助サービスへの示唆　22

3章　授業のユニバーサルデザイン化 ——————— 25
1. 通常学級での新しい特別支援教育と授業のユニバーサルデザイン　25
2. 「授業のUD化」の実現　26
3. 授業展開の工夫　31

4章　子どもの社会的能力の育成 ——————— 35
1. なぜ，子どもの社会的能力育成が必要なのか　35
2. 子どもの社会的能力育成への取り組み　38

5章　キャリア教育 ——————— 44
1. キャリア教育の現状　44
2. キャリア教育の実践　47
3. キャリア教育の課題　51

6章　文化祭を活用した学級集団づくり ——————— 53
1. 学校行事の現状と学級づくり　53

2. 学校行事による心理教育的援助サービスの実際　56

3. おわりに　60

7 章　一次的援助サービスが定着する学校づくり ———— 62

1. 学校適応援助における一次的援助サービス　62

2. 実践：多様なキャリアステージの教職員が関わる一次的援助サービスの取り組み　67

3. 心理教育的援助サービスにおける体系的一次的援助　70

第2部　学校心理学による二次的援助サービス
——苦戦する子どもの発見と援助

8 章　学級集団で苦戦する子どもの発見と援助 ———— 75

1. 調査法による苦戦する子どもの発見　75

2. 先行研究の概要　78

3. これからの学級経営—アセスメントに基づいた学級集団づくりの必要性　83

9 章　感情の育ちの視点から見た子どもの苦戦 ———— 84

1. 感情の育ちの状況　84

2. 感情の育ちに関する研究　84

3. 感情の育ちから見た心理教育的援助サービス　87

4. まとめ　91

10 章　いじめの被害側・加害側・傍観者 ———— 92

1. いじめ・ネットいじめの被害側への援助　92

2. いじめ・ネットいじめの加害側・傍観者への援助　97

3. いじめ防止の新たなチャレンジ　100

11 章　教師による「不登校」の子どもの援助 ———— 104

1. 教師による「不登校」援助をめぐる研究状況　104

2. 断続的な欠席から通常登校へと変化した援助の実践例　107

3. 教師による「不登校」援助における今後の方向性　112

12 章　養護教諭が中心となる健康面からの援助 ———— 114

1. 子どもたちのメンタルヘルスの状況　114

2. 保健室を中心とした援助活動のモデル・実践例　117

3. 心理教育的援助サービスへの示唆　122

13 章　スクールカウンセラーから見た二次的援助サービス ——— 123

1. 学校心理学から見たスクールカウンセリング　123

2. スクールカウンセラーによる二次的援助サービスの実際　127

3. スクールカウンセラーによる心理教育的援助サービスへの示唆　130

第3部　学校心理学による三次的援助サービス
——援助ニーズの高い子どもへの援助

14章　子ども個人と環境に注目した生態学的アセスメント —— 135
　　1. 子どものアセスメント　135
　　2. 生態学的アセスメント　139
　　3. 心理教育的援助サービスへの示唆　144

15章　一人ひとりの子どもに応じた支援教育 —— 145
　　1. 特別支援教育の現状　145
　　2. インクルーシブ教育システム構築に向けた取り組み　147
　　3. 心理教育的援助サービスへの示唆　153

16章　反社会的行動を伴う子どもの援助 —— 155
　　1. 反社会的行動とは何か　155
　　2. 反社会的行動を伴う子どものアセスメント　157
　　3. 反社会的行動を伴う子どもへの対応　160

17章　教師とスクールカウンセラーがチームで援助をおこなう — 167
　　1. スクールカウンセラーと教師の連携の状況　167
　　2. 教師とスクールカウンセラーのチームによる援助サービスの実践　170
　　3. おわりに　175

18章　子ども・保護者参加の援助チームの展開 —— 177
　　1. 子ども・保護者参加の援助チームに関する先行研究の状況　177
　　2. 子ども・保護者をパートナーとする援助チームの実践と研究　178
　　3. 子ども・保護者が入る援助チームによる心理教育的援助サービスへの示唆
　　　186

19章　教師が変わるコーディネーション委員会 —— 188
　　1. はじめに　188
　　2. 学校におけるコーディネーション委員会　188
　　3. 心理教育的援助サービスのモデル・実践例　191

終章　チーム学校時代の学校心理学 —— 197
　　1. 学校づくりとチーム学校　197
　　2. 苦戦する子どもをどう発見し効果的な援助につなげるか？　198
　　3. チーム学校時代に教員に求められること　199

4. おわりに　200

文　献　201
索　引　216

コラム

1　教室の中でできる学校心理学の実践　24
2　児童生徒の学習支援─教材研究の視点から　34
3　学校環境は子どもの心にどのように影響するのか　72
4　ネットいじめ・LINE でのいじめ　103
5　子どもは他者にどのように援助を求めるのか？　113
6　他人に合わせる子どもたち─過剰適応という子どもの実態　132
7　子どもの万引きの予防に関する実践的研究　166
8　大学における学校心理学　176
9　「子どもの貧困」と学校心理学　187

第1部
学校心理学による一次的援助サービス

―すべての子どもへの援助

1章
心理教育的援助サービスの包括的展開

横島義昭・萩原明子

学校教育を取り巻く状況は大きく変わってきた（石隈, 2007）。虐待や貧困など家庭の問題や自然災害などが，子どもの発達に影響している中，高等学校では，小中学校において不登校を経験している生徒や発達障害のある生徒への対応が大きな課題となっている。この状況を踏まえて，中央教育審議会から「チームとしての学校の在り方と今後の改善方策について（答申）」（文部科学省, 2015）が出された。「チーム学校」として組織を整備し，家庭や地域との連携を強化して，教育にあたるという指針である。このような中で茨城県は，2005 年度より県立高校にフレックススクールを順次設置している。このフレックススクールの最大の特色は，学校心理学を踏まえた心理教育的援助サービスを包括的かつ組織的にチーム学校として展開している点である（石隈, 1999）。

本章では，茨城県のフレックススクールの取り組みにおける心理教育的援助サービスのモデルについて，設置当時の県教育行政側の担当であった横島が紹介し，また，フレックススクールである県立結城第二高校で特別支援教育コーディネーターを務めていた萩原が，結城二高における特別支援教育の視点を生かした実践について紹介する。

1. 茨城県フレックススクールの取り組みの進展と学校心理学

[1] 茨城県フレックススクールの創設

茨城県教育委員会は，「県立高等学校再編整備の前期実施計画」（2003 年）の策定において，大きな決断をした。県東地区の県立鹿島灘高校を 2005 年度に全日制課程普通科高校から三部制定時制課程単位制普通科高校に改編するにあたって，不登校経験者のニーズに十分に応えられる学校（本県ではこの学校を「フレックススクール」の愛称で呼んでいる）を作るという方針を立てた。すでに設置してあった二部制定時制課程単位制高校（県立水戸南高校）が，「勤労青少年や中途退学者等のニーズに対応する教育」をおこない，単位制の特性を生かして，学ぶ時間帯，学ぶ科目，修業年限等の選択幅を拡大することにより著しい成果を上げていた。そこで，この実績を踏まえて，フレックススクールの新たな設置においては，不登校経験者や発達障害者等への対応を明確に打ち出したのである。

鹿島灘高のフレックススクールへの改編にあたり，茨城県教育委員会の担当（横島），鹿島灘高の管理職，筑波大学の学校心理学者（石隈）が知恵を出し合い，「学校心理学を踏まえて，心理教育的援助サービスを包括的に展開できる学校づくり」を目指した。具体的には，学校生活全般において 3 段階の心理教育的援助サービスを実施することである。石隈（1999）は，子どもの問題状況の解決を援助し，子どもの成長の促進を目指す実践を心理教育的援助サービスと呼んでいる。学校心理学では，「すべての子ども」を対象とする一次的援助サービス，登校しぶりなど「一部の子ども」を対象とする二次的援助サービス，不登校など「特定の子ども」を対象とする三次的援助サービスを，3 段階の心理教育的援助サービスとして整理している（石隈, 1999）。心理教育的援助サービスの包括的な展開として，学校生活における，学習面，心理・社会面，進路面，健康面の 4 領域のそれぞれにおいて，3 段階の援助サービスを実践できる体制

（横島，2000）を整備した。

　鹿島灘高での心理教育的援助サービスの取り組みは，地元から高い評価を受け，地域の中学校の信頼を得て，高校入試の志願倍率を着実に伸ばしていった。そこで，茨城県はこの実績を踏まえて「後期実施計画」（2006年）を策定し，2008年度に県西地区の結城二高（普通科，家政科）を県内2校目のフレックススクールに改編した。学校の独自性や地域の特性を生かしながら，鹿島灘高で育まれた心理教育的援助サービスの包括的展開を目指す取り組みが導入された。

[2] 結城フレックススクールの誕生

　結城二高は，大正2（1913）年に地域の女子教育振興の期待を受けて設置された創立100年余の伝統校である。戦後は男女共学の新制高校となり，詩人の新川和江氏や免疫学者の多田富雄氏など多くの人材を輩出してきた。その後，少子化等に伴う学校の小規模化が進み存亡の危機に陥ったため，「後期実施計画」（2006年）によりフレックススクールに改編することとなった。改編にあたり，校内フレックス準備委員会を設置し，県の高校教育改革推進室と連携してその準備を進めた。結城二高は，家政科を持つ女子校として発展してきた学校である。また，立地する地域は，結城紬や桐下駄の伝統工芸の街であり，生涯学習が盛んな土地柄である。結城二高では，このような学校や地域の特性を生かしながら，独自の特色を打ち出し，新しい学校にどう改編させるかが大きな課題であった。

　そこで，鹿島灘高の改編担当者や学校心理学者の石隈氏の助言を得るとともに，鹿島灘高など先進校を数多く視察した。この結果，学校の方向性や指導体制を整え，今までとは違った新たな視点で支援していく学校を目指して，「人間関係づくりを基盤として，これまで学校生活に馴染めなかった子どもたちが，自信を取り戻し，社会性を身に付け自立し，社会参加できる学校づくり」を目標とした。具体的には，1・2年次は40人1学級を2分割して少人数のホームルーム学級にすること，国数英の必修科目を少人数で展開すること，特色ある学校設定科目を充実させること，地域の伝統文化を大切にしながら体験型の授業を多く取り入れたカリキュラムにすることなど，生徒の興味関心を引き出し，一人ひとりの生徒の援助ニーズに応じた指導ができるシステムづくりをおこなった。

　こうして，2008年4月，多様な生徒のニーズに応える結城フレックススクールとして，「人とつながるオンリーワン，みんなが資源・みんなで支援」をスローガンに1期生を迎え入れた。「人とつながるオンリーワン」は石隈（2005）が提唱する，一人ひとりの個性が尊重されながら，人と人とがつながり合うという教育や社会のあり方を示し，「みんなが資源・みんなで支援」（石隈，2007）は日本学校心理学会のキャッチフレーズである。入学した生徒の傾向は，管理職が何度も中学校に出向いて不登校生徒の受け入れを働きかけたこともあり，小中学校で何らかの問題があり学校生活に苦戦してきた，うつむき加減の（消極的な）おとなしい生徒が大多数であった。開設当初は，このおとなしいフレックススクールの生徒とパワーを持て余した旧来の全日制の生徒が混在していることに加えて，集会や校門指導など同じことを午前部・午後部・夜間部の部ごとにおこなうシステムに教員も生徒も慣れず，学校全体として落ち着かない日々が続いた。

　その後，教員一人ひとりの学校を何とかしたい，変えたいという思いによって，生徒の情報共有や学校行事の進め方などを夜遅くまで話し合い，手探りではあったが課題を一つ一つ解決していった。そして，学校変革の大きな契機となったのが，2010年の文科省の特別支援研究指定である。これにより，心理教育的援助サービスの校内支援体制の構築をより一層進めることができた。

[3] 茨城県フレックススクールの増設

　さらに 2008 年には，県立高校教育の基本的施策について審議をおこなう茨城県高等学校審議会は，本県のフレックススクールは「カウンセリング（心理教育的援助サービス）体制が充実していることなどにより多様な生徒に学習機会を提供する場として有効に機能している」と高く評価し，「設置されていない地域への設置を進める必要」があるとの答申を県教育委員会に提出して，フレックススクールのさらなる増設を促した。そこで，「第 2 次県立高等学校再編整備の前期実施計画」（2010 年）が策定され，2012 年度には県南地区の県立茎崎高校（普通科）を県内 3 校目のフレックススクールに改編した。改編にあたっては，結城二高同様に，学校や地域の実態を尊重しながら，心理教育的援助サービスの全面展開を目指す取り組みが導入された。さらに 2018 年度には，「第 2 次県立高等学校再編整備の後期実施計画」（2015 年）により，県北地区の県立高萩高校（普通科）を 5 校目として改編した。この結果，本県には先行設置の水戸南高も含めて 5 校のフレックススクールが県内全地域に設置されたことになる。今後，フレックススクールには各地域においてさらなる成果が期待されている。

2. 茨城県フレックススクールの心理教育的援助サービスの実践モデル

　学校心理学に基づく，学習面，心理・社会面，進路面，健康面（4 領域）における 3 段階の心理教育的援助サービスを包括的に実践する取り組みは，鹿島灘高で 14 年目，結城二高で 11 年目，茎崎高で 7 年目となる。各校の取り組みは，学校や地域の状況に適応しながら有効に機能し定着している。ここでは，設置当初から導入されている 3 校共通の援助サービスの主な取り組みについて，また新たな課題に対応して加えた取り組みについて紹介する。

[1] カリキュラム等の工夫──一次的援助サービスを中心として

1）必修科目「心理学」の設定

　学校が独自に設定できる科目（学校設定科目）として，生徒全員が必修となる「心理学」が設定されている。この心理学の授業は，心理・社会面における予防・開発的心理教育（石隈，2016）であり，一次的援助サービスの画期的な取り組みである。自己理解，他者理解を通してよりよい人間関係を作ることを目的に，学校独自のテキスト「高校生のための心理学ノート」等の使用により，構成的グループ・エンカウンター，ソーシャルスキルトレーニングなどをおこなっている。この科目は，鹿島灘高では「心理学」，結城二高では「心理学」「心理学演習」，茎崎高では「ライフスキルを高める心理学」の科目名で実践している。各校ともこの授業によって，不登校などにより学校生活に苦戦してきた生徒たちの対人関係づくりのスキルアップが図られ，楽しい学校生活が送れるようになっていると高く評価されている。

　今後は，コミュニケーション能力を育成する取り組みをさらに強化すること，集団生活をスムーズにおこなえるようグループワークの時間をより多く確保すること，そして心理教育的援助サービスの知識・技術の専門性を備えた授業担当者を育成することが課題となっている。

2）体験的な科目の設定

　単位制の導入により，多くの科目が開設できるようになったことから，学校設定科目として多様な科目を設定した。各校では，体験的な学習により生徒の自己表現力の涵養を目的に，学校や地域の状況に応じて特色ある科目を開設している。鹿島灘高では「ふれあい陶芸」「ニーハオ中国語」「楽しい和太鼓」「実用の書」など，結城二高では「陶芸」「中国語」「ヨーガ」「着付け」など，茎崎高では「郷土の焼きもの文化」「中国の言語と文化」「日本の芸能と文化（津軽三味線）」「楽しい和服制作」などである。生徒は，技術の習得や作品の制作・展示，あるいは発表や演奏などを通して，達成感を得て自己肯定感を高めている。さらに，共同作業によりコ

ミュニケーション能力の育成や人間関係づくりが進展するなど，大きな成果を上げている。

今後は，これらの科目の授業担当者を確保すること，また地域での展示，発表，演奏の機会をさらに増やすことが課題となっている。

3) 学校外における学修の単位認定

各校とも，ボランティア活動や就業体験を単位認定できる「学校外における学修」の制度を利用して，地域の社会人の方々と豊かな人間関係づくりができるよう取り組んでいる。鹿島灘高では「産業社会実習」「ものづくり体験」，結城二高では「学校外学修」，茎崎高では「茎高デュアルシステム」である。ボランティア活動では，公共心，奉仕の精神，思いやり，感動する心が養われている。就業体験では，人との関わり方，コミュニケーションの仕方を学ぶとともに，進路選択に大きな成果を上げている。当初は履修希望者がほとんどいなかったが，積極的な働きかけにより年々増えてきている。

4) 習熟度別授業の展開

大学進学を目指す生徒がいる一方で義務教育段階の学び直しが必要な生徒もいるため，習熟度に応じた少人数による学習指導をおこなっている。各校ともに国語，数学，英語については，習熟度に応じて3分割して効果的な授業展開をしている。特に学び直しを必要とする生徒への二次的・三次的援助サービスとして，より一層のわかる授業の展開が求められていることから，今後はさらにどのような手立てが必要か，各校の模索が続いている。

5) 居場所づくり

単位制であるために選択科目が多いことから，生徒にとっては授業の空き時間における居場所が必要となる。そのため各校ともに多目的ルームや談話室等のフリースペースを設置している。生徒は空き時間だけでなく昼休み時間も利用しており，憩いの場，コミュニケーションを図る場，人間関係づくりの場として有効に機能している。また，後述のキャンパスエイドがここに常駐しているため，悩みごとの相談の場や集団生活のストレス発散の場としても生徒にとっては貴重な場となっている。居場所は，すべての生徒が使えるため，一次的援助サービスとして機能するとともに，多様な特徴や様々な問題を持つ生徒の相談を開始する窓口として教員やスクールカウンセラーにつなぐという二次的・三次的援助サービスの機能も果たしている。

[2] 新たな課題への対応—二次的・三次的援助サービスに焦点をあてて

フレックススクール開設にあたって，特に力を入れたのが不登校経験者のための学校環境づくりであった。この結果，前述した心理教育的援助サービス，とりわけ心理・社会面の取り組みが功を奏して，確かに多くの不登校経験者が入学し学校生活に馴染んでいった。

ところが，その過程で次なる課題が浮上してきた。学習面において学習の遅れがあり学び直しの必要な生徒の学力向上や，進路面において人間関係づくりに不安がある生徒の卒業後の就職や進学をどう支援するかである。また，増えつつある発達障害のある生徒に対してどう支援するかも課題であった。つまり二次的・三次的援助ニーズへの対応が課題である。

1) 学び直しのための学習支援

学び直しの必要な生徒への対応は，各校ともこれまでの習熟度別授業の展開とともに，新たな学習支援の取り組みを積極的におこなっている。不登校の経験のある生徒や発達障害のある生徒にとって，学習面の援助ニーズは大きい。鹿島灘高では，「灘高はまなすプラン」と称して，入学後の2ヶ月間，中学校数学の復習をおこなって基礎学力の定着を図っている。茎崎高では，「ファーストステップ」と称する国数英の授業を週1回実施し，ドリル方式により基礎基本の定着を図るとともに，タブレット端末などICT機器の導入により学習意欲の向上を図っている。結城二高では，後述の通り教材や板書など授業方法の工夫によって，積極的にわかる授業を実践している。

2) 就業体験などの進路支援

フレックススクールでは，他の全日制高校同様に進路ガイダンス，インターンシップ等の就業体験，進路別バス見学会などのキャリア教育をおこない，個に応じた支援をしている。しかし，進路先が決まらない者や早期離職者が多いのも事実である。高校はフレックスであり一人ひとりの生徒の援助ニーズに対応するが，卒業後の社会は必ずしも「フレックス」（柔軟な対応をする体制）ではない。このため，就業先の職場環境に順応する力を養う必要がある。前述の「学校外における学修」として実施している就業体験の「産業社会実習」「ものづくり体験」「茎高デュアルシステム」等は，社会人との人間関係づくりのトレーニングができることから，極めて有効であると思われる。今後さらに，この取り組みを数多く実施することが望まれる。

3) 発達障害のある生徒への支援

フレックススクールは全日制高校に比べると発達障害のある生徒の割合が高いため，適切な対応が求められる。このため，各校は職員会議等での情報の共有化，職員研修会の開催，特別支援学校との連携，個に応じた支援体制づくり等に積極的に取り組んだ。

また，文部科学省の研究指定を受けて実践研究にも取り組んでいる。鹿島灘高では，「キャリア教育・就労支援等の充実事業」（2014 年度〜 2015 年度）により，特別支援学校の職業的自立支援のノウハウを活用して，就労のための支援方法の研究をおこなった。茎崎高では，「高等学校における個々の能力・才能を伸ばす特別支援教育モデル事業」（2014 年度〜 2016 年度）により，特別支援学校の「自立活動」の授業を導入して，特別な支援を必要とする生徒への指導方法の研究を進めた。結城二高では，「特別支援教育総合推進事業（高等学校における発達障害のある生徒への支援）」（2010 年度〜 2011 年度）（以下は「文科省特別支援研究指定」とする）により，発達障害等のある生徒への支援方法の研究をおこなった。結城二高でのわかる授業の工夫や校内環境の整備等の研究成果は，発達障害のある生徒にとどまらず，広く一般生徒への支援のあり方にも少なからず影響を与えているものと思われる。

[3] 多様なヘルパーによる心理教育的援助サービスの実践

学校における援助サービスの包括的な展開にあたっては，担い手となるヘルパーの役割が重大である。石隈（2004）は，学校における心理教育的援助サービスの担い手をスクールカウンセラーなどの専門的ヘルパー，教師などの複合的ヘルパー，保護者などの役割的ヘルパー，友人などのボランティア的ヘルパーの 4 種類に整理している。援助サービスの包括的展開にあたっては，これらのヘルパーを全面的に適切に配置することが必要となる。そこで，新たにキャンパスエイド，カウンセリングコーディネーター，科目履修生（聴講生）を配置した。各校のヘルパーは，学校の状況に応じて有効に機能している。ここでは，それらのヘルパーについて，その現状と成果を中心に紹介する。

1) キャンパスエイドの配置

キャンパスエイドとは，茨城県独自に配置しているボランティア的ヘルパーであり，校内（campus）にいて一次的・二次的援助をおこなう学生（心理学・教育学を学ぶ大学院生・大学生）の援助者（aid）のことである。高校生と年齢的に近いことや，大学で学んだ専門性を生かしながら，フリースペースやエイド室等で生徒のメンタルフレンドとしての活動をおこなう。各校では，心理教育的援助サービス体制の不可欠なスタッフとして活用している。生徒にとっては，友人関係・恋愛関係，進路や学習面の悩みなど様々な問題を相談できる，頼りになる存在である。キャンパスエイドは生徒との話から，必要に応じて教員やスクールカウンセラーにつなぐ役割も果たしている。

キャンパスエイドは，茨城大学から鹿島灘高と結城二高に，筑波大学から茎崎高に，茨城キリスト教大学から高萩高に，常磐大学から水戸南高に派遣されている。各校には年間約 10 人

が派遣されるが，学生はこの学外実習を通して貴重な経験を積むことができているようである。任期が半年と短い場合もあり継続的な支援が難しいこと，夜間部までは十分に手が回らないことなどの課題もあるが，キャンパスエイドの功績は極めて大きい。今後，フレックススクール5校と4大学との連携を，より一層強固にしていくことが望まれる。また，2010年，文部科学省は安心して過ごせる居場所づくりとして，キャンパスエイドの配置を紹介しており，キャンパスエイドが全国的に普及することを期待したい。

　なお，各大学や各校においては，キャンパスエイドのスキルアップを図るため個別に研修会や協議会を実施してきた。たとえば筑波大学では茎崎高に派遣しているキャンパスエイドの実践に関するカンファレンスを毎月1回実施している。キャンパスエイドと生徒との関わりについて，学校心理学を専門とする大学教員が助言するとともに，高校の管理職やカウンセリングコーディネーターも出席して，学校についての情報交換と援助方針の確認をおこなっている。また2013年度からは，フレックススクール間の相互訪問により，他大学のキャンパスエイドとの情報交換あるいは活動参観をおこなったり，大学合同のキャンパスエイド活動報告会を開催して，活動内容の見直しやスキルアップを図ったりしている。今後も，大学間連携がますます進展することを期待したい。

2）カウンセリングコーディネーターの配置

　カウンセリングコーディネーターは，心理教育的援助サービス体制のキーパーソンとして，一次的援助サービスから三次的援助サービスまでのコーディネーションを担当しており，スクールカウンセラー，キャンパスエイド，教員，保護者，生徒など多様なヘルパーとの調整・連携を図るとともに，自身も生徒の教育相談をおこなう重要な役割を担っている。チーム対応が求められる場合などにおいては，特にその役割が大きく発揮されており，円滑な支援体制づくりには欠くことのできない存在となっている。配置当初は，教科の教諭であるものの教科の授業を持たないことを原則にしていた。しかし，学校の教育課程や校内人事の理由から教科の授業を持つようになっている場合もあり，今後，その役割や待遇の見直しが望まれる。

3）科目履修生（聴講生）の受け入れ

　科目履修生受け入れの最大の目的は，地域住民との触れ合いを通して，生徒に人間関係づくりを学ぶ機会をより多く提供することである。地域住民には，ボランティア的ヘルパーとして，すべての生徒への援助者役を担ってもらうことを期待している。受講できる科目は，地域住民の生涯学習ニーズに応えられるよう，陶芸，書道，中国語，着付け，短歌・俳句など，生徒に開設している「体験的な科目」である。地域住民が常に学校に居ることは，学校にとってプラスになることが多い。今後，学校によっては科目履修生が少ない状況もあることから，さらなる魅力的な科目の設定や募集方法などの工夫が望まれる。

3. 結城フレックススクールの特別支援教育の視点を生かした実践

　結城二高では，他のフレックススクール同様に学習面，心理・社会面，進路面，健康面において，3段階の心理教育的援助サービスを包括的に実施している。さらに新しい取り組みとして特別支援教育の視点を一次的援助サービスに加えている。特に2010年の文科省特別支援研究指定を契機として，特別支援教育の視点を入れた学校改革をおこなってきた。ここでは一次的援助サービスを基盤とする主な取り組みについて紹介する。

［1］心理教育的援助サービスの学校体制づくり

　結城二高の生徒は，半数以上が小中学校時代に不登校などで苦戦した経験がある。また，発達障害のある生徒は，その傾向のある生徒を含めると全生徒の20％程度在籍しているのではな

表1-1　生徒支援委員会の役割分担

班	仕　事　内　容
情報収集・調査	生徒の実態把握，学校生活サポートテストの実施・結果分析
理解・啓発	教職員，保護者，生徒への理解・啓発（研修会の実施等）
学習支援	わかる授業の研究（教材の工夫，授業方法の工夫）
対応対策	発達障害のある生徒の対応方法の検討，個別の指導（教育）計画の作成
環境整備	校内や教室の環境整備

いかと考えられる。そこで，次のとおり校内支援体制の充実を図った。

1）校内支援委員会の設置

　生徒の実態を踏まえて，2008年度から「生徒支援委員会」を設置し，「特別な支援が必要な生徒の支援は，他の生徒にとっても有効である」を教員全体の基本理念として一次的援助サービスの充実を図りながら，個別の教育ニーズへの対応をおこなった。この授業の取り組みは，すべての生徒にわかる授業をめざす「授業のユニバーサルデザインの考え方」（例：石隈，2016；小貫・桂，2014）と通じるものである。

　生徒支援委員会の名称は，発達障害や精神疾患など，より特別な支援を必要とする生徒を始め支援の必要な生徒が数多く在籍しているため，生徒を幅広く支援するという目的からの命名である。構成員は，校長，教頭，各年次主任，教務主任，生徒指導主事，進路指導主事，保健主事，養護教諭，カウンセリングコーディネーター，特別支援教育コーディネーターである。会議は，臨時の会議も含め毎月1・2回開催し，全生徒の情報共有に努めている。さらに，2011年度より生徒支援委員会の委員を班長として，表1-1のように5つの班に役割を分担し，教員全体が関わる組織としている。

2）教員の専門性向上

　教員が特別支援やカウンセリングへの意識を高めるために，生徒支援委員会が中心となり，大学教員や医師などによる特別支援教育や教育相談に関する講演会（フレックス教育セミナー）を年4回おこない，心理教育的援助サービスに関する専門性の向上に努めた。教員全体で特別支援教育やカウンセリングに関する正しい知識を持って的確な支援をおこない，生徒または保護者の気持ちを理解しながら本来の障害（例：発達障害）によるさらなる「二次障害」（例：不登校）を防ぐようにしている。フレックス教育セミナーについては，近隣の高校，地域の小中学校や生徒の出身中学校，近隣の特別支援学校などにも開催を通知している。校外者の参加により，結城フレックススクールの理解を深めるとともに地域との連携強化にもなっている。

3）校内環境づくり

　結城二高は古い校舎のため案内表示もはっきりしていない。このため，生徒の中には，入学当初，教室の移動やトイレの利用の際に迷ったり，急な授業の変更に気持ちの切り替えが困難だったりしていた。学習環境や生活環境の整備は，発達障害のある生徒のみならず他の生徒にとっても大切である。そこで，以下の取り組みを生徒支援委員会の環境整備班が中心となって実践した。この実践は，生徒の学校生活における「安心・安全」を保証するものであり，すべての生徒に対する環境面での一次的援助サービスである（石隈，1999）。

①ホワイトボードの設置

　連絡用のホワイトボードを，全ホームルームで教室の同じ場所に設置した。ホワイトボードの記入の仕方については，記入法を全員に配付して，日付，連絡事項，プリント掲示等の場所を決め，全教室で統一した。また授業変更などの連絡は事前に知らせるように徹底した。さらに教室においては生徒に余計な刺激が入らないよう，黒板の右側に連絡用のホワイトボード，

左側に授業を受ける際の注意事項が書かれたパネルを全教室に設置し構造化した。

②掲示物のカテゴリー化

全教室で掲示物をカテゴリー化し，見出しをつけて掲示するようにした。各生徒の必要な情報がどこにあるかすぐわかるという点で指示連絡が伝わりやすくなった。情報の整理ができるという点では，発達障害のある生徒だけでなくすべての生徒に対して視覚的な効果があると考えられる。

③テレビモニター等の設置

昇降口にテレビモニターを設置し，癒やしの音楽とともに励ましの言葉を流すようにした。また，廊下の掲示板など学校全体の掲示物をカテゴリー化し，情報が読みやすく，わかりやすく，見やすくなるよう工夫するとともに，色分けしたゴミ箱の設置や案内表示板の設置等により，学校生活が過ごしやすくなるように努めている。

[2] だれもがわかる授業の実践

生徒にとって学校生活の中心は授業であり，授業がわかるという実感は自己肯定感を高めることにつながるため，教員全員が学習環境や授業づくりに力を注ぎ，授業改善に取り組んだ。わかる授業の実践は，各教科ごとにそれぞれ工夫し授業を進めているが，各教科共通の取り組み及びその他教育的効果を高める取り組みの具体例は次の通りである。これらは，授業のユニバーサルデザイン（小貫・桂，2014）の実践と共通するところが多い。

1）各教科共通の取り組み

①板書の配慮

チョークの色は，色の見分けにくさのある生徒に配慮して白色や黄色を基調に3色以内とし，ポイントとなるところは囲むようにした。また，2014年の学校保健安全法施行規則の一部改正等に伴い，希望者を対象に色覚検査を実施している。さらに，授業を進めるにあたり，教科担当教員がそれぞれに授業をパターン化し，板書の流れを統一するようにしている。

②見通しを持たせる配慮

生徒が本時の授業がどのようにおこなわれるかその見通しを持てるようにするため，授業の目的や流れを口頭で説明するだけでなく，黒板に明記するようにしている。

③プリント・テスト問題作成上での配慮

プリントの文字は，より大きくし最低でも12ポイントとした。また，フォントの中でも見やすいのはゴシック体であるということを念頭に，フォントを統一している。さらに，テストの問題数は多くならないように調整し，基礎問題，発展問題のように段階的な学習活動になるよう，スモールステップのプリントにしている。なお，わかりにくい漢字にはルビを振っている。

④指導法

生徒が安心して授業に参加できるよう，授業の最初にルールを決めた。また，自信につながり，その積み重ねで自己肯定感が高まるよう，できた時はさりげなく褒めることとしている。さらに，指示を簡潔に一つずつにすること，見本を見せること，個別に声をかけること，生徒の実態にあった視覚支援，聴覚支援をすることなどを常に心掛けている。

⑤座席の対応

生徒の実態に合わせて座席を設定した。特に，集中力に欠けたり，教員の指示が理解しにくい生徒の座席は一番前にしている。ただし，座席を前にしただけでは，かえって緊張が高まり不安を助長してしまうことも考えられるため，モデルとなる生徒や手助けしてくれる生徒を周囲に置くように配慮している。

表 1-2 授業について（学校生活に関するアンケートより）

項　目	年　度				
	H22	H23	H24	H25	H26
先生の授業はわかりやすい	77%	82%	79%	85%	83%
先生は教材や教え方を工夫している	68%	76%	69%	77%	76%

2) 国語科・英語科での視覚・聴覚的効果を高める取り組み―フラッシュカードの活用

　書くことは苦手であるものの視覚優位や聴覚優位である生徒のために，国語や英語の授業ではフラッシュカードを作成し活用するようにした。国語では，漢字の読みや四字熟語のフラッシュカードを作成し，毎授業の始めの短時間で実施している。全員で読んだ後，一人ずつリレー式で読ませ，一人で全部を間違えないで読む暗唱テスト等もおこなっている。また，英語では，単語や熟語のフラッシュカードを作成し，本文を読み終えた後，イメージで単語や熟語を覚えさせるとともに，日本語の意味を考えさせたりしている。特に「英語会話」の授業では，多様な視覚アイテムを通してゲーム感覚で学習する時間を設けるなど様々な工夫をしている。

3) わかる授業実践の成果

　以上のようなだれもがわかる授業の取り組みにより，授業に参加している多くの生徒が笑顔になり，積極的に楽しく参加している様子が見られるようになった。生徒対象に毎年実施している「学校生活に関するアンケート」の授業に関する項目についての結果は，表1-2の通り極めて良好である。

4) 学習支援員等の活用

　結城二高では，大学院生・大学生のキャンパスエイドの他に，学習指導にあたって，大学生の学習支援員，学習サポーター，特別支援サポーターを配置した。学習支援員や学習サポーターには，国語，数学，理科，英語等の授業や学校行事等において，担当教員の補助的役割を担ってもらっている。特に生徒が理解するのに難しい学習内容あるいは実験や実習等を伴う授業においては，学習支援員等が生徒の個別対応をおこなっている。実験や実習等の指導では，方法を誤れば単元の目標が達成できないだけでなく危険なこともあるため，学習支援員等の側面からの支援によって生徒も担当教員も安心して授業に取り組めるようにしている。また，特別支援サポーターには，選択科目「心理学演習」の授業の補助をしてもらっている。この授業は，演習中心の展開であり，2名の特別支援サポーターが演習時のグループリーダーとして生徒の中に入り演習をスムーズに進めるのに役立っている。なお，学習支援員等の採用の際には，学校の特色や生徒の実態，学習支援の業務についてのガイダンスを密におこなうとともに，授業前に科目担当者との打ち合わせも十分におこなっている。

[3] コミュニケーション能力の育成

　他のフレックススクール同様に，様々な体験学習を通して，コミュニケーション能力など社会に出てから必要な能力の育成を図るため，一次的援助サービスとして「心理学」の授業をおこなっている。さらに「心理学演習」の開講によって独自の深化を図っている。

1) 必修科目「心理学」の授業

　1年次必修のこの科目は，鹿島灘高で作成されたテキストを使用して，アイデンティティの確立，ソーシャルスキルやストレス対処法の獲得などを目的に，エゴグラム，ストレスのしくみ，自律訓練法，聞き上手の練習，自己主張エクササイズ，論理療法等の内容で授業を展開するようにした。生徒にはすべての内容について好評であるが，特に「ストレスのしくみ」「聞き上手になろう」「失恋から立ち直るには」などのテーマについては実生活にすぐに役に立つということから，生徒は目を輝かせて学んでいる。

2) 選択科目「心理学演習」の授業

　この科目は，全学年次の生徒を対象に開講した。「いう・きく・する・よむ」の4つの主要なコミュニケーションスキルを高めることを大きな目的としながら，自他理解や自己表現などの促進にも努めている。授業は，構成的グループ・エンカウンター，グループワークトレーニング，インプロヴィゼーション等を組み合わせて，「他者と関わる」ことをメインテーマに展開している。

　フレックススクール開設当初は，2年次の午前部・午後部の必修科目「心理学II」として開講していたが，他者との関わりに強い拒否感を示す生徒や取り組みの意欲が低い生徒も多少おり，授業内容によっては効果的な実施が困難な場合もあった。そこで，2014年度より選択科目「心理学演習」に変更した。この結果，本人の意欲や心理状態に応じたタイミングでの受講を図ることが可能となり，より効果的な実施が可能となった。また，異年齢集団となることで，上級生が下級生に気を遣うなどといった新たな関わりの場面も見られるようになってきている。さらに，2015年度からは聴講生にも開講し，今まで以上に幅広い人間関係の中で授業をおこなうことができている。

[4] 特別支援教育の視点による心理教育的援助サービス実践の成果

　様々な取り組みにより，中学校時代は5割余の生徒が不登校（1年間の欠席日数30日以上）であったものが，入学から1年後には1割台へと大きく減少している。全教員が特別支援教育に関する理解を深めながら，特別な支援を必要とする生徒を把握し，共通理解を図り，共通実践している。また，年に2回，管理職による授業観察及び教員間の相互授業観察があり，それがよい学び合いとなり刺激となっている。そして，発達障害等のある生徒に対する教室環境や授業形態，指導法や支援法について工夫改善を図ることにより，すべての生徒に対しての一次的援助サービスが充実し，望ましい環境の中でわかりやすい授業を意識的に実践できるようになった。文科省特別支援研究指定を終え7年目となった現在も，これらの取り組みを継続しておこなっている。人事異動で教員が年々変わっていく中，この取り組みを継続させるには，特別支援教育は決して特別ではなく，誰もが目の前の生徒に対して日々様々な形で支援をしていることを意識することが大切である。今後も，少しの工夫と配慮で，生徒にとって学校生活がさらに安全で安心できる居場所に変わるという特別支援教育の視点をより一層定着できるようにしたいものである。

4. フレックススクールにおける心理教育的援助サービスの成果と今後の課題

[1] フレックススクールの成果

　第一に，フレックススクールの実践上の効果である。生徒の持つ様々な援助ニーズに応え，生徒の成長発達の促進に大きく寄与したことである。フレックススクールでは，不登校経験者や中途退学経験者など多様な学習歴や生活歴を持つ生徒の教育ニーズに応えるため，4年で卒業となるところを3年で卒業できる三修三卒の実施，個に応じた時間割の作成，多様な科目の開設，習熟度別授業の実施，わかる授業の実践など，生徒の選択肢が多い教育課程編成等をおこなってきた。また，キャンパスエイドの配置，居場所づくり，体験的科目の設定など心理教育的援助サービス体制の構築にも努めてきた。さらに，発達障害等のある生徒への対応も積極的に実践してきた。

　フレックススクールの包括的な心理教育的援助サービスによって，各校とも入学後の長期欠席や不登校の改善が見られている。2014年度入学生徒一人当たりの3校（鹿島灘高，結城二

高，茎崎高）の年間平均欠席日数は，中学校時（3年間平均）の33日から高校1年次終了時で約4割減の19日となっている。不登校率は，中学校時の52%から高校1年次終了時で約7割減の17%へと大きく減少している。また，各校ともに，生徒の自己有用感や自己肯定感が高まり意欲的になったことから，部活動加入率や学校行事参加率が高まるとともに，退学者や特別指導生徒が減少し，学校全体が活性化している。部活動では，全国高等学校定通体育大会や全国高等学校総合文化祭等の全国大会に出場し活躍する生徒が増えている。特に鹿島灘高の和太鼓部や茎崎高の三味線部が地域での演奏活動で高い評価を受けている。また，結城二高の文芸部が全国短歌甲子園等で活躍し大きな注目を浴びている。さらに，わかる授業の実践等によって，学ぶ喜びを味わい，学習への興味が高まったことも一因して，四年制大学への進学者が徐々に増加している。このような各校の成果が地域から評価され信頼を得ることによって，改編後，各校とも1倍前後の高い志願倍率を維持し，地域にとってはなくてはならない学校として定着している。

　第二にフレックススクールの学問的意義である。フレックススクールは，生徒の学校生活（学習面，心理・社会面，進路面，健康面）において3段階の心理教育的援助サービス（特別支援教育含む）を4種類のヘルパーが組織的に実践するというモデルを実現している。神奈川県は県レベルで学校心理学に基づく「支援教育」を制度化しており学校心理学に貢献している（石隈・阿久澤・安藤，2015）が，学校づくりで学校心理学のエビデンスを示した例は画期的である。

[2] 今後の課題―生徒の多様化に対応できる教員の指導力向上

　フレックススクールには，中学校時の不登校経験者が過半数を超えて在籍している。また，中途退学経験者も少なくない。さらに心理教育的援助サービスの体制が充実し，きめ細かな心理教育的援助サービスが全面展開されるに伴い，発達障害のある生徒やその疑いがある生徒の入学が増加傾向にあり，学校によっては2割前後が在籍するようになっている。また，うつ病などの精神疾患を抱えている生徒，知的障害のある生徒も少なからず在籍している。さらに家庭の状況から福祉的な援助ニーズを持つ生徒もいる。近年は，日本語の読み書きもおぼつかない外国籍の生徒も増えつつある。まさにフレックススクールは，多様な援助ニーズのある生徒を受け入れ成長を援助する学校になっている。このような生徒たちの中には，基礎学力が乏しく，コミュニケーション能力に欠け，人間関係づくりに苦戦するとともに，将来の進路選択において悩んでいる生徒も少なくない。

　そこで，今後は発達障害のある生徒など，より特別な配慮を必要とする生徒への対応をさらに強化する必要がある。特に学習面での援助サービスとしては，基礎学力の定着のために学び直しの授業，わかる授業の充実が望まれる。また，進路面では，早期離職率が高いことからきめ細かな就労支援が望まれる。まさに高校における多様な生徒への一次的援助サービスのさらなる充実及び特別な教育ニーズのある生徒への三次的援助サービスの導入である。そして，それを支える「チーム学校」が家庭・地域と連携して，包括的な心理教育的援助サービスをより一層おこなうことが求められる。

　そのためには，教員の指導力・授業力の向上が必要である。フレックススクールの教員は，多様な生徒に真摯に向き合い，身を粉にして生徒たちの指導にあたっているものの，教科指導以外のフレックススクールに必要な専門性は必ずしも高くないため，苦戦している教員も少なくない。新任教員や社会人講師は特にその傾向があり，研修や情報交換の充実によって，さらなる指導力の向上を図る必要がある。しかしながら，現有教員の献身的な努力だけでは，多様な生徒への対応は十分にできなくなっている状況もある。今後，さらに増えつつある多様な生徒に適切に対応するためには，より専門性の高い教員をさらに増員しなければ，フレックス

クールは立ち行かなくなるおそれがある。フレックススクールの人的配置については，教員定数を規定した法律（公立高等学校の適正配置及び教職員定数の標準等に関する法律）の見直しも含め前向きな施策が望まれる。

フレックススクール開設当初は，鹿島灘高，結城二高，茎崎高とも，同窓会や地域住民の方々，近隣の中学校などから不安の声もあったが，教員の丁寧で熱心な教育が高く評価され，フレックススクールとして着実に実績を重ねている。今後もフレックススクールが生徒の多様なニーズに柔軟に応えながら，生徒の心の居場所となる学校となるよう，引き続き尽力することを望みたい。そして，フレックススクールを通した高校教育の改革が，教育の工夫を実践する学校，制度面・財政面などのマネジメントを担う行政，学問的意味づけやキャンパスエイド派遣などをおこなう大学の三者の協働によってさらに強力に推進されることを期待したい。

2章
教師が子どもと信頼関係を結び，関わる

中井大介

1. はじめに

　教育課程や学級経営など，学校におけるあらゆる教育活動をおこなう際に必要とされるのが，教師と児童生徒の信頼関係である。そのため，教師と児童生徒の信頼関係がどの程度築かれるかによって個々の児童生徒の教育効果が決まるといっても過言ではない。まず，教師 − 児童生徒関係は児童生徒の「学校適応」にとって重要な意味を持つ。それは教師との関係が児童生徒の援助資源となり，児童生徒の学校生活に直接的・間接的に影響を及ぼすためである。また，教師 − 児童生徒関係は児童生徒の「発達」にとっても重要な意味を持つ。児童期から青年期は他者と触れ合う経験の中で「自分らしさ」を確立していく。そのため，児童生徒にとって身近な評価者である教師との関係は発達にとっても大きな意味を持つ。このように，教師 − 児童生徒関係は児童生徒の適応や発達にとって重要な契機となるが，裏を返せば危機となりうる可能性もある。近年，学級崩壊や対教師暴力など教師 − 児童生徒関係に問題が生じることも少なくない。そのため，これまで学校教育の当然の前提とされてきた教師 − 児童生徒関係の意味を改めて考えなければならない状況もある。そこで，本章では学校心理学における 3 段階の援助サービスの視点から，教師が子どもと信頼関係を結び，関わることの今後の方向性について検討する。

2. 教師と子どもの関係の現状及び研究動向

[1] 教師と子どもの関係の現状と課題

　15 歳を対象におこなわれた PISA 2012 の国際調査で，日本は「生徒と教師の関係」に関する 5 つの質問項目のうち，「多くの先生は，生徒が満足しているかについて関心がある」の 1 項目で OECD 平均よりも低いものの，「生徒は，たいていの先生とうまくやっている」など他の 4 項目で教師との関係が良好であることを示し，OECD 平均と同程度の水準を維持している。また，2003 年と 2012 年の比較では全 5 項目で生徒と教師の関係が良好であることを示す回答の割合が増えている。単純な国際比較や年代比較はできないものの，2013 年の「国際教員指導環境調査」（TALIS）において日本の教員の多忙さが指摘される状況の中で，日本の教師と子どもの関係は相対的にも良好な関係を維持していると言えるだろう。

　一方で，教師 − 児童生徒関係の現状には少なからず課題も存在している。文部科学省（2006）は，「今後の教員養成・免許制度の在り方について（答申）」の中で，社会構造の急激な変化への対応，学校教育における課題の複雑化・多様化，教員の多忙化，学校や教員に対する期待の高まりなど，教員をめぐる状況が大きく変化していることを指摘している。このような教員をめぐる状況変化は当然，教師 − 児童生徒関係とも密接な関係にあり，状況変化に対応する教師の「役割」が社会的により求められるようになっている。

　このように社会から教師や児童生徒が求められる役割を「役割期待」という。教育を目的とする社会的制度である学級には「規範的側面」と「個別的側面」があり，学級において教師と

児童生徒がどのような行動をおこなうかは，学級の規範的側面と個人の個別的側面との関係によって捉えられる（Getzels & Thelen, 1960）。その中で，規範的側面からは，教師と児童生徒にそれぞれ「教師役割」と「児童生徒役割」が期待される。國分（1992）は，教師と児童生徒の良好な関係とは，教師と児童生徒のお互いの役割期待が一致している場合としているが，上記の状況変化の中で，近年の教師と児童生徒の「役割期待の一致度」は低い状態であることが指摘されている（國分，1992）。

つまり，近年，学校教育で様々な援助ニーズを抱える児童生徒が増加し，教師にはこれらの援助ニーズに対応する「教師役割」がこれまで以上に期待されている。しかし教師個人の力量のみに頼り，多様化・困難化する援助ニーズに対応することは容易ではない。また，教師は時間的な制約がある中でそれらを解決し，学級の複数いる児童生徒の社会化を期待される。その一方で，情報化や核家族化など社会構造の急激な変化に伴い，児童生徒の個別的側面はより多様化しており，児童生徒が学級から期待される「児童生徒役割」を受け入れていることは前提にできない（水本，2000）。加えて一部の児童生徒は「いじめ」「不登校」など「児童生徒役割」に対する援助ニーズを示す。このような従来の教師個人の力量に頼る教師－児童生徒関係の中での「役割期待のズレ」に近年の教師－児童生徒関係の難しさの1つがある。そのため，第3節で述べるように，教師個人の負担を軽減しつつ，児童生徒の多様な援助ニーズに応える「教育制度の整備」と「社会的風土の醸成」を前提に，このような役割期待のズレをいかに一致させていくかが今後の教師－児童生徒関係の課題となるだろう。

[2] 教師と子どもの関係の研究動向と課題

教師－児童生徒関係は，それぞれが置かれた空間や時間といった「社会的文脈」によって異なるため非常に複雑である。しかし，このように複雑な教師－児童生徒関係をいくつかの理論的枠組みから捉えようとする試みもある。古くは教師の期待効果（Rosenthal & Jacobson, 1968），教師のリーダーシップ理論（三隅・吉崎・篠原，1977），教師と子どものマッチング（近藤，1994）など，その関係を理論化する試みがなされてきた。ここではこのような研究の中で近年の教師－児童生徒関係に関わる研究を概観してみよう。

1）児童生徒から見た教師との関係

教師－児童生徒関係の研究の視点として，児童生徒側から見た教師との関係と教師側から見た児童生徒との関係という2つの視点がある。たとえば，児童生徒から見た教師との関係の研究として，大西・黒川・吉田（2009）は，児童生徒から見た教師の日常的な指導態度が，学級のいじめに否定的な集団規範といじめに対する罪悪感の予期を媒介して，児童生徒の加害傾向を抑える効果があることを明らかにしている。また，加藤・大久保（2009）は，中学校の荒れが収まる過程において，教師の不公平な指導の頻度に対する生徒の認知が下がり，教師との関係が改善していることなどを明らかにしている。

2）教師から見た児童生徒との関係

一方，教師から見た児童生徒との関係として，都丸・庄司（2005）は，中学校教師の生徒関係における悩みが「生徒への抵抗感」「指導上の困難感」「生徒からの非受容感」「関わり不全感」からなり，これらを経験した後の生徒への見方・接し方の変化の程度には，教師の悩みの程度が関連することを明らかにしている。また，竹村（2008）は，通常学級で問題行動を起こした児童との関わりに対する教師の評価に焦点をあて，児童との関わりにおいて生じる問題に対する小学校教師の対処行動のスタイルが教師－児童間相互作用の規定要因になることを明らかにしている。

3）教師の指導態度・指導行動

また，従来から多くの知見が蓄積されている教師の指導態度・指導行動の研究をより詳細に

検討する研究もおこなわれている。弓削（2012）は，小学校教師がひきあげる機能と養う機能という2つの矛盾した指導性機能をいかに統合するかを指導行動から検討し，教師がひきあげる機能の指導行動「突きつけ」と養う機能の指導行動「理解」のいずれの行動も多く実施するとき児童の学級連帯性などが高いことを明らかにしている。また，河村・鈴木・岩井（2004）は，中学校教員に具体的な生徒指導27場面を提示して，教師個人内においてその場の不快感が強いと介入も強いことなどを明らかにしている。

4）教師の児童生徒の問題行動への介入

さらに，近年の研究動向として，教師の児童生徒の問題行動への介入に関する研究も多くおこなわれている。角南（2013）は，小学校教師を対象に，子どもに肯定的変化が見られた関わり経験の特徴が「問題解決」「指導」「受容的関わり」「周囲への協力要請」「居場所と関係作り」の5つのカテゴリに分類されることを明らかにしている。また，山本（2007）は，小学校，中学校，高等学校の教師を対象に，「自己主張」ができない場合，「行動・生活」に乱れが見られる場合，「強迫傾向」が強い場合，「身体症状」が重い場合など，不登校児童生徒の各状態に合わせた有効な支援方法の検討をおこなっている。

以上のように，近年の学校心理学分野における教師－児童生徒関係の研究は，これまでの研究の蓄積を踏まえ，現代的な課題に対応しつつ，より学校や学級という社会的文脈に沿った形で教師－児童生徒関係を捉え，教育実践への示唆を提供している。一方で，今後の課題としては，学級における縦断的研究など，より教育実践に即した実践研究の蓄積がおこなわれ，その知見が学校教育に生かされることが期待される。また，教師－児童生徒関係の研究では，教師側の要因や学級の要因に着目した研究は多いものの，児童生徒の個人内要因やその個人差など，「児童生徒側の要因」に着目した研究が少ないため，この点も今後の研究が期待される。

[3] 教師と子どもの信頼関係

1）中学生の教師に対する信頼感の構造と重要性

従来の研究の中でも，教師と児童生徒の信頼関係の重要性は指摘されてきた。しかし，従来の研究では教師の指導態度や指導行動など「教師側の要因」に着目した研究が多く，「児童生徒側の要因」を検討したものが少なかった。この点を踏まえ中井（2012）は，生徒の教師に対する信頼感を測定する「生徒の教師に対する信頼感尺度（以下，STT尺度）」を作成している（図2-1）。その中で，この「STT尺度」には「安心感」「不信」「役割遂行評価」の3つの下位構造があることが明らかになっている。第1の「安心感」には，教師との関係性に対する安心感と教師がいることによる安心感に関する項目が含まれる。これらは従来の研究で信頼される教師の態度として指摘されてきた「受容的態度」「親和的行動」「児童中心」と関連するものであり，教師－児童生徒関係における安心感の重要性を示唆している。第2の「不信」には，教師に対する「不信」に関する項目が含まれる。ここでは不信のみが極度に高いことは問題となるが，教師を無条件に全面的に信頼するのではなく，発達に伴いある程度教師を批判的に見ら

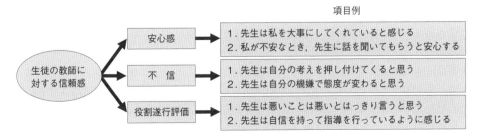

図2-1　生徒の教師に対する信頼感の構造と項目例

れるよう，安心感や役割遂行評価が不信を上回るバランスを維持することが望ましいと考えられる。第3の「役割遂行評価」には，生徒が教職という職業についている教師に対して期待する教師としての資質に関わる項目が含まれる。これは生徒がただ単に教師の受容的な態度を求めるだけではなく，ときには教師の指示的な態度や厳格な姿勢も望んでいることを示唆している。この教師に対する信頼感は，生徒の現在の学校適応感はもちろん，その後の教師－生徒関係や，生徒の一般的な対人関係にも影響を及ぼす可能性が示唆されていることから（中井，2012），改めてその重要性がうかがえる。

2）中学生の教師に対する信頼感の学年差

この「STT尺度」の得点には学年差があることも明らかになっている。「安心感」は，中学1年生の得点が高く，その後は中学1年生に比べ低い得点を維持する傾向があるが，高校3年生のときに再び高まる傾向がある。「不信」は，中学1年生が最も低い状態にあり，中学2年生，中学3年生と学年が上がるにつれて増加していき，高校入学後はその一定の状態を維持していく。「役割遂行評価」は，中学1年生の得点が高く，その後，中学2年生，中学3年生と低下していき，高校1年生時に再び上昇するが，その後は再び低下する傾向にある。このような学年差は，生徒の自我発達に伴い批判的態度が芽生えること，児童生徒の対人関係が友人関係に拡大すること，受験や進路選択に伴い教師－生徒関係が質的に変化することなどが影響していると考えられる。また，公立中学校と私立中学校によって「STT尺度」得点の差は異なる変化を示しており，その学年，学校，地域の雰囲気など，その他の要因が関わることも推察される。一方，上記の「STT尺度」は回答の際「学校内の特定の先生を思い浮かべて」との教示をおこなっているが，この教示を「学級の担任の先生」にするとこの学年差が見られなくなり，教師による個人差が見られることも明らかになっている。そのため，今後より教育実践に即した知見を得るため，学級担任のもと1年間を通して学級担任に対する信頼感がどのように変化するかなど縦断的な検討も必要であると考えられる。

3. 信頼感研究に基づく心理教育的援助サービスのモデル・実践例

[1] 子どもの教師に対する信頼感の規定要因とは

1）信頼感に影響する3つの要因

では教師に対する信頼感はどのような要因によって規定されるのだろうか。これまでは教師側の要因のみが強調されてきたが，教師－児童生徒関係は時間軸と空間軸を含めた社会的なダイナミズムの中で形成されるものである。これを踏まえ，中井（2012）は，各研究により抽出された児童生徒の教師に対する信頼感の規定要因を検討した包括的な仮説モデルを作成している（図2-2）。まず図の左側の下から上への矢印が「児童期」「青年期前期」「青年期中期」といった児童生徒の発達的な流れを示している。これは児童生徒の教師に対する信頼感がある程度の安定性や継続性を維持しながらも，時間の流れや児童生徒の発達とともに変化する概念であることを示している。その流れの中で児童生徒の教師に対する信頼感の関連は大きく分けて「児童生徒」「個々の教師」「環境的要因」の3つの要因に分類される。この3つの要因は，子どもの援助において子どもと環境に焦点をあてる学校心理学の考え方と一致するものである（石隈，1999）。

第1は，「児童生徒」である。この児童生徒の要因の中には，幼少期から形成される「基本的信頼感」などが含まれている。これらは児童生徒の教師に対する信頼感の根底をなすものとして主に無意識で児童生徒の教師に対する信頼感に影響すると考えられる。また，児童期以降には，児童生徒の教師に対する信頼感に直接的に影響を及ぼす要因として「教師ステレオタイプ」などが形成される。これらの要因は，実際の教師との関わりの中で形成される要因であり，意

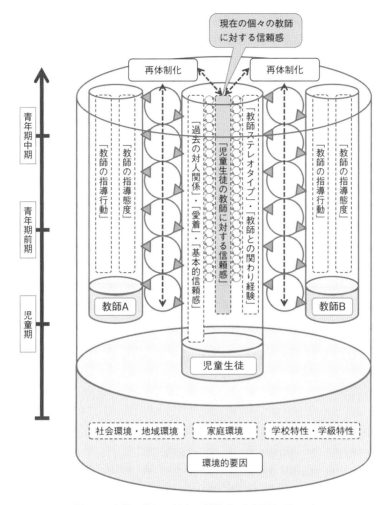

図 2-2　生徒の教師に対する信頼感の包括的仮説モデル

識的に児童生徒の教師に対する信頼感に作用すると考えられる。そしてこれらの要因の影響を受けて形成されるのが中心に位置している「児童生徒の教師に対する信頼感」である。この児童生徒の教師に対する信頼感は児童生徒の発達や教師との関わりの経験によって変化をしていく。そのため，児童生徒の教師に対する信頼感の先端部分が「現在の個々の教師に対する信頼感」となる。ここでは，児童生徒は教師一般に対する信頼感と，個別の教師に対する信頼感を分けて捉えているが，両者はある程度の関連性も保持している。

　第2に，「児童生徒」の関連要因として「個々の教師」が存在する。ここには教師の勢力資源（田崎，1981）といった教師の「指導態度」や，教師のリーダーシップ行動（三隅・矢守，1989）といった教師の「指導行動」などが含まれる。これらは従来の研究でも規定要因として最も多く指摘されてきた「教師側の要因」である。これらは最も強い直接的な影響として，現在はもちろんのこと，将来の児童生徒の教師に対する信頼感にも影響を及ぼしている。

　第3に，「環境的要因」が存在する。これは，その社会や地域の特性を反映する「社会環境・地域環境」，児童生徒が育っている「家庭環境」，児童生徒が所属している「学校特性・学級特性」を含んでいる。「社会環境・地域環境」は，その社会における教師イメージや，その地域における教師イメージであり，マスメディアなどを通じて児童生徒の教師認知に影響すると考えられる。「家庭環境」は，児童生徒の家庭における教師イメージであり，家庭での保護者との対

話などを通じて児童生徒の教師認知に影響すると考えられる。「学校特性・学級特性」は，児童生徒が所属する学校風土や学級風土における教師イメージであり，友人との対話などを通じて児童生徒の教師認知に影響すると考えられる。このように，児童生徒の教師に対する信頼感は社会的文脈に依存する側面も有しており，これらの「環境的要因」が無意識に児童生徒の教師イメージなどに影響していると考えられる。

2）信頼感に影響する3つの要因の相互作用

児童生徒の教師に対する信頼感は，これらの「児童生徒」「個々の教師」「環境的要因」の3つの要因が相互作用する中で形成されていくと考えられる。つまり児童生徒は幼少期から「環境的要因」の影響を受けつつ，児童期以降は，個々の「教師」との相互作用の中で，教師に対する信頼感を形成していく。そのため児童生徒の教師に対する信頼感はある程度の安定性と継続性を維持しているが，教師との相互作用の中での印象的なイベントによっても変化する。このことから，児童生徒の教師に対する信頼感は，不安定さや不連続性，可塑性も同時に有していると考えられる。また，児童生徒は発達などに伴う認知の変化から，現在の教師に対する信頼感を形成する中で，過去の各要因との関わりを振り返り，自身の過去の教師との関係を捉えなおす再体制化の作業をおこなう。これは大学生を対象にした面接調査の結果から明らかになっているように，その当時はその教師を信頼することはできなかったが今振り返ってみるとその教師を信頼できるといった認知である。

以上のように児童生徒の教師に対する信頼感は，複数の要因の相互作用というダイナミズムの中で形成され変化していくと考えられる。そのため，児童生徒の教師に対する信頼感を高める働きかけをおこなう際は，これまで重点が置かれてきた「個々の教師」の要因はもちろん，「児童生徒」「環境的要因」も考慮した働きかけをおこなっていく必要がある。

[2] 教師が子どもと信頼関係を結ぶための具体的な関わり

では，教師が子どもと信頼関係を結ぶための具体的な関わりにはどのようなものがあるだろうか。もちろん，教師－児童生徒関係は学級のダイナミズムなど社会的文脈に依存する側面があり紋切型は存在しないが，ここでは信頼感の規定要因の中で「個々の教師」の要因に着目し，「安心感」「役割遂行評価」を高め，「不信」を低減する働きかけを検討する。

1）「安心感」「役割遂行評価」を高め「不信」を低める

教師にはまず何よりも個々の児童生徒の状態や学級の雰囲気について適切なアセスメントをおこなう姿勢が求められる。その上で，この児童生徒にはどのような関わりが適切かなど，その児童生徒の個性やその場の状況に応じた働きかけをおこなう必要がある。その際には「教師との関係性に対する安心感」「教師がいることによる安心感」を個々の児童生徒や学級全体に抱かせ，まず安定したラポールを築く姿勢が必要となる。ここでは個々の児童生徒との個別の関わりに加え，授業など学級への集団介入時の印象など，日常での印象が重要になる。つまり，言語的コミュニケーションはもちろん，表情，しぐさなど非言語のコミュニケーションで折に触れて児童生徒に安心感を伝達することが重要となる。このような日常での信頼関係の形成が二次的援助サービス，三次的援助サービスでの効果的な援助につながる。その際，「傾聴」「受容」「共感」「繰り返し」「明確化」「質問」「ユーモア」など児童生徒との関係を構築しその悩みを理解し受容する技法である「かかわり技法」のスキルを身につけることも有効である（新井，2009；上地・古谷，2014）。その上で，実際に児童生徒の援助ニーズがある場合は適切なソーシャル・サポートを提供するなど，児童生徒の被援助体験を促進することによって児童生徒が安心できる関係性を構築する必要がある。

また，教師は上記のような受容的な関わりだけに頼りすぎず，授業や生徒指導など教師としての専門性を高め，教師の「役割遂行評価」を意識しながら信頼関係を構築する必要がある。

ここで重要になるのは，まず「安心感」によってラポールを構築した上で，「役割遂行評価」の働きかけをおこなうという姿勢である。つまり「先生は自分のことを思ってくれている」というラポールが，「縦の関わり」による働きかけを効果的にしてくれる。これは，まさに学校心理学の提唱する「心理教育的援助サービス」（石隈，1999）において，教育が持つ意味と言える。そのため，頭ごなしに叱るような管理主義的な指導だけでなく，教師はまず児童生徒と安定した関係を構築し，文脈に合わせて厳格な姿勢を生徒に提示する必要がある。その際，「情報提供」「自己開示」「論理的帰結」「助言」「指示」「対決」「承認」など，子どもに具体的な働きかけをおこなう技法である「積極技法」のスキルを身につけることも有効であると考えられる（新井，2009；上地・古谷，2014）。

　一方，不信については，「安心感」「役割遂行評価」を高めることによりある程度予防できると考えられる。しかし，中井（2012）は「過去の教師との傷つき経験」が現在の教師に対する不信にも影響すること，現在の教師に対する不信が生徒の自己形成やその後の対人関係にも負の影響を及ぼすことを明らかにしている。つまり，一部の児童生徒にとっては教師が意識している以上に教師とのネガティブイベントが児童生徒のその後に影響する可能性が示唆される。そのため，教師 - 児童生徒関係においてネガティブイベントが生じた場合には，適切な対処をおこなうことによって児童生徒の不信が極度に高まることに注意をする必要がある。

2）バランスのとれた指導の重要性

　教師のリーダーシップを P 機能（目標達成機能）と M 機能（集団維持機能）の得点の組み合わせによって類型化する PM 式リーダーシップ指導類型において，両機能とも強い PM 型の教師の信頼感が最も高かったことからも（中井，2012），教師は M 行動だけや，P 行動だけに頼るのではなく，M 行動を中心に生徒との安定した関係を構築し，その後，P 行動を組み合わせた厳格な指導をおこなっていくことが有効であると考えられる。これについては，国分（1992）も，教師 - 児童生徒関係に必要とされる関係として，「ソーシャル・リレーション」と「パーソナル・リレーション」の 2 つを挙げている。ソーシャル・リレーションとは，指導をおこなう教師としての役割，指導を受ける児童生徒としての役割といった制度上の役割を前提とした関係である。これは「STT 尺度」の「役割遂行評価」に関連するものと考えられる。一方，パーソナル・リレーションとは，感情と感情の関係・交流であり，制度上の役割関係を超えた個人と個人の感情交流がなされている関係である。これは「STT 尺度」の「安心感」に関連するものと考えられる。国分（1992）は，教師 - 児童生徒関係が良好である状態は，この 2 種類のリレーションの両方が保たれている状態であると指摘している。そのため，教師はまず児童生徒の「安心感」を高めることによってパーソナル・リレーションを構築し，その上で「役割遂行評価」を高めることでソーシャル・リレーションを構築することが必要であると考えられる。

［3］3 段階の援助サービスによる学級・学校づくり

　教師が子どもと信頼関係を結び，関わることに関しては，特に，一次的援助サービスが重要になる。ここでは特別な援助ニーズを抱える前の段階において，日常での信頼関係を構築しておくことが重視される。つまり，教師と児童生徒が信頼関係を構築する前の段階での相互作用が重要になる。日常での信頼関係があってこそ，援助ニーズを抱えたとき教師は子どもたちにとって援助を求める援助資源の対象となる。近年の教師 - 児童生徒関係の研究動向で紹介したように，個別の児童生徒に対する指導態度や指導行動だけでなく，学級集団に向けた教師の日常的な指導態度や指導行動が学級規範などの学級雰囲気に影響を及ぼす。そのため，学級内で個々の児童生徒の受容経験や承認経験を積極的に促進するなど，まず，教師は一次的援助サービスにおいて個別の児童生徒，学級集団との信頼関係を構築しておく必要がある。このような，一次的援助サービスにおける学級集団づくりとしては，近年「構成的グループ・エンカウ

ンター」「ソーシャルスキルトレーニング」「ソーシャル・エモーショナルトレーニング」といった，「予防開発的心理教育」のプログラムも開発され，学校教育現場において広く活用されるようになっている（石隈，2016）。そのため，一次的援助サービスでは，日常の児童生徒との個別の関わりに加え，このようなプログラムを活用した「児童生徒」の対人関係スキルなどを高める働きかけや信頼関係を醸成する学級雰囲気づくりをおこなう必要がある。加えて，上記の信頼感の規定要因の中で「環境的要因」にあたる，保護者の教師に対する信頼感や教師集団の連携や協働性の雰囲気が，教師－児童生徒関係にも影響を及ぼすことが指摘されていることから（越・西条，2004；中井，2012），一次的援助サービス場面における，保護者との関係づくりや教師間の同僚性の雰囲気の醸成も欠かすことができない要因となるだろう。

4. 信頼感研究から見た心理教育的援助サービスへの示唆

[1]「ほんものチーム」をつくる学校風土の醸成

　前節で概観したように，教師－児童生徒関係は教師側の要因だけでなく社会的文脈の中で個々の児童生徒の心理的な要因も含めたダイナミズムで捉えられる。また，第1節でも述べたように児童生徒の個性や児童生徒が抱える援助ニーズもますます多様なものになってきている。そのため教師が個々の児童生徒の援助ニーズに対して効果的な心理教育的援助サービスを提供するためには，これまで重点が置かれていた教師個人から児童生徒への直接的な働きかけに加え，多様な援助資源を活用した働きかけも想定する必要がある。つまり，従来の社会的カテゴリ（社会現象を整序する枠組み）であった「教師個人の力量のみに頼る教師－児童生徒関係」といったミクロの関係から，「援助チーム」や「ネットワーク型援助チーム」といったメゾ，エクソ，マクロの関係に拡大をする必要がある。たとえば，担任教師に対して極度に「不信」が高い児童生徒がいる場合，そもそも基本的信頼感が低い可能性や特別な援助ニーズを抱えている可能性も考えられる。そのため，このような児童生徒には担任教師からの直接的な働きかけを基礎としつつ，養護教諭やスクール・カウンセラー，外部医療機関など多様な援助資源を活用した働きかけをする必要があると考えられる。

　この点については，石隈・田村・生島（2004）も，日本の学校では子どもの援助ニーズが多様化し，従来そのニーズに応えていたのは主に教師個人の力量であったが，教師のストレス増加や多忙化などから，日本でもチームで子どもを支援する動きが活発であるとしている。また，石隈ら（2004）は，いかに優れた教師でも，子どもの複雑な援助ニーズをひとりで満たすことはできないとしてチーム援助の重要性を指摘している。近年の学校教育現場ではこのようなチーム援助の必要性が認識され，スクール・カウンセラー制度やコミュニティ・スクール制度などが整備されてきている。しかし，このようなチーム援助の活用は未だ発展段階にあり，有機的に機能していないケースもある。今後は教師個人が抵抗なくこのような援助資源を活用できるような組織風土をいかに醸成するかが課題になるだろう。つまり，「にせチーム」から本当の意味で機能している「ほんものチーム」（家近，2014）への転換を図っていくことで教師個人の負担感，責任感を軽減し，子どもの援助ニーズに応えていくことが今後の課題となる。

[2] 教師を支える教育制度の整備と社会風土の醸成

　第1節でもふれたように，2013年の「国際教員指導環境調査」（TALIS）によれば，日本の教員の一週間当たりの仕事にかける時間は参加国の中で最長である。また，日本では課外活動の指導にかける時間が参加国平均よりも顕著に多く，学校内外で個人がおこなう授業の計画や準備に費やす時間は参加国平均より週2時間多くなっている。その中で，2013年の「教職員のメンタルヘルス対策検討会議」によれば，精神疾患による教員の病気休職者数の在職者に占

める割合は約0.6％となり，最近10年間で約2倍に増加している。教師‐児童生徒関係は人間的な触れ合いの中で育まれるため，教師が心身ともに健康で教育をおこなえることが重要である。このような現状を踏まえれば，教師の負担感を軽減する「教育制度の整備」と「社会的風土の醸成」を推し進める必要がある。

　上記の「教職員のメンタルヘルス対策検討会議」によると，教職員のメンタルヘルス不調の背景として業務量増加や質の困難化，教諭間の残業時間のばらつき等の傾向があることが指摘されている（文部科学省，2014）。「国際教員指導環境調査」（TALIS）によれば，日本の場合，一般的事務業務など授業以外の業務に多くの時間を費やしている。また，教職員総数に占める教員の割合は，イギリスで51％，アメリカで56％，日本で82％となっており，教員が非常に幅広い業務をおこない，授業等の教育活動に集中しづらい状況がある。そのため，教員の役割明確化や，業務の縮減・効率化等の改善を図る制度的な整備や良好な職場環境・雰囲気の醸成を図ることが必要であると考えられる。この現状を踏まえ，2015年の教育再生実行会議の第七次提言において，教師が子どもと向き合う時間を確保し，教育活動に専念できるようにする観点から，「学校経営を支える事務職員の充実を図り，教師と事務職員の役割分担を見直すことや，スクールカウンセラーやスクールソーシャルワーカー，部活動指導員，学校司書，ICT支援員等の配置をおこなうことにより，『チーム学校』を実現する」ことが示された。また，2016年には文部科学省中央教育委員会より「チームとしての学校の在り方と今後の改善方策について」（答申）が出された。このような制度面・財政面の改善が今後期待される。

　また，このような制度的な整備に加え，社会的風土の醸成も不可欠であろう。学校や教師をスケープゴートにするのではなく，地域，学校，家庭それぞれが子どもの教育を担う「当事者」としての意識が醸成されるような社会的風土を醸成する必要もあると考えられる。久富（1994）も，「権威」として子どもの前に立つことが教育活動の遂行に不可欠なことに加え，教師の「権威」をバックアップする社会的風土が失われ，学校や教師のスケープゴート化さえ進む昨今の社会的状況では，さらに教師を権威的にしてしまうと指摘している。今後，上記のような制度改革と並行して，このような社会的風土が醸成されることも望まれる。

コラム1

教室の中でできる学校心理学の実践

四辻伸吾

「よいところ見つけ」の取り組み

　教師が児童を「ほめる」ことにより，児童と信頼関係を築こうとしたり，自尊感情を高めようとしたりすることはよくおこなわれている。しかし，ただ「ほめる」だけでは児童は何を理由にほめられたのかがわからず，その後の成長へもつながりにくい。そこで重要になってくるのは「その児童が意識してがんばっていること」「その児童が意識せずにおこなっている素敵なこと」など児童の様子を十分に把握し，「よいところ」としてフィードバックすることである。四辻・水野（2013）は，市川・榊原・柳原・藤岡（1995）の研究を踏まえ，教師が一人一人に対して一筆便箋などに「よいところ」について書いて渡し，次の段階として児童が自分自身の「よいところ」について考えていくという実践をおこなっている。その結果，児童の自尊感情は取り組み前に比べて，取り組み後に有意に高まることが明らかとなっている。

教師による自己開示

　学級担任は，子どもたちに対して自分の思いや願いを伝える機会を持つことができる。このとき教師がどのような姿勢で臨むかによって，学級雰囲気によい影響を及ぼすと考えられる。学級での教師による「語り」で重要となってくるのは，教師の「自己開示」であろう。佐藤・高瀬（1997）は，教師の自己開示が，児童の自己開示や学校満足，学習意欲，学級連帯性などに影響を及ぼしていることを明らかにしている。教師が自分の言葉で，「自分自身」についてしっかりと語ることで，子どもたちとの心理的な距離が短くなり，子どもたちは教師を身近に捉えようとする。たとえば，自身の子どものころの思い出話，趣味の話，失敗談などの話をすることで，子どもたちは教師に対して興味・関心を示すことなどである。特に失敗談などは，子どもたちの教師の捉え方が，自分たちを叱咤激励する存在から，自分に寄り添ってくれる暖かな存在などに変容する機会の一つとなりえるかもしれない。ただし，テレビ番組の話などの一部の児童にしかわからないものや，人権的，倫理的に問題のある話題には十分に気をつける必要がある。

「理想の学級像」をイメージする

　四辻・水野（2013）は，児童が自分の理想の学級をどのように捉えているかを測定する理想的学級像認知尺度を作成し，理想的学級像認知がスクール・モラールとどのように関連しているのかについて調査している。その結果，理想的学級像認知には，〈学習・規律に関する理想〉〈まとまりに関する理想〉〈人間関係に関する理想〉〈楽しさに関する理想〉の4因子があり，スクール・モラールに正の影響力があることが示唆された。つまり，理想の学級をイメージすることが，児童の意欲を高める可能性があるということである。学級開きの時期や，夏休み明けの時期に目標を定めて学級をその方向に向かわせようとすることはよく見られる。しかし目標を定めるときに闇雲に目標設定するのではなく，〈学習・規律〉〈まとまり〉〈人間関係〉〈楽しさ〉の視点で目標を持つことで，一人ひとりが理想の学級について具体的なイメージを持つことができ，子どもたちの意欲を効果的に高めることができると考えられる。たとえば，「楽しくお楽しみ会ができるクラスにしたい」などのように，児童が学級の目指すべき目標を具体的にイメージすることにより，児童一人ひとりが目標に向かって進むことができるようになるであろう。

3章
授業のユニバーサルデザイン化

小貫 悟

1. 通常学級での新しい特別支援教育と授業のユニバーサルデザイン

　通常学級における特別支援教育とは，通常学級に在籍するLD（学習障害），ADHD，高機能自閉症のある子どもへの支援を中心とするものである。通常学級の6.5%の子どもがその対象と考えられており（文部科学省，2012），学校教育においては，この3つの障害を「発達障害」と位置づけ対応している。これまで，発達障害への対応として，通常学級における配慮指導，通級などの特別な場による指導など様々な方法が試みられてきた。さらに，ここに来て，通常学級における特別支援教育に新しい動きが生じている。本章では「ユニバーサルデザイン」という通常学級での新たな特別支援教育への視点を紹介する。特に〈「授業」のユニバーサルデザイン化〉（小貫・桂，2014）を説明したい。

[1] ユニバーサルデザインとは
　ユニバーサルデザインとは，もともとは企業の製品開発や，建築における利用者への配慮の視点として導入されてきたものである。「バリアフリー」という言葉と対比されて説明されることが多い。バリアフリーが「障害のある人にとっての利便性の追求」を目指す視点であるとすれば，ユニバーサルデザインは「障害の有無にかかわらず，すべての人の利便性を追求する視点」とされる。たとえば，これまで公共施設に障害者のバリアフリーを実現するために「障害者用トイレ」が設置されてきた。障害者用トイレは特に車イスを使用する人に便利なつくりをしており，障害者用トイレの表示は車イスを模したマークで表現されていた。しかし，そのトイレは，車イスを使用する方以外にも，様々な特徴のある人にも便利であることがわかり，徐々に「多機能トイレ」「多目的トイレ」「だれでもトイレ」などの呼称で呼ばれるようになっていく。これはユニバーサルデザイン化への流れの例である。

[2] 国際条約の批准
　こうした流れの中で，2014年にわが国は国連の「障害者に関する権利条約」に批准することになる。この条約の批准により，わが国の障害者支援はグローバルスタンダードによって展開されることになり，インクルーシブな社会の実現を目指すこととなった。また，この批准に向けた法整備の中で「障害者差別解消法」も制定され，その中で「合理的配慮」の社会的義務が明確化された。こうした動きの中で，学校教育において，ユニバーサルデザインが欠かせない観点である。なぜなら，通常学級においては，発達障害のある子だけでなく，発達障害のある子を含むすべての子にとって活躍しやすい学校作り，理解しやすい授業作りという一次的援助サービス（石隈，1999；石隈・水野，2009）の文脈の中で，インクルーシブ教育の実現を図ることが最も無理がないからである。

[3]「授業のユニバーサルデザイン」の実現に向けての基礎基本
　本章のテーマである授業のユニバーサルデザイン化（以下，UD）を実現するにあたり，まず

は，発達障害のある子が，通常学級の授業の中で，どのような「バリア」に苦しんでいるのかを整理するところから始めたい。

1) LDのある子が直面する「授業のバリア」

LD（学習障害）のある子は，聞く，話す，読む，書く，計算する，推論するなどの基礎学力の習得に特異的なつまずきを見せる（文部科学省，1999）。通常学級の授業においては，学習内容への「理解のゆっくりさ」が課題になる。なぜ，こうしたことが生じるか，つまり原因については不明なことが多いが，そうした子の心理検査（たとえば，WISC-Ⅳ，KABC-Ⅱ）の結果には「認知能力のかたより」が見られることが多く，特に視覚認知（形や文字などを目で捉える力）や，聴覚認知（音や口頭言語などを耳で捉える力）など，外部の情報を捉えて思考すること（情報処理）に弱さを見せることが多いことが知られている。また，取り込んだ情報の記憶能力に弱さを見せることもあり，ここから学習内容の「定着の悪さ」が生じることがある。このような特徴を持つLDの子には「学習スタイルの違い」つまり学び方の違いに配慮する必要がある。さらに，学習の遅れから自信喪失，劣等感などが生じることも多く，「二次障害」と呼ばれるような，そうしたつまずきに対する配慮も不可欠である。

2) ADHDのある子が直面する「授業のバリア」

ADHD（注意欠陥 多動性障害）には「不注意・多動」などの行動特徴が見られる。この子たちは，外部からの刺激（音，掲示物，人の動き等）に，すぐに反応してしまうため，今，進行している作業が中断してしまったり，別のことに関心が移ってしまうなどの行動が頻繁に起こる。こうした特徴は「関心のムラ」「集中力の無さ」と位置づけられ，授業中には教師からの注意を受けがちになる。また，その特徴は「自分勝手な子」「ルールを守れない子」「集団活動を乱す子」などと捉えられやすく，叱責されることも多くなる。そうした中で，他の子への攻撃，ケンカ，反抗などの反社会的な行動が「二次障害」として現れることもあり，授業の不参加がさらに顕著になるといった負の連鎖が生じることも少なくない。

3) 高機能自閉症のある子が直面する「授業のバリア」

高機能自閉症のある子は，知的には遅れが見られないが自閉症の特徴を持っている。医学的診断分類のDSM-5では知的な遅れがない「自閉スペクトラム症」と診断される。高機能自閉症の子は，対人関係の苦手さや「状況理解の悪さ」が指摘されることが多い。また，特定の物や，スケジュール，やり方などに固執するなどの「こだわり」を持つことも知られている。こうしたこだわりは「関心のムラ」につながったり，突然の予定変更への弱さを生じさせ，それが「見通しの無さへの不安」へとつながることもある。このような行動面での特徴とともに，情報や状況に対して独特な状況認知をしたり，考えを持ったりすることもある。特に「イメージすることの弱さ」を持つことが知られており，これが「曖昧なものへの弱さ」「抽象化の弱さ」「般化[1]の不成立」につながることもある。また，複数のことを同時におこなうことは苦手であるため，「複数並行作業の弱さ」を補う配慮も必要になる。

2.「授業のUD化」の実現

[1] なぜ，発達障害のある子どもに注目すると「授業のUD化」が実現するのか

このように授業において様々なバリアに直面する発達障害のある子に対応することが，なぜ，授業のUD化に貢献するのかについて，ここで説明する。

第1の理由は，上記に挙げた発達障害のある子に授業のバリアを生じさせる特徴の数々は，発達障害の無い子にとっても授業の中で直面するバリアと言えるからである。そのことを表

---

1)「般化」とは，ある状況でできたことが別の状況でもできることを指す。

3-1 に基づいて説明する。

　ここまで述べてきた発達障害のある子が持つ特徴は，どの子にも起きてくる特徴として，表中のように対応関係を示すことができる。最近の発達障害の理論では，発達障害のある子の特徴は，発達障害のない子からつながる連続体（スペクトラム）であると説明している。つまり〈最も大きな困難を抱えている子〉に注目し，その支援方法を考えることは，結果的に〈すべての子〉への支援につながるということである。

　第2の理由は，発達障害のある子は，学校，教室，授業において常に「状況」に左右される存在であることが関係している。たとえば，LD のある子を担任すると，一斉授業の中で，その子が「わからない」という反応している様子を見ることは少なくないだろう。その子に対して，個別に見る時間を作ってみると，意外にあっさりわかったりすることがある。つまり，この子たちは「学習の仕方」という「状況」によって，わかったり，わからなくなったりするのである。また，ADHD のある子は，ただ目的もなく，絶えず注意が散る多動な子だと考えると間違う。彼らは，自分の周りにある刺激に反応しているのである。そのため，刺激が少ないところではそれほど特徴が気にならないこともある。刺激が単一であると（たとえば，ゲーム機に向かっている時など），それに集中し過ぎる（過集中）状態になることすらある。つまり，周囲の「刺激」の「状況」次第で特徴の出方が変わってくるのである。高機能自閉症の子は，「曖昧さ」に弱いことが知られている。予定が曖昧であったり，指示が曖昧であったり，すべきことが曖昧であったりといった「状況」では特に混乱が起きやすい。筆者は，こうした特徴を発達障害のある子の「状況依存性」と呼んでいる。常に「状況」に振り回されているという意味である。別の言い方をすると，彼らは外界の状況に即座に反応する「状況のリトマス試験紙」のような存在である。授業の中で，わからないことがあれば，わからないという反応をす

表 3-1　発達障害のつまずきとどの子にも生じるつまずきの対応

階層名	発達障害のある子に授業のバリアを作り出す特徴	どの子にも起きがちな授業のバリアを作り出す特徴
参加	状況理解の悪さ	・学習準備の悪さ
	見通しのなさへの不安	・全体の進み方の理解不足
	関心のムラ	・発言態度の未熟さ
	注意集中困難／多動	・気の散りやすさ
	二次障害（学習意欲の低下）	・引っ込み思案 ・自信のなさ
理解	認知のかたより（視覚・聴覚）	・指示の聞き落とし ・質問の意図の取り間違い
	学習の仕方の違い（learning differences）	・得意，不得意の存在
	理解のゆっくりさ（slow learner）	・協力しての作業の苦手さ ・話し合い学習の苦手さ ・学習内容を深めることの苦手さ
	複数並行作業の苦手さ	・受けた説明内容の混乱
	曖昧なものへの弱さ	・思い込みをする傾向 ・断片的な理解をする傾向
習得	記憶の苦手さ	・繰り返し学習の苦手さ
	定着の不安定さ	・学び続ける態度の弱さ
活用	抽象化の弱さ	・知識の関連づけの弱さ ・応用への弱さ
	般化の不成立	・日常生活に結びつける意識の低さ

るし，淡々とした授業をすればすぐに飽きてしまう。また，学習活動や，その内容が曖昧であれば，すぐについて行けなくなる。こうした彼らの特徴に注目することで，授業者は自身が作っている授業という「状況」を見つめ直すことができ，結果的に，それが授業改善に繋がっていく。そして，その改善の努力の行く着く所は授業の UD 化そのものになる。

[2] 授業の UD 化モデル

　ここで，授業を UD 化するためのモデルを提示したい。それが図 3-1（小貫，2013）である。まず，図の左側に，ここまで論じた〈授業でのバリアを生じさせる発達障害のある子の特徴〉を列挙した。次に，図 3-1 の真ん中にある三角形に注目してほしい。これは，通常学級での「授業の階層性」を示したものである。授業の最も土台となっているのは，子どもの〈参加〉である。授業は参加しないと始まらない。一方，授業は参加すればよいというものではない。〈参加〉階層の上には〈理解〉階層が乗る。参加している子に対しては，理解できる授業を提供するのは，授業者の最低限の義務であろう。また，理解したものは，最終的には自分のものになっていかなければならない。そのときは理解したけれど，後で尋ねるともうわからないのでは，授業から学んだということにはならない。つまり，図 3-1 のモデルの〈理解〉階層の上には〈習得〉〈活用〉階層が乗る。この授業の階層モデルを整理棚にして，改めて〈授業でのバリアを生じさせる発達障害のある子の特徴〉として列挙したものの一つ一つを，関連性の強い階層毎に配置すると図 3-1 のような分類になる。このような配置をおこなうと，どの階層を意識した授業をおこなうかによって，配慮すべき特徴を絞ることができる。この授業の階層モデルを真ん中において，右側部分に支援の「視点」を配置した。これらは〈授業でのバリアを除く工夫〉である。各視点を，以下に解説する。

　図 3-1 の右側に配置した視点は，下部に置かれたものであればあるほど，上部の視点を支える要素を持っている。そのため，解説も下部から上部へという順で進める。

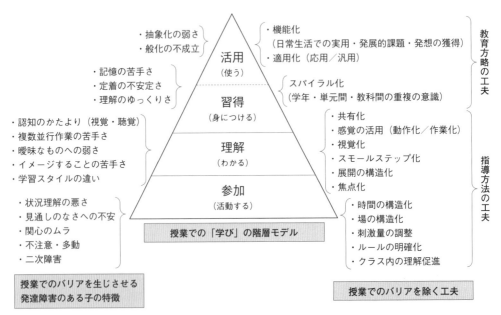

図 3-1　授業の UD 化モデル

[3] 参加階層

1) クラス内の理解促進

　この視点は，クラス内の子たちが発達障害のある子を適切に理解できるように促すことを目的としている。学習がゆっくりであることをからかうような雰囲気がないか，クラス全体にそうした子をカバーしようとする雰囲気が作られているかをチェックする。発達障害のある子をクラスで支えていく視点は，結局，すべての子に対しての配慮にもなる。なぜなら，どの子にも起きてくる可能性のある「間違うこと」「わからないこと」は恥ずかしいことではないということがクラス全員のスタンダードにもなるからである。そして「わからない」ことがあったときに「わからない」と安心して言える雰囲気のあるクラスでは，学級担任も授業の工夫の方向性を見出しやすくなり，その結果，授業がUD化されやすくなる。

2) ルールの明確化

　暗黙の了解事項やルールの理解が極端に苦手なのが高機能自閉症のある子の特徴である。授業内のルールも暗黙に決まっていることも多い。これらのルールの運用が上手にできずに結果的に授業に参加できていないことがある。質問の仕方，意見の伝え方，話し合いの仕方などにある程度のルールがある方が，授業での振る舞い（参加）がしやすくなる。全員参加を可能にする授業ルールを設定するとよい。

3) 刺激量の調整

　前述したようにADHDの子は周囲の刺激に反応しがちな子である。授業に集中してほしいときに，他に気が散る刺激があれば，当然，授業への集中は低下する。教室の前面（黒板周り）の壁に，様々な掲示物を張ることに特段の問題意識は無かった時代もある。大切なことは常に目に見える場所に張っておくべきであるという考えが主流だったからである。これ自体は悪いことではない。ただし，授業のUD化という文脈では，やはり黒板だけに注意を向けてほしいと考えることになるだろう。子ども目線から，教室前面（黒板）がどのように見えているかを，時々，刺激性の観点からチェックしておきたい。

4) 場の構造化

　特別支援教育での自閉症へのアプローチとして有名なものに，教室空間などに一定の規則性を持ち込んで，使いやすくする工夫がある。これは「場の構造化」と呼ばれる。これを通常学級で導入すると学級における学習活動の効率が上がる効果がある。たとえば，教室内のすべての物品に置く場所が決まっていれば，全員が無駄な動きなく，その物品を使うことができる。

5) 時間の構造化

　これも特別支援教育では大変有名な方法の一つである。通常学級においては一日の流れを黒板に書き出すことはある。しかし，授業の一コマの内容や流れは示さないことも多い。しかし，実際にそうした配慮をしてみると，授業中での学習活動の「迷子」を防いだり，迷子になったときに，授業でやっていることに意識を戻す助けになることがある。学習活動の迷子とは「あれっ，今，何をしているんだろう」と授業の流れについていけなくなる子のことである。迷子には誰がなってもおかしくない。学習内容がわからなくなる前に，学習活動の迷子が先に起きていることが多い。授業の流れを提示する「時間の構造化」の方法を，こうした観点から通常学級に持ち込んでみると，助かる子が意外に多いはずである。

[4] 理解階層

1) 焦点化

　理解階層の中でも特に重要なものがこの視点である。この視点は，授業の〈ねらい〉や〈活動〉を適切に絞り込むことを意味している。そのようにフォーカスした〈ねらい〉とシンプルな〈活動〉によって，授業がゴチャゴチャしないようにしたい。発達障害のある子は授業内の

活動や説明がゴチャゴチャしたものになると途端についていけなくなる。

2) 展開の構造化

〈ねらい〉と〈活動〉が焦点化されたら，それに基づいて展開を工夫していく。論理的かつ明示的な展開であると，多くの子が授業に乗れ，活躍しやすくなる。逆に展開がわかりにくい授業では，子どもたちが正しい方向への試行錯誤ができなくなり，思考のズレ，思考活動からの離脱が起き，授業の流れについて行くことへの諦めが生じやすくなる。

3) スモールステップ化

これも特別支援教育ではさかんに言われてきた方法である。ある事柄の達成までのプロセスに，できるだけ細やかな段階（踏み台）を作ることで，どの子も目標に到達しやすくする。この視点を導入するときには，用意された踏み台を使う子もいれば，使わない子がいてもよいなどの選択の余地を残す工夫がある方がよい。なぜなら，よくできる子の実態を無視して，スモールステップにした課題を全員一律に求めることで，「簡単過ぎる」と感じる子が出てくると，逆に授業へのモチベーションを失わせる原因になるからである。

4) 視 覚 化

これは，情報を「見える」ようにして情報伝達をスムーズにする工夫である。授業は主に聴覚情報と視覚情報の提示によっておこなわれる。この2つの情報を同時提示することで情報が入りやすくなる。また，この2つの情報の間にある違いは「消えていく」「残る」であり，視覚情報の「残る」性質を大いに利用することも大切である。

5) 感覚の活用

発達障害のある子の中には「感覚的に理解する」「直感的に理解する」ことが得意な子がいる。感覚的に捉え，それを認識に置き換えていく工夫を授業の中でおこなうと効果的な支援になることがある。たとえば，国語の教材文を読み，それを演じてみる（動作化）と，そこから得られた感覚によって，文字情報からだけではわからなかった，深い内容読解が可能になることもある。

6) 共 有 化

たとえば，ペア学習，グループ学習などといった子ども同士でおこなう活動を要所で導入する視点である。これは，協同学習，学び合いなど様々な呼称で，授業の方法論として，すでに大切にされてきているものである。挙手−指名型の授業は「できる子」のための授業になりやすい。子ども同士の相互のやりとりによって，理解がゆっくりな子は他の子の意見を聞きながら理解をすすめ，理解の早い子は他の子へ自分の意見を伝えたり，説明をしたりすることで，より深い理解に到達できる。

[5] 習得・活用階層

1) スパイラル化

教科教育内容はどの教科でも基本的にスパイラル（反復）構造になっている。つまり，ある段階で学んだことは，次の発展した段階でも再び必要となる。既習事項には必ず再び出会うことができるのである。こうした教科の系統性と呼ばれる特徴を利用して，前の段階では理解が十分でなかったことや，理解はしたけれど再度の確認をおこなう必要のあることなどについて，再学習のチャンスを可能な限り作りたい。

2) 適用化／機能化

活用するとは，学んだことを応用，発展させることである。ここで，基本事項を別の課題にも「適用」してみたり，生活の中で「機能」させてみたりすることで，授業で学んだことが，本当の学習の成果となっていく。このような機会を意識的に作るのがこの視点である。

3. 授業展開の工夫

　ここまでに紹介した視点を，授業に実際に導入してみると，一定の成果を生むはずである。しかし，さらに授業の UD 化を本気で進めていくと，徐々に限界を感じるようにもなる。それは「視点の導入」は「授業展開の工夫」を越えることはできないからである。そもそもの授業展開がわかりにくい場合には，いくら説明したような視点を入れても部分的なパッチをあてているだけに過ぎず，本当にわかりやすい授業にはならないのである。ここまでに述べたような視点の導入を効果的にするためにも，授業の「展開」自体を UD 化しなければならない。

[1] 授業展開を UD 化するための前提

　授業理解に支障が出る発達障害のある子の特徴の一つに「〈統合〉の弱さ」がある。統合とは脳の認知機能の一つであり「バラバラな情報を関連づけて理解すること」を言う。この弱さは，授業の終盤に「今日の授業で一番大事だったことは何か」を問いかけたときに，授業の中の断片的な事柄しか答えられないといった形で明らかになる。統合の弱さは，授業でおこなわれたことを一貫性を持って理解することを妨げる。ところで，この統合の弱さは，発達障害のある子だけの問題ではない。クラス内のすべての子の課題でもある。つまり，統合が生じる瞬間を明確に作ることは授業の UD 化に繋がるのである。統合への支援として，本稿が提案したいのが「〈山場〉から逆算」した授業作りである。

[2]「山場からの逆算」による授業作りの方法

　〈山場〉とは「そういうことか‼」「わかった‼」とそこまでの授業展開の中で得た事柄が繋がって理解できる瞬間を意味する。〈山場〉で情報の統合が起きる。〈山場〉を作るためには「展開から授業を作る」という従来の発想を捨て，授業の〈山場〉をまず設定した上で，その〈山場〉が，本当に〈山場〉になるように授業展開を作ることに挑戦する必要がある。言い換えれば「〈山場からの逆算〉によって授業展開を作る」のである。

　ここで図 3-2 を見ていただきたい。これは「山場からの逆算」によって作る授業の構造図である（小貫，2016）。

　本稿で定義する授業の〈山場〉とは次の 2 つの要素からなる。〈山場〉では，①その授業の重要なポイントとなる事柄を乗り越えた瞬間に，②「心が動く」という現象が重なる。授業の内容上，重要なことでも，心が動かないものは心に残らない。授業には感動が必要であり，これが統合に繋がる必要条件である。こうした要素からなる山場を明確にして授業作りを始める。山場を明確にするとは，山場のイメージが授業者の中に，ありありとイメージされることである。どのような内容に対して，どのような反応を子どもがしているのかをしっかりイメージしなければならない。イメージされないことは，現実として決して起きないからである。

　以上のように，その授業において大事な内容を乗り越えた瞬間に，子どもの心が動いている様子をイメージしてみると，そこには「感嘆詞」が発生しているはずである。もちろん，その感嘆詞を，子どもが実際に声に出して言うかどうかはわからない。出すかもしれないし，出さないかもしれない。実際に声に出さなくとも，もし心の中で起きているとすればどのような感嘆詞になるかを想定する。山場のイメージの明確化を，具体的な言葉で言えば，山場での感嘆詞を決めることである。どのような感嘆詞が山場にぴったりのであろうか。「わかった！」という理解・気づきの感嘆詞だろうか，「できた‼」の達成の感嘆詞だろうか，「これだ！」という発見の感嘆詞であろうか。

　さて，この感嘆詞を想定したら，そこから「逆算」して，授業の〈導入〉に行く。つまり図 3-2 にある〈めあて〉の設定に移る。山場で設定した感嘆詞が「わかった‼」であれば〈めあ

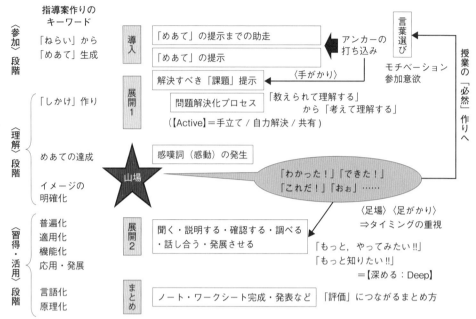

図 3-2　UD 化への授業の構造イメージ

て〉は「○○なのは，どうしてだろう？」というような疑問がわくものにしたい。「できた!!」というような山場であれば，〈めあて〉は「○○を，やってみよう」となる。「これだ!!」であれば「どれなんだろう」であろう。つまり，山場の感嘆詞と言葉の上で整合性のある〈めあて〉を提示する。この一連の作業は〈めあて〉に前向きな気持ちが持てていれば，途中で授業への集中が途切れたとしても，〈めあて〉に対応する〈山場〉だけは戻ってきたくなるしかけを作っているのである。疑問に対しては解決したくなるし，チャレンジし始めたことに対しては達成感がほしくなるのが子どもの特徴である。〈めあて〉と〈山場〉に，この関係を作るのが「山場から逆算する」授業作りの第一歩である。

[3]「アンカーの打ち込み」で勝負が決まる

　そうなると，〈めあて〉に対して強いモチベーションが持てていることがなにより大切になる。授業の UD 化の成否は「めあて」が提示されるまでの導入のタイミングの 5 分にかかっていると言ってもよいだろう。「めあて」が提示されたときに起きる「よし，やるぞ!!」という気持ちが山場への伏線になる。このように導入部分で授業へのモチベーションを持つことができるようにすることを，筆者は「アンカーの打ち込み」と呼ぶ。つまり，船が碇を降ろすように「授業から離れたくなくなる最初の 5 分」を実現するのである。そのために必要なのは〈めあて〉が提示されるまでの「助走」部分である。突然〈めあて〉が提示されても子どもの心は動かない。どんどん授業を進めてほしくなるような〈助走〉があれば，〈めあて〉が提示されるのと同時に子どもは走り出すだろう。

[4] 山場のタイミング

　さて，ここまでの「授業の山場」という言葉を聞いて，読者はどのようなイメージをお持ちになっただろうか。「授業のクライマックス」というような印象を持った方も多いのではないだろうか。映画などでは山場と言えば，最後の最後である。そのせいか，山場のイメージは授業の後半，終末，終盤の 30 分過ぎ，35 分過ぎに来るという印象になることが多い。しかし，授業のおいては山場が後半に来れば来るほど，授業についてこられなくなる子が増えてくるとい

う現実がある。授業の終盤の山場にさしかかったときには，そこまでついてこられた子は「タフな子」数名だけだったなんてことになると，UD化とはほど遠いものになる。授業のUD化にとって，時間というファクターは極めて大切であり，理想的な山場のタイミングが求められる。授業の山場は，集中が切れ始める授業の「中盤」に置けないだろうか。小学校であれば20〜25分，中学校であれば25〜30分というあたりである。そのタイミングは多くの授業者にとって，かなり早いタイミングに感じるだろう。前述の「アンカーの打ち込み」に5分かかるとすれば，山場までの展開は15分程度で持って行こうとの試みになる。そんなことが可能だろうか。これまで30〜35分という時間をかけて授業した内容を，早回ししてどんどん進めて15分に短縮なんてしたら，かえって，ついていけない子，わからない子ばかりになるのではないかという声が聞こえそうである。

[5]「ねらい」と「めあて」を区別する

そこで大切になるのは，授業作りにおいては〈ねらい〉と〈めあて〉の区別を明確にすることである。〈ねらい〉は授業者に属するものであり〈めあて〉は子どもに属するものである。ここが混乱されて使われていることが多い。〈めあて〉とは子どもが主体的に目指していく方向性を示すものであり，子どもの言葉で語られる必要がある。たとえば，ある中学校の社会科の授業で，授業の冒頭に示された〈めあて〉が「民族の多様性を理解し尊重する心を育もう」というものがあった。おそらく，それを見た生徒は「よし，今日はそんな心を育もう」なんて思わないだろう。「育む」のは教師の役割である。これでは〈めあて〉にはならない。生徒には「民族による違いを見つけよう」とか「民族が仲良くやっている例を探そう」といった自分たちの課題として意識できる〈めあて〉が示されると進む方向性が明確になる。

山場が終盤に来るという印象を授業者が持つのは，授業の〈ねらい〉の達成のタイミングを山場としてイメージしているからである。授業の〈ねらい〉は当然，授業全体の45分，50分を使わなければ達成できない。20分，25分のタイミングに山場を置くためには山場を〈めあて〉の達成と位置づけ直す必要が出てくる。〈ねらい〉の達成へのプロセスの中で，子どもが自力で解決してほしい部分を特定し，その部分に対して，子ども自身でアクションを起こせる言葉にして〈めあて〉を設定するのである。そしてそこを達成した瞬間を授業の山場にする。そのような山場を経て，その後の見通しを持ち，前向きに授業の後半の展開である〈展開2〉に入っていければ〈ねらい〉に迫っていくことができる。

[6]〈展開2〉につなげる

自力解決が求められる〈めあて〉の達成を実現した後の〈展開2〉は〈ねらい〉の達成のためにより重要な時間帯となる。〈めあて〉の達成を目指す〈展開1〉はActive（意欲的）であることが命であり，〈展開2〉はDeep（深める）であることが命である。また，全般的に言えば〈展開1〉では課題となる一事例（例題）や一事象の問題解決を図ることが多く，言わば，具象的に思考を進めることになる。一方〈展開2〉では得た知識，法則を用いて様々な課題への適用を図ることが主になり，抽象化，普遍化への作業に進むことになる。ここでの授業形態は，さらなる課題の提示，説明，他の事象への適用など授業内容と到達目標によって多岐にわたることになる。

もちろん，授業のUD化はここに示しただけの方法にとどまらない。すべての子が「わかった」「できた」を体験することが授業のUD化のゴールであるとすれば，今後の研究によって，もっともっとダイナミックな変化や工夫が登場することになるだろう。長く教育現場で言われ続けている授業改善や，学力向上の文脈とも一つになって，今後の授業研究に大きな役割が期待されるのが「授業のユニバーサルデザイン化」の発想である。

コラム2

児童生徒の学習支援—教材研究の視点から

山本博樹

　教師には，授業の中で一人ひとりの児童生徒のつまずき（学習不適応）に共感し，学習を支援する個別的な対応（支援的な授業）が求められる（小野瀬，2011）。まさに，授業そのものが一次的な心理教育的援助サービスの場となるのである（石隈，1999）。この際，支援的な授業の有効性を決めるのが教材研究である。教材というと変えようのない完成物と捉えがちだが，授業の素材と捉えればよいと思われる。悪ければ囚われずに変えていくのである。

　たとえば，小6の算数で「比」を学ぶ時には，「ドレッシングをつくる時の酢とサラダ油の割合」を素材にして説明されるが，「ドレッシングづくり」に興味を持たない子がいたとする。その子の興味が「野球」にあれば，素材を「野球」に変えるのである。「自分のチームが相手チームに6対2で勝った時，何倍の点を取った？」というように，である。よりよい素材に変えることで学習が進むと考えられるからである。ただ，素材の「吟味」と「調理」がとても重要になってくる。それぞれのポイントは下述するが，共通するポイントは，「教科の論理」ではなく「学習者の論理」の重視である。児童生徒の認識の仕方でつまずきを生んだ素材を「吟味」し，「調理」することである（山本，2010）。

　まず「吟味」だが，なぜその素材だと児童生徒に難しいのかを考えるとよい。教師は「先生の話がわからない」，「教科書がわからない」という児童生徒の認識を正面から見据えて，真相をつかもうと努めるのである。決して，「教科内容が難しいから」と，教科のせいにしないようにしたい。学習支援の先駆けとなった，北尾・速水・島田（1986）は，小3から小6を対象として，つまずきの真相をTK式読み能力診断検査によりつきとめた。つまり，理解力がつまずきの規定因であることを明らかにしたのである。この理解力は，選択（注意を向ける段階），体制化（概念関係を整理する段階），統合（既有知識と関係づける段階）の3段階からなる（山本，2010）。ならば，これに基づき，どこに根ざしているかを「吟味」したい。たとえば，小・中・高を通じてつまずきの極まる教科が高校公民科「倫理」だが，山本・織田（2015）は，「倫理」のつまずきが理解時の体制化過程に根ざしていると「吟味」し，真相を明かした。

　次に「調理」では，児童生徒に合わせて形を整えることである。教科書ばかりでなく，ノートやワークシートなども積極的に活用したい。北尾（2002）は，漢字の学習に遅れのある小6男児への支援事例を示している。男児は一画一画を丁寧に見て書かず，誤字が多かった。先の選択段階でのつまずきということになるだろう。そこで，級友の漢字ノートを見せたのである。男児はよほど美しさにビックリしたのであろう。その後，これを真似て，読みや意味，筆順をノートに書き加え，ノートの終わりには自分で書けた漢字と書けなかった漢字とに分けて整理していったほどである。この事例は，「調理」について示唆に富んで興味深い。ただ単に既成の教科書にある漢字表を見せたわけではない点に着目したい。級友のノートという形をとった点に，教師の「調理」の腕前が垣間見られる。

　現在，学校には学校心理士の資格を持って教師として勤務している人がたくさんおられる。こうした方々が，児童生徒のつまずきの真相をつかみ取りながら支援的な授業をなされる際に，教材の「吟味」と「調理」をさらに心がけることで，児童生徒の学習支援はより進むであろう。

4章
子どもの社会的能力の育成

小泉令三

1. なぜ，子どもの社会的能力育成が必要なのか

[1] 生活環境の変化と子どもの生活体験

　科学技術が進歩して，より快適な生活を求める人々の欲求に応えようと，便利なシステムやしくみが整ってきた。そうした変化は，子どもを取り巻く生活環境を大きく変え子どもの生活体験の質や量に大きな変化をもたらしている。

　たとえば，小学生でも携帯電話やスマートフォンを持ち，友達間で自由に連絡を取り合うことができるようになった。また，ゲーム機やネット経由のゲームが普及し，どこでも一人で遊べるようになっている。昭和30年代から平成の初めにかけて戸外の遊びと室内遊びが逆転したが（図4-1），この傾向は現在も続いていると考えられる。戸外での異年齢の子ども集団遊びの減少は，遊び集団に加わる，仲間を誘う，途中のトラブルに対処するなど，多くのスキルを習得できる機会を子どもから奪っていると言える。日常的な買い物も，スーパーマーケットやコンビニでは，買い手は注文や交渉といった手間がほとんど不要で，金銭や支払いができるカードがあれば，ほとんど無言で済んでしまう。乗り物なども，無言で切符の購入や改札そして乗降が可能である。大人と言葉を交わしたり，関わったりする必要はなくなっている。

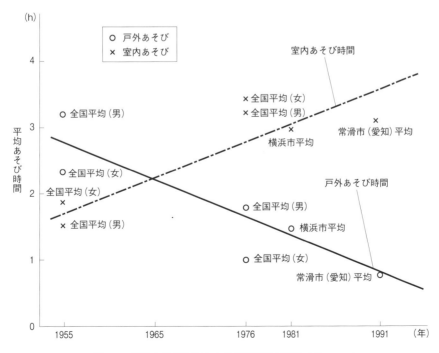

図 4-1　戸外あそびと室内あそびの時間の変化（仙田，1992）

このような生活体験の質と量の変化は，子どもが周囲の他者と関わる力の低下をもたらしていると考えられる。このため，意図的・計画的にこうした力を育成する必要が出てきたと言える。

[2] 問題行動と社会的能力の関係
1) 問題行動の概要
　文部科学省の統計によると，不登校児童生徒数は高止まりが続いている。また，いじめ問題は大きな社会問題であり，2013年にいじめ防止対策推進法が制定された後も，痛ましい事件が報じられている。暴力行為は，中学校で発生率が高いままであり，また特に小学生で増加が顕著で低年齢化が大きな課題である（図4-2）。その他，件数は多くはないが少年犯罪も報道番組等で注目されており，国内においては子どもの数が減少している状態の中で，問題行動はやはり大きな社会問題の一つであることは間違いない。

2) 問題行動の予防と社会的能力育成
　本章では，社会的能力を「適切な自己・他者・状況認知をもとに，自己の情動と行動をコントロールし，周囲の人々や集団との良好な関係や関わりをもつ力」とする。また，「社会的能力をもとにした社会との関係性」を社会性と呼ぶことにする。

　学校心理学においては，子どもの支援を一次的援助サービス，二次的援助サービス，三次的援助サービスの3つのレベルで構成している。問題が生じたら，適切に支援しあるいは対処する必要があるが，現状ではこうした三次的援助サービスだけでは対応しきれないほど問題が多かったり，あるいは深刻化・複雑化したりしている。そのため，早目に対処し深刻化させない二次的援助サービス，そしてそもそも問題の発生を予防し，さらにはより好ましい適応状態になるよう支援する一次的援助サービスが注目されている。

　一次的援助サービスとしての問題行動の予防に，社会的能力はどのように関係するのであろうか。図4-3は，社会的能力と問題行動予防の関係を示したものである。社会的能力を高めることによって，自尊心つまり自らを価値ある存在として認める態度が高まる。これに，犯罪や問題行動に関する科学的知識が加わることによって，問題行動を起こしたりあるいはその被害者になったりすることを予防することができる。具体的には，規範意識が高まりまた規範行動が獲得されることになる。

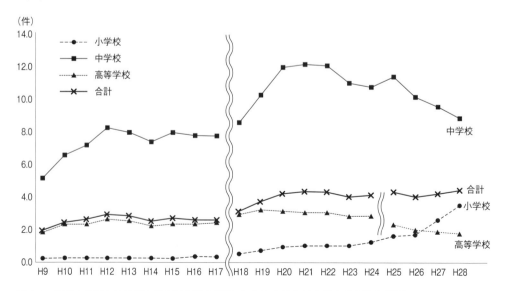

図4-2　学校内外における暴力行為発生率の推移（1,000人当たりの暴力行為発生件数）（文部科学省，2017）

図 4-3　問題行動予防のしくみ（小泉，2011 を一部改変）

　以前の予防教育には，たとえば薬物乱用防止教育でいえば，違法薬物の害や怖さを教えさえすれば，防止につながるという考えがあった。未成年の喫煙防止も同様である。しかし，社会的能力が低い状態では，誘われやすい状況を認識できなかったり，誘われても適切に断ることができずに，問題行動に巻き込まれる危険性がある。また，自尊心が低いと，自分を大切にすることができずに，自ら問題行動を起こしたり，あるいは誘いを明確に断る意思決定ができないことになる。社会的能力や自尊心を育てる取り組みをせずに科学的知識だけを与えると，むしろ子どもの好奇心が高まり，いわゆる"寝た子を起こす"状態になりかねない。

　以上のように，一次的援助サービスとしての問題行動の予防に，社会的能力の育成は必要不可欠と考えられる。前節で見たように，生活体験の質と量が変化し，社会的能力が低下していると考えられる現状では，これは国内の地域によらず，すべての子どもに必要な取り組みになっていると考えられる。

3）学校適応の促進と社会的能力育成

　図 4-4 は，どの学校でも取り組んでいる学力向上に，社会的能力がどのように関係するかを示したものである。まず学習活動のねらいは，基礎的・基本的事項（読み，書き，算数，体力）の習得と，応用力（問題解決力）の育成である。それを支えるのが，規範意識・規範行動であり，様々なルールや規則を守っていこうという意識と具体的な行動と言える。また，学習の場で言えば学習規律を守ることがなければ，学習は進まない。そして，何事をなすにしても，自分を大切にし，価値ある存在だと捉える自尊心が挙げられる。

　そして，これらを支える土台となるのが社会的能力である。実生活では，社会的能力をも

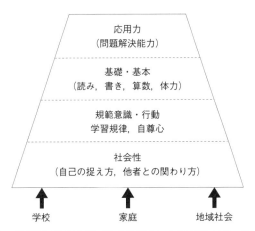

図 4-4　学力・学校適応と社会性（社会的能力）との関係（小泉，2011 を一部改変）

とにした自己の周囲の社会との関係性が重要なので，図4-4では社会性と表現されている。また，その具体的な内容は，一義的には自己と他者に関わるものであり，わかりやすいように，「自己の捉え方，他者との関わり方」と説明を加えてある。

このモデル図は，具体的なエビデンスに基づくというよりも，教育実践に関わる実践知をもとに構成されたものである。教育実践の場において，教師が子どもの学力を高めようと学習指導のために十分に準備をしても，ねらいとする学力が応用力であれば，基礎・基本が身についていなければ学習の成果は期待できない。しかし，基礎・基本を確実なものにしようとしても，自尊心が低かったり学習の規律が守られなければ，教室での学習は成立しない。この極端な例が，「指示が通らない」「ことばが届かない」という授業崩壊や学級崩壊と言える（朝日新聞社会部，1999）。また，規範意識が低かったり規範行動が守られていないと，生徒指導上の問題が発生し，学習への取り組みに専念するような状態は期待できない。あるいは子どもの自尊心が低ければ，たとえ学級としては学習への取り組みのレディネスが整っていても，個人としては学習の取り組みへの動機づけは高まらない。図4-4は，これらのもとにさらに，自分をどのように認知し，また周囲の人々とどのように関わるのかという社会的能力が備わっている必要があるということを示している。

実は，この図でさらに重要なのは，学校と家庭と地域社会がこの構成を支える位置づけにあるということである。先に見たように，現代の生育環境の中では，生活体験の量と質が変化していて，家族構成や地域社会の変容によって，これらから受ける教育的効果が弱まっていると考えられる。その結果，図4-4で土台となる社会性の育成が不十分になっていると考えられるのである。

図4-4は学力向上を例に示したものであるが，学校生活への適応促進に関しても，同じようなモデルが成り立つと考えられる。繰り返しになるが，子どもを取り巻く環境の変化が，日本中どこにおいても生じているとするなら，学校適応促進のためには，どの地域やどの学校でも程度の差はあれ，子どもの社会的能力を育てる必要性が高まっていると考えられる。

2. 子どもの社会的能力育成への取り組み

[1] 社会性と情動の学習（SEL）の取り組み
1）社会性と情動の学習（ソーシャル・エモーショナル・ラーニング）とは

社会性と情動の学習（social and emotional learning: 以下 SEL とする）は，アメリカの CASEL（Collaborative for Academic, Social, and Emotional Learning: キャセル）という団体によると，「子どもや大人が，情動（感情）の理解と管理，積極的な目標設定と達成，他者への思いやりを持ちそれを示すこと，好ましい関係作りと維持，そして責任ある意思決定について，これらができるようになるための知識，態度，スキルを身につけて効果的に利用できる過程」と説明されている（Collaborative for Academic, Social, and Emotional Learning, 2012）。筆者は，わが国の教育実践の場等で理解しやすいように，「自己の捉え方と他者との関わり方を基礎とした，社会性（対人関係）に関するスキル，態度，価値観を育てる学習」（小泉，2011）と紹介している。

この SEL のための学習プログラムが SEL プログラムであり，世界的には上記の SEL の説明に該当する多数の学習プログラムの総称あるいは枠組みとなっている。時期としては，1990 年代中頃から SEL の用語が使用されている（Elbertson, Brackett, & Weissberg, 2010）。

2）SEL プログラムの世界的動向

SEL プログラムに関する世界の動向は，山崎・戸田・渡辺（2013）にまとめられている。それを見ると，アメリカとヨーロッパを中心に多数の学習プログラムが開発・実践されているこ

表 4-1　エビデンスのレベルの例 (正木・津谷，2006)

レベル	内　容
Ⅰa	ランダム化比較試験のメタアナリシスによる
Ⅰb	少なくとも 1 つのランダム化比較試験による
Ⅱa	少なくとも 1 つのよくデザインされた非ランダム化比較試験による
Ⅱb	少なくとも 1 つのほかのタイプのよくデザインされた準実験的研究による
Ⅲ	比較試験や相関研究，ケース・コントロール研究など，よくデザインされた非実験的・記述的研究による
Ⅳ	専門家委員会の報告や意見，あるいは権威者の経験

とがわかる。一方，アジアを始め他の地域では，あまり開発や実践が進んでいない。

　英語圏を中心によく利用されている学習プログラムは，まず大学等で研究者が開発し，その効果を検討して，エビデンス（科学的根拠）を学術雑誌で公表するのが一般的である。研究法としては，研究協力者をランダムに実験群と比較対照群に割り振って，実験群での学習プログラムの効果を確認するという RCT（randomized controlled trial: ランダム化比較実験）という手法が，最も質の高いエビデンスを得られるとされている（アメリカ医療政策研究局，1993）。そして，こうして公表された複数の研究成果をさらに比較したり，結果を統合したりして分析するメタ分析（メタアナリシス）も実施されている（表 4-1 参照）。これらの研究の結果，SEL の効果としてまず社会性と情動のスキルや，自己及び他者への態度が向上し，また社会的に好ましいとされる行動が増えることが確認されている。さらには，問題行動や心理的諸問題が改善されるとともに，学力が向上することも示されている（Durlak, Weissberg, Dymnicki, Taylor, & Schellinger, 2011; Hahn et al., 2007）。

　一方，こうした好ましい行動変容やパフォーマンス向上の詳細な因果関係が，すべて明らかになっているわけではない。しかし，SEL によって子どもの社会的能力が高まり，子ども–子ども間の相互作用が豊かになることによって，集団の支持的風土が醸成されると考えられる。さらに教師–子ども間の良好な関係が形成され，これらが総合的に作用して，学校での学習環境や生活環境の改善がもたらされるのではないかと考えられる（Schaps, Battistich, & Solomon, 2004）。

　次に，欧米の SEL プログラムの運用面に目を向けると，その傾向としてまず挙げられるのは，多くのプログラムが会社や NPO のような組織，あるいは何らかの団体によって普及と管理がおこなわれ，また改善や拡張が図られている点である。これらの SEL プログラムは大抵，パッケージ化されていて，学習の単位であるセッションの実施内容はもとより，セッションの回数や順序，教材や学習プリントなどが決められている。その指導のためのマニュアル（指導書）などが整備されており，またそのプログラムの実施者には，一定の講習や研修の受講が義務付けられている。こうした受講によって資格を得た者でなければ，教材や学習プリントなどは入手できず，当然のことながら使用も許可されないことになる。講習や研修，教材，学習プリントなどは有料であり，これらの事情から，「学習プログラムを “買う”」という言い方がなされることが多い。

　こうした運用方法が採用されているのは，まず学習プログラムが適切に実施されることによって確実な効果が得られるようにするためであり，不十分な理解や中途半端な手続きで実施されると，十分な効果が期待できないためである。なお，講習や研修で参加者が支払う費用によって，普及団体から派遣されるインストラクターが雇用され，また教材や学習プリントのために支払われる代金は，学習プログラムの普及や改善に使われることになる。

　SEL プログラムの運用のためには，できるだけ多くの実践の場でその学習プログラムが採用されることが望ましく，そのために先に述べた研究成果などが根拠として用いられることにな

る。たとえば，アメリカの場合，学校や教育委員会が SEL プログラムを導入しようとすると，有償であるために，その学習プログラム選定の理由が必要であり，そのために，公表されている研究成果は有力な根拠となる。説明責任（アカウンタビリティ）を果たすという意味で，こうしたエビデンス，すなわち科学的根拠は重要である。ただし，すべての学習プログラムが科学的にその効果が検証され公表されているわけではない。また学習プログラム採用のシステムは，国や地域・地方の教育事情に大きく影響を受けるが，教育行政における決定や方向づけがなされると，学習プログラムの採用には大きな弾みがつく。先に紹介したアメリカの CASEL という団体は，エビデンスに基づく SEL プログラムの採用が必要であることを強調し，またそのための政治的活動の重要性を訴え，さらに政策立案者等との連携を訴えている。

3) わが国での取り組み

わが国の SEL プログラム開発と実践は，上で見たような欧米での動向とは様相が異なる。まず，SEL プログラムの分類についてであるが，欧米のプログラムはたとえばセカンド・ステップやシックス・セカンド（山崎・戸田・渡辺，2013）のように，ほとんど固有の名詞がつけられている。これに対して，わが国のプログラムは構成的グループエンカウンター（國分，1992）や，ソーシャルスキルトレーニング（社会的スキル学習）（國分・小林・相川，1999）のように，技法がそのまま学習プログラムの名称になっているものが多い。

SEL プログラムの分類に定説はないが，わが国で実践されているプログラムを大きく3つのグループに分ける考え方がある（小泉，2015）。まず第1のグループは上に示したような学習プログラムで，心理学的手法を前面に出してその名称を冠するものである。ほかにアサーショントレーニング（平木，2009），あるいはストレスマネジメント教育（竹中，1997）などがある。

第2のグループは，おもに特定の問題行動等の予防をめざしたものである。手法としては第1のグループで使用されるものを含めてより多様な手法を用いて，子どもの社会的能力の育成を図ろうとする学習プログラムで，たとえば子どもへの暴力防止を目的とした CAP プログラム（CAP センター・JAPAN，2004），いじめなどの対立問題対応のピア・メディエーション（池島・竹内，2011），怒りのコントロールをめざすアンガーマネジメント教育（本田，2002）などがある。

最後に第3のグループは，特定の問題行動というよりは全般的な社会的能力の育成を目指したもので，第2のグループ同様，多様な心理学的手法が用いられている。具体的には，ライフスキル教育（WHO・JKYB 研究会（訳），1997），セカンド・ステップ（NPO 法人　日本こどものための委員会，2011），ピア・サポートプログラム（中野・森川・高野・栗原・菱田・春日井，2008），トップセルフ（山﨑，2013），サクセスフルセルフ（安藤，2008），横浜プログラム（横浜市教育委員会，2010），SEL-8S プログラム（小泉，2011）などが挙げられる。

なお，生徒指導提要（文部科学省，2010）では，「教育相談でも活用できる新たな手法等」として，これら3グループの学習プログラムの中から，いくつかが例示されている（表4-2）。

以上のわが国の SEL プログラムは，大学関係者が開発したり，あるいは欧米の学習プログラムを参考にしつつも独自に作成したりしたものが多くの割合を占めている。欧米のプログラムを直輸入したもの（例：セカンド・ステップ）は稀である。地方自治体の教育センター等が学習プログラムを提案することも多くなっている（泉・小泉，2016）。用いられている心理学的手法は，ほとんど欧米から輸入されたものである。そして，プログラムの形態の特徴としては，学習内容やその順序，そして回数などが決められているようなパッケージ化されたものは少数である点があげられる。これには，学校の教育課程が文部科学省によって定められている学習指導要領に大きく規定されているために，学校の裁量の幅が狭いことが一つの原因となっている。したがって，教育実践の場では，これらの学習プログラムで示されている種々の学習内容を，学校ごとに工夫して，適宜組み合わせた実施計画を立てる必要がある。

表 4-2　生徒指導提要（文部科学省，2010）で紹介されている SEL プログラムの例

プログラム名	説明（抜粋と要約）
グループエンカウンター	グループ体験を通しながら他者に出会い，自分に出会う。人間関係作りや相互理解，協力して問題解決する力などが育成される。
ピア・サポート活動	児童生徒の社会的スキルを段階的に育て，児童生徒同士が互いに支えあう関係を作るためのプログラムである。
ソーシャルスキルトレーニング	様々な社会的技能をトレーニングにより，育てる方法である。「相手を理解する」「自分の思いや考えを適切に伝える」「人間関係を円滑にする」「問題を解決する」などが目標となる。
アサーショントレーニング	「主張訓練」と訳される。対人場面で自分の伝えたいことをしっかり伝えるためのトレーニングである。
アンガーマネジメント	自分の中に生じた怒りの対処法を段階的に学ぶ方法である。怒りなどの否定的感情をコントロール可能な形に変える。
ストレスマネジメント教育	様々なストレスに対する対処法を学ぶ手法である。ストレスについての知識を学び，その後対処法などを学習する。
ライフスキルトレーニング	自分の身体や心，命を守り，健康に生きるためのトレーニングである。喫煙，飲酒，薬物，性などの課題に対処する方法である。

　また，欧米の SEL が有料のものが多いのに比べ，わが国で使用されているプログラムは基本的に実施料は無料のものが大半を占めている点も特徴の一つである。プログラム内容は書籍やホームページで公開されており，指導のためのマニュアル（指導書）は添付されたり公開されたりしている。これらの学習プログラムの導入と実践は自由であるが，もし講習や研修を希望する場合には，何らかの手段を用いて指導者を探す必要がある。こうした事情から，同一の SEL プログラムを実践している学校間でも，その学習内容や順序，学習方法（例：通常の 1 単位時間での実施か短時間の学習に分割しての実施か，あるいはロールプレイや体験活動の多少など）では，違いが見られることとなる。

　また，研究成果は学術冊子等で発表されている（例：藤枝・相川，2001）が，まだ欧米のような RCT による研究手法は取られておらず，それ以前に SEL プログラムを実施しない統制群の設定が難しい場合もある。また，教育実践の面では，研究成果が SEL プログラムの導入に影響を与えている程度が不明である。表 4-1 で示したエビデンスのレベルでいうと，Ⅲのケース研究（実践事例報告）やⅣの専門家の意見（提言等）によって決定されている可能性もある。なぜその学習プログラムを選定したのか，あるいは取り組みの枠組みとしてなぜそれを選んだのかという理由を明らかにするという意味で，十分な説明責任が果たされている例は少ないと推測される。

　教育実践面では，実際に全国でどのような SEL プログラムがどの程度実施され，またどのような成果が得られているのか，また課題は何なのかという実態も集約されていない。これは，大半の学習プログラムが無料で公開されており，開発者や普及を図っている関係者も実際の利用状況等を把握しにくいことが原因の一つである。評価方法についても，たとえば学力で言えば全国学力・学習状況調査のように共通の評価指標があるわけではなく，各実践者に任されているため，学習効果の十分な比較検討ができにくい状況にある。

[2]　一次的援助サービスとしての社会性と情動の学習（SEL）の位置づけ

1）学術的な研究成果の必要性

　先に図 4-4 で示したように，社会的能力の育成が学校での学習や学校適応の基盤となるなら，この向上は一次的援助サービスとして，必須の取り組みと言える。そのために，わが国でも SEL プログラムは有力な手法であり，たとえば自尊感情（川井・吉田・宮元・山中，2006），

抑うつ（石川・戸ヶ崎・佐藤・佐藤，2009），自己有用感（堤・小泉，2012）などが向上することが示されている。しかし残念ながら，本章で注目する問題行動の予防と学校適応の促進に関して，十分な学術的な効果検証がなされているとは言えない。今後，効果の指標として，いじめ，暴力行為，不登校，未成年の喫煙，学習活動，学力などといった教育課題や教育成果を表す指標での効果検討が必要と言える。

2）普及の必要性と今後の取り組み

わが国において SEL プログラムの効果に関するエビデンスが不十分なレベルにあるとしても，効果の報告が蓄積されつつある状況から，実践面ではポイントを押さえて効果的に導入と定着を図る必要がある。以下に，小泉（2015）を要約するかたちで，10 項目に分けて導入と定着の留意点を述べる。

①管理職のリーダーシップ

学校の管理職が，SEL プログラムの必要性と重要性を認め，組織体として導入と定着を図るために，これを学校経営の柱とする必要がある。

②コーディネーター的教員（推進役教員）

学校内資源として，実践をリードする教員が必要不可欠である。管理職との意思疎通を図るとともに，以下に続くすべての事項での指導的役割を果たすことが期待される。一定期間での異動がある公立学校では，このコーディネーター的教員の役割の継承も重要な課題の一つである。

③SEL プログラムの選定

現状では，複数の SEL プログラムの中から，自校に適したものを選定するといった手順は取りにくいかもしれないが，できるかぎり資料を収集して比較検討することが望ましい。その際は，(a) プログラムの全体構造（社会的能力の構成，学習内容の区分，発達段階や教育的ニーズへの対応など）が明確かどうか，(b) 評価の観点や評価方法が定められているか，そして(c) 実践の成果（エビデンス）が示されているか，といった点に留意する必要がある。

④学級・学年単位の試行

これは，全校的な実施に入る前に，1〜2の学級あるいは単一の学年で試行的に SEL プログラムを実践して，指導者がプログラムの内容や指導方法の概要を理解することを意味している。そして，試行後にその成果と課題を全教職員で共有することができれば，学校全体での実践が円滑に進むことができると予想される。ただし，学校全体で実践研究として取り組むような場合には，こうした学級や学年単位での試行の段階は経ずに，最初から全校一斉に実践を開始することになる。

⑤カリキュラムの構成

これは，SEL プログラムの内容や実施時期の計画を立てるだけでなく，その学校の教育課程のどこに位置づけるのかを検討し，決定することを意味する。

これまで述べたように，わが国では学校の教育課程編成の制約が強いため，パッケージ化された学習プログラムの実施は難しい。そこで各学校にはその実情に合わせて，SEL プログラムの学習内容，学習時間（回数），学習時期を適切に設定し，位置づける工夫が求められる。いわゆるカリキュラムマネジメント力が要求されることになる。例としては，特別活動（学級活動，学校行事等）を中心として，一部を総合的な学習の時間に位置づけるといった学校もある。なお，プログラムを学習する頻度として，最低限，年間 7〜8 回程度は必要であると考えられる（小泉・山田・箱田・小松，2013）。

⑥取り組みの体制（組織づくり）

導入から定着に至るためには，学校内に何らかの組織づくりが必要である。これによって担当が明確になり，全校での継続的な取り組みが可能となる。改善のための組織的な PDCA サ

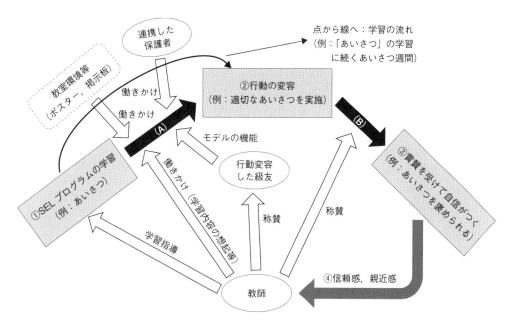

図 4-5　子どもの行動変容の過程とその結果（小泉，2015）

イクルが回りやすくなる。

⑦教職員研修

研修内容として，SEL プログラムの内容と特徴の理解，指導方法の習得，評価方法の理解，実践結果（子どもの変容）の共有などがある。学習プログラムの定着には，教職員研修が毎年，定期的に一定回数実施されることが必要不可欠である。

⑧環境づくり

「ひと・もの・こと」，すなわち人的環境（教師と級友），物的環境（ポスター，掲示物），体験の機会（学習内容を活用する機会＝行事や教科の学習など）を整えることによって，子どもの行動変容が促進されることになる。図 4-5 は，これが教師と子どもの関係の改善につながるプロセスを示したものである。

⑨家庭との連携

子どもの成長に，家庭環境は大きな影響力を持つ。学校での取り組みを保護者と連携して進めるために，各種通信の利用，学習参観の設定，保護者向けのワークショップなどを工夫すると効果的である。

⑩評価の工夫

評価の観点と方法は，事前に決めておく必要がある。SEL プログラムを実施するねらいとその評価方法は，表裏一体の関係にあるからである（イライアスら，1999）。ここでの評価は，子ども自身による自己評価，教師あるいは級友による他者評価，そして実際の行動に分けられる。今後は実際の行動，すなわち教育の成果としてのパフォーマンス（問題行動の減少，学習活動の活性化，学力の向上など）が重要な評価指標になるであろう。

5章
キャリア教育

今西一仁

1. キャリア教育の現状

[1] キャリア教育の意義とねらい

　キャリアとは、「人が、生涯の中で様々な役割を果たす過程で、自らの役割の価値や自分と役割との関係を見出していく連なりや積み重ね」であり、キャリア教育は、「一人一人の社会的・職業的自立に向け、必要な基盤となる能力や態度を育てることを通してキャリア発達を促す教育」と定義されている（中央教育審議会、2011）。

　経済のグローバル化や知識基盤社会の到来、少子高齢化、就業構造・雇用慣行の変化など社会環境が急激に変化している現代にあっては、子ども一人ひとりがしっかりとした勤労観・職業観を形成し、将来直面する様々な課題に対応していく力を高めていくことが求められる。一方、従来の進路指導は、就職や進学などに関する指導・援助といった一部の教育活動に偏りがちであるという点でいわゆる「出口指導」との批判を受けてきた。就職や進学といった卒業後の進路選択に向けた指導は重要ではあるが、キャリア教育は就学前段階から初等中等教育・高等教育を通して実践され、若年無業者など学校から社会への移行に困難を抱える若者を支援する様々な機関においても実践される、生涯を見据えた取り組みである（図5-1）。子どものキャリア発達を促していく視点から学校教育活動全体を見直していくためにもキャリア教育の推進が求められている。

　キャリア教育に関する先行研究としては、各都道府県のキャリア教育推進の中心となる教育センター・教育研究所における研究が多い。道徳・特別活動・総合的な学習の時間へのキャリア教育の導入についての研究（佐賀県教育センター、2009）、教科を含んだキャリア教育プログラムの指導案の作成と効果の検証に関する研究（沖縄県総合教育センター、2009）、キャリア教育を推進するためのカリキュラム開発（茨城県教育研修センター、2009, 2011）など、キャリア教育の推進に向けたカリキュラムやプログラム開発に関する研究がある。

図5-1　キャリア教育と進路指導（文部科学省、2011a より作成）

キャリア発達

①キャリア発達と基礎的・汎用的能力

　キャリア教育の中心概念であるキャリア発達は、「社会の中で自分の役割を果たしながら、自分らしい生き方を実現していく過程」と定義される。キャリアは、発達段階やその発達課題の達成と深く関わりながら段階を追って発達していくものであり、社会的・職業的自立に向けて

必要な基盤となる能力や態度は，こうした発達の視点を踏まえ，体系的な各学校段階の取り組みの中で育てていく必要がある（中央教育審議会，2011）。また，キャリア発達を促すにあたって，社会的・職業的自立や学校から社会・職業への円滑な移行に必要な能力として，人間関係形成・社会形成能力，自己理解・自己管理能力，課題対応能力，キャリアプランニング能力の4つの能力が例示され，基礎的・汎用的能力として整理された（中央教育審議会，2011）。

しかし，こうしたキャリア発達やそれに伴う能力の形成に関するアセスメントの実践はまだ不十分といえる。キャリア教育に関する評価について，「取組の改善につながる評価の実施」をしている学校は小学校7.4%，中学校3.7%，高等学校16.6%にとどまっており，「キャリア教育の成果について評価を実施している」学級担任の割合は，小学校12.2%，中学校27.6%，高等学校15.3%と低い（国立教育政策研究所，2013a）。

キャリア発達のアセスメントに関する研究として，坂柳・竹内（1986）は，中学校・高等学校においては，こうした進路発達・成熟を促進する指導が必要であるとの認識から，目標達成のためには，まず進路発達・進路成熟の実態を把握し，理解しておくことの重要性を説き，教育的進路成熟と職業的進路成熟という希望進路に応じた側面と，進路自律度，進路計画度，進路関心度といった態度に関する側面によって構成されている進路成熟態度尺度（CMAS-4）を作成している。

基礎的・汎用的能力に関する研究として，愛知県総合教育センター（2012）では，児童生徒の社会的・職業的自立を促すため，「人間関係形成・社会形成能力」「キャリアプランニング能力」の育成に焦点をあてた実践研究をおこなっている。また，高知県教育センター（2014）は，郷土への愛着，キャリア形成（基礎的・汎用的能力），基本的生活習慣，自尊感情，教科の学習意欲に関する調査項目から構成されるキャリア形成アンケート（小中学校版）を作成し，キャリア教育の評価への活用を提案している。

三川・石田・神田・山口（2013）は，高等学校におけるキャリア教育・職業教育の推進にあたり，キャリア教育及び職業教育の目標設定と実践の評価のツールとして活用されることを目的に，社会形成力，リーダーシップ力，自己理解力，問題解決力，職業理解力の5因子から成るキャリアデザイン力尺度の開発と検討をおこなった。

坂本・別役・山岡（2015）は，高校生の「勤労観・職業観」「基礎的・汎用的能力」を量的に測定する高校版のキャリア形成アンケートを作成し，キャリア形成と自尊感情，生徒の意欲や行動の関係を検証するとともに，キャリア教育の効果的な取り組み体制について検証している。その結果，自尊感情を高めることによって，否定的な勤労観・職業観の改善や基礎的・汎用的能力の向上に影響を与え，将来の進路に向けた生徒の意欲や行動につながっていくことが明らかになった。

このように，様々な尺度が開発されてきたが，アセスメントは，キャリア教育の実践（Do）がどのように達成されたかを評価（Check）して改善（Action）につなげ，新たな計画づくり（Plan）をおこなっていくための過程である。アセスメントの手段や内容について検討していくためには，目の前の子どもたちにどのような力をつけていきたいかという具体的な目標設定が欠かせない。

②キャリア発達とキャリア・アンカー

キャリア発達が進むにつれて自己イメージも次第に明確なものになっていく。シャイン（Schein, 1991）は，ある人が自分のキャリアを決めるとき，指針にも制約にもなる自己イメージを，キャリア・アンカーと名づけた。こうした自己イメージは，①自覚された才能・能力，②自覚された動機・欲求，③自覚された態度・価値観の3つに分かれ，キャリアの進展につれて次第に明確になるとしている。

また，キャリア・アンカーは，①専門・職能別コンピタンス（特定の仕事に高い才能と意欲

を持ち，専門性の追求に価値を見出す傾向），②全般管理コンピタンス（経営上の課題を効率よく解決することや昇進し組織の期待に応えることに価値を見出す傾向），③自律・独立（仕事のペースを自分の裁量で自由に決めることを求めることに価値を見出す傾向），④保障・安定（雇用や身分の保障や仕事や経済的安定に価値を見出す傾向），⑤起業家的創造性（新しい商品やサービス，事業の開発を好み，革新的な活動に価値を見出す傾向），⑥奉仕・社会貢献（社会の発展や人のために役に立っていると実感できることに価値を見出す傾向），⑦純粋な挑戦（不可能と思える障害を克服するなど困難な問題を解決することに価値を見出す傾向），⑧生活様式（趣味や家族と職業生活とのバランスをとることに価値を見出す傾向）の8つに整理されており，こうした傾向を判断するための質問紙も作成されている（Schein, 2003）。

シャイン（Schein, 1991）は，キャリア・アンカーにおいては実際の職業体験が重視されており，職業に就いて何年か経ってから個人のキャリア・アンカーが明らかになるのであって，様々なテストから予言することができるものではないと述べている。その点，小学校から高等学校のキャリア発達の段階において児童生徒のキャリア・アンカーが明確になるものではないが，自分の能力や欲求，価値観の自覚に焦点を当てたキャリア・アンカーの考え方をキャリア教育に援用することで，児童生徒のキャリアの方向性を意識するよう促すことはできる。諸富（2007）や山本（2010）らは，キャリア教育の実践の中でキャリア・アンカーの概念を用い，キャリア発達を促す実践について報告している。

キャリア発達の概念が能力や意欲，価値観の発達の仕方に焦点を当てているとすると，キャリア・アンカーはその内容について焦点を当てていると考えることもできる。両者の視点を持つことで子どものキャリア発達を促進するための具体的な手立てを考えることができる。

[2] キャリア教育と学校心理学
1）学校心理学とキャリア教育との関連

学校心理学においては，学習面での援助，心理・社会面での援助，進路面での援助，健康面での援助という4つの援助領域があるが，キャリア教育は進路面での援助だけにとどまるものではない。石隈（1999）は，進路面での援助を「進学先や就職先の決定そのものではなく，この決定の基盤になる，生き方，生きる方向の選択の援助」と定義し，4つの面の援助領域においては一つの面の援助がほかの面にも影響することを指摘している。社会的・職業的自立，社会・職業への円滑な移行に必要な力として整理された4つの基礎的・汎用的能力と対照しても，これらの能力は進路面だけでなく，学習面，心理・社会面にも関連してくると考えられる。

図5-2は，学校心理学の4つの援助領域の観点からキャリア教育を見たときの援助サービスのイメージである（今西, 2010a）。ここでは，健康面での援助がすべての援助の土台にあり，進路面での援助を中心として心理・社会面と学習面の両側面での援助が相補的に関わってくると考えられる。

2）一次的援助サービスとしてのキャリア教育

学校心理学では，子どもの援助ニーズを一次的援助から三次的援助まで3段階に整理してそれに即した援助サービスを設定している。今西（2004）は，進路面の心理教育的援助サービスについて表5-1のように整理している。

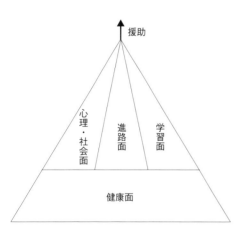

図5-2　キャリア教育における4つの援助領域
（大野, 1998をもとに作成）

表 5-1　進路面の援助をめぐる 3 段階の援助サービス（今西，2004 をもとに作成）

一次的援助サービス	すべての子どものキャリア発達を促進するとともに，キャリアの発達課題に取り組む過程で多くの子どもが直面する問題への対応力をつけるために，主に集団を対象とした援助サービスをおこなう。
二次的援助サービス	配慮を要する一部の子どもについて，子どもの直面している問題がキャリア発達を阻害することを防ぐために，子どもが自律的に問題解決を図ることができるよう，予防的な援助サービスをおこなう。
三次的援助サービス	キャリア発達が阻害されたり，進路選択をめぐって危機や大きな混乱に直面したりしている特定の子どもについて，支援方針を立ててチームによる支援や危機介入をおこなう。

　学校心理学の援助サービスと照合すると，すべての子どもを対象とするキャリア教育は主に一次的援助サービスにあたると考えられる。ただ，一次的な援助サービスを充実させていくためには，二次的・三次的援助サービスも含めた包括的な視点が必要である。たとえば，子どもが何らかの理由で生きづらさを感じているときにはその理由や子どもの状態に応じた二次的援助サービスが必要であるし，突然の事故や病気等によってそれまでの進路希望を実現していくことが困難になった場合や保護者の失業等によって子どもの家庭が経済的に厳しい状況になった場合には三次的援助サービスが必要になる。

　このように，学校心理学の 4 領域・3 段階の視点から進路面についての包括的な援助サービスを考えていくことは，キャリア教育の充実にもつながると考えられる。

2. キャリア教育の実践

[1] 一次的援助サービスとしてのキャリアカウンセリング

1）キャリアカウンセリングのねらい

　学校におけるキャリアカウンセリングは，「子どもたち一人一人の生き方や進路，教科・科目等の選択に関する悩みや迷い等を受け止め，自己の可能性や適性についての自覚を深めさせたり，適切な情報を提供させたりしながら，子どもたちが自らの意志と責任で進路を選択することができるようにするための，個別またはグループ別に行う指導援助」（文部科学省，2004）であり，「日々生徒に接している担任をはじめとする全ての教員が，キャリアカウンセリングに関する知識やスキルを身に付け，実践することが重要」（文部科学省，2011a）であって「個別またはグループ別」におこなう形態をとっていたとしても，その対象となるのは一部の子どもではなくすべての子どもであり，子どもの持っている本来の力を引き出して課題解決をおこなっていくという点で，主に一次的援助サービスが中心となる。

2）キャリアカウンセリングのプロセス

　図 5-3 は，同時並行的に展開する援助サービスのプロセスを図に表したものである。キャリアカウンセリングは，信頼関係の構築，キャリア情報の収集，アセスメント，目標設定，課題の特定，行動計画，評価・終了と展開していくとされる（宮城，2002）。こうしたプロセスはアセスメントが終わったら次は目標設定というように段階的に進んでいくものではなく，進行に応じてその相対的重要度を変えながら同時並行的に展開していくと考えることができる。

　特に，関係づくりがプロセスを通して最も重要であり続けるという指摘は，キャリアカウンセリングに限らず学校において効果的な援助サービスをおこなっていくために欠かせない視点である。

　図 5-4 は，キャリアカウンセリングの実施について小学校から高等学校までの校種間比較をまとめたものである（国立教育政策研究所，2013a）。中学校から高等学校にかけてキャリアカ

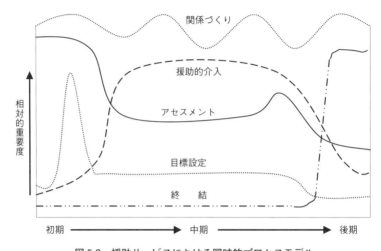

図 5-3 援助サービスにおける同時的プロセスモデル
原典は，大野（1997），石隈（1999）にて紹介されている。本図は石隈（1999）を用いた。

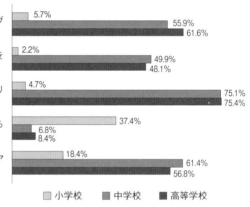

図 5-4 キャリアカウンセリングについての校種間比較（国立教育政策研究所，2013a をもとに作成）

ウンセリングの重要度が高まっているのに比べて，小学校では極端に低い。また，「キャリアカウンセリングの内容がわからない」という回答が37.4%と高く，キャリアカウンセリングは具体的な進路選択の機会について活用されるものであって小学校段階では具体的な進路選択を想定しにくいためにどういった内容について活用していいかわからないといった意識が教員にあると思われる。

　キャリア教育におけるキャリアカウンセリングの進め方のポイントとして，正確な情報・知識の提供だけでなく，基盤となる生徒との良好な人間関係と円滑なコミュニケーション，日常的な個別の指導・支援の重要性が挙げられている（文部科学省，2011a）。小学校においては，キャリアカウンセリングの内容を進路選択・進路決定に関する援助と限定せず，すべての子どものキャリア発達を促すための個別指導・支援に向けた人間関係づくりや円滑なコミュニケーションと考えていく視点が必要であろう。

[2] 進路面についての心理教育的アセスメントの実際
1）進路選択過程に焦点を当てたアセスメントの必要性

　援助的介入をより効果的なものにしていくためには，まず子どもの状態についての十分なア

セスメントと目標設定が欠かせない（図5-3）。アセスメントの方法には，定量的アセスメントと定性的アセスメントがある。前者には，進路適性検査・職業興味検査などの心理検査を用いた検査法と，進路希望調査などを活用した調査法があり，後者には，面談などを通した面接法と学校生活場面における観察を通した観察法がある（文部科学省, 2011b）。

学校心理学における進路援助は，進学先や就職先の決定そのものではなく，この決定の基盤になる，生き方，生きる方向の選択の援助である（石隈, 1999）。こうした視点を踏まえて子どものキャリア発達を促す援助をおこなっていくためには，子どもの職業に対する適性・興味や進路発達過程や進路選択過程に焦点をあてたアセスメントが必要になる。

図5-5は，中学校・高等学校の学級担任が生徒理解のための個人資料として「よく利用している」と回答した内容を整理したものである。それによると，定量的アセスメントの方法としては，進路希望調査やテストなどの日常の学習成績が最も多く利用されており，進路意欲や適性・興味についての調査・検査の利用は少ない。一方，生徒が自分の将来の生き方や進路に関して指導してほしかったこととして「自分の個性や適性を考える学習」を挙げる割合が，中学生で39.3%，中学校卒業生35.8%，高校生が29.9%，高校卒業生39.3%といずれも高く（国立教育政策研究所, 2013a），生徒が自分の個性や適性について考える機会を設定するなど進路選択過程に焦点をあてた取り組みが求められている。

キャリア教育のように自己実現を目指す教育は，社会の中で自分の役割を果たしたいと思う気持ちを高めるが，自分への自信のなさが強い高校生にとっては理想の高まりはかえって理想と現実の差を広げることになり，進路への不安を生みだす結果となるという指摘がある（白井, 2009）。たとえば，進路選択が進まない子どもの中には，進路成熟・進路発達の程度が低い者や進路選択に対する自己効力感が弱い者がいる。こうした子どもに対して進路選択を促してばかりいるとかえって不安や混乱を強くすることにつながる。また，進路が決まっている子どもの中にはキャリア発達の未熟さから安直に選択したり進路選択への不安からとりあえず進路選択したりするなど進路不決断傾向が強い者がいることもある。そのため，どのような進路を選択するかという点だけでなく，どのように選択を進めているかという過程についてのアセスメントが必要である。

進路選択過程に焦点をあてた研究としては，進路選択についての見通しや自信に焦点をあてた進路選択自己効力感（富永, 2006；浦上, 1993など），進路が決まっていない情緒的側面に焦

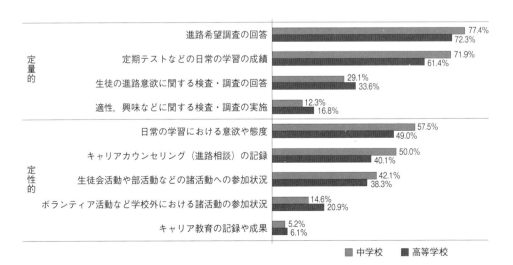

図5-5　キャリア教育において学級担任がよく利用している生徒理解の資料
（国立教育政策研究所, 2013aをもとに作成）

点をあてた進路不決断（今西，2001a；清水，1989；下山，1986；冨安，1997など）がある。こうしたアセスメントの視点を組み合わせ，子どもの実態に応じた援助をおこなうことが必要である。

2）エゴグラムを用いたアセスメントと行動課題の検討

エゴグラムは，交流分析の理論を用いて，Ⓟ（親：厳格な親 CP と養育的な親 NP に分けられる），Ⓐ（大人），Ⓒ（子ども：自由な子ども FC と順応した子ども AC に分けられる）という自我状態から，「今，ここ」での自分の言動のパターンについての気づきを促す資料である。また，エゴグラムを用いることによって，子どもの自己理解を促すだけでなく，今後どうしたらいいのかといった行動課題を検討することができる。自我の状態をグラフとして視覚化しており，子ども自身が自分のどの部分をどう変えていけばいいのか，進路選択に向けての具体的な行動課題を検討しやすい。その点，子どもの自発的な気づきを重視する解決志向型の進路カウンセリングに適している（今西，2010b）。今西（2002）は，面談場面でエゴグラムを用いることによって，来談者の性格や行動の特性について来談者が自己理解を深め，それによって今後の具体的な行動課題を検討する資料として用いてきた。

今西（2002，2010b）は，高校生を対象として作成された進路不決断傾向測定尺度（今西，2001a）と自己成長エゴグラム（桂・芦原・村上，1999）についての関連を調べ，表5-2のように整理している。これらの自我状態は外部からの行動観察によって把握することもできるので，観察法など定性的アセスメントにも活用できる。また，エゴグラムを通して教師が自分の言動パターンの特徴に気づくことによって教師と子どもとの関係性の理解にもつながり，子どものキャリア発達を促すための個別指導・支援に向けた人間関係づくりや円滑なコミュニケーションに活用することができる。

3）キャリアカウンセリング・プログラムの実際

今西（2002，2010b）は，進路適性や進路選択過程についてのアセスメントをもとに，高校生を対象として表5-3のようなキャリアカウンセリング・プログラムを実施した。

表5-2　進路選択過程における自我状態の働き（今西，2010b をもとに作成）

CP が高い	NP が高い	A が高い	FC が高い	AC が高い
理想を持って，進路を追求しようとする姿勢があるが，それにこだわり，現実の進路決定を延期したり現実の自分とかけ離れた理想を持ったりして，葛藤を生じやすい。	周りの人間関係を大事にして，進路を考えていくことができる。A が低いと，自分より他人のことを心配しがちで，自分のことがおろそかになることもある。	自分だけの思いこみだけで進路を考えず，自分の置かれている現実を踏まえ，情報やデータをよく分析した上で，進路選択をおこなうことができる。	将来のことを楽観的に考えがちで，くよくよ悩まない。A が低いと，その時の気分や好き嫌いで進路選択をおこなうなど，軽率なところがある。	進路について人の言うことをよく聞くが，自分に自信がもてず，A が低いと人の考えに影響されたり，迷わされたりして不安になりがち。
現実と理想との葛藤が少なく，ストレスはたまりにくいが，進路目標を設定して，それに向けて努力することが苦手である。現状に流されがちで，のんきな傾向がうかがえる。	他者肯定感が弱く，周囲の人間関係の中で進路を考えていくことが苦手。A も低いと，進路選択の過程で人間関係の調整がうまくできず，適切な進路の選択・決定がむずかしい。	自分の置かれている情報やデータを参考にすることが少なく，思いこみが強い。また，計画性や判断力が弱く，何年か先のことまで見通して，進路選択・決定をおこなうのが苦手。	周囲からは真面目に見られるが，自分に自信が持てず，周囲に影響されやすいため，自発的に進路の選択・決定に取り組むことが苦手。その分，ストレスがたまりやすい。	自発的に進路に取り組もうとする姿勢がある。ただ，A が低いと，自分で進路を考えようとするあまり，人の意見を聞かず，自分の思い込みが強くなりやすい。
CP が低い	NP が低い	A が低い	FC が低い	AC が低い

表5-3　キャリアカウンセリング・プログラム（今西，2010bをもとに作成）

	内　　容	資　料
事前調査	キャリアカウンセリングを希望する生徒に面談の趣旨を説明し，各調査項目に記入して提出させる。	
面　接	①事前調査の結果をもとに，来談者の現在の進路についての自己効力感や進路不決断傾向についての自己理解をはかり，現在，進路選択について抱えている問題をつかむ。②職業レディネス・テストの結果をもとに，進路についての関心や自信のある分野を検討する。③自己成長エゴグラムの結果をもとに，自己理解を深めるとともに，今後の進路選択・決定を進めていく上での具体的な行動課題と目標について検討する。	進路自己効力感測定尺度 進路不決断傾向測定尺度 自己成長エゴグラム 職業レディネス・テスト
事後面接	面談1週間後，進路についての自己効力感を測定し，事前調査との比較によって生徒の変容をつかむとともに，今後の対処について検討する。	進路自己効力感測定尺度

　進路不決断の視点からの進路選択の情緒的側面，職業レディネス・テスト（一般社団法人雇用問題研究会）によって進路についての関心や自信についてそれぞれアセスメントをおこなうとともに，自己成長エゴグラムを用いて行動課題と今後の目標について検討する介入をおこなった。事前・事後調査の平均値の変化について検証したところ進路選択自己効力感が有意に上昇していた（今西，2002）。キャリアカウンセリングを実施するにあたっては，こうした心理教育的アセスメントと心理教育的援助サービスを一体化した援助プログラムが有効であると思われる。

　ただ，自己理解はあくまでも生徒が自らの主体性に基づき，様々な活動や経験を通して，自分の力で深化させていくべきである（広井・中西，1978）。アセスメントをおこなうときは，主体者としての子どもの進路選択・決定過程を援助するという態度での関わりが必要であろう。

3. キャリア教育の課題

[1] 心理教育的援助サービスと結びついた心理教育的アセスメントの検討

　アセスメントは援助の方向性に大きな影響を与える。ところが，キャリア教育について困ったり悩んだりしていることとして，「キャリア教育の評価の仕方がわからない」という点を挙げる学級担任は，小学校33.2%，中学校34.9%，高等学校31.0%とどの校種とも高い割合になっており，こうした状況に向けて「キャリア教育の評価に関する校内研修」を実施している学校は小学校4.1%，中学校4.4%，高等学校2.7%と極めて少ない（国立教育政策研究所，2013a）。学校心理学の視点からは，今後は児童生徒をどのように援助するかという心理教育的援助サービスとより密接につながった心理教育的アセスメントのあり方についての実践的研究が求められる。

[2] 将来起こりうるリスクへの予防・対処策の促進的・予防的援助

　雇用が不安定，賃金が低い，能力開発機会が少ない，雇用保険や健康保険などのセーフティネットが不十分といった問題がある非正規雇用の増加（濱口，2013）や正規雇用労働者をめぐるブラック企業の問題（今野，2012）など，子どもが学校卒業後に直面しうる雇用をめぐるリスクへの対応が課題になってきている。一方，就職後の離職・失業など将来起こりうる人生上の諸リスクへの対応についての教育が不十分である実態が明らかになってきた（国立教育政策研究所，2013b）。

本田（2009），今野（2012），濱口（2013）は，若者をめぐる厳しい雇用実態を改善していく社会的な戦略の一つとして，労働の実態理解を含んだ労働法についての教育を普及することの必要性を指摘している。また，「今後の労働関係法制度をめぐる教育の在り方に関する研究会報告書」（厚生労働省政策統括官（労働担当），2009）によると，「労働関係法制度に関する基礎的な知識を付与する主な対象については，高校生や大学生等とすることが適当」とし，「労働関係法制度に関する教育を効果的に実施し普及させるためには，生徒等が関心を持ち，かつ理解しやすい効果的なツールの活用により提供することが重要」と指摘している。

「幼稚園，小学校，中学校，高等学校及び特別支援学校の学習指導要領の改善及び必要な方策などについて（答申）」（文部科学省，2016）では，子どもたちの発達を支えるためには，児童生徒の発達の特性や教育活動の特性を踏まえて，予め適切な時期・場面において，主に集団の場面で必要な指導・援助を行うガイダンスと，個々の児童生徒が抱える課題に対して，その課題を受け止めながら，主に個別指導により解決に向けて指導・援助するカウンセリングを，それぞれ充実させていくという視点が必要であると述べられている。その点，学校心理学の一次的援助サービスでは，発達上の課題や教育上の課題に取り組む上で必要とする基礎的な能力を開発する促進的援助と課題を達成する上での困難に対する予防的援助が重視されている。これからは，ガイダンスとカウンセリングを組み合わせて，将来起こりうる人生上の諸リスクについて対応する知識やスキルを育てる促進的・予防的援助サービスの新たな取り組みが求められてくると思われる。

6章
文化祭を活用した学級集団づくり

樽木靖夫

1. 学校行事の現状と学級づくり

[1] 現在の状況

　中学校学習指導要領（平成29年3月告示）では，学校行事の目標として，全校又は学年の生徒で協力し，よりよい学校生活を築くための体験的な活動を通して，集団への所属感や連帯感を深め，公共の精神を養いながら，特別活動の目標に掲げる資質・能力を育成することを目指すとされている。それは学校行事が位置づく特別活動の目標とも多くの部分で重なり，特別活動は集団活動を通して実施されるものである。特別活動に位置づく活動には，学級活動（ホームルーム活動），児童会・生徒会活動，学校行事，クラブ活動（小学校）がある。

　文化祭は学校行事における学芸的行事の一つである。担任としての筆者の経験では，1年間のまとめとして学級文集を作る際，生徒は文化祭での学級劇や合唱コンクールについての話題を書くことが多い。その内容は，仲間との協力に苦労しながらも一緒に活動した仲間を肯定的に捉えられるようになった経験，学級での協力を感じた経験，自分なりの工夫を提案して集団で活動に取り組むことで達成感を得た経験などである。これらの経験は，学習指導要領における学校行事の目標に沿ったものと捉えられる。また文化祭を活用した学級づくりでは，すべての児童生徒を対象とした一次的援助サービスとして，児童生徒の人間関係の形成に意味のある活動を年間の学校教育計画として設定することを可能にする（樽木，2013）。

　一方，近年の児童生徒の課題として人間関係を構築する力の不足が指摘されており，人間関係の形成について特別活動に位置づけながら多方面の活動で取り組まれている。たとえば，横浜市教育委員会（2010）や川崎市教育委員会（2010）では，ソーシャル・スキル・トレーニングを実施してソーシャル・スキルの不足への対応をしている。このようなソーシャル・スキル・トレーニングは学級を対象として，教師が学級活動において指導する方法で実施されている。これも学級のすべての児童生徒に対する一次的援助サービスに位置づくと捉えられる。

　越（2013）は教師による学級づくりの観点より，①子ども個人の能力・スキルを再開発するアプローチ（個人アプローチ）と②子どもたちの相互作用環境を育成するアプローチ（相互作用へのアプローチ）の双方がおこなわれる必要があるとしている。これに沿って考えると，学級を対象として教師が実施するソーシャル・スキル・トレーニングは個人アプローチに焦点があてられ，文化祭などの学校行事において集団で関わることを通して人間関係を構築する力を育てるのは子どもの相互作用へのアプローチに焦点があてられたものと捉えることができる。

　そこで，本章では子どもたちの相互作用環境を育成するアプローチ（相互作用へのアプローチ）について，文化祭を含む学校行事の実践をもとに検討してみたい。

[2] 学校行事の準備にかける時間と文化祭の変質

　学校五日制に伴い学校行事の精選として，体験活動を重視する考えを背景とした地域の大人による体験講座や合唱コンクールによる文化祭に切り替える学校が出てきた（樽木・石隈，2006）。赤田（2014）は現場教師の視点より，教科の授業時数を確保するために学校行事にかけ

表6-1　学校行事の準備にかける時間数
（樽木，2013をもとに作成）

1988年度　A中3年	2008年度　B中1年
修学旅行 5月第3週に実施 2泊3日で実施 　　　　　　　　小計6	遠足 5月第4週に実施 1日で実施 　　　　　　　　小計3.5
陸上競技大会 7月第2週に実施 1日で実施 　　　　　　　　小計4.5	球技大会 7月第1週に実施 2時間で実施 　　　　　　　　小計3
球技大会 9月第1週に実施 1日で実施 　　　　　　　　小計4	体育祭 9月第3週に実施 1日で実施 　　　　　　　　小計9.5
文化祭 学年劇＋合唱コンクール 10月第4週に実施 3日で実施 　　　　　　　小計70.5	合唱コンクール 10月第5週に実施 1日で実施 　　　　　　　小計18.5
卒業期行事 　　　　　　　　小計3	小中交流会 10月第3週に実施 　　　　　　　　小計1
合計時数　　　　　88	福祉体験 12月第1週に実施 2時間で実施 　　　　　　　　小計7
	自然教室 1月第4週に実施 2泊3日で実施 　　　　　　　小計10
	合計時数　　　　52.5

る時間を削減する傾向が進んでいることを指摘している。その削減の対象となっているのが，展示や舞台発表など，時間をかけた準備が必要な文化祭であることも赤田は報告している。つまり，学芸的行事は学習指導要領で謳われているために実施する必要があるが，準備に時間はかけられないという状況がある。単に，学芸的行事を実施する必要に迫られて準備の活動もない文化祭を実施するのであれば，先に示したような生徒が集団への所属感や連帯感を深め，協力してよりよい学校生活を築こうとする態度などを育てられないのではないだろうか。準備にかける時間という観点よりその実情を見てみたい。

　学校行事の準備にかける時間数について，樽木（2013）は，1988年度A中学3年生と2008年度B中学1年生を比較している（表6-1参照）。その結果，A中学3年はB中学1年に比べて学校行事の数は少ないが，一つ一つの活動に準備時間を多くかけている。特に，文化祭では学年劇と合唱コンクールをあわせておこない，放課後の活動も含めて70.5時間を準備にかけていた。

　一方，B中学1年では合唱コンクールのみの文化祭であり，その準備は18.5時間である。B中学校では，小中学校連携行事としての小中交流会，福祉体験などが加わり年間の学校行事の数が多く，一つ一つの活動にかけられる時間も少ない。その中では，合唱コンクールにかける時間は比較的多いと言える。いずれの中学校でも，学級活動の時間と放課後におこなった準備の活動である。

　いずれの学校でも，学習指導要領で設定される特別活動の時間を上回って準備をおこなっている。2008年度B中学においてさえも，現場の教師たちは，学級や学校の雰囲気，人間関係，規範やルール，価値観などが特別活動で生徒の身につくことを重視し（山口，2012），学校の日常が行事などの非日常的な活動によって支えられていることを理解して（長尾，1999；佐々木，2008），多くの時間を学校行事の準備活動にかけているのではないだろうか。すなわち，時間削減の中で，学校行事は自らの魅力で生き延びていると言えるかも知れない。

　学校五日制実施以前に取り組まれていた学級ごとに自由な企画で参加する文化祭，実施以降の合唱コンクールによる文化祭，地域の大人による体験講座では児童生徒に育つものが異なると考えられるが，学習指導要領での取り扱い上の差異はない。ともに，学校行事における学芸的行事に位置づく。しかしながら，指導する側の教師にとって，企画内容の自由度が高い文化祭は何をどのように指導したらよいのかわからないとの学校現場からの声もある（樽木，2013）。ソーシャル・スキル・トレーニングのように，プログラム集や指導案も用意されてはいない。準備時間の問題だけでなく，教師が指導方法を工夫するのに必要な時間も確保しにくい状況が見えてくる。

［3］文化祭を活用した学級づくり

　日本の学校では協力を重視する風土がある（柏木，1983）。ここで，先行研究（鹽谷・岡﨑・曽根・遠藤・小澤・入江・髙橋・八宮，1998；宮野・明石，1992；滝沢，2000）も参照して文化祭の内容について整理すると，①地域の大人による体験講座，②合唱コンクール，③壁新聞などの展示，④学級劇などである。これらを比較して，学級での児童生徒の協力，トラブル，達成感という観点より学級づくりとの関連を検討する。

　①地域の大人による体験講座が当日だけの体験活動であるならば，準備の活動も少なく，それに伴って協力や達成感が育つ機会も少なく，トラブルも少ないと考えられる。

　②合唱コンクールでは同じ場所で同じ活動をするという同一活動水準の協力が求められ，協力を成立させるためのトラブル解決も必要となる。トラブルを解決することで新たなメンバーとの関係を構築する力も期待できるであろう。また，学級独自で選択した曲に児童生徒が思いを込めた合唱ができれば，学級での協力による達成感も得られると考えられる。

　③壁新聞などの展示は，学級で設定したテーマのもとに気の合う小グループにより展示物を製作する活動では，メンバーの工夫を相談しやすく，トラブルも少なく，協力しやすく，達成感も得られる活動になると考えられる。しかしながら，新たなメンバーと協力した活動に向かわせるには小グループの構成などに工夫が必要かも知れない。

　④学級劇の活動は，どの役割も分業的であり，より創造的であることを特質としている。学級全体で同じことを準備するような活動と異なり，学級メンバーが一つの劇を上演するために，出演・大道具・衣装係などの多くの係を役割分担し活動する。それぞれの係は日常的に行動をともにする小グループよりも人数が多く，「係の小集団での協力」が求められる（樽木・石隈，2005）。さらに，学級劇の成功という同じ目標を目指しながらも，メンバーが係に分かれて異なった活動をおこなう「学級での分業的協力」という極めて高い水準の協力も求められる（樽木・石隈・蘭，2011）。約1ヵ月間にわたる長い活動時間で，児童生徒相互の協力した活動が求められる。そのような過程で，トラブルやその解決などを繰り返した上で，互いに受容しあうようになり，学級での協力や達成感などを高め，学級づくりに強く影響することが考えられる。

　これらの文化祭の内容を学級づくりにどのように活かしたらよいのだろうか。児童生徒にとって，年間の学校行事の山場となるのは文化祭の時期である。文化祭での学級劇では「係の小集団での協力」と「学級での分業的協力」という2つの協力を学ぶ機会として有効と考えられる。しかしながら，文化祭で学級劇を実施すれば，学級づくりが進むといったものではない。学級づくりのために一連の学校行事を活用することはよくおこなわれており，それぞれの学校行事において，繰り返し，協力的な関わりを体験することで，年間の学校行事の山場におこなわれる文化祭で学級づくりの効果が見えてくる（樽木，1999）。

　まず学級がつくられる時期である。具体的には，学級開きから間もない時期に実施される旅行的行事は所属する学級への親和性を育てることを意図した協力の機会として有効である。班などの小集団で生活のルールやスケジュールについての話し合いなどが進められる。この活動を通じて，どんな学級であるのか，学級の他の生徒たちについて探索的な理解が進む。

　次に，学級への理解や学級メンバーとの親和性がある程度高まった時期に体育祭や文化祭がおこなわれる。体育祭では活動時間は数日と短く，児童生徒相互の協力的な活動もそう多くないが，学級対抗リレーなどに見られる自学級への応援など学級への所属感が高まることが期待されている。このように，文化祭までのそれぞれの行事での協力的な関わりや学級への所属感に対する経験が文化祭を活用した学級づくりに有益になると考えられる。

2. 学校行事による心理教育的援助サービスの実際

　筆者は，文化祭での学級劇は「係の小集団での協力」と「学級での分業的協力」という2つの協力を学ぶ機会として有効と考えている。そこで，この2つの協力について，著者の実践事例に基づき，その意味・効果，必要とされる教師の介入について整理してみたい。

[1] 係の小集団での協力についての研究
実践事例1　学級劇での大道具係での協力のプロセスと教師の介入
　文化祭での学級劇を対象として，活動する係の小集団で協力が成立したプロセスとそれを支える担任教師の介入について，活動後の生徒作文と担任教師の観察記録より検討した。学級劇では日常的につき合いのある2，3名の小グループよりも人数の多い10名程度のメンバーで係の小集団（例：衣装係，大道具係など）を構成する。そのため，メンバーの協力には日常的に体験していない葛藤解決も必要になる。小集団で協力して活動できるか否かは注目すべきポイントである。

　中学校1年生の学級劇の取り組みについて，担任教師であった筆者の情報をもとに述べる。

1) 活動開始期：活動への取り組みに対する係チーフCさんによる担任教師への相談
　学級の男子生徒は幼く，女子生徒はきちんとしたことをする雰囲気があった。女子からは，男子は暴力的できちんとしたことができないように見られていた。5月の自然教室，6月の球技大会，9月の合唱コンクールなどの行事を経験して，年間最大の行事である10月の文化祭を迎えた。数回の学級会を経て，文化祭で学級劇に取り組むことを決めた。学級全体を出演者，声優，照明，音響，衣装，大道具，小道具の係に役割分担した。

　大道具係チーフのCさんは誰にでも優しく接し，暖かく受け容れる存在であった。積極性はそれ程ではないが，着実に一つ一つのことに取り組む姿は学級内で信頼されていた。大道具係は男子6名，女子4名の10名で，その中には，あまり活動に真剣でない男子生徒もいた。

　Cさんはどのように係活動を進めたらよいか不安を感じていた。背景画の大きさに迷って，担任教師に相談した。担任教師は一緒に模造紙を置き「20枚あわせよう」とアドバイスした。Cさんは，男子がちゃんとやってくれるかについても相談した。担任教師は「女子がまずまとまり，男子がちゃんとやる雰囲気をつくること」と方針についてアドバイスし，背景画づくりの手順をともに考え，Cさんと一緒に必要な用具を準備した。

2) 活動期：男子生徒の協力に対する係チーフCさんによる担任教師への相談
　大道具係メンバーそれぞれの描いた絵を組みあわせて背景画のもとになる図を作った。Cさんは「一部の男子が雑な取り組みで，真剣さが足りない」と担任教師に相談した。担任教師は，色塗りまでくれば男子もちゃんとやってくれるから，それまで待つことをアドバイスし，色塗りの活動に向かわせた。

　Cさんの作文にも「背景画は予想以上に大きくて，つくるのが大変でした。下書きも，色塗りもみんなで，一生懸命つくりました。切れたりして，失敗したりもしました。最後にできた時は，何よりもうれしかったです」と書いていた。色塗りまでくると，担任教師との細かな打ち合わせもなくなった。

　背景画のもとになる図を作った時点では，Cさんは一部の男子と協力できるかについて不安を感じていた。みんなで作業する色塗りになると，破れたところを修復する男子生徒がいたり，間違えた配色のところを直す係メンバーがいるなど，自主的な活動が進んだ。そのように協力した活動が進むと，Cさんの不安も低減した。担任教師による男子の活動を待つアドバイスに沿ってチーフのCさんが活動を進めたことが，係での協力に効果的であったと考えられる。

3）活動終了後：Ｃさんの男子生徒や学級の捉え直し

Ｃさんは作文で「完成したことより，今までやってきたことで，みんなの意外な面を見られたことの方がうれしかった。文化祭という行事の準備で，クラスの本当のみんなを知ることができたのかも知れません。自然教室の時の大縄飛びと同じで，いざという時には協力できるクラスだと思いました。いつもは授業のときはうるさくてしょうもないクラスだけれど，本当はどのクラスよりも頼りになるクラスだと思います。1年間の中で一番大きな行事，文化祭で2日間にわたって各クラスでいろいろなことをおこないました。私たちのクラスもとても良い劇ができたと思います。でも，一番印象に残ったのは，本番よりもそれまでにかけた準備の1ヶ月間だったと思います。本当に素晴らしい文化祭でした」と書いた。

Ｃさんが以前と比較して，文化祭活動中の学級を肯定的に捉え直している点に注目できる。Ｃさんは背景画を係メンバーが試行錯誤しながら完成させ，係メンバーの協力によって背景画を完成させた過程を重視している。授業中はうるさく集中できていないと感じていた男子生徒の活動も肯定的に評価し，学級劇を完成させた学級も肯定的に捉えている。

4）小集団での協力につながるポイント

担任教師によるＣさんへの介入は作業の進捗を主目的としたものではない。係の小集団で協力できるようになることを意図した介入であった。Ｃさんの不安は係メンバーの協力が見えてきたところで低減した。担任教師の男子生徒の活動意欲が高まるのを待つというアドバイスも的を射ていたが，Ｃさんが担任教師のアドバイスを活用できたことが係の小集団での協力を効果的にしたと考えられる。もし，Ｃさんが男子生徒に文句を言っていたら男子の協力も得られず，係は男女で分断されてしまったかもしれない。

また，学級づくりという観点より検討すると，自然教室時の大縄飛びでの協力の経験と重ね合わせて，いざという時には協力できる学級と捉え直している。このことからも，文化祭への取り組みだけで学級づくりがなされているのではなく，年間にわたり，繰り返される協力的な関わりを体験した上で学級づくりがなされていることが理解できる。

［2］学級での分業的協力についての研究
実践事例2　学級劇での分業的協力と教師の介入

文化祭での学級劇で学ばせたいもう一つの協力に「学級での分業的協力」がある。ここでは，学級で協力できなかったために学級劇をおこなうことが困難であった中学2年のある学級36名への教師の関わりについての実践事例2より検討する。その概要を表6-2に示した。学年主任であった筆者の観察と実践をもとに述べる。

1）文化祭以前の状況：好きなことはするが嫌いなことをしない生徒たち

中学2年の生徒には，1年次より，書写の授業などで，道具を持っていても忘れたと報告し，嫌いな書写をしないなどの行動が見られた。中学2年の5月に遠足，6月に球技大会に取り組んだ。準備活動はそれほどなく，行事は予定通り進行できたと教師たちは感じた。9月の合唱コンクールでは練習場所に学級メンバーが集まらない，走り回って合唱の隊形が作れないなど学級全員での合唱練習も困難な状況であった。この頃，授業に落ち着いて取り組めない生徒もいた。文化祭で学級劇をおこなうことを決め，一人一役で役割分担を進めようとしたが，主役の配役が決まらなかった。そのため劇練習はできなかったが，決まった大道具，小道具，衣装などの係は活動を始めた。つまり，物作りの活動は進んでいた。落ちついて授業に取り組めない生徒に主役を任せたい担任教師の意図があったが，そのように関わることはできなかった。

2）文化祭10日前：担任交代をきっかけに学級での協力を考えさせる

担任の欠席が続き，文化祭の期日も迫っていたため，学年主任がこの学級の文化祭に関わることとなった。学級劇への取り組みの状況を認識させ，生徒自らが話し合えるように働きかけ

6章　文化祭を活用した学級集団づくり

表 6-2　学級での分業的協力への教師の介入の実践事例 （樽木, 2015 より引用）

文化祭以前の状況	1 年次より生徒には道具を持っていても，嫌いな書写をしないなどの行動が見られた。 2 年次の 5 月に遠足，6 月に球技大会に取り組んだ。準備活動はそれほどなく，行事は予定通り進行できたと教師たちは感じた。 9 月の合唱コンクールでは練習場所に学級メンバーが集まらない，走り回って合唱の隊形が作れないなど学級全員での合唱練習も困難な状況であった。この頃，授業に落ち着いて取り組めない生徒もいた。 文化祭で学級劇をおこなうことを決め，一人一役で役割分担を進めようとしたが，主役の配役が決まらなかった。そのため，劇練習はできなかったが，物作りの活動は進んでいた。落ち着いて授業に取り組めていない生徒に主役を任せたい担任教師の意図があったが，そのように関わることはできなかった。

時期	学級の状況	教師の介入	介入の意図，成果
文化祭10 日前	担任の欠席が続き，文化祭の期日も迫っていたため，学年主任がこの学級の文化祭に関わることとなった。 現状報告だけで学級会の時間が終わってしまった。	他学級が文化祭の準備をする中，学級会を開き，学級の現状について伝えた。 この日は全員下校しなければならないため，放課後改めて登校しての学級会を提案した。	学級劇への取り組みの状況を認識させ，生徒自らが話し合えるように働きかけることを考えた。 生徒たちがこの後どうするかを相談させることを考えた。
文化祭10 日前放課後	教室には 31 名の生徒が既に話し合っていた。「今まで，自分の好きな仕事しかしてこなかったけど，この劇をやるために，何でもするつもりです。やらせて下さい」と生徒からの発言があった。決まっていなかった配役を話し合いで決めた。	生徒の話し合いを見守り，その様子をみて学級劇を継続するかどうかを判断すると伝えた。そして，学級劇の企画を継続することを決めた。	放課後の学級会が成立しなければ，学級劇は難しい。生徒の物作りの状況から学級劇に愛着を持っていると捉えられたので，学級会に来れば，その方向で話し合いが進むと考えた。
文化祭7 日前	学級みんなで教室で劇の練習をした。生徒もリーダー生徒の指示に従って活動した。劇は 1 週間で間に合わせることが精一杯であった。	劇練習はすべて生徒に任せた活動とした。	劇の練習に学級で協力できていると学年主任には思えた。
文化祭以降	学級のメンバーは休み時間の話し相手が増え，交流が広まった。	2 学期末の個人面談で文化祭活動についての感想を求めた。	生徒は，自分たちの力で学級劇をおこなうことができたと自信を得た様子であった。

ることを考えた。他学級が文化祭の準備をする中，学級会を開き，学級の現状について伝えた。

　学級会では，まず，担任の先生が体調を崩し欠席が今後も続くこと，その間，学年主任が担任を代行することを伝えた。生徒たちは静かに話を聞いた。次に，学級の現状では学級劇は無理ではないかと話した。その理由として，劇なのに配役が決まっておらず，一度も劇練習できていないこと。そのような状況は，好きなことだけして，必要なことをしなければ学級劇が成立しないことを考えていなかったからではないかと加えた。「作った物は演じる人がいてはじめて，衣装，大道具になる。演じる人がいない今は，衣装にも，大道具にもなっていないと思う」と話すと，生徒の多くは下を向いた。

　現状報告だけで学級会の時間が終わってしまった。この日は全員下校しなければならないため，放課後改めて登校しての学級会を提案した。放課後の学級会が成立しなければ，学級劇は難しい。生徒の物作りの状況から学級劇に愛着を持っていると捉えられたので，学級会に来れば，その方向で話し合いが進むと学年主任は考えた。

　放課後の教室では 31 名の生徒がすでに話し合っていた。学年主任が教室に入ると「今まで，自分の好きな仕事しかしてこなかったけど，この劇をやるために，何でもするつもりです。やらせて下さい」と生徒からの発言があった。そこで，生徒の話し合いを見守り，その様子を見て学級劇を継続するかどうかを判断すると伝えた。生徒たちは決まっていなかった配役を話し合いで決めた。そして，学級劇の企画を継続することを決めた。

3) 文化祭7日前：学級で協力した劇練習

学級みんなで教室で劇の練習をした。生徒もリーダー生徒の指示に従って活動した。劇練習はすべて生徒に任せた活動とした。劇の練習に学級で協力できていると学年主任には思えた。しかし，1週間では劇を間に合わせることが精一杯であった。当日の上演は，生徒の頑張りが感じられるでき映えであった。学級の多くのメンバーが，自分たちの力で学級劇を成立させたと捉えていた。自己の活動や学級への評価も高めている様子だった。

4) 文化祭以降：主体的な活動と学級メンバーの交流

文化祭以前に比べて，学級のメンバーは休み時間の話し相手が増えるなど，多くのメンバーと関われるようになり，生徒の交流が広まったと感じられた。2学期末の個人面談で文化祭についての感想を求めると，多くの生徒は，自分たちの力で学級劇をおこなうことができたことに自信を得たと話していた。中心的に企画を進めた生徒たちは，学級劇は無理だと言った学年主任に続行を認めさせ，劇練習も自分たちで進めることができたと捉えていた。

5) 分業的協力につながるポイント

学級劇は多くの役割を結集して成立するが，自分のしたくない役割は他の誰かがやってくれるだろうと，生徒は自分のしたい役割だけに焦点をあてて学級劇の企画を選択することがある。本事例はそのような事例であった。つまり，分業した活動は進んでいたが，それは学級としての協力を意識した活動ではなく個人の楽しみによるものであった。活動を分業した上で学級の協力を目指す分業的協力にはなっていなかった。劇の練習を一度もしていないことに違和感を持っていたのであろうが，自分が何かしなくてはという意識は高まっていなかった。

担任の交代をきっかけに，生徒にそれを問いかけたことがこの実践のポイントである。教師は活動を進捗させるための分業した作業を指示することはしなかった。そうではなく，現状を認識させ生徒に考えさせることに焦点をあてて介入をおこなった。放課後，改めて登校しての学級会には高いハードルがあるが，それまでの活動ぶりから，生徒が学級劇に愛着を持っているとアセスメントをおこなった上で提案した。

放課後の学級会では31名の生徒が集まったこと，教師が来る前に話し合いを始めていたことから，生徒の意識が高まっている様子が感じられる。学級での分業的協力とは，自分のしたいことのために誰かが協力してくれることではなく，学級で一つのことを成し遂げるためにそれぞれのメンバーが自分の役割から調整的に協力することである。それを理解することで学級集団への理解が進むのではないだろうか。

[3] 学級劇以外にもみられる分業的協力

すでに整理したように，文化祭では①地域の大人による体験講座，②合唱コンクール，③壁新聞などの展示，④学級劇などの内容で取り組まれている。実践事例2により，学級劇は分業的協力を学びやすい活動であることが理解できる。では，分業的協力は学級劇でしか学べない協力なのだろうか。活動への取り組ませ方の工夫で分業的協力を体験させることはできないのだろうか。

実践事例2を通した分業的協力の効果について筆者が話題提供する機会があった。そこで，小学校教師より学級劇以外の活動でも分業的協力を体験させうることが報告された。それについて考察する。

事例3　学級劇以外でも分業的協力を体験させられる教師の工夫

小学校2年生活科の「街」についての授業で，分業的にそれぞれの児童の好きなように街をつくらせると，お菓子屋さんとおもちゃ屋さんがたくさんできてしまう。しかし，みんなが生活しやすい街をつくるにはどうしたらよいかを学級で討議した後，活動するように工夫すると，色々なお店ができるという報告が小学校教師よりなされた。もちろん，お菓子屋さんとお

もちゃ屋さんは多いのであるが，それ以外のお店もつくられるという報告であった。学級全体で討議し，みんなが生活しやすい街をつくることが学級全体の目標であると合意されると，分業的に好きなお店をつくる活動と異なり，分業的協力が起こりうると考えられる。

つまり，みんなが生活しやすい街にするように，必要なことをそれぞれの児童が考え，他の児童の考えの不足を補う方向で自己の活動を再構成する。つくるお店が異なるため，児童には異なった活動をしながら，学級の目標に協力していると捉えられるであろう。小学校教師からはこのような例も分業的協力にあたるのかという問いであった。分業的協力は，学級劇に限ったものではないことが改めて示唆される事例である。

このような事例からも，学校行事や学級劇以外の場面でも分業的協力を高める活動の進め方は可能と考えられる。活動の進め方の工夫で，個人的に好きな活動から学級に視点を向けた活動への転換を図り，学級づくりに活用できることが示唆される。すでに整理したような文化祭の内容だけでなく，活動の進め方も重要になる。

3. おわりに

以上のような子どもの成長や学級づくりに効果的な文化祭を含む学校行事は，児童生徒への一次的援助サービスをおこなう機会として有益なものであると考えられる。生徒は，文化祭などの学校行事に取り組むことで，自分の役割を最後まで果たすことや，友人の意見を取り入れながら自分の意見や考えを調整することの困難さに出会うことになる。しかし，その困難を乗り越えて学級の友人と一つのことを成し遂げる体験をすることによって成長することができるのである。またこのような一人ひとりの子どもの成長だけでなく，学級全体の凝集性を高めることや，協調的な学級風土をつくりだすことにもつながる。学級全体の雰囲気は子どもの学校生活を支える基盤となるものである。

文化祭を活用した学級づくりは，文化祭への取り組みだけでできることではない。実践事例1でも，以前に実施された自然教室での協力の経験と重ね合わせて，いざという時には協力できる学級と捉えられている。このことからも，年間にわたり，繰り返される協力的な関わりを体験した上で文化祭を活用した学級づくりが効果的になっていることが理解できる。

また生徒は文化祭での学級劇を成功させるプロセスで，「係の小集団での協力」と「学級での分業的協力」という2つの協力を学ぶことができる。実践事例1では，係チーフCさんの苦戦に担任教師が援助しながら，係の小集団で協力が成立するプロセスが検討された。活動に取り組む際，男女の取り組みの差はよく見られる。ここで，担任教師はそれまでの学校行事の取り組みから，活動意欲の高い女子に男子の活動意欲が高まるまで待つことを提案した。担任教師の男子生徒に対するアセスメントも的を射ていたが，Cさんたち女子生徒がそれを受け入れたことで係の協力につながったことも重要である。また実践事例2では，分業した活動は進んでいたが，それは学級としての協力を意識した活動ではないと学年主任は捉えた。担任の交代をきっかけに，一度も劇練習ができていない現状を認識させ，生徒に考えさせるように介入した。それは学級で一つのことを成し遂げるために，それぞれのメンバーが自分の役割から調整的に協力する分業的協力を意識させることであった。学年主任対学級生徒という構図となったことも生徒たちの判断を促進するのに効果的となり，学級での分業的協力を生徒自身の体験とするのに有効であった。

以上のように，文化祭の学級劇は「係の小集団での協力」と「学級での分業的協力」という2つの協力について，必然性を持って学べる機会として有効と考えている。近年，注目されている学級を対象としたソーシャル・スキル・トレーニングは，課題解決が設定された場面での個人アプローチである。設定された場面に子どもが必然性を感じられれば効果的であるが，学

校行事ほどに必然性のある課題解決の場面が設定できるのであろうか。そこで，ソーシャル・スキル・トレーニングで身につけた力を試行する機会として，相互作用へのアプローチとなる学校行事を活用する方法に意味があると考えている。年間の学校行事の山場となる文化祭では子どもの活動意欲も高まるために，一層，効果的となるのではないだろうか。

　さらに，文化祭を含む学校行事を一次的援助サービスの機会としてうまく活用するには，直接的な教師の介入だけでなく，学校行事にどのような意味・効果を持たせて取り組ませようとするのかという年間の学校教育計画の設定，それを支える学校教職員，保護者，地域コミュニティのあり方が重要になるのではないだろうか。

7章
一次的援助サービスが定着する学校づくり

西山久子

　本章では，一次的援助サービスの定着に向け，主に学校組織の視座から，学校心理学及びその近接領域であるスクール・カウンセリングや学校教育相談の知見を併せ，研究成果と今後の充実に向けた実践的な取り組みの可能性を検討する。

1. 学校適応援助における一次的援助サービス

[1] 一次的援助サービスの体系的導入に関わる論点

　日本の学校では，教育の専門家である教師（養護教諭も含む）が，学級経営・教科教育・健康教育等において日常的な指導を受け持ち，スクール・カウンセラー（以下，SC）やスクール・ソーシャルワーカー（以下，SSW）が，心理や福祉の専門家として各領域から助言や支援をおこなう形態がとられている。

　米国や欧州，また近年はアジアにおいても，学校の専任SCや学区で支援をおこなうSchool Psychologist等の配置が増加し（たとえば芳川・岡田，2011），学校適応援助に関する専門性を明確化する流れが前進している。またわが国でも「チームとしての学校（文部科学省，2015）」では，児童生徒の学校適応に，援助資源をより有効に活用する「協働」の重要性が強調されている。

　本来，教師の専門的活動には，子どもの抱える課題の克服に向けた援助の側面と，よりよい成長をめざすという側面が含まれる。しかし，課題の多さや深刻さのため，教師の支援が問題行動への対応に集中しかねない。適応援助の概念を学校教育に導入した米国では，School Counselingのゴールを課題解決のみとせず，成長促進とし（ASCA，2012），専門性による役割分担がおこなわれている。日本において，学級担任を中心に，教師が子どもの幸福を支援する役割を担ってきた実状と，米国のSchool PsychologyやSchool Counselingの位置づけを踏まえ，石隈（1999）は，日本の学校心理学を示した。その中では，指導サービスが根づく基盤をなす援助サービスを中核的な概念とし，学校全体で取り組む学校教育相談・特別支援教育をふまえ，適応指導教室での支援やSCによる活動を併行させながら，学習面，心理・社会面，進路面，健康面での問題状況を改善し，成長を促進することを心理教育的援助サービスとした。とりわけ，すべての子どもに届くべきとされる一次的援助サービスは，全児童生徒の適応状態をモニターしつつ，よりよい成長に向かう活動をおこなうことと，学校生活への適応に何らかの障壁がある子どもを確実に捉え，二次的援助サービス以降へと確実につなぐことと言える。これらを勘案し，本章で取り上げる「一次的援助サービス」を以下の内容とする。

　1）子どもが出合う日常的な困難の克服の支援
　2）すべての子どもの適応状況の把握と，必要に応じた二次・三次援助への接続
　3）心理教育プログラム等の導入と，すべての児童生徒のよりよい成長の促進

　子どもが出合う日常的困難とは，誰にでも起こりうる「進学や就職等ライフサイクルの節目における選択・適応」，「学級やクラブ活動等での仲間との意見の食い違い」，「学習でのつまづき」などの出来事である。それらの克服こそが，学齢期の健全な成長促進につながることから，

子ども主体での課題解決に，過度に介入しないよう適切に支援する。すべての子どもの適応状況の把握とは，すべての子どもの遅刻・欠席，学業成績や日常観察，学校で実施する質問紙などの情報から適応状況を掴み，対処することである。よって本章では，すべての児童生徒に届く一次的な心理教育的援助サービスと，その定着に必要となる学校内外の体制づくりについて述べる。

[2] 学校適応援助におけるシステムとは

　生徒指導提要（文部科学省，2010）では，学校全体が取り組むべき教育相談の充実とともに，それを支える支援体制づくりの必要性が示された。生徒指導・教育相談・特別支援教育など学校適応援助を促進する担当者（以後「担当者」と略記）は，児童生徒の学校生活の充実と将来に向けた成長の促進を担っている。心理教育的援助サービスの充実には，個々の適応援助の力量向上とともに，俯瞰的に体制づくりをおこなう力量をつけることも必要である（西山，2014）。適応援助活動は，力量の高いスタッフの配置や特別な取り組みを一時的に導入するなど，集中的に力を注ぐことで充実するが，継続されなければ定着には至らない（西山，2012a）。これは一次的援助サービスの実施を論じる上でも同様である。学校適応援助におけるサービスは，学校適応を推進する関係者の役割の整理をはじめ，各活動が汎化され，継続的に遂行されて安定する（西山，2012）。学校適応援助システムの定着は，年度や担当者の交代を経ても，サービスの内容や質が維持・発展されるため，そして児童生徒にとって安定した支援をおこなうために不可欠なのである。

　学校適応を促進させるためのシステムの基盤となる要素を整理すると，いくつかの領域・項目に分けられる（表7-1）。学校組織において，一般教師，学校適応援助の担当者，養護教諭，管理職及びメンタルヘルス・医療機関などの関係者と，彼らの学校適応援助における役割内容

表 7-1　学校適応を促進するためのシステムの基盤となる諸要素

領域	項　目	内　容
人員配置	スクールリーダー	教育活動全体を踏まえ生徒指導・教育相談の方向性を示す
	コーディネーター	生徒指導・教育相談・特別支援教育などの各担当者が全体を把握し遂行
	推進メンバー	定例会議メンバー（例：管理職・教育相談／生徒指導担当者・特別支援教育コーディネーター・学年主任・養護教諭等）
	外部資源	個別課題で協力を仰ぐ校外資源（例：スクールカウンセラー，スクールソーシャルワーカー，療育機関・福祉機関・医療機関関係者など）
プランニング	年間計画	活動の定例化と予防的・開発的取組の導入
	ミーティング	目的の明確な会議の設定（進捗状況を把握する定例会議と，問題事案に対応する臨時会議，具体的な課題解決の会議）
	行事	子どもの成長に役立つ行事（例：体育祭）の設定
ツール	スクリーニングシート	ニーズ把握のため名簿と併せて用いるチェックリスト
	会議の手順表	会議の円滑な遂行のための定式化した進行手順を表したもの
	ガイドライン	相談室運営や生徒指導・教育相談に関する規定
	マニュアル	チーム援助などの運営の流れの標準化
ルール	校訓・校則	生徒指導・教育相談の基本的ルール
	学校経営基本計画	生徒指導・教育相談などの方針の根拠となる指針
	倫理綱領	学校全体・教育委員会レベルで遵守すべき行動規範
周知	広報	学年・学校単位で発信する共通理解の内容提示
	教員研修	共通理解すべき内容・対策を確認する研修（事例検討も含む）

表7-2　校内で推進される定例会議と事例に即応した会議（家近，2013 の論考をもとに筆者が加筆・整理）

	構成員例	実　施
定例：コーディネーション委員会	管理職・学年代表・生徒指導担当・教育相談担当・養護教諭・特別支援教育コーディネーター・SC・SSW など	月1回など定期的に実施。担当分掌の統括者が校内の適応援助ニーズへの対応状況を検討する。
臨時：個別チーム援助・チーム援助会議	課題を抱える児童生徒の学級担任・学年主任・課題の内容に基づく適切な担当者（管理職・特別支援教育 Co. 等）	課題発生に伴い，ケースの見立て・援助計画・役割分担をおこなう。課題の深刻さにより会議頻度を調整する。

がある。そして，システム化された学校適応援助には，教職員で共有された運営方針のもと，行事・定型化された支援や調整に関する年間計画があり，定例会議と事例に即応した会議（表7-2）及び推進に関する行動指針がある。さらに，校内全体で適応促進に関するガイドラインや，会議の手順を共有できるツールなどがそろい，学校適応援助の推進や運営に関する指針などが連動して，それらを充実させる校内研修が機能すれば，さらに安定したサービスが期待できる。これらが個人に依存する人為的な実践でなく，システムに基づくサービスとなる。

[3] 学校適応援助のシステム導入における自治体レベルの先駆的取り組み

　米国の専任 SC の役割声明では，人生を通したキャリア発達の促進を中核に位置づけている（ASCA，2012）。専任 SC は包括的スクール・カウンセリングプログラムを構築・推進する立場で，教育スタッフの一人として援助ニーズの違いを踏まえ，適応状況に応じて直接支援や援助資源との接続などの対応をおこなう。米国で専任 SC が導入された経緯には，スプートニクショックで理系人材の育成ニーズが示されたのを契機に，国を支える若者が豊かな人生の構築に役立つ多様な支援を，包括的に推進する必要性の高まりが影響している。この米国の School Counseling のあり方を参考に，アジアの他地域でも適応援助の充実が模索されている（西山，2012b）。

　日本でも，非常勤 SC が導入された 1990 年代半ばに，学校教育相談・学校心理学等の教育援助の力量を持つ教員による「相談教諭」の必要性が示され（大野，1997），後に学校心理士資格との専門的力量の重なりも指摘された（大野，2005）。初等中等教育全般にわたり，学級担任が学級を支え，特別活動や生徒指導・教育相談を通して児童生徒を包括的に育んでいる日本で，そうした「トータルな視点（大野，2013）」から学級担任と協働して児童生徒を支える役割は，相談教諭が担うのが適切ではないかという考えに基づいている。この動向は明確な施策となるには至らなかったが，複数の自治体で，校内の適応援助を俯瞰的に推進する役割を担う担当者を，教員の中から育成する取り組みの必要性が指摘され，実践が進められた（高村・西山，2011；今西・金山，2017）。

　一方，教師に加え，専任の援助職を配置する取り組みもおこなわれている。名古屋市教育委員会（囲み）では，不登校・いじめ問題の予防と進路の支援をめざし，「なごや子ども応援委員会」を設置し，常勤の教育援助職を配置した。SC，SSW をはじめとする教育援助職が教職員の一員として協働体制を構築するための試行錯誤は，現在，文部科学省（2015）が推進してい

【名古屋市教育委員会「なごや子ども応援委員会」の取り組み】
名古屋市教育委員会では，「ナゴヤ子ども応援大綱」に基づき，2012 年度なごやっ子の育ちと進路の応援をめざした「なごや子ども応援委員会」を設置し，学校適応援助を推進する教育職員として，SC，SSW，スクール・アドバイザーを常勤職で配置し，さらにスクール・ポリスに嘱託の公安関係者を加え，各職種が「子ども応援委員会」の定める役割を担い，心理教育的援助サービスの3類型に基づき，子ども・学校を支援している。学級担任・管理職・養護教諭等に加え，適応援助の専門職が校内に在駐し，児童生徒の日常に寄り添い，不登校傾向の子どもの支援などをおこなうのである。一次的援助でも，「心理教育」や「心理テストのスクリーニング」「ケースマネジメント」等により，全児童生徒に向けた支援がおこなわれている。

る「チームによる学校」の先駆けと言える。重ねていずれも「中核的役割」の位置づけと力量形成という課題を予見するものであると言える。

　多くの先駆的取り組みで，深刻さや発達段階に沿った心理教育的課題に合わせた介入や，全児童生徒を対象に，何らかの一次的援助がおこなわれている。たとえば，生徒指導担当・キャリア教育担当などのミドル・リーダーの養成を自治体が大学に委託し，標準化された力量形成をめざした香港（西山，2012b）の取り組みは１例である。学校の実状に合わせ，有資格のSCが現場のニーズに合わせ，心理教育の内容を適宜組み合わせて実施する場合や，全市一斉に包括的な心理教育プログラムやアセスメントを実施するなど，学校の教育課題を踏まえ展開することが求められる。

　米国の中等教育で常勤配置される専任SCの職位は，半数以上の州で配置が義務づけられ，他の州も何らかの援助職がおかれている。一方，日本では2017年現在，教育職員として法に定められた専門職の配置は教員のみであり，教員が学校心理士等の資格を取得する過程で高い力量を獲得できたり（管理職がそうした力量を勘案した校内人事をおこなったり）する範囲での活用である。援助職は，一部の地域を除いて非常勤として配属された範囲であるが，学校が抱えるいじめ・不登校をはじめとする適応課題の予防・解決に向け「チーム学校」が謳われ，援助職への期待も高まっている。

[4] 学校適応援助における一次的援助サービスの定着

　一次的援助サービスを定着させるためには，学習面・心理社会面・キャリア面・健康面といった領域を網羅し，学校組織に一定の共通認知を形成することが重要である。具体的に言えば，学校で児童生徒の適応を援助する際に，すべての子どもを対象とした一次的援助サービス，一部の子どもを対象とした二次的援助サービス，特定の子どもを対象とした三次的援助サービスの３段階の援助サービスを担当者が適切に類別し，それらの整理に必要な視点を校内全体で共通理解することで周知がすすむ。そして，必要な事柄に優先順位をつけながら，課題を解決したり，児童生徒がよりよく成長するための対応をしたりする。教師間・学級間・学年間の捉え方の違いを徐々に整理し，共通理解を得ることは，全体の方針の離齬を防ぎ，教員相互の協働性を高めることにつながることから，担当者の交代を経ても維持されるサービスとなる。

　一次的援助サービスの具体例を挙げると，学校不適応を予防する「SEL-8S（小泉，2011）」や「ピア・サポート（たとえば春日井・西山・森川・栗原・高野，2011）」「ソーシャルスキルトレーニング（渡辺，1996）」などのプログラムや，校内で適応状態を把握するために全生徒に実施する質問紙（たとえば河村，2006；栗原・井上，2013）などによるスクリーニングなどがある。すべての子どもが日常的に出合う，大小様々な課題への適応状況を把握し，深刻な課題であれば二次・三次の援助へと当該の児童生徒を橋渡しして，適切な対応がおこなわれるよう調整する。つまり一次的援助のステージが，学校適応援助の「フロントライン」の役割を持つと言える。以下にシステムづくり，プログラム推進の順で述べる。

1)「チームとしての学校」における一次的援助サービスのコーディネート

　課題を抱える児童生徒への適切な対応に加え，児童生徒が豊かに自らの資質・能力を高めるために，すべての子どもに向けた教育相談が必要であることは，周知のところである（文部科学省，2010）。体系的な一次的援助を推進することは，「育てる教育相談」として学級の雰囲気・学習意欲などの向上を図ることと言える。そして新学習指導要領に示された「チームとしての学校（中央教育審議会第二次答申，2016）」では，SCやSSWなど異なる専門性を持つスタッフの配置も含め，組織的な支援体制づくりに，さらなる期待が示されている。たとえば，学校適応援助の推進では，定期的な会議の設定や，ケースごとの協議内容の構造化（香田・西山，2010；馬場・西山，2012）は有効であった。また，前述の通り，チームによる適応援助の

推進に役立つツールや，会議の円滑かつ効率的な推進のための進行表の共有も有効である。学校適応に課題を抱えた子どもを，すべての子どもの中から見出すために使用できるスクリーニングやアセスメントのためのチェックリスト等も有効なツールと言える。

　中学校においては，学校適応援助の推進役としての教育相談コーディネーターの実践から（高村・西山，2011），役割が明確化され，支援の流れが明確化されると，継続的・包括的な適応援助が促進されるという成果が示された。また，小学校でも，「学校適応を支えるコーディネーター」の活動を整理したことで，コーディネート役を1人に集約できない場合でも，役割整理が明確であれば，複数の教職員で再構成できることが示された（井内・西山，2013）。たとえば，不適応の早期発見であれば，学年主任は各学級担任が学年会などで気になる子どものことを共有しやすい雰囲気をつくることが可能である。生徒指導や教育相談，特別支援教育など，領域ごとの支援体制が機能すると，気になる子どもが見逃されず支援を受けることにつながる。

2）心理教育プログラムの推進

　「すべての子ども」を対象とした一次的援助サービス段階の活動の中心は，心理教育の実践または心理教育プログラムの推進である。これには異なるアプローチがあり，1つは学級担任等による学級経営や授業実践など学級単位の支援であり，個々の教員がおこなえるという点では柔軟な活用が可能である。その反面一貫した取り組みにはなりにくく，クラス替えによってつくられた支援が続きにくい。もう1つは，担当者が学級担任らに支援することによる学年や学校全体を対象とした，より広範な支援である。学年や学校で共通の取り組みとするには，取り組みの内容に対し校内で理解を得る必要がある。前者の学級でおこなう支援では，学級担任自身の考えに合った心理教育をおこなうことができる反面，若年層からベテランまで，多様な教員の間で，実施の有無や支援内容の異同への対処が困難である。一方で，後者は事前に管理職により良く理解を得る努力が求められる反面，ひとたび承認を得られると，支援活動は「トップダウン」で実施することが可能となる。定着する取り組みとするためには，経年的で，年度を越え，クラス替え・学年進行のなかで「ぶれない」取り組みを実施することが必要となるが，一次的援助サービスが好ましいプログラムになるよう，質的側面から適切な活動を選択すること・校内全体の取り組みとしてマネジメントすることが求められる。サービスの定着という点から言えば，困難はあるものの学校全体として取り組む方が，定着への可能性は高い。

　この推進では，学校状況と課題がいかなるレベルにあるかを踏まえ，展開する活動や推進ペースをどのようにするか検討すべきであり，学校適応援助の方針のあり方を的確に理解した中堅教員がミドル・リーダーとして関わることで，校内の適応援助は適切に推進されやすくなる。

3）学校現場における一次的援助サービスの定着に向けた課題

　上述の通り，学校での安定した一次的援助サービスの推進には，個と集団それぞれに向けた対処とその課題がある。まず全体の適応状態をスクリーニングした上で，集団に対しては，学級風土や学習規律などに気がかりな状況が見えたときに介入することや，行事や進路に沿って必要となる人間関係づくりなど，共通に対処できる内容を学級や学年で実施する「ガイダンス」などの対応があり，個別には，予防・開発的に介入が必要な事象を捉え，個の実態に合わせて適切に対処するため，二次的援助サービスとも接続しながら成長促進をめざす対応がある。これら一次的援助サービスにおける課題は，指導の内容と設定により整理できる。

①学校で教師・学級ごとの一次的援助サービスの捉え方や実施内容の相違

　児童生徒の適応状態の把握について，各教員の視点を共通認知にする必要がある。学級担任・担当者・SC等の支援範囲や，コーディネートの役割に関し，各自の判断に委ねる場合もあれば，適応援助の主要メンバーがおこなう場合もあるが，明確な役割分担は必須である。

②養成における一次的援助サービスの推進に関する力量形成

　教員養成では，どのような学校適応援助の力量を形成すればよいのかは，明確に示されてこ

なかった。しかし近年，中教審答申（文部科学省，2015b）で，養成・採用・研修の一体化が謳われ，採用後の法定研修（初任者研修・10年研修）も含め，育成指標にもとづく各キャリアステージ（たとえば自治体でおこなう5／15／20年次）の研修における力量形成の在り方に関心が寄せられている。学校適応援助においても，予防・開発的視点と事後対応の視点から重要性と緊急性を判断しながら，個別支援とクラスガイダンスの力量形成を段階的に促進させることの検討が求められる（表7-3）。

表7-3　指導内容と指導対象の関係

<table>
<tr><td rowspan="2">予防・開発
↕
事後対応</td><td>C 予防・開発的個別指導
・キャリアカウンセリング
・定例教育相談</td><td>A 予防・開発的集団指導
・新学期の学級づくり
・行事前の集団づくり</td></tr>
<tr><td>D 事後対応的個別指導
・問題行動後の教育相談
・不登校の子どもの相談</td><td>B 事後対応的集団指導
・いじめ事案後の指導
・不登校復帰の受入</td></tr>
</table>

個別援助 ↔ 集団指導

③発達段階に沿った移行期の一次的援助サービス内容の継続

　小学校における一次的援助サービスは，学級担任が日常的な教育活動のなかで，ガイダンス授業として，社会性や対人関係力を高めるための活動をおこなうことで実施されることが多い。それに加えて，日常的な諍いなどのトラブルを解決するための個別やグループでの介入をおこなう。中学校・高校段階へと学年の進行に合わせて，学齢期の接続時の不適応を予測し対応することが必要である。学級担任中心の活動に加え，学年単位の活動や，生徒会活動や部活動などの機会も活用し，予防・開発的な心理教育的援助サービスをおこなうことが必要である。

　このような課題に対して，適切な一次的援助サービスの推進には，担当者が俯瞰的な視点から学校全体を見渡してニーズを捉え，支援をおこなう。これら適応援助に関して教員間で齟齬が少ない実践を実現することができるとき，学校全体への一次的援助サービスのシステムは機能している。この推進においては，校長など管理職が，全体的な視点から校務運営をおこなう中，担当者は学校適応の促進の面から貢献できる可能性がある。つまり学校心理士などの専門家には，学校適応援助のフロントラインに立ち，個々の児童生徒のケースを支え，それが他の児童生徒との間でバランスを欠く支援とならないか，また担当する教員間で支援に齟齬がないかといった視点が求められる。学校の適応援助の課題を捉え，管理職と調整し，推進することで，心理教育的援助サービス全体が向上し，専門性に基づくミドル・リーダーの役割が果たされる。

2.　実践：多様なキャリアステージの教職員が関わる一次的援助サービスの取り組み

[1] ミドル・リーダーの導入する一次的援助サービス

　すべての教育活動を総括的に把握し，円滑に推進することを考えていかなければならないトップ・リーダー（管理職）にとって，児童生徒への学校適応援助への対応は，多くの対応すべき重要事項の一つである。教師集団は，管理職とりわけ校長を中心としたピラミッド型の組織体とされている。教師は経験の長短にかかわらず，各授業や学級が教師個人の運営にゆだねられる。教師集団は同調性を持つとともに，「疎結合型」である（淵上，1992）とされ，適切にシ

ステム化された介入なくしては，抱え込みも起こりかねない集団である。多様な教育上の経歴や関心のなかで一定水準のサービスを保つため，すべての教師の教育活動は一定のレベルを維持することが求められ，最良の成果をあげるには，管理職と多くの学級担任をつなぐミドル・リーダーの存在が大きく影響する。一次的援助サービスはすべての児童生徒に届く必要があることから，教育現場での経験にかかわらずすべての教師の適切な実践に向けて，ミドル・リーダーにかかる期待は大きい。校内の協働体制などを背景とした職場風土や，一次から三次までの援助サービスのレディネスの把握などを踏まえ，ミドル・リーダーが推進する一次的援助サービスの事例を報告する。

1）生徒指導の体系化を推進する一次的援助サービスにおける PBIS の導入

生徒指導は，米国からガイダンスとして導入されたのち，わが国で独自の発展をしてきた。校内暴力などの非行問題が顕著な時代から，大人との関係の持ち方が難しい青年期前期の生徒指導の実践では，生徒の強みを伸ばす試みを生徒指導の中核とすることは困難であった。

こうした「問題行動と叱責」というネガティブな連鎖を抜け出すため，事後対応が中心の生徒指導をプロアクティブ（予防的）に推進することをめざし，米国では，応用行動分析に基づく「ポジティブな介入による積極的行動支援（Positive Behavior Intervention and Support：PBIS）（Sugai, 2014）」が多くの州で進められている。林田・西山（2017）は，このうちすべての生徒に対する一次的援助サービスの実践を中規模の公立中学校で試みた。

実践先では学校の教育理念に基づき，生徒の守るべきルールは示されていたが，具体的な行動は明示されていなかった。PBIS の取り組みとして，守るべき生徒指導のルールを場面別に，より具体化して表した。たとえば「団結」という目標は，清掃時間であれば，担当の清掃場所を皆で力を合わせて清掃することにより行動に表れる。好ましい行動を場面ごとに例示した行動チャートを各学級に掲示し，その上で好ましい行動をした生徒に対しては，教員がポジティブな行動を強化するための賞賛のチケットを配布する。それを学級や班ごとに累積し，月単位で評価して報酬を得るというシステムである。林田・西山（2017）の取り組みでは，各個人が取り組んだ成果を班別に集計し，次の席替えで優先的な選択をおこなう権利を報酬とした。全生徒への一次的援助サービスを学年団で推進し，生徒の対人的規範向上・対人的規範遵守・個人的規範遵守，及び教師との関係における自己有用感が有意に向上する結果となった。生徒の自由記述からも，教師がポジティブな側面に目を向けることで，自身の好ましい行動が促進されたことが記されていた。つまり，問題行動に着目し好ましくない行動にのみ教師が注目し，叱ったり罰を与えたりといった指導をするばかりでなく，適切な例を示して，生徒たちのポジティブな行動を教師が見出し，それを賞賛することにより，好ましい行動が増えることが示された。問題行動という「失敗」を回避する方法を示し，正しい振る舞いを賞賛する指導で，生徒の好ましい行動が促進され，発想の転換の可能性が実証された。

2）子どもたちのあたたかな学校風土づくりを担うピア・サポートの展開

小学校における学校適応では，一緒に遊べる子どもがいるかなど，相互の関係づくりが大きな意味を持つ。ピア・サポート（仲間支援）は，希薄化する子どもの関係づくりに有益な取り組みである。持丸・西山（2017）は，小学校で経年的におこなわれている高学年児童による低学年への支援の効果に着目した。学校適応感を示す調査において，高学年での適応が高い小学校を対象に，他学年の適応状況を比較したところ，中学年での適応が，高学年ほどに高くないことが明らかになった。その背景の検討から，高学年では，学校のリーダーとして，様々なサポート活動の機会があり，自尊感情・自己有用感が得られる体験が多いことが影響している可能性が示唆された。そこで，中学年でもピア・サポートトレーニングを実施し，学校適応感の変化を見た。その結果，小学校3年生では社会的なスキルの向上が顕著であり，適応感が低いと認識している児童に，特に対人面の適応感が高まったことや教師の支援への認知が高まった

ことが示された。さらに発達段階に即して、低学年・中学年でのピア・サポートトレーニングを実施した結果からも、侵害されたと認識する児童が減り、結果として学校適応が促進された。

[2] ミドル・リーダーから管理職へのアプローチの在り方

前述①②の取り組みでは、ミドル・リーダーが校内の適応援助に求められる学校課題を精査し、適切なプログラムを導入した。トップ・リーダー（管理職）に向け、担当者自身が学校適応援助の課題を示し、適切な実践的活動を提案・推進することも、その貢献の一つと言える。

生徒指導において、予防的対応が重要であることは疑う余地もない。プロアクティブな対応が必要であると同時に、一次的援助サービスとして具体的な実践活動を展開する際には、学校コミュニティの新たな活動に対する準備状態を見極めることも重要である。スクールワイドの取り組みを導入することが有効である反面、中核となる実践の効果への信頼感が得られないままに導入しようとすることは、必ずしもよい成果を生むとは限らない。学校適応援助を専門とするミドル・リーダーの的確な状況把握は、準備が整い効果が期待できる段階であるかどうかを学校が判断することに役立つ。成果をあげるためには、一般的にスクールワイドの展開が好ましいとされているが、着実な実践には、可能な範囲で小さな活動を成功させ、それを学年・全校・地域と広げることが最も有効である。

校内の適応援助を担う担当者による、管理職への貢献として、西山・鎌田・迫田（2014）は、先行実践から、学校適応を支えるミドル・リーダー行動を整理した（表7-4）。聞き取り調査および日誌法による成果に、全体的視点から含められるべき項目を加え、学校状況に沿って適切な適応援助のためのプログラムを構想し、必要に応じて専門性に基づくリーダーシップを示し、その中で実践を推進することが特徴であるとされた。

さらに、鎌田・西山・迫田（2017）は、小学校の管理職及び一般教員を対象に、担当者が職務上何らかの交渉を管理職に対しておこなう場合の、相互の影響過程について、質問紙調査をおこなった。結果として、2つのことが示された。1つは、過度に正当性に依拠した主張は、好ましい結果を生まないことである。これは、校長の考えや意見に耳を傾けることなく、担当者が自身の立場からの正論を強く主張した交渉が、成果につながらないことを示している。

もう1つは、校長による担当者に対する認知が、担当者の交渉への応諾の内容を決定づけることが示された。これは、校長が担当者の力量を高く認知している場合は、アプローチに応じたり受け入れたりすることが多いことを示している。つまり担当者であるミドル・リーダーが学校適応援助を推進するために校長にアプローチをおこなう際は、管理職の担当者への評価により、その交渉内容の応諾が異なることをふまえ、担当者は自身の役割を明確にとらえ、適切な力量形成をはかることが求められる。

表7-4 学校適応を支えるミドル・リーダー行動の整理 （西山・鎌田・迫田，2014に加筆）

項　目	概　要
1 プログラムデザイン	学校適応援助の年間計画・主要な役割分担の基盤となる全体構想
2 システム構築	学校適応援助のシステム（体制）の構築
3 校内ネットワーク推進	学校適応援助のための校内関係者相互の連携・調整
4 心理教育的プログラム活用	学校課題に適した心理教育的プログラムの選択・導入の提案
5 教育相談の運営と折衝	学校適応援助の適切な推進に向けた管理職等との相談・対応
6 校外資源との連携の構築	学校適応援助に関連する校外資源との連携・有効なネットワークづくり
7 課題改善へのアドボカシー	学校適応援助に関する課題が適切に改善に向かうための擁護・代弁
8 学校適応の実態把握と分析	学校適応援助の成果・課題を示すことができるデータの収集・分析
9 学校危機予防・対応	学校危機事案に関する対応／準備／見直し／未然防止の取り組み

つまりこの研究の成果からは，①学校における教育相談の定着化に向けては，校長のリーダーシップが有効に発揮されるための担当者による働きかけの重要性と，②校長が担当者のアプローチをどう認知し，評価するかを踏まえた，担当者の対応の必要性が示された。

校長の担当者に対する印象は，校長の担当者の力量への信頼や判断につながる。これは先行研究での「正当性の主張」を使用することの課題点の指摘（Yukl & Tracey, 1992）とも符合する。また影響方略として，「合理的根拠に基づく説得」に加え「相談・協働的アプローチ」等の方略や「配慮的コミュニケーションによる説得」を併せた使用が好ましいことは，事例検討の結果（西山，2014）とも合致し，現場での実践において踏まえるべき担当者の行動を示している。

3. 心理教育的援助サービスにおける体系的一次的援助

[1] 体系化された一次的援助サービス

「すべての子ども」を対象とした，学校における一次的援助サービスが定着する実践的取り組みのあり方を，研究成果などをエビデンスとしながら，備えと課題の予防の視点から捉えてきた。学校適応援助をおこなう各スタッフは，自身の専門的力量を踏まえ，児童生徒が抱える課題の内容や深刻さに応じて援助をおこなう（図7-1）。

段階1　すべての教員が日常的に子どもとの関係を構築する。

段階2　学級担任は日常観察から把握された状況に基づき，課題があれば自身で対応するか，対応が困難な深刻さであるかを見極める。担任個人での対応では難しい課題があれば，学年会等でミドル・リーダーに相談する。学年主任などは各学級の課題が見逃されていないか確認する。

段階3　そこで対応が可能であれば，学年会などでの検討から支援策を協議し，役割を分担して支援する。さらに深刻な場合は，学校心理士等の資格を持つなど，適応援助の担当者等に対処方法を相談する。これらが，学級担任の組織内での学校適応援助に向けた役割と言える。

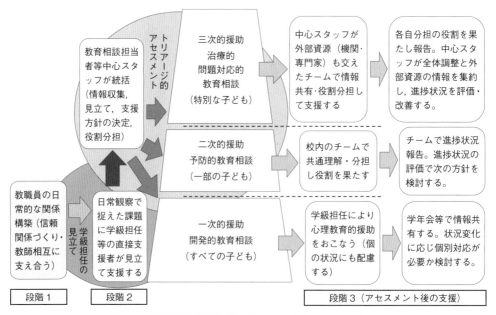

図7-1　教育相談活動階層的援助システム（西山，2010を修正）

[2] チーム学校で求められる専門性に基づくリーダーシップの在り方

　学校全体に温かな学習環境をつくることは，援助者の重要な役割である。教師間の関係づくりにおいても，管理職の関わりだけでなく，ミドル・リーダーが担う役割の大きさは他に替えがたい。適応援助の担当者は，一次的援助を自身が直接おこなうだけでなく，校内ですべての子どもにサービスが届いているかを俯瞰し，深刻なケースの相談を受け，必要な外部資源との連携や対応をおこなう。援助サービス全体のデザインとして，人的構成要素のネットワーク，役割分担，運用方針，援助ツールの選択と，心理教育プログラムの選択といった事柄が調整されるにつれ，学校適応援助は長期にわたり充実する可能性が高まる。学校適応援助を担当する教員のミドル・リーダーシップとは，こうしたことを整えられる力量をもつことを含むものといえる。

　「すべての子ども」がそれぞれに能力を高め，自身の成長に向けた試行錯誤をおこない，成長を促進させるための自助力を高めることは，学校教育の中核的役割である。多くの子どもには，成長のための課題克服に取り組むよう促すことで，さらに成長を促進させ，少し苦戦している子どもには，早い段階で見出し必要な支援をおこない，そして深刻な課題を抱えている子どもには，適切な支援がなされるようにすべきである。そのためには，どのような適応状況にある子どもにも困難の度合いに応じた支援の全体計画を，学校が適切におこなえるよう，スクリーニングをおこなうことと，学校適応援助が成長促進をもたらせるよう，適切な心理教育的援助サービスをおこなうことが求められる。担当者は，一次的援助の展開に関して，校長をはじめとする管理職とも適切に関わり影響力を発揮することが必要なのである。教師が児童生徒のよりよい成長を推進することができるよう，担当者が体系的に教師間の協働性を高めることが，一次的援助サービスの定着をもたらす。

コラム 3

学校環境は子どもの心にどのように影響するのか

松本真理子

日本の学校

　ある海外の研究者から「日本の学校はすぐわかる，どれも同じ形だから」と言われたことがある。彼女は母国で同じ形をした学校を見たことがないと言う。日本の学校建築の画一的定型である「片廊下一文字型校舎」は明治中期以降（1890 年代）に建築が始まったといわれている（上野，2008）。そして，学校の量的拡充が急務であった時代を背景にして，全国各地でこの定型校舎が建築され，今なお「日本の学校の姿」として地域に溶けこんでいる。

子どもにとって学校とは

　筆者らは，日本とフィンランドの小中学生を対象に「学校イメージ」を問う調査（IAM）を実施した（松本・ケスキネン，2013）。方法は「学校（koulu）」という刺激語に対して自由連想（語もしくは文）を記入する方法である（20 個の記入箇所がある）。その結果，日本の子どもの方が記述総数が多く，記述内容の範囲も広いことが示された。また同時に実施したQOL 質問紙（KINDL®）の結果からは，日本において「学校がおもしろい」ことと「良好な友人関係」との間に高い相関があることが明らかになった。日本の子どもたちにとって，学校は多様なイメージを有し，友人関係を育む場所であることが推測された。

学校は勉強する場

　さらに IAM に記載された記述を詳細に分析した結果，フィンランドの小中学生においてもっとも多かった記述語は「先生」であった。日本における上位の記述語は「楽しい」「友だち」「部活」などであった。また QOL 質問紙の結果で「学校の勉強は簡単だった」と答える割合は，日本の小 4 で 63％，フィンランドは 83％，日本の中 2 で 32％，フィンランドは56％であった。「テストで悪い点をとらないか心配」と答える割合は日本の小 4 で 42％，フィンランドは 18％，日本の中 2 は 43％，フィンランドでは 26％であった。

　フィンランドの学校はどうやら「勉強する場」であり，そして「勉強ができる自分」を実感する子どもたちが多いようである。フィンランドの小学校の校長先生が「学校は楽しくなくていいのよ，勉強する場なんだから」と自信を持って語っていたのが印象的であった。

子どもを取り巻く環境と心の健康

　子どもを取り巻く環境の第 1 は家庭であり，第 2 は，多くの場合学校であろう。自分の学校の校舎が好みに合わなくても，担任と相性が悪くても，子どもたちは自ら転校したり担任を替えることは不可能に近く，子どもたちは甘んじてその環境を受け入れ，その中で育っていくしかない。子どもが生きていく上で大きな影響を及ぼすであろう学校環境とは，教員や友人などの対人関係から成る人的環境だけでなく，校舎，学級，掲示など様々な側面から成る物理的環境でもあることを忘れてはならないと思う。

　子どもたちがやがて成人になって子ども時代の学校に思いを馳せるとき，個に向けられた温かなまなざしを伴う思い出であるならば「片廊下一文字型校舎」もまた，かけがえのない校舎に見えるというものであろう。

第2部
学校心理学による二次的援助サービス

――苦戦する子どもの発見と援助

8章
学級集団で苦戦する子どもの発見と援助

武蔵由佳・河村茂雄

1. 調査法による苦戦する子どもの発見

[1] 早期発見と早期対応の必要性

　文部科学省（2016）によると，2015（平成27）年度に30日以上欠席した子どものうち「不登校」の小学生は前年より1,717人多い27,581人，中学生は前年より1,395人多い98,428人と，合わせておよそ126,009人に上り，3年続けて増加したことが明らかになった。また，学校により認知されたいじめは，2015（平成27）年度は全体で224,540件であり，小学校151,190件（前年度122,734件），中学校59,422件（前年度52,971件），高等学校12,654件（前年度11,404件）であり，前年度と比較するとどの学校種でも増加していた（文部科学省，2016）。不登校やいじめなどの問題は1980年代半ばから深刻化してきたが，各年度で増減を繰り返し，大幅な件数の減少には至っていない。さらに，1990年代には，学級活動や学級生活が成立しないという「学級崩壊」という問題も起こってきた。学級内で一部の児童生徒たちが不登校やいじめという問題により不適応になっているという段階に留まらず，学級という設定された枠の中で，児童生徒たち同士が集団を形成することが難しくなってきており，その支援は複雑化しているのである。

　これらの問題に対応するために，従来は，児童生徒の実態を把握する方法として，観察法・面接法が主におこなわれてきた。近年はこれらに加えて，児童生徒の本音を実態把握する方法として，質問紙を用いて直接回答してもらう調査法・質問紙法を加えて用いることで，見えなくなってきた児童生徒の内面をより統合的に理解しようとする取り組みが広がっている。担任教師はこれら3つを併用して，偏りのないアセスメントをし，不登校やいじめ被害などの問題行動に対するための，より有効な対応方針の資料を作成し，取り組んでいくのである。学級崩壊に対する対応も同様で，教師が教育実践や学級経営を有効に展開するために，学級集団の状態について適切なアセスメントをおこない，その結果に沿った対応をおこない学級崩壊を予防していく，これが同時に学級内で苦戦する子どもの支援ともなるのである。

　『楽しい学校生活を送るためのアンケートQ-U』はこれまで見過ごされがちであった二次的援助サービスを必要とする子どもを早期に発見することが可能であり，また学級集団全体をアセスメントできるので，日常の学級集団づくりに役立たせることができる尺度として河村（1999a, 1999b）が開発した心理尺度である。結果を判定する基準が統計的に示され，日本心理検査協会（2017）により信頼性と妥当性が実証されている。標準化の作業を経て作成されているため精度の高い心理検査であり，日本の全都道府県の半数以上の県や市の教育センターで，実施・活用研修会が毎年開催され学校現場に広く定着している。本章ではQUを活用して学級集団で苦戦する子どもの発見と援助及びそれらの児童生徒も含めたすべての子どもが安心して学級集団内で生活できるような学級集団の育成について述べる。

1) 学級生活満足度尺度 QU による早期発見と早期対応

　QUは，子どもたちが学級・学校に対して満足感や充実感を抱いているか，学級内に心の居場所があるかどうかを調べるものである。友達から嫌なことをされたり，からかわれたりして

いる場合，その子どもにとって学級は居場所となっていない。またいじわるはされなくても「自分はこの学級にいてもいなくてもよい存在だ」と思う子どもにとっても学級は居心地のよい場所とはなっていない。このような児童生徒に対して教師の適切な対応が必要となるが，それが適切に対応されないと，夏休みまではなんとか乗り切れても，夏休み後に不登校となり学校に来られなくなる子ども，いじめ被害が深刻化し傷つく子どもが増えることが予測される。さらにこのような子どもたちが増えると，学級の荒れの進行が激しくなることもある。よって，教師はこのような学級の荒れの芽を早急に把握し，具体的な対応策を練ることが必要であり，その方法の一つとしてQUのような調査法を活用しながら，苦戦する児童生徒のSOSを初期の段階で発見し，二次的援助ニーズにすること，同時に学級の荒れの兆候を把握し，未然に防ぐことを実施していくことを進めたい。下記にその方法について解説する。

①児童生徒の内面の把握

QUの「いごこちのよいクラスをつくるためのアンケート」では，子どもを4つの群に分類して理解する（図8-1）。学級生活満足群は，学級内で存在感があり，かついじめや悪ふざけを受けている可能性が低く，学級生活に満足している子どもたちである。非承認群は，いじめや悪ふざけなどを受けている可能性が少ないかわりに学級内で認められることもなく，学級生活や諸々の活動に意欲が見られない子どもたちである。侵害行為認知群は，学級生活や諸々の活動に意欲的に取り組むが，他の子どもとトラブルが起きている可能性のある子どもたちである。学級生活不満足群は，耐えがたいいじめ被害や悪ふざけを受けている可能性が高く，学級の中に自分の居場所が見つけられていない子どもたちである。特に左下の位置に来る子どもは深刻ないじめ被害を受けていて，不登校になる可能性が高いため，早急に対応

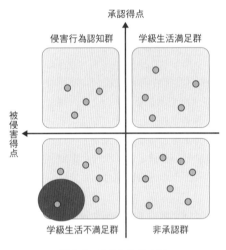

図8-1 児童生徒の4群

をする必要がある。

児童生徒への対応を3段階の援助レベルで捉える学校心理学のモデル（石隈，1999；石隈・水野，2009）から考えると，学校生活満足群の児童生徒は，一次的援助（発達上のニーズに対応する援助，たとえば友達とのつき合い方，進路指導，個々の子どもの状態を踏まえた授業などの教育活動など）が重要となり，非承認群と侵害行為認知群は，二次的援助（教育指導上配慮を要する子どもへの援助，たとえば不登校傾向，不安の強い生徒など）が重要となり，学級生活不満足群は，三次的援助（特別な援助が個別に必要な子どもに対する援助，たとえば不登校，いじめ，特別支援の児童生徒に対する面接など）が重要となる。このように考えることで学級内のどの子どもが苦戦しているのかを確実に把握することが可能になる。

②学級集団の状態の把握

河村（2010）は，良好な学級集団の指標として「ルール（規律や対人関係上のマナー）」と「リレーション（ふれあいのある人間関係）」の2点を提唱している。この2点がともに満たされると学級は子どもたち一人ひとりの居場所となり，苦戦する児童生徒は少ない。しかし一方あるいは両方が不足していくと学級は独特の雰囲気を醸し出す。以下に学級集団の類型を示す（図8-2）。

「ルール」と「リレーション」の両方が満たされている学級を『親和型学級』と言う。この学級では児童生徒同士の間に規律と信頼感があり，一人ひとりの情緒が安定し，児童生徒同士

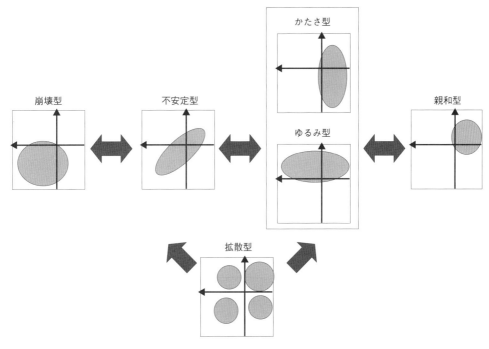

図 8-2 学級集団の変化のプロセス

の人間関係の建設的な相互作用が豊富になっている状態である。この集団での生活体験を通して，児童生徒個々の教育課題のみならず発達課題も促進される。

「ルール」はあるが，「リレーション」が不足している学級は，『かたさ型学級』である。

集団は教師の指導のもと，規律が確立しているが，児童生徒同士の親和的な人間関係の形成が，部分的であったり，全体的に低調である（河村，2000a）。この学級の状態で苦戦する児童生徒は，教師による学力や活動の取り組みに対する評価規準に沿った行動をすることが難しい子どもたちである。学級内で地位の高い児童生徒と低い児童生徒というヒエラルキーができやすく，リーダー役割の児童生徒と，そうでない児童生徒が固定化してしまうことが多い。

「リレーション」はあるが，「ルール」が不足している学級は『ゆるみ型学級』である（河村，2000a）。学級全体に規律・ルールの確立が今ひとつの中で，児童生徒は気のあう数人の友人と関わっている状態である。一見元気でのびのびしたような雰囲気があるが，授業では私語が見られ，集中できない様子が見られる。この学級の状態で苦戦する児童生徒は，自己主張ができにくい児童生徒である。たとえば，係活動や給食などの当番活動の際に自己主張的な児童生徒とそうでない児童生徒の間に役割の不均衡や弱肉強食の雰囲気があったりと，児童生徒同士の人間関係の軋轢などが度々発生する状況となる。

『かたさ型学級』も『ゆるみ型学級』も，教師の指導が「ルール」や「リレーション」のいずれかに偏っていて形成される学級の状態であるが，たとえば学級編成替え後に「ルール」や「リレーション」のいずれにも教師の指導性や一貫性がない場合，学級内には逸脱行動をする児童生徒も少ないかわりに，協同的な活動も少なく，学級は全体にまとまろうという意識も低下している場合は，バラバラな『拡散型学級』になる場合もある。この場合の学級も人間関係が固定化したまま1年間継続してしまうことが多いので，苦戦する児童生徒は，学級内の人間関係において低い地位に位置づけられてしまう児童生徒である。

『かたさ型学級』『ゆるみ型学級』の状態の学級集団に対して，教師の適切な指導がなかった場合，時間の経過とともに教師が提示した規律に反発・無視したり，児童生徒同士の人間関係

も防衛的になったり，敵対的なものになったりと学級集団は退行・崩壊していく。『かたさ型学級』のよさであった「ルール」が乱れ，『ゆるみ型学級』のよさであった「リレーション」が崩れてくるともともとのよさも崩れてきて，相乗的に悪化してきて『不安定型学級』に変化していく。集団が退行し始めると，一斉授業や活動にも一部支障が出始める。この学級の状態で苦戦する児童生徒の数は，「親和」「かたさ」「ゆるみ」の学級類型と比較して倍増する。児童生徒は，反社会的な問題，非社会的な問題の両方を示すようになってくる。教師は個別対応をする比重が高まり，全体への対応が低下するという悪循環に入っていく。

さらに「ルール」も「リレーション」も乱れてしまった『崩壊型学級』では，学級のきまりは無視され，規律が完全に崩れている。その結果，一斉授業は成立しづらく，係り活動，掃除や給食活動の実施にも支障が出ている。教師の指示はほとんど通らず反発が起こり，学級は騒然とした雰囲気の中で，児童生徒同士の間にはトラブルが頻発している。ほとんどの児童生徒が学習活動や対人関係に苦戦し，いじめ問題や不適応問題がかなりの頻度で発生する。

このように，学級集団の状態により，どのような児童生徒が苦戦するのかが異なり，またその数も異なっているのである。

2. 先行研究の概要

現在，QU を活用した研究や学級づくりの実践が多く紹介されている。良好な学級集団を形成するための前提として，2000 年以降の主な研究を概観する。

[1] 調査研究
1）児童生徒の様相に関する研究
河村（2000b）は，学級生活に対する意欲は児童生徒の不安傾向や孤独感，教師の指導行動・態度と関連があることを指摘している。深沢・河村（2012）は，小学校の通常学級における特別支援対象児の学級適応の現状について調査し，特別支援対象児童は非対象児童と比較して，いじめやからかいなどの侵害行為を受けやすい傾向や，不安や孤独感を持ちやすい傾向があることを指摘している。西村・村上（2014）は，小学生の学級生活に対する満足度と自己学習スキル及び学習動機づけとの関連を検討し，学級生活満足群の児童は学習スキルと自律的な動機づけが高く，非承認群は学習スキルと学習動機づけ全般が低く，侵害行為認知群は動機づけ全般の得点は高いものの，学習スキルの得点が低く，学級生活不満足群は学習スキル及び自律的な動機づけが低く，統制的な動機づけが高いことを明らかにしている。村上・西村（2015）は，学級生活満足群の児童は品格を身につけている程度が高く，侵害行為認知群もその傾向が高いが，満足群と比較すると"公平に接する"というフェア・配慮が低いこと，非承認群及び不満足群は品格を身につけている程度が低いことを明らかにしている。

2）学級集団の様相に関する研究
河村・武蔵（2008a，2008b）は 220 学級を対象にして学級集団の状態を，「ルール」と「リレーション」の確立の度合いをもとに分類し，2 つが同時に確立している親和型学級では，いじめの発生数が少なく，かつ，児童生徒の学習の定着率が高いことを指摘し，学級集団の状態が児童生徒の活動に有意な影響があることを実証的に明らかにしている。小学校中学校ともに親和型学級の OA（オーバーアチーバー）の出現率が多く，UA（アンダーアチーバー）の出現率が少なく，いじめの発生率も少ないことが明らかになった。武蔵・河村（2015）では，小学校の学級集団の状態像を"親和型学級"，"かたさ型学級"，"ゆるみ型学級"，"不安定型学級"，"拡散型学級"，"崩壊型学級"の 6 つに類型化し，これらの学級類型の出現は学級規模には関連がないこと，4 年生では親和型学級が少なく，ゆるみ型学級と拡散型学級の出現数が多いこ

と，6年生では親和型学級が多く，ゆるみ型学級の出現数が少ないことを明らかにしている。さらに学校生活意欲は，親和型学級，ゆるみ型学級，不安定型学級，かたさ型学級，拡散型学級，崩壊型学級の順に得点が高く，学級状態の類型により，児童の学校生活意欲に差異が見られたことを指摘している。特にかたさ型学級では授業などは粛々と進められているが，児童の学習意欲得点は不安定型よりも低く，課題があることが指摘されている。河村・武蔵（2012a，2012b），河村（2010，2013）は，教育的相互作用の高い親和型学級の特徴について，①個人の士気と同時に集団の士気が高まっている，②集団生産性が高まる取り組み方法・協働体制・自治体制が確立している，と指摘している。またそれらを成立させている要因として，③集団斉一性が高くなっている，④集団内の子どもたちの自己開示性と愛他性が高まっている，⑤集団凝集性が高まっている，という特徴が示唆されている。さらに③④⑤を維持する要因として，⑥集団機能・PM機能が子どもたち側から強く発揮されている，⑦⑥を強化する集団圧が高まっている，という特徴を明らかにした。つまり，個人と学級集団は相乗的に影響を与えあっており，学級集団が教育環境として児童相互が互いに建設的に切磋琢磨するような状態と，相互に傷つけあい互いに防衛的になっている状態とでは，児童生徒個々の学習意欲や友人関係形成意欲，学級活動意欲に大きな差が生じる可能性は否定できないのである。したがって，学級での一斉学習指導も，学級集団の状況という環境要因によって，大きな差が生まれるのである。

3）教師の指導行動と児童生徒の学級適応との関連に関する研究

　藤村・河村（2001，2013）は，担任教師に自分のクラスの各々の児童がQU4群のどの群に所属しているかを予測させ，実際の児童のQU4群の所属位置とのずれを検討した。結果，侵害行為認知群の児童において他の群の児童のずれよりも大きいことを明らかにした。つまり，教師からはこれらの児童の意欲的な側面は把握できても，いじめや悪ふざけの対象となっていることには気づきにくいことを示している。さらに聞き取りから，「成績が優秀である」「授業中積極的である」など学習意欲の高さから学級生活に満足しているだろうと判断されていることが明らかになった。侵害行為認知群は，二次的教育援助が必要な児童であり，具体的援助がなければ不満足群に移行し学級不適応の状況が悪化していく可能性が大いにあるため，学校不適応の状況を早期に発見し，早期に対応するために，より正しい児童理解が求められることが指摘されている。村上・西村（2014）は，小学生の担任教師に対する信頼感が児童生徒の配慮と関わりの両側面のソーシャルスキルを促進し，さらに両ソーシャルスキルが学級生活満足度の承認感を高め，被侵害感を低めていることを指摘した。さらに教師に対する信頼感が児童の承認感を直接的に高めていることも明らかにした。

［2］事例研究

1）ルール・リレーション形成の実際

　森永（2012）は，QUを用いて学級をアセスメントし，K-13法を用いて対応策を検討し実践した結果，6月に「不安定型」（論文内では荒れ始め型）だった学級を10月には8割以上の児童が満足群に入る「親和型」に変化させた。さらに不満足群や非承認群に入っている3名の児童に焦点を絞って対応を重ね，承認感を高めた事例を報告している。瀧澤（2014）は，人間関係の固定化の著しい小規模単学級の児童に対する3年間（4〜6年生）の教育実践とQUによる児童の位置の変容や学級集団の類型の変容について報告し，4年生次に不満足群に属していた児童3名が6年次には満足群に属した取り組みについて報告している。苅間澤（2012）は，いじめを受けている生徒Aからの訴えをもとに「いじめ対応チーム」を結成し，Aの学級に対して再契約法等による介入をおこない，いじめを解消した事例を報告している。介入3ヶ月後にはAは学級に復帰し，QUをおこなったところ，満足群の位置に近い非承認群におり，冷やかしやからかいがないと回答しており，いじめの解消を裏づけるものであった。佐々木・苅間

澤（2009）はスクールカウンセラーによる学級経営への支援について報告をしており，スクールカウンセラーが介入し，チームで対応していくことにより，適切なアセスメントが可能になり，学級担任への心理的な援助と学級集団への効果的な介入が可能になったことを指摘した。遠田（2014）は，小学生に対して学級単位の集団ソーシャルスキルトレーニングを実施し，実施前に学級生活不満足群に属していた10名の内5名が，実施後に他の群に移動したことを報告している。藤原（2014）は，中学生に対して学級単位の集団ソーシャルスキルトレーニングを実施し，「満足群優位学級」，「中間学級」，「不満足群優位学級」の3タイプにおいてTime1よりもTime2でソーシャルスキルの得点が高まっていたことを示している。藤村・河村（2012）は，親和型学級内で，学級不満足群に位置していた児童に対して，生徒指導主事がコンサルテーションをおこなったことで，担任のA児に対する見方が共感的・多面的に変容していき，指導の見通しを持てるようになり，さらに指導行動も柔軟かつ適切になっていったことを報告している。根田・苅間澤（2013）は，担任する学級集団が崩壊型に近い状態にあり，それをネガティブに評価する同僚や管理職との関係に悩んでいた教師に対して，学年主任が援助をおこなった。事例から学級経営に困難を抱えている担任教師には，受容的なカウンセリングと，具体的な指導スキルの獲得などの学級経営に対する支援の両方が必要であることを示している。

　このようにQUを個別の児童生徒や学級集団全体の対応に活用することで教育実践の向上に寄与できることが多数示されており，学級集団の実態に即した学級経営をおこなうことの有効性が検証された。

　石隈（1999）は「子どもの学習面，心理・社会面，進路面，健康面における問題状況の解決を複数の専門家（教師・スクールカウンセラー・特別支援コーディネーター）と保護者で行うこと」がチーム援助であり，そのメンバーは担任，養護教諭，スクールカウンセラー，学年主任，管理職，保護者など幅があること，そして，これらの多様なメンバーが機能するためにはコーディネーターが必要であることを指摘している。上記の各事例では，コーディネーターがおり，苦戦する児童生徒や苦戦する状況にある学級集団に各専門家がどのように関わるかを整理することで連携が容易になり，各自が状況の改善に向けて協働して取り組んだことが最適な援助を提供することにつながっていたと考えられる。

［3］学級集団の発達段階とそれに応じた児童生徒への対応

　学級内で苦戦する子どもたちは，学級集団の様々な状況で不安を感じることが多い。以下にその状況を，学級の「ルール」と「リレーション」の確立過程における学級集団の発達段階の順序性に即して解説する（河村，2012a，2014）。良好な学級の集団としての発達段階の過程は，混沌・緊張期→小集団形成期→中集団形成期→全体集団成立期→自治的集団成立期，の流れをとる（図8-3）。本稿では苦戦する児童生徒を学級集団全体に巻き込んでいきながら，個人の適応を促す学級集団づくりの方法を述べる（河村，2011）。その際，苦戦する児童生徒への対応として重要となる，混沌・緊張期→小集団形成期→中集団形成期までを解説する。

1）混沌・緊張期

　学級編成直後の段階で，教師が子どもの意見を取り入れながら学級目標や学級のルールを定めるが，全体としてどう動いていいのかがまだわからないので，トラブルが頻繁に起こる可能性が高い。また，リレーションも以前からの顔見知りの者同士が2, 3人で休み時間にかたまっているが，不安のペアリングやグルーピングが半数くらいに見られ，一人でいる子どもも学級内におり，子どもたち一人ひとりがバラバラの状況である。混沌・緊張期には学級生活不満足群に限らず，学級内の誰もが不安を持ち，苦戦する状況に陥りやすいので，教師はルール確立への指導行動やリレーション確立への指導行動の2側面を強く発揮する必要がある。

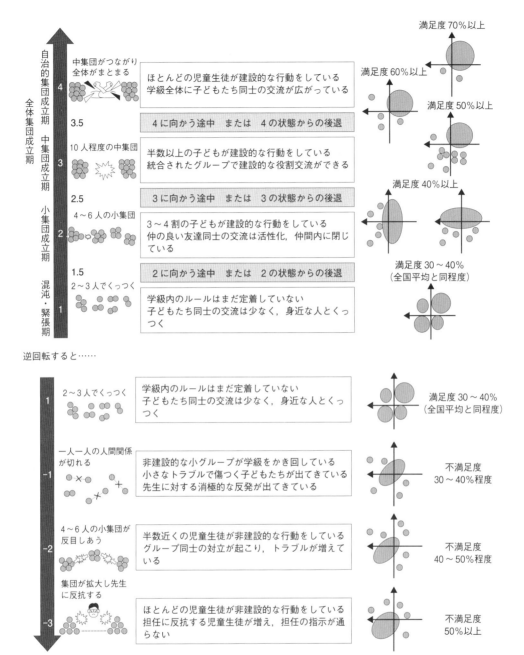

図 8-3　学級集団の発達段階と学級の様子 (河村, 2012b)

①ルールの確立への指導行動

　子どもたちの願いを取り入れた理想の学級の状態を確認した上で，理想の学級の状態を成立させるための学級目標を設定し，子どもたちと合意を図る。そして，設定した学級目標を達成するためにみんなで守る具体的なルールを設定する。また，ルール違反のグレーゾーンの領域については，例を挙げて詳しく説明し，教師から先手で念を押す，初発の場面でルールを確認したり，朝・帰りの会の進行，授業の進め方について説明し，一定のルーティンを定着させるように努めるなどが重要になる。

②リレーションの確立への指導行動

　教師と児童生徒の個別の関係づくりのために，あいさつしたり，一人でいる子どもを中心に声かけを頻繁におこなう。また，生活班，係り活動のグループを形成し，それらの小集団活動の中で，簡単なゲームなどをして子ども同士の関係形成を図る。また，朝の会や帰りの会，授業中に，教師の考えや思いを積極的に自己開示し，学級内に明るい雰囲気をつくっていく。

　このような対応をすることで，すべての児童生徒に安心感を与えていくのである。

2）小集団成立期

　学級のルールが徐々に意識され始め，子ども同士の交流も活性化してくるが，その広がりは気心の知れた小集団内に留まっている状態である。混沌・緊張期に設定された学級のルールが徐々に意識され始めてきたが，学級のルールにそって自ら行動できる子どもは1／3位の状態である。よって，1，2割の子どもは教師の個別対応がなければルールにそった行動がとれず，半数の子どもたちは教師の見守りや個別配慮のもとでルールにそった行動をしている状態である。またリレーションについても生活班や係り活動を通して子ども同士の交流も活性化してきたが，その広がりは気心の知れた小集団内に留まっている状態である。ただ，この時期になると不安のペアリング・グルーピング状態は少なくなる。その中で，一人でいる子どもが1割位はいる状態である（河村・武蔵・杉村・水上・藤村，2012）。小集団成立期は，学級生活満足群に入る一部の児童生徒はルール遵守もリレーション形成も良好に回転し始めるが，一方で学級生活不満足群に入る児童生徒はうまくできにくく，これらの児童生徒が苦戦しないように教師の指導行動を変える必要がある。

①ルールの確立への指導行動

　この時期はルールにそって行動している子どもを積極的にほめて，そのような行動を学級内に奨励するのが有効である。子どもをほめるときも，その行動の適切さ，どのようにルールにそっていたのかを指摘してほめたり，いい成果には結びつかなくても，地道にルールにそって行動している子どもの，その姿勢を認めるのである。ルール違反をした子どもには，その内容によって適切に確実に対応していき，ルール違反の対応に例外をつくらないようにする。生活班，係り活動のグループを積極的に活用し，役割行動を遂行させることを通してルールの定着を繰り返し図るのである。そして，役割行動の成果を認め合う場を設定し，ルールにそった行動をとることを強化する。

②リレーションの確立への指導行動

　児童生徒同士の関係性を形成するために認め合い活動をすることが多いが，その前提として，生活班の役割，係り活動の仕事内容や責任範囲は，一つ一つみんなで確認させる。そしてこれらのグループを積極的に活用し，学習場面においても，認め合い活動を設定し，多様なメンバーとの関係を構築する。行動の振り返りや認め合い活動では，プラスの評価は周りから，マイナス評価は自分から言わせるようにする。他者と関われない子どもには個別にサポートするだけではなく，補助自我の役割をしながらグループ活動に参加できるようにサポートする。

　このようにして，一部の児童生徒のみが学級内に適応できている状態から，全員が適応できるような状態へと促していくのである。

3）中集団成立期

　学級内では子どもたちの生活班や係りの活動は軌道にのり，学校行事や学年行事への参加，学級全体のイベントの取り組みは，教師がリーダーとなる子どもたちと一緒に，8〜10人の中集団を単位に分割して取り組んでいける状態である。自ら学級の目標とそのためのルールにそって行動できるのは2／3位の子どもたちで，この子どもたちは意欲的に活動しているが，残りの1／3の子どもたちは小グループを形成していたり，孤立しており，学級集団内で友達とうまく関われない状態である。よって，これらの全体の流れに乗りきれない学級生活不満足

群，侵害行為認知群，非承認群の児童生徒が苦戦しないように配慮する必要がある。

①ルールの確立への指導行動

担任教師は，学校行事への参加前に，事前に学級の目標，そのために守るべきルール，役割分担をみんなできちんと確認し，中集団で活動する際はグループ内で事前に目標，それに向かうための活動の展開の流れ，途中の目標・目安を自分たちで決めるなどさせてから取り組ませる。また行事後の振り返りでは，個人の取り組みが全体にどう貢献しているのかを説明したり，高い成果は出なくても地道に取り組んでいる子どもを取り上げて，個別に声をかけたり，全体の前で評価していく。

②リレーションの確立への指導行動

中集団の取り組みの中では，あたりまえの行動（係り活動，掃除など）にも，「ご苦労様」「きれいになったね」と気さくに一人ひとりに声をかける。また行事の後には，教師自身もみんなでできた感動や喜びを率直に子どもたちに表明しながら，学級全体の一体感やその取り組みへの思いを子どもたちが共有する場面を設定する。子どもたちがみんなに貢献できたこと，必要とされたことを実感できるように，言葉やカードを用いて個人に届くようにする。また，集団の雰囲気を維持する働きをしている子どもを積極的に評価して全体に広げる。

このようにして，学級内の誰もがこのクラスに必要であることを実感させ，主体的に学級活動や学級のメンバーに関わろうとする流れをつくっていくのである。

3. これからの学級経営―アセスメントに基づいた学級集団づくりの必要性

日本の学校教育は学級という集団を単位にして，子どもたちに生活や授業・活動の体験学習を展開していくところに特徴がある。QU による研究の成果を見ると，各学級の学級集団の状態・水準によって苦戦する子どもの出現率，いじめの発生率，学習意欲や学力の定着度に大きな差がでることが明らかであり，教育効果には大きな差が生まれる。よって，教師は，苦戦する子どもの個別のアセスメントと学級集団全体に対するアセスメントを適切におこない，アセスメントの結果にそった指導行動をおこなうことが重要なのである。それは，単に苦戦する子どもを増やさないためにとか授業不成立や学級崩壊をしないためにという対処療法的な考え方から，より教育効果を向上させるために学級経営を充実させるのだという開発的な考え方に転換することになると考えられるのである。

学校心理学（石隈，1999）では子どもの援助を学習面，心理・社会面，進路面，健康面の側面から捉える。子どもや学級が抱える問題状況の把握や解決方法を導くためには，教師（養護教諭，学年主任，管理職），スクールカウンセラー，特別支援コーディネーター，保護者など，多様なメンバーでチームを組んで取り組むことがますます必要になってきている。チームによる学級集団内で苦戦する子どもの発見や学級集団のアセスメントを通して，児童生徒への対応だけでなく教師の学級経営の手法そのものを大きく転換させ，児童生徒の個人の発達や学級集団としての発達に寄与できることが，QU を通した研究から示されていると考えられる。

9章
感情の育ちの視点から見た子どもの苦戦

大河原美以・長谷川翠

1. 感情の育ちの現状

　近年，感情をコントロール（制御）することができず，攻撃性を表出したり不適応を示したりする子どもを「発達障害」のある子どもだと認識する傾向があるが，感情制御の力の獲得の問題と，発達障害の有無は別箇の問題であることを認識することが，支援を組み立てる上できわめて重要である。

　感情の育ちと聞くと，「思いやり」のある子に育っているかどうかということを連想する人が多いかもしれない。それはここで述べる育ちが保障されたのちの結果の姿である。感情の育ちにおいて，注目しなければならない点は，不快な感情を抱える力（＝感情制御）が適切に育っているかどうかという点である。不快な感情がわきあがる場面で，その感情を身体に安全に抱えることができないと，かんしゃくを起こしたり，突然きれたり，お腹が痛くなったり，不安で固まって動けなくなったりするということが生じる。子どもの自傷行為（リストカットなど）や自殺企図なども，不快が生じたときにその感情をちゃんと抱えることができないために，不快が生じる身体を否定する行為であると言える。

　こういった三次的援助を必要とする子どもたちだけではなく，学校に適応している多くの子どもたちが，日常生活の中で生じる不快感情・身体感覚を適切ではない方法で処理しているという現状がある。つらくてもにこにこしている子どもや，涙を流しているのになぜ泣いているのか自覚がない子ども，どんなときにも不安や恐怖を感じない子どもなども，感情の育ちに苦戦している子どもである。感情の育ちへの支援は，一次的援助・二次的援助のレベルでもしっかりと考えていかなければならない課題となっている（石隈，1999；石隈・水野，2009）。「がまんしなさい」と命じれば「がまんできる子」に，「思いやりを持ちなさい」と言えば「思いやりのある子」に育つかのような，「無自覚的な一般常識」を超えた理解がいま切実に求められている。

2. 感情の育ちに関する研究

　感情の育ちとは，子どもたちが自身の不快をどのように抱えるのかに関する学習過程であり，耐性の源を形成する脳の機能の育ちでもある。耐性の芽は，乳幼児期の愛着の関係による安心・安全感を基盤として育まれ，自分の不快（感情と身体感覚）を承認され安心するという関係性の中で育つ。感情制御の脳機能が親子の愛着の関係性の中でどのように育つのかということについて，簡単に紹介しておく。詳細は大河原（2015）に記載した。

　不安や恐怖や痛みは，自分が今ストレス状況にあるということを自身に伝える脳の反応であり，理性や認知による判断よりも早く的確に行動するための本能的な能力の源としての機能を持っていると言われている（Damasio, 2003；LeDoux, 1996；坂井・久光，2011）。

　脳は中心部から外側にむけて三層の構造をなしている。脳幹部・辺縁系・皮質の三層である。脳幹部は，身体の生命維持に関する仕事をおこない，辺縁系は感情や身体を司り，皮質は

人間の高度な能力を実現する場所である。われわれ人間は，この三層の脳のすべてがネットワークを構築して連携し，複雑な情報のやりとりをおこなうことによって生きている。

人がなんらかの危険な状況にあると「恐怖」「不安」「痛み」などの生体防御反応が生じる。これらは，辺縁系の扁桃体を中心とした領域から生じると言われており，命を守るためのサインとしての重大な役割を担っている。辺縁系・脳幹部の情動脳のネットワークが，恐怖を喚起させたとき，この恐怖がどのくらい危険なものであるのかを判断し，行動についての指示を出すのが，皮質の前頭前野（評価脳のネットワーク）だと言われている。つまり，感情制御は，辺縁系・脳幹部と前頭前野との間の情報のやりとりによっておこなわれると考えられている（Damasio, 2003；LeDoux, 1996）。

図9-1に示したように，脳の内側にある辺縁系・脳幹部から前頭前野に向けて発せられる情報の方向をボトムアップといい，反対に，前頭前野から辺縁系・脳幹部に向けて発せられる情報の方向をトップダウンという。感情制御の脳の機能とは，このボトムアップとトップダウンの情報のやりとりにおけるバランスのよい発達として理解することができる。

子どもの身体が不安・恐怖などを感じたときに，親が抱いて安心・安全を与えることができると，子どもの脳幹部・辺縁系から身体のレベルでの安心感・安全感が喚起される。すると脳は「危機回避」と判断して，不快感情は収束するのである。この安心感による制御をボトムアップ制御という。これは親子の愛着の関係を基本として発達し耐性の基礎となる。乳幼児期から，安定した親子関係の中で，身体が欲するままに泣き，抱かれ安心するという経験を重ねてきた子どもは，感情制御の脳の機能が自然にバランスよく育つのである（Lillas & Turnbull, 2009）。

しかしながら，子どもの身体が不安・恐怖などを感じているときに，安心・安全を与えられない場合（虐待的関係や過剰に「よい子」を求められている場合など）には，子どもの脳は自力で自己を守るために，サバイバル脳のネットワークにスイッチが入ってしまうことになる。それは，原始的防衛 Fight/Flight/Freeze（闘争・逃走・凍結）反応が生じるということを意味している。辺縁系・脳幹部の働きとして生じるこの反応は，命を守るための本能的行動であるが，日常生活の中でこの反応が繰り返されると，健康な反応が損なわれてしまうことになる。

Fight/Flight反応は過覚醒状態を，Freeze反応は一次解離状態を引き起こすことになる。過覚醒反応を起こしている子どもは，きわめて攻撃的，多動の様相を呈し，どうにもおさまらないかんしゃくを起こし，暴言をはきパニックになり，逃げまわる。とても扱いにくいので，

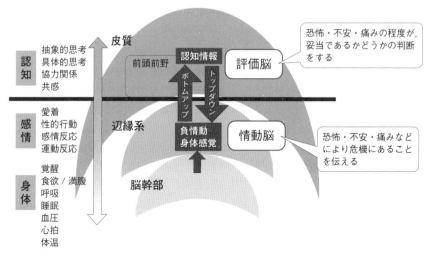

図9-1 感情制御の脳機能（大河原, 2015）

さらに叱責・体罰を受けることにつながり，親子関係は容易に悪循環を引き起こす。

　一方，一次解離反応を示す子どもは，感情をフリーズさせ，痛くない，恐くない，寂しくないという状態を，実現することができる。それは身体の現実を否定することで，大人に適応することを選択できた状態であり，その結果，大人にほめられる。一次解離反応とは，辺縁系と皮質との情報のやりとりが遮断された状態である（Lanius, Paulsen, & Corrigan, 2014）。一次解離反応と過覚醒反応は簡単に反転し，場面によって異なる顔を示す状態となる。

　今，日本において，このことが引き起こしている大きな問題は，「親の前でよい子，保育園や学校できれる子」という発達の仕方である。学校や保育園で感情制御できない状態について親に理解を求めても，親の前ではきちんと年齢相応のふるまいができるために，親は学校や保育園の対応の問題であると感じてしまう。そのため，連携や相談が困難になり，本質的な解決が先延ばしにされ，いずれ「発達障害」という診断が与えられることになることもある。しかし，生来的に発達障害がある子どもは，親の前で「よい子」のふるまいをすることがそもそも不可能なはずである。

　また，親の前でも学校でも一次解離反応を維持することに成功して適応することを実現してきた子どもは，一見問題のない「よい子」であるように見えるが，日常生活の中で生じる不快感情を安心によって制御するボトムアップ制御の力は身につけていないので，困った場面で「ぼーっ」として，困ったことをなかったことにしてしまう解離様式による防衛を常に働かせている。多くの「よい子」とされる子どもたちが，大人に適応するためにトップダウン制御（認知による制御）のみを獲得し，自分の不快感情と身体感覚（辺縁系・脳幹部）を切り離し，「身体性を失った状態でがんばる」ことを是とされている。このような状態で適応を続ければ，自身の不快感情は出口をもとめて暴走するので，いじめ加害行為などにもつながっていくことになる。自身の身体性を失っている子どもは，他者の痛みはわからないのである。そして思春期・青年期の自我の確立のプロセスにおいて，様々な困難を抱えることになってしまう。

　このように，親子の愛着における問題を出発点としながらも，その後の「どのような子どもを望ましい子どもと捉えるのか」という社会・学校の価値観との相互作用の中で，多くの子どもたちが，どうしてもなくすことができない自身の「不快（感情と身体感覚）」をどう扱えばいいかわからず，不快を抱えている自分を否定し，それゆえに自信がもてない状態に陥ってしまうこともあるのである。

　さらに，デジタルな世界であるICT化社会の中では，身体感覚の重要性は軽視され，社会の進化のプロセスそのものが，人間から身体性を奪う構造を内包していることも危惧される。現代に育つ子どもたちは，そもそも脳が発達するために必要な左右の身体動作等を，日常生活や外遊びの中で自然に獲得することが困難な状況におかれているという深刻な問題の中にいる。自由でのびやかな身体あそびが，脳の発達と統合をおのずと促すのである。それが保障されない中では，当然のことながら，感情制御の育ちも困難を抱えることになる。

　勉強で「わからない」と思うと「ぼーっ」となっていつの間にか，時間がたってしまう子ども。さっきまでけんかしていた子どもたちが，仲直りする前にけんかしていたことがどうでもよくなって忘れてしまう状況。逆に，日常生活の中のあって当たり前の小さな不安に過剰に反応して身動きとれなくなる子ども。家でも学校でも問題のない「よい子」だが，Web上で別人のように暴言を吐きまくっている子ども。過剰にポジティヴ感情を維持することにこだわり周囲から「すごい」と言われるための行為に執着し賞賛を求めつづける子ども。こういった子どもの姿も，感情の育ちに苦戦している子どもと見ることが重要である。

3. 感情の育ちから見た心理教育的援助サービス

　本章では，二次的援助と一次的援助において，子どもたちの感情の育ちを促す関わりを紹介する。三次的援助の実際については大河原（2015）に詳述している。いずれの関わりにおいても，感情制御の力の獲得を援助する際に重要な役割を果たすのが，意識的呼吸（深呼吸）である。意識的呼吸とは，意識して（前頭前野）呼吸し（脳幹部）安心を感じる（辺縁系）プロセスであるという点で，脳全体を活性化させ，認知と身体がつながることを容易にする役割を持つ。

［1］学校で陥りやすい悪循環（二次的援助）

　学校では社会的な適応行動を教えるために，トップダウン制御を求めることが一般的・常識的な方法となっている。

　たとえば，忘れ物をしたことを周囲の子どもたちにはやしたてられ，かっとなって殴ってしまったという場面。教師は，「はやしたてられていやだったのはわかるけど，殴るのはだめだよね」と教えようとするのが常識的だろう。この指導の背景には，「『殴るのはいけないことだ』という認知的理解がしっかりと定着すれば，トップダウン制御により殴らないということが可能であるはずだ」という前提がある。しかし，この前提が成立するのは，良好な親子関係の中で，日頃から十分に自身の不快感情・身体感覚を承認されて，安心感によるボトムアップ制御を獲得している子どもに対してのみである。ところが，一定の年齢に達しているにもかかわらず，手がでてしまう子は，そもそもボトムアップ制御の力を獲得していない可能性が高い。だから，こうした常識的な対応では改善されず，悪循環になる場合が多いのである。子どもは「殴ってはいけない」ことはすでに知っているし「殴りたくない」と思っているのに手がでてしまうことに困っているからである。

　このような子どもに感情制御を教えるためには，不快が生じたときの身体感覚を受け入れてもらうことで，子どもがそれを自覚できるようになるプロセスが必要となる。ここでは加害した側の子どもの身体感覚を受け入れるという指導が必要なので，集団から離し，別室でおこなう。これとは別に，被害を受けた子どもの痛みを承認する関わりが必要なことは言うまでもない。

　加害した子に対して，ボトムアップ制御の力を育てる関わりは，次のようなプロセスによりおこなうことができる。別室につれていき，まず水を飲ませる（脳の中で新しい学習が生じるためには水を必要とする）。そして一緒にゆっくりと呼吸をするよう促す。「吸って，吐いて……」。「はやしたてられたとき，すごくいやだったんだよね」「いやだった気持ちがこのあたりにあったんだと思うよ（お腹や胸のあたりにやさしく手をおく・あるいは教師が自分の身体にふれる）」身体を感じさせながら，一緒に深呼吸を続ける。そして，教師はトラブル時の状況を判断して，その子のお腹の中からわいてきたであろう感情を言葉にしてやる。「ばかにされたみたいな気持ちで，すごく悲しかったんだよね」「お腹に悲しい気持ちあったね」と伝え一緒に深呼吸する。子どもが安心した顔をした段階で，「今度，ここに悲しい気持ちがでてきたら，どうする？」とたずねる。すぐに社会性のある行動をとることは困難なので，教師を安全基地とする方向で行動を教える。「先生のところにおいで」「職員室においで」などである。そして「そうすれば殴らないですむからね」と伝える。子どもは「殴らないですむ方法」を教師に教えてもらったと感じ，教師を信頼するようになる。

　以上が，ボトムアップ制御を教えるというプロセスである。何度も繰り返しおこなうつもりで，子どもとこのような対話を重ねていける関係性を，教師が築くことが，子どもの脳に安心を与え，感情制御の力の育ち直しを可能にするのである。「インサイドヘッド（Pete Docter 監督，Disey 映画，2015）」という子どもの脳の中の感情たちを擬人化して描いた映画は，教育関係者や保護者が，感情の脳機能を理解し悲しみに触れることの重要性を理解する上で役立つだろう。

[2] 感情の育ちを促すための授業（一次的援助）

次に，本論で示した考え方に基づいて，教師がすべての子どもたちに対して，感情の育ちを促すための授業（長谷川，2016）を提案する（授業の学習指導案及びワークシート・教材等はWebページ参照のこと；長谷川・大河原，2016）。

1) 小学校5年生保健の授業：単元名「心の健康」

小学校5年生の保健，「心の健康」の単元における，子どもたちの感情の育ちを促す授業の一例を紹介する。本単元のねらいは，「心の発達及び不安，悩みへの対処について理解することができる（文部科学省，2001）」である。本単元の内容は，ア「心の発達」，イ「心と体の相互の影響」，ウ「不安や悩みへの対処」の3つの柱で構成されている。本章で紹介する学習指導案は，ウ「不安や悩みへの対処」の内容にあたり，第3時と第4時におこなうものである。

第3時の授業のねらいは，自分の気持ちを身体のレベルで感じ表現するとともに，不安や悩みなどに伴う不快感情が重要な役割を持っていることを理解できること。第4時の授業のねらいは，不快感情への自分に合った対処の方法を理解するとともに，感じた不快感情を適切な言葉で表現することができることである。いずれの授業も，導入（ブレインジム Brain Gym® の活用）・展開・まとめ（「心の宝箱」）の3段階で構成される。

2) 導入（ブレインジムの活用）

ブレインジムは，アメリカのポール・デニソン博士（Dennison, P. E.）が開発した教育支援のためのエクササイズで構成される方法論（Dennison, 2006；田村，2011）である。アメリカでは，発達障害を持つ子どもへの支援だけではなく，能力開発の方法論としても教育にとりいれられている（Hornbeak, 2007）。ここでは新しい学習をおこなうための準備状態を作るためのPACEと言われる準備運動のエクササイズをおこない，感情や身体へアクセスしていく準備状態をつくる。

3) 第3時の授業の展開

はじめに，唐突に「今の自分の気持ち」をたずね，そこでとまどう子どもたちの反応を導入としながら，「心の模様（長谷川，2016）」のワークをおこなう。このワークは自分の気持ちを身体のレベルで感じることを促し，それを漠然としたまま色や形で表現させるワークである。先述したように，子どもたちは自身の身体の中からわいてくる不快感情や身体感覚をどのように受けとめればよいのかということに混乱している状態にある。土江（2003）は，身体に焦点をあてるフォーカシングを応用して，自分の気持ちを天気で表現する「こころの天気（土江，2003）」を作成している。筆者は土江（2003）を参考にしながらも，授業において集団でおこなうにあたって，固定概念が生じにくい漠然とした「色と形」を用いることにし，「心の模様」のワークを作成した。実施手順は表9-1の通りである。

「心の模様」を描き終えた子どもたちに対して，そのような模様になった理由と，模様と一致する「気持ちを表す言葉」を記入させる。書けない子どもがいる場合には，教師が「気持ちを表す言葉」の例として，「悲しい」「嬉しい」「恥ずかしい」「怒った」などの感情語を板書してもよいが，「うじゃうじゃ」「もにゅもにゅ」というような子どものオリジナルな表現でもよい

表9-1 「心の模様」の実施手順

1. リラックスした状態で，イスに座ったまま，深呼吸をさせる。（5回程度）

2.「自分の気持ちは今，パーっと明るい色ですか？それともどんより暗い色ですか？」と尋ねる。

3. もう1度深呼吸をさせて，今度は，「自分の気持ちは今，どんな形ですか？まあるい形ですか？それともとげとげした形ですか？」と尋ねる。

4.「色と形が思い浮かんだ人は，ワークシートに描いてみましょう。色ではなくて，何かの景色やイメージが思い浮かんだ人は，それを描いてもいいですよ」と伝える。

ことを伝える。自分の身体感覚にフィットした「名前」（気持ちを表す言葉）がつくことが重要なプロセスとなる。

　このワークを実施するにあたって大切なことは，深呼吸ができない子どもや，深呼吸をしても色や形が思い浮かばない子どもに対して，そのありのままを許容している態度を教師が示すことができるということである。先述したように，大人に適応するために一次解離反応を示している子どもたちは，自分の不快感情と身体感覚（辺縁系・脳幹部）を切り離しているために，深呼吸をして自分の気持ちを感じることに困難と不安を感じる場合があるからである。また，子どもたちが「教師が期待する答えは何かを推測してその答えをかく」という反応をしないよう促す必要がある。

　次に，ここで子どもたちが描いた「心の模様」を大切にしながら，「人の気持ちには，楽しい・嬉しいなどの『いい気持ち』と，不安や怒りなどの『いやあな気持ち』の両方があること」を確認し，子どもたちに『いやあな気持ち』は大切かどうかを問いかける。そして「『いやあな気持ち』大作戦！」の物語資料（長谷川，2016）を配布し，子どもたちと読み合わせをおこなう。

　この物語は，不安や悩みなどに伴う不快感情について，子どもたちに心理教育をおこなうための教材であり，『心が元気になる本　第1巻（大河原，2008）』を，5年生向けに一部改変して作成したものである。心理教育の目的は「不快感情を感じることは，生理現象であり，命を守るために大切なことである」という点を理解させることである。その上で，大切な不快感情への対処方法が，作戦1〜作戦6（考えまくる・リラックス・ゲーム・スポーツ・きれる・アサーション）として示されている。

　そしてこれらの作戦が，自分にとってどの程度有効であるかどうかという「解決レベル」を考えてくることを第4時までの宿題とする。解決レベルは，自分自身のスッキリ度と作戦の健康度（この作戦が自分の健康にどの程度よいかどうか）とを掛け合わせることで，望ましく建設的な解決方法を理解することができるように工夫した。スッキリ度と健康度は，それぞれレベル1からレベル10までの10段階で表す。たとえば，「ゲーム」の「解決レベル」であれば，「ぼく・わたしのスッキリ度［10］」×「健康度［3］」＝「解決レベル［30］」となる。

4）第4時の授業の展開

　子どもたちが宿題で考えてきた「解決レベル」をもとに，「自分に合った対処方法」をワークシートに記入して発表をおこなうというプロセスの後で，「心のアサーション（長谷川，2016）」のワークを実施する。このワークは，「つつまるさん」という他者を想定することで，感じた「不快感情」を適切な言葉で伝えるという学習を促すものである。「つつまるさん」は，子どもたちの不安な気持ちや悩みを必ず受け止め，安心感・安全感で「包んでくれる」という設定の架空のキャラクターである。

　第3時におこなった「心の模様」が，気持ちの種類を特定しないワークであったのに対し，「心のアサーション」は，対処することが難しい「不快感情」に焦点をあてるワークである。「アサーション」とは，「適切な自己表現」と訳され，自分の気持ちを大切にしつつ，相手のことも大切にできる表現方法である（平木，2000）。第3時で，不快感情はあって当たり前で，感じてもよいものなのだということを学んだ上で，第4時ではそれを適切な日本語で表現することを学ばせる。自身の不快感情を他者に言葉で伝えることができるようになると，他者とのコミュニケーションの中で安心・安全を獲得し，自身の不快感情に対処することができるようになると言える。

　第3時の「心の模様」のワークと同様に，呼吸をおこなうことを促しながら，「いやあな出来事」とその時の気持ちを，ワークシート（長谷川，2016）に記入させる。それを書き終えた子どもたちに対して，「今度は，その『いやあな気持ち』を『つつまるさん』に伝えてみましょ

う。『つつまるさん』は，みんなのどんな気持ちも必ず受け止めてくれます。安心して，自分の気持ちを伝えることができます。」と伝える。そして，最後に「『つつまるさん』にどんな言葉をかけてもらったら，安心できるか」を記入させる。この作業の間，教師は机間指導をおこないながら，個々の取り組み状況を把握しサポートする。ここでは，子どもたち一人ひとりが，自分の中にわいてくる感情と向き合い，それを言葉で表現しようとするその行為そのものを，教師が尊重することが求められる。

5）まとめ（「心の宝箱」）

第3時・第4時の授業ともに最後に，まとめとして子どもたちに授業の感想を書かせる。教師はその間に，机間をまわり，子どもたちが描いた「心の模様・心のアサーション」のワークシートを一人ひとり，目を見て受け取る。「○○さんの大事な気持ち，先生が預かるからね」という気持ちを言葉やうなずき，アイコンタクト等で伝える。

事前に，ワークシートが入る大きさの箱に，落ち着いた色で安心を感じさせる装飾を施し「こころの宝箱（長谷川，2016）」を作成しておく。子どもたちから回収したワークシートを「心の宝箱」に大切にしまうところを子どもたちにしっかり見せる。自分の心の中を表現したワークシートが大切に扱われるということは，子どもたちが自分の気持ちに居場所を与えることができるようになるために，重要な意味を持つ。

第4時の「心のアサーション」のワークシートには，教師が一人ひとりに共感的なコメントを記入して返却することが教育効果を高めるために必要である。その際，暴言等の不適切な言語的表現を記入している子どものワークシートについては，その表現の下にある感情を教師が推測する必要があり，その上で，子どもの表現に加えて，正しい表現を書くことを通して，教えるということをおこなう。このコメントには，赤ペンを使用せず，青などのペンで記入する。たとえば，「死ね」と書いている子どもがいたら，教師が「すごく悲しい気持ちだったんだね」とコメントし，「死ね」のとなりに「ぼくはすごく悲しかったんだ」と並べて青で記入する。「死ね」を赤で×にしないことが重要である。なぜなら，子どもにとっては，その下にある「悲しみ」をも×にされたと感じることになるからである。

6）第3時の授業の実際

本章第2著者の長谷川は，非常勤講師として勤務していた小学校において研究協力を得て，5年生の子どもたちに「心の模様」のワークをおこなった（長谷川，2016）。子どもたちは，最初は，自分の気持ちを「色や形」で表すことに戸惑っている様子であったが，しばらくたつと，教室の中はシーンと静まり返り，一人ひとり集中して自分の気持ちと向き合うことができていた。

いつも笑顔で元気なAさんは，紫色と黄緑色を重ね，もくもくと雲のような形の模様を描いていた。授業者（長谷川）が，「そういう模様を書いた理由を言葉で書いてみましょう」と全員に指示すると，Aさんはその模様の横に「さっき友達と喧嘩して，嫌なこと言われたから。悲しい。」と書き添えた。その後，机間指導をおこなう授業者を呼び止め，それを見せ「誰にも言うつもりなかったけど，ここに描けたからちょっとスッキリした気がする」と教えてくれた。クラスのリーダー的存在であるBくんは，なかなか色が思い浮かばずに悩んでいるようだった。そこで授業者が，「もう一度深呼吸してごらん。思いついたままに描いていいんだよ」と声をかけると，灰色でうっすらと大きな円の模様を描いた。気持ちを表す言葉には，「つまんないな〜って感じ」と書き，感想には「本当の気持ちをみんなの前で出していいか少し戸惑った。でも深呼吸をして，思いついたまま描いたら，こんなふうになった。また一人でいるときにもやってみたい」と書いていた。

授業のまとめでは，授業者が子どもたちのワークシートを一人ひとり丁寧に預かり，「心の宝箱」に大切にしまうと，子どもたちはその様子を不思議そうに見つめ，どこか嬉しそうな表情

をしていた。子どもたちの感想には、「普段の生活の中で、自分や自分の心について、考えたり悩んだりすることはないので、自分のことを知る機会になった」「いつもは、心についてなんて考えないから、この授業はいいと思う」「(今まで) 学校でこういう授業がなかったので、自分の気持ちを考えられてよかった」「意外に思っていなかったことが、本当の気持ちだった」などと書かれたものが多かった。このことから、多くの子どもたちが日頃、自分の気持ちに無自覚な状態にいるということがわかった。

　また要支援の子どもは、このワークを通して SOS を発信することができるということが示された。深呼吸ができなかった C くんは、自分の気持ちの色や形がわからず、ワークシートは空白のままであった。感想には「やりたくなかった。つまらなかった」と記入した。C くんは、勉強は得意であるが、普段から落ち着きがなく、教師から注意されることが多い子であった。このワークに対する反応からは、C くんが心理的に安心できる環境にいない可能性を視野にいれる必要があることがわかる。ひし形を真っ黒に塗りつぶした D くんは、感想に「辛い」と書き、細長い四角を真っ黒に塗りつぶした E さんは、「自分の本当の気持ちを出すことができたけど、不安になった」と書いた。D くんや E さんは、おとなしく目立たない子どもで、授業中に自ら発言することはあまりない子であった。授業者は、「心の模様」のワーク実施後、2人に意識的に目を向けるようにした。すると、苦手な科目の勉強になると固まって、「ぼーっ」としている様子に気づいたのである。深呼吸ができない子どもや、本授業を通して不快な気持ちを表現する子どもは、自らの感情の育ちに対する SOS を示しているとみることができ、個々に二次的援助について検討し、教師がこまやかな支援をおこなっていくことが重要である。このワークは、そのような子どもを発見するためのツールとしても機能する。

　さらに授業者は、この授業を通して子どもたちとの信頼関係が深まったことを実感した。授業前と比較すると授業後は、日頃感じている不安や悩みなどを話しにきてくれる子どもが格段に増えたと言える。それまでは、いつも笑顔で元気そうにしていた A さんも、「先生ちょっといいですか」と言って、そっと人間関係の悩みを打ち明けてくれた。子どもの不快感情をしっかりと扱う授業を通して、教師の存在自体が、子どもたちの安全基地となることは、その後の学級経営をおこなっていく上でも、有益なものとなるだろう。

4. まとめ

　以上、子どもの感情の育ちを促すための学校における二次的援助・一次的援助について述べてきた。子どもが健康に育つためには、身体・感情（脳幹部・辺縁系）と認知（前頭前野）のバランスのよい発達が不可欠である。それは、子どもが不快を感じたときにその身体感覚と感情を大人から受容されることによって育つ。そのためには、不快感情が自分にとって大事なものだと覚知できること、それにより生じる安心感安全感により不快が制御されるというプロセスが必要である。

　本章で紹介した二次的援助・一次的援助においては、「意識的呼吸」を効果的に用いる方法を紹介した。意識的呼吸が、脳全体をつなげるからである。この実践をおこなうためには、教師自身もデジタル思考を脱し、深い呼吸により自身の身体とつながることができる自己を実現しているということが前提となる。デジタル思考による効率を求める現代社会であるからこそ、対人援助職においては、意識してマインドフルネスの状態にある自己を実現することが必要であり、それによりはじめて、子どもたちの感情に触れることができると言えるだろう。

　自分自身の不快感情や痛みを受け入れている教師のまなざしは、子どもの心にはいっていくものとなる。感情とつながることを可能にするまなざしを持った教師の言葉が、子どもを育てるのである。

10 章
いじめの被害側・加害側・傍観者

戸田有一

　ある中学校でいじめ対策実践の支援をした際に，中学生がいじめ防止の標語を作成した。
「非常口はドコデスカ」というものだった。海外旅行のガイドブックの和英対訳部分から探し
たということにも驚いたが，「非常口とは，いじめている人や，いじめられている人，見ている
だけの人など，誰にとっても安心できる道や扉をイメージし，考え出しました」とのこと。い
じめの被害側だけではなく，加害側も傍観者も，いじめを止められなくなっていて非常口を探
して苦しんでいるというのだ。

　世間や一部の研究者には「いじめ加害者を厳罰に」という言説もあるが，犯罪レベルになっ
た行為は法に基づいて処罰すればよいわけで，それ以前のレベルのものを厳罰にすることが有
効なのかは疑問である。被害側だけではなく，いじめをしてしまっている側も傍観者も援助し
たいという，この中学生の願いをいかに実践化するのか，考えていきたい。

　本章では，深刻な事態を招く中学生の時期のいじめやネットいじめ問題を中心に述べてい
く。また，論文では「被害者」「加害者」という記述が一般的だが，ここでは，原則，加害側
（生徒），被害側（生徒）とする。犯罪レベルのいじめだけを扱うわけではないからである。

　まずは，いじめ・ネットいじめの被害側への援助について，次に，加害側・傍観者への援助
について，それぞれ別に，現状での対応の難しさ，先行研究や各国の実践からの知見，対策の
方針を述べていく。最後に，いじめ防止のための日本での新たな実践等を紹介する。

1. いじめ・ネットいじめの被害側への援助

　いじめ被害を見つけることは難しい。その理由を述べ，先行研究等から援助のあるべき方向
性を考える。

[1] いじめ被害を見つけることの難しさ

　いじめ・ネットいじめの被害にあっている子を援助しようと思っても，まず，見つけること
が難しい。いじめによると思われる自殺が報道されるたびに，「なぜ，周囲は気づかなかったの
か」と問われる。しかし，被害が初期の段階では，それがいじめなのかふざけなのかが本人に
も周囲にもわかりにくい。この程度のことでと思えば，援助を要請することにもならない。

1）いじめ定義の問題

　いじめの定義はあいまいで，個々人によっても異なる。加害側が意図的であることを定義に
含むと，初期は「ふざけていただけ」などと逃げられる。実際に勘違いやふざけから始まり，
いじめに発展することもある。被害側の被害感情のみを条件にすると被害側を救うのには有効
に思えるが，いざこざまでもがいじめと呼ばれてしまう可能性がある。

　いじめの定義は研究者間でも微妙に異なるが，学校側と保護者の間でも，いじめ定義のズ
レから解決に向けての共同ができないこともある。いじめと翻訳される英語である bullying
に該当する各国の言葉のニュアンスにも多様性がある（Smith, Cowie, Olafsson, & Liefooghe,
2002）。しかし，たとえて言えば，発生（存在）海域と最大風速によって「台風」「サイクロン」

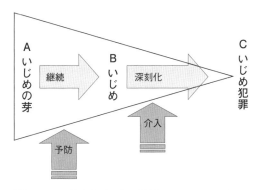

図 10-1 いじめのプロセスモデル（戸田ら，2008）

「ハリケーン」などのローカルな呼称を持つ現象がすべて熱帯低気圧であるように，「いじめ」「ブリイング」（英国）「ワンタ」（韓国）などのローカルな呼称を持つ現象は，発生地域による相違と共通する部分を持つと考えられる。その共通あるいは本質部分は，「意図的・継続的な力の乱用（systematic abuse of power）」であると以前より指摘されていた（Smith & Sharp, 1994）が，カナダの研究者が「関係性の問題（relation problems）」としていじめを捉え（Pepler, 2006），一定の関係性の中で起きる問題であるという認識が広く共有されるようになった。

日本でのいじめ研究の伝統をふまえ，戸田・ストロマイヤ・スピール（2008）は，いじめに関するモデルを仮説として提示している（図10-1）。今まで，逮捕者が出るような深刻なケースも「犯罪」と呼ばずに「いじめ」と呼んできたことは，日本社会がいじめに対応する上で不適切であったのではないかと思われる。一方で，いじめる側の集団化やいじめられる側の無力化が起きていないような段階のものを「いじめ」と呼ぶことで，定義のすれ違いに陥らないように，初期段階は「いじめの芽」とでも呼ぶべきではないだろうか。

2）いじめと援助要請

一方，いじめが深刻化した段階では，助けを求める気力さえ失っていることもあれば，さらに深刻化することを恐れて被害側も隠すことさえある。中井（1997）は，自身がいじめられた経験をもとに，いじめ被害のプロセスを生々しく，かつ分析的に描出している。それをまとめると下記のようになる。

孤立化：誰かがマークされたことを周知させる標的化に続き，いじめられる側がいかにいじめられることに値するかのPR作戦がなされる。

無力化：この段階で暴力を集中的にふるうことと，「告げ口」への制裁や内心の反抗への制裁などにより，被害者を「進んで，自発的に隷従」させ，加害者は快い権力を感じる。無力化が完成すれば，後は，暴力を使うというおどしで屈服させることができる。

透明化：この段階では，被害者は，次第に自分の誇りを自分で掘り崩してゆく。そして，一部は傍観者の共謀によって，そこにあるいじめが「見えない」。加害の予見不可能性の演出や，ときに加害側に立たせることによる純粋被害者という立場の剥奪，搾取した金品の浪費や廃棄などにより，被害者はさらに自己卑下に陥り，加害者との関係から逃げられなくなる。このような心理操作により，被害者を囲む壁は透明であるが眼に見える鉄条網よりも強固になる。

つまり，いじめを発見できる，あるいはいじめ被害を受けている生徒が助けを求められる時期は，実は限られている。よって，いじめに「気づく」ことも大事だが，見えないところで起きていることを前提に，常に対策をしていることが必要である。

3）ネットいじめの見つけにくさ

従来型のいじめ以上に，ネットいじめは見つけにくい。そもそも，教室でのいじめは教師や他の子にわからないようにするのは難しいが，ネット上の閉じたグループ内でのやりとりは，

外からは見えにくい。ネットいじめの特徴としては，Pornari & Wood（2010）は匿名性と無境界性と群集化，小野・斎藤（2008）は匿名性とアクセシビリティと傍観者性を挙げている。正確にはネット環境は匿名ではないが，ネットいじめは，いじめる側が匿名であると思うことによって自身の道徳規範を解除する道徳不活性化（Osofsky, Bandura, & Zimbardo, 2005; 大西・戸田，2015）と，学校という枠を超えて短時間でエスカレートする特性を持つ。また，ネットいじめでは従来型のいじめのように体の大きさや強さや年齢が優劣を決定する主な要因ではないため，被害者が仕返しをすることが比較的容易である（Mishna, Khoury-Kassabri, Gadalla, & Daciuk, 2012）。従来型のいじめの研究でも被害と加害を同時期に経験する被加害者（bully-victim）の予後がよくないが，ネット上の被加害者は，加害・被害どちらかだけを経験したグループよりも抑うつ・不安・ストレスレベルが高かった（Aoyama & Saxon, 2013）。

[2] 裏目にでる可能性のあるスローガン

いじめを見つけることが援助の糸口なのだが，それをさまたげるスローガンがある。

「いじめのないクラス」「いじめのない学校」

よくあるスローガンだが，少なくとも2つの課題がある。1つは「いじめ」の定義が人によって違うこと。もう1つは，実際にいじめと思われる事象があったときに，このスローガンがあることで担任等がその事象をいじめと認めたくないと思う可能性があることだ。

定義については既に述べたが，後者についてはクラスの担任と管理職などとの関係性にも依存する。子どもが集まれば仲よくもするが，ときに，いざこざやけんかも起きる。「いじめの芽」も「いじめ」に含むならば，「誰も風邪をひかないクラス」と同じくらい，「いじめのないクラス」は難しい要求だ。それを目標にしてしまうと，自分の評価を気にする一部の教師はいじめだと認めたくないだろうし，まじめな教師ほど自分を責めてしまう。

理想論的スローガンだけの対策は，いじめ発見を困難にして初動を抑制してしまう可能性がある。よって，クラスや学校の目標は「いじめの芽をエスカレートさせない」などとし，子どもたちといじめについて話し合うことを推奨したい。風邪が肺炎になり，入院したり，命にかかわったりするようではいけない。

[3] いじめ被害発見に関する課題

先述したように，いじめ被害の発見は，容易なものではない。しかし，いじめ自殺事件のあとのアンケートで様々な事実が報告されるように，周囲の子たちは事実をかなり知っている。そのようなことを踏まえ，いじめ被害を見つけるためのいくつかの提言をしておきたい。

1）学校ではいじめを見つけなくても対策をする

いじめかどうか判然としない事例があり，また，教師が気づけるかどうかわからないためだけではなく，見つけてからの対策では後手にまわる可能性もある。よって，いじめ対策は「見つけてから」ではなく，日常的におこなうことが望ましい。「そんな時間はない」のも確かだが，国語や道徳の教材の中にいじめについて考える題材は少なくない。英語の時間に，海外のいじめ防止の動画を見ることなども考えられる。

2）家庭では「休み時間は楽しいか？」で表情を見る

家庭への情報提供も重要である。筆者らが提供している「学校だより」等として家庭に配布できる資料があるので活用いただきたい[1]。たとえば，家庭で「学校でいじめられてない？」

1）以下のリンクからダウンロードできる。https://www.dropbox.com/s/16c4qyyio0ij9eg/otayori.doc

と尋ねても，子どもが隠す場合がある。「休み時間は楽しいかどうか」を聞き，返事の言葉ではなく表情で判断する必要があろう。

3) 学校では「あなたのクラスにいじめのようなことはあるか？」

日本のいじめ研究者が作成する質問紙では「あなたは，いじめられたことがあるか」「あなたは，いじめたことがあるか」と，自己報告（self-report）を求めることがほとんどである。一方，海外での研究のように「誰がいじめているのか」という仲間指名（peer nomination）をすることには倫理的な疑義があるので，「あなたのクラスにいじめのようなことはあるか？」と子どもたちに尋ねることをお勧めしたい。そのような質問であれば，いじめの定義がわかりにくくても，いじめ被害者自身が報告しなくても，教師に見えにくいネットいじめであっても，いじめの事実が浮かび上がる可能性がある。

4) 管理職は「いじめ防止対策推進法」を遵守

2013 年 9 月の「いじめ防止対策推進法」の施行以来，法に即しての対策が各学校でおこなわれているが，不十分な場合も散見される。特に管理職は，少なくとも以下のような点を再考する必要があろう。①いじめ対策の研修会は定期的におこなっているか。万が一の場合にどうなるのかについて，弁護士による研修を受けたことがあるか。②いじめ防止基本方針は，他校のものの引き写しのままか，自校での検討をおこなったか。さらに，年度のはじめに新たな教職員，保護者，子どもとともに検討をおこなっているか。③校内でいじめ対策をするチームは，定期的に会を持ったり，対策の更新について話し合ったりしているか。

[4] いじめ被害側への援助

いじめは予後も大事である。1 つは長期的な影響の低減のため。もう 1 つは，いじめ被害のリベンジとしての学校銃乱射事件の予防のためである。メディアのあり方も再考すべきである。

1) いじめ被害の長期的・複合的な影響

いじめの問題は，見つけて止めたら終わりではない。いじめ被害の結果不登校になることもあり，精神的なダメージを長期的に抱えたまま生きるということもある（戸田，2004）。

「子どもが怖いんです……それが問題。彼（婚約者）は家族になるのがいいんでしょうけど，私はいや，家族は欲しくありません。だって，私は子どもが怖いし，そんな私を子どもも嫌うでしょ？」と，いじめによる心の傷を持つ女性が，まだ産まれていない自分の子どもにかつてのいじめっ子を重ねて怖がっている事例もある（Smith, 1991）。

いじめを多様な暴力問題とあわせて考えるための重要な概念が，多重被害者（poly-victim）という定義である（Finkelhor, Ormrod, Turner, & Hamby, 2005; Finkelhor, Turner, Hamby, & Ormrod, 2011）。Finkelhor ら（2005）は，「個人財産被害（盗難など）」「武器での暴行」「武器無しの暴行」「心理的／情緒的な虐待」「ニグレクト」「仲間やきょうだいによる暴行」「情緒的側面のいじめ」「知っているおとなによる性的暴行」「DV の目撃」「武器による攻撃の目撃」「銃乱射，テロ，暴動への遭遇」などを，「持ち物被害」「身体への暴行」「マルトリートメント」「仲間からの被害（いじめ）」「性的被害」「目撃・間接被害」という領域にまとめている。多くの研究者は，これらを別々の領域の問題として扱っているが，これらの問題にいくつもさらされてきた子どもたちがいて，その子たちをどう援助するかという観点が必要である。

2) 学校銃乱射事件の防止

1999 年のコロンバイン高校での銃乱射事件の二人の青年が長年のいじめ被害者であった（Garbarino & deLara, 2002）ことを背景に，アメリカでもいじめへの社会的関心が高まり，いじめ研究もさかんにおこなわれるようになった。1974 ～ 2012 年に起こった中等学校での銃乱射事件 36 件の犯人 38 人のうち，少なくとも 20 人（52.6%）が仲間によるいじめ・ハラスメント・脅迫への復讐が動機であった（Larkin, 2013）。同様の銃乱射事件がフィンランドでもあ

り，日本のいじめについて筆者が講演をした際に，「日本のいじめの最悪のケースは，自殺ですか」と聞かれた。「誰かを巻き添えにしないのですね」と。この点は，日本が，アメリカやフィンランドの悲劇に続かないようにと切に願う。

　その観点から，筆者が支援してきたピア・サポート実践を振り返ると，着目すべき事実がある。匿名で相談箱に寄せられた悩みに，養護教諭らのサポートのもとに児童の有志が紙上相談のかたちで答える（重い相談や緊急性の高い相談は，教師が事前にひきとる）ピア・サポート実践に参加した小6男子が，実践報告の場で語った言葉が重い。「自分がいじめられたことがあるので，いじめをなくしたいと思って，この活動に参加しました」。

　一方に，いじめられて銃を乱射する人がいる。もう一方に，いじめられて，いじめをなくす活動に参加する人がいる。銃乱射までいかなくとも，いじめられた子が後にいじめる側になる事例や復讐をする事例がある。これはまさに連鎖を産むリベンジである。前記の小6男子は「いじめられたので，いじめをなくす」と言う。大げさかもしれないが，世界を変えるアベンジ（正義に基づく巻き返し）に思える。「やられたら，やり返す」という言説が，ドラマでも国際社会でもとびかっている。それが「公平」ならば，虐待された人は誰かを虐待することで公平となる。「公平」「公正」「正義」とは何か，それをどう運用すべきなのか。いじめられていじめ返す人と，いじめられた人を救う人の違いはどこから生まれるのか。いじめ対策において，もっとも大事な議論がそこにあるように思える。

3) いじめ自殺報道のあり方

　いじめ事件の影響の抑止のために，メディアの責務についても言及しておきたい。世界保健機関（WHO）が「自殺予防　メディア関係者のための手引き」を出している[2]。そこには，「一般的に，現実に起きた自殺について新聞やテレビが報道すると，自殺が統計学的に有意に増える場合があることを示唆する十分な証拠があり，とくに若者に影響が強いように思われる」「自殺手段やその入手方法を詳しく報道するのは避ける」等と示されている。筆者は，ある地方新聞の記者から子どもの自殺事件へのコメントを求められ，「自殺手段を載せるのであれば，コメントはできない」ことを理由や事例を含め長時間説明したが，結局，その記者は他の人のコメントとともに自殺手段を新聞に掲載した。このような記者は論外だが，阪根（2008）が教育関係者とメディアの関係のあるべきについて臨場感あふれる論を展開しており，参考になる。

　また，いじめの直接的な被害とは別に，個人に問題を帰属する言説が被害側に追い打ちをかける。たとえば，いじめの被害側への「自分にもなおすべきところがあるのではないか」という被害者帰属については，すべてに完璧な人でない限り反論不可能であるため，被害側の無力感を高め，被援助指向性を下げる可能性がある（詳しい議論は，戸田，2011を参照）。多様な言説がネット上で容易に拡散される時代ゆえに，このような言説の批判的な検討が求められる。

[5] ネットいじめ被害側への援助

　インターネットの普及に伴い，子どもが直面する問題の質や広がりにも変化が出てきている。それに伴いネットいじめ研究が急激に増加し，従来のいじめ研究のあり方まで問い返している（戸田・青山・金綱，2013）。対策プログラムに関しても，ネットいじめは学級・学校レベルの対応を超えている部分があり，警察やネット接続業者の協力が不可欠である。

1) 問題の入り口

　様々な問題のゲートウェイに焦点化する方略は有効と思われるが，ICT技術の発展に伴う問題と対策のいたちごっこが続くと思われる。今後は，ネット依存，ネットいじめ，ネット非行

2）厚生労働省のホームページ「自殺予防　メディア関係者のための手引き（2008年改訂版日本語版）」http://www.mhlw.go.jp/stf/seisakunitsuite/bunya/0000133759.html

などを総合的に扱う研究や対策が望まれる。その際に，ネットでのつながりの否定的な面について規制や監督をするだけではなく，ネットでのつながりによるサポートや，ネット環境の中での感情表出や感情理解や文章作法についても，新たな人間関係のあり方として受け止めていく必要がある。ネットによるつながりで子どもたちの何が発達するのか，「リアル」と「ネット」の両方の世界に生きる子どもたちの生態を捉える枠組みも必要だろう。

2）ネット問題への対応と被害側への援助

　ネットいじめの問題は，いじめに限らない多様なネット問題の中に位置づいており，ネットいじめの理解と対策には，背景にネット問題全般の理解と対策を必要とする。さらに，ネット上の用語の監視についてもネット上の仲間はずしの発見についても，加害抑止にはなっても被害側への援助に直結するわけではない。これらのネット問題と被害側への援助に関しては，詳しくは，宮川・竹内・青山・戸田（2013）を参照いただきたい。

2. いじめ・ネットいじめの加害側・傍観者への援助

　いじめ被害側への援助の議論と比較すると，いじめ加害側への援助の議論は多くはない。特に，いじめ自殺事件のような深刻な事例では加害側への処罰感情が高まり，援助やケアの議論はほとんどなされない。そのような現状であるが，いじめ加害を抑止することが難しい理由や先行研究等から，加害側や傍観者への援助のあるべき方向性を考える。

[1] いじめをとめることの難しさ

　加害側の子たちの抱える背景の問題，同調などの集団としての問題，ネット特有の問題などがあいまって，いじめを止めることは簡単ではない。

1）いじめ加害の動機

　いじめの動機については，いじめっ子が問題を抱えている，あるいは自尊感情が低い（たとえば，O'Moore & Kirkham, 2001）ということだけでは，他の問題行動ではなくいじめに向かう理由は説明できない。自分の問題や自尊感情の低さを補える力・支配・特権を仲間の中で得る手段として，いじめを手段化している。つまり，特定の状況下でいじめっ子が適応的に行動していると考えられる（Salmivalli, Kärnä, & Poskiparta, 2010）。おとながそのような理由によるいじめの状況を変えようとしても，なかなか効果はない。なぜなら，いじめっ子は見ている仲間からの肯定的フィードバックを得続けているからである。だからこそ，いじめの加害側の子たちではなく，その周囲の子にいじめの悲しい結末に気づかせ，起きていることに責任を持たせることが重要になる。いじめの被害にあっていても，自分の側に立ってくれる仲間がいると，そうではない場合に比べて抑うつや不安も少なく自尊感情が高く，仲間からも拒否されにくい（Sainio, Veenstra, Huitsing, & Salmivalli, 2011）。また，個人のリスク要因（不安や仲間からの拒否）は，いじめをあおる風潮のあるクラスでは被害の増加につながり，逆に，いじめから被害者を守ろうというクラスでは，個人のリスク要因の影響が最小化される（Kärnä, Voeten, Little, Poskiparta, Alanen, & Salmivalli, 2011）。いじめ加害側や被害側それぞれの個人的な要因のみではなく，その子らを取り巻く要因をいかに変化させていくのかも考えなくてはならないのである。

　学校におけるいじめなどの攻撃性に関する研究は，家庭での攻撃性に関する研究と不可分の問題意識でおこなわれている。たとえば，イタリアのメネシニ教授（Menesini, E.）は，いじめを，家庭内暴力や子どもの虐待，学校でのいじめ，職場でのいじめ，恋人間のいじめ，そして家庭内へと続く連鎖の中で考え，一連の研究をおこなっている。様々な状況におけるいじめを総合的に考えようとしている研究書もある（Monks & Coyne, 2011）。いじめと虐待の関連に関

する研究課題は，学校と家庭・地域，教育と福祉がどのように連携していくのか，という対応の課題にもつながっていく。

2）集団における関係内攻撃としてのいじめ

いじめをしている側は，仲間の支持を得ているとは思っているが，教師の支持は得ていないと思っている。だからこそ，教師から見えないところで，はやしたてる観衆や見て見ぬふりの傍観者の視線を意識しておこなうわけである（森田・清永，1986）。おとなには禁止されることを，多くの仲間の支持があると思っておこなっている。筆者は，いじめの本質に関する見方を他の状況にも拡張するために，いじめや虐待などに共通する本質は「関係内の継続的攻撃（a repetitive aggression in relationship）」であると考えている（戸田・ストロマイヤ・スピール，2008; Toda, 2011; Toda, 2016）。

いじめは，集団現象としてエスカレートする。悪いこととわかっているので，いくら規範意識を強調しても効果は期待できない。いじめる側には，自分たちだけに通用する高度な言い訳（道徳不活性化）をし（大西・戸田，2015），事実隠蔽のための社会的スキルを持っている子もいる。その子たちには教師の説論はわかりきっており，対策としては，中井（1997）が述べるように，「加害者が傍若無人なのはみせかけであって，加害者は最初から最後まで世論を気にしている」（p. 13）ので，周囲の子たちがいじめを支持・黙認するのではなく，単独ではなく共同で介入することが重要になる。

日本の中学生は，イギリスやオランダと異なり，高学年ほどいじめの仲裁者の比率が減る（森田，2001）という調査結果もある。しかし，Kanakogi et al. (2017) は，水色の球体が黄色の球体を攻撃している動画を視聴した6か月児が，そこに割り込まなかった赤色の立方体ではなく，割り込んだ緑の立方体と同じぬいぐるみに手を伸ばした結果を示し，続く一連の実験によって，それが，介入行為を攻撃者から犠牲者を守る行為であると認識しているためと示している。これは，6か月児が制止者を選好した結果と考えられ，課題は，この傾向性を保育・教育が活かせるかどうかにある。

3）匿名性信念

ネット上では，自身の感情や欲求といった内的側面にとどまらず，性別や年齢など自身の外的側面をも偽装提示することが容易である。折田（2009）は，匿名によるコミュニケーションに関して，インターネット上の仮名を別の誰かが意図的に名乗る，あるいは特定の他者の名前を無断で使用してブログやSNSサイトを立ち上げるなどのなりすまし行為が発生しやすく，またそうした事態においてID取得の際の本人確認などがなければ誰が本物かを証明することも困難になると指摘している。ネットいじめを含むインターネット上での他者への否定的コミュニケーションの背景に匿名性信念が深く関連しており，犯罪や非行の促進要因となっている可能性は否定できない。

［2］プログラムが裏目にでる可能性

いじめ予防は困難であるが，世界各国で様々な取り組みがなされている（土屋・添田・スミス・折出，2005; 山崎・戸田・渡辺，2013）。日本の学校における対策も，いじめ防止対策推進法を受けて，よりよい実践が広がることが期待される。筆者も，ピア・サポート実践などの導入支援や評価に関わってきた。しかし，国際学会などでいじめ防止の実践の発表をすると，厳しい質問をされることがある。それは「社会的スキルを教えたり，ピア・サポートのトレーニングをしたりすることで，心理操作が巧みになって，結果的により巧妙ないじめ方を促しているのではないか」というものである。

確かに，一部の子については，そういう批判はあたっているかもしれない。攻撃性行為障害と診断された青年の群は，他者が傷ついたと思われる場面を見た際の脳血流反応が統制群と異

なるという研究結果も示されており（Decety, Michalska, Akitsuki, & Lahey, 2009），いじめの加害側に同様の反応があるのであれば，それが短時間の説諭等で変わるとは思えない。むしろ，サットンら（Sutton, Smith, & Swettenham, 1999）が示したように，いじめ加害の「中心者」は他者の心を理解する能力が低くないのであれば，いじめる側への社会的スキル教育は，空振りか，逆効果である。つまり，「他者の気持ちの理解」が高度にできているがゆえに巧妙な痛めつけ方やおとなからの隠蔽ができているならば，いじめる側の子に他者の気持ちの理解を説諭やロールプレイなどで促すことでのいじめ防止効果は期待できない。

　一部の子を短期間で変えることも，その場から一時的にでも離すこともできないのであれば，冷徹に心を読める子が活躍できない民主的なクラス運営や学校運営をしていくことが望まれる。

　また，実践の効果に関するエビデンスも，ピア実践に関しては，必ずしも芳しいものとは言えない。Ttofi & Farrington（2011）は，1983年から2009年の間の，35種類の学術誌に載った622本のいじめ防止プログラムの報告から，メタ分析に適する44本を抽出して検討している。その結果，全体的に学校におけるいじめ防止プログラムは効果的であり，いじめ加害は20～23%，いじめ被害は17～20%ほど低減させている。その際に，プログラムの内容（program elements）が重要であり，保護者会，断固たる指導，校庭での見守りの改善を含むもので効果が大きかった。留意すべきなのは，仲間とのワーク（ピア・メディエーション，ピア・メンタリング，傍観者によるいじめ介入の促し）では，いじめ被害の報告が有意に増えてしまっているということである。いじめ加害側やいじめ被害側の子との個々の関わりに効果があるというエビデンスはなかった。ただし，これらの研究では，全体の平均で論じているので，どのような子には効果があり，どのような子には効果がないのか，検討をする必要があろう。

[3] いじめ加害側への援助

　ロンドンの少年の24年間の追跡調査（インタビューと検査）（Farrington, 1993）が，いじめの世代内及び世代間の継続性を検討している。その結果，14歳のときのいじめ加害者は，18歳のときも32歳のときもいじめの加害側である傾向がある。さらに，14歳のときのいじめ加害者は，32歳になったときにいじめっ子の親になっている傾向がある。いじめを本気で予防するためには，前の世代，つまり保護者への働きかけは必須である。そして，それは，かつてのいじめっ子に対するアフターケアでもある。

　ここでも，変わりにくい人をどうするのか，という問題がつきまとう。いじめ自殺という悲劇を避けるためには，いじめがエスカレートしないようにする必要がある。しかし，予防プログラムなどによって全体としていじめが減ったとしても，ごくわずかの心理操作が巧みで悪質な者が変わっていないのであれば，悲劇は生じうる。いじめの加害側を全体としてどうするのかという問題と，人の苦しみが喜びになるような者の問題を区別して対処する必要があろう。

　一つの学校での実践研究であるために，Ttofi & Farrington（2011）のメタ分析論文には取り上げられていないが，いじめの加害側への働きかけとして興味深い研究がある。そこで実践されているいじめ裁判とピア・サポートは，1990年前後の英国でのシェフィールド・プロジェクトですでに導入されていたものである。この市規模の介入実践では，ピア・カウンセリング（ピア・サポート），非叱責法，劇を使う方法など，現在も使われている多様な手法がほぼ網羅されている（Smith, 2011）。Mahdavi & Smith（2002）の研究が対象とした実践の工夫は，いじめ裁判の訴える子と訴えられる子の双方に年長のピア・サポーターをつけたことにある。シェフィールド・プロジェクトの際には，いじめ裁判の評判はあまりよくなかったが，いわば弁護士のように，普段から仲良くしている年長者にサポートしてもらえることで，加害側の子も振り返りの場に参加しやすかったのではないかと思われる。加害側にも寄り添って変わること

を支援する仕組みが模索されるべきであろう。

3. いじめ防止の新たなチャレンジ

[1] 仲間によるいじめ防止のチャレンジ

　Ttofi & Farrington（2011）の示すように，仲間とのワークでは，いじめ被害の報告が有意に増えてしまうことがある。しかし，これは，実態に変化があるためなのか，それとも，報告しやすくなるためなのかは，わかっていない。

　また，子どもたち全体ではなく，まずは有志を募って実践をおこなうことで，この仲間とのワークの問題を回避していると思われる実践が日本にある。

　寝屋川市中学生サミットは，大阪府寝屋川市の公立全12中学校の生徒会執行部員が集まって開催されている。「寝屋川市で起こっているいろんな問題に，すべての中学校から集まって話し合いたい」という生徒の声に生徒指導主事会が応じて，2007年8月に始まった生徒の自主的組織である。生徒会執行部顧問が互選した事務局が中心となって，年間2回（8月と12月）大きな集まり（寝屋川市中学生サミット）があり，それに向けてほぼ月1回のペースで打ち合わせがおこなわれる。毎回の集まりに各校から5〜6名ずつ参加しているので，固定されたメンバーではなく緩やかにまとまった集団である。「環境広報部門」「笑顔挨拶部門」「いじめ撲滅部門」の3部門に分かれて活動している。

　第2回のサミットで，ネットいじめを含むいじめ撲滅について話し合い，いじめ問題を劇にして訴えることを子どもたちは決めた。そして，教師の最小限のバックアップのもとで，自分たちでシナリオを創作し上演している。第一作は既存のシナリオを修正して演じたが，第二作からは市内中学生からいじめやネットいじめの実例を募集し，それをもとに子どもたちが教師のバックアップのもと台本にしている。劇はDVDに編集されて市内全小中学校に配布され，道徳や学年集会等の場面で活用されている。このことだけが要因ではないが，2011年の市のいじめの認知件数は2007年の25.9％まで減少した（宮川・竹内・青山・戸田，2013）。この実践は，今では関西の各府県に広がり，様々なネット問題対策を子どもが主体的に考える関西スマホサミットに発展している（竹内・戸田・高橋，2015）。

[2] いじめ防止実践の評価研究の工夫

　上記のようないじめ対策には，今までと同じような，対照群を準備しての事前事後での時点比較モデルが適しているとは思えない。主体的に実践に参画した子どもたちから，いじめに対する意識や行動の変化がどのように広がっていくのかを記述する実践評価モデルが必要と思われる（Takeuchi et al., 2017）。

　また，予防実践によっていじめ被害や加害の数が有意に減少しても，ゼロにならない限り，安心はできない。各学級の中でどこに優先的に支援をしたらいいのか，また，程度が様々ないじめ被害の報告の中に，いじめ自殺につながりそうな深刻な事例があるのかどうかを見極めるために，なんらかの指標が必要である。筆者らは，『いじめ加害者といじめ被害者の比率』や『無力被害者数』を検討することを提案している（戸田，2013）。前者は，たくさんクラスがある中で介入優先度を考えるための参考指標である。また，いじめられているのに誰かに報告もせず，やり返してもいない（やり返していればけんかの可能性もある）場合を『無力被害者』とし，いじめ自殺予防という観点から，無力被害者数はゼロでないといけないと考えている。従来のような研究手法だけではなく，新たな手法を案出して試みることで，少しでも悲劇の抑止につながればと考えている。

[3] いじめ免疫プログラムの提案

　ここまで論じてきたいじめの捉え方と対応方針をもとに，筆者は，「いじめ免疫プログラム」（図10-2）の実践を推奨している。「予防」ではなく「免疫」としているのは，先述のように，いじめが全く起きないということは不可能で，いじめの芽を経験しつつも，子どもたちが自分で乗り越えることができ，いじめをエスカレートさせず，また，ほかの暴力問題についても考えていってほしいという願いを込めているからである。

　学校でのカリキュラムには余裕はなく，最小限のプログラムとして３時間分としているが，様々な教材を用いることで，多様に展開することも可能であろう。もちろん，いじめだけが学校の問題ではないので短時間でおこなう必要がある。合科的におこなうなど，工夫が求められる。

　この実践の原則は，まず，オープンエンドでおこなうことである。答えを教え込むわけではないので，集団や時期が違えば，何度してもいい。小学生のいじめ定義と中学生のいじめ定義が違うかもしれないし，新しいかたちのいじめにも対応しないといけない。

　セッションは３種類あり，１つ目は「いじめの芽を見つける」ためのものである。いじめの芽といじめの境界線はあいまいであり，だからこそ，ふざけといじめの違い，いじめとけんかの違いなどについて子どもたちと議論することに意味があると思われる。おとなの定義を教え込むのではなく，それらの境界があいまいなゆえに，いつのまにかいじめてしまっている危険性があることに気づく機会を準備したい。「いじめ」ではなく「いじめの芽」としているのは，いじめかどうかわからない段階で対処を始めることを意図しているからである。

　２つ目は，「いじめをみんなで止める」ためのものである。「みんなで」に意味がある。一人で止めようとするのはかなりの勇気が必要で，かつ，次のターゲットになる危険性をはらむ。

　３つ目は，いじめへの介入後にいかに「フォローするか」である。被害側の仕返し，加害側の陰湿化や被害化を防ぐものである。報復的な正義（「目には目を，歯には歯を」）ではなく，修復的正義（与えた損失を償う）を考えることが目標であるが，この実践化はなかなか難しいのではないかと思われる。今後の課題である。

[4] いじめ対策から平和の創造へ

　いじめ対策として，子どもの時期に学校の中でどうするのかだけを考えると，報道されるような悲劇や，保護者会を開かなくてはいけないような事態がないようであってほしいというだ

「見つける」「止める」「フォローする」

> **セッションA　「（いじめの芽を）見つける」**
> いじめの定義があいまいなので，自覚も指摘もできないことがある
> 実践例：「いじめとけんかの違いは何か」を皆で考える

> **セッションB　「（エスカレートする前に）とめる」**
> ひとりでとめるのは難しいので，みんなでとめる方法を考える
> 実践例：いじめのビデオを見て，その対応がいいかどうかを考える

> **セッションC　「（被害側も加害側も）フォローする」**
> 被害側の仕返し，加害側の陰湿化や被害化を防ぐ　修復的正義
> 実践例：自分の過去のいじめ経験を誰かのために活かす方法を考える

図10-2　いじめ免疫プログラム

けの「事なかれ主義」に陥ってしまう。本章で論じてきた「予防」は，一部の論者が提唱するように，学級制度廃止とか，いじめ加害者を厳罰にするなどの方法で，いじめも何も起きないことを目標にすることとは異なる。重大な悲劇は防止しなければならないが，子どもの集団にいざこざは起きる。ある幼稚園では，入園時からおもちゃなどの数をだんだん減らして，共有しなくてはいけない状況をつくり，「先に使ってたのに」という先占の主張や共有の提案などが子どもたちから起きるようにし，社会性を育んでいる。

　欧州のある研究者は，キプロス島のギリシャ側とトルコ側の両地域にいじめ対策プログラムを導入し，将来的には民族対立の解消にも資することを願っている。そこでは，学校だけではなく社会も変えていくことが目標になっている。いじめ，虐待，戦争など，様々な暴力行為についてあわせて考える（Minton, 2016）ことで，子どもたちには，身近な問題から世界の問題までをつなげて考えてほしいと願っている。

コラム4

ネットいじめ・LINE でのいじめ

竹内和雄

　マスコミでは連日，LINE や Twitter 等，子どもと携帯電話等でのトラブルを報道している。ネット問題が広がってきたのは 1999 年の i-mode 開始からなので 16 年ほどしか経っていない。i-mode により携帯電話でのインターネット接続が可能になった。その後，携帯電話が青少年にも普及した。当時の携帯電話は，「ガラケー」と呼ばれている。「ガラパゴス諸島で動植物が独自の進化を遂げたような日本独自の携帯電話」の意味だが，「ガラケー」は世界的にはあまり広がらず，海外では携帯電話は専ら通話用で，インターネット接続はパソコンで行われることが一般的であった。そのため，日本のネットいじめが主に携帯電話で起こっていたのに対して，海外はパソコンで起こるのが一般的であった。2013 年以降，世界的なスマートフォンの流行により，ネットいじめは，日本も海外もスマートフォンで行われるようになってきている。

　デジタルアーツ（2015）によると，高校生のスマートフォン使用率は 99.0%，中学生62.1%，小学生 40.8% である。また同調査によると，小中高校生の最もよく使うアプリはLINE であり，ネットいじめも LINE で起こる場合が多い。ガラケー時代のネットいじめとスマートフォン時代のいじめの違いを列挙すると以下の通りである。

　ガラケー時代のネットいじめは主に掲示板で行われた。小野・斎藤（2008）は匿名性，傍観者性を指摘しているが，金綱ら（2014）は「匿名性信念」という言葉でこの時期の加害者をよく表している。メールもいじめの手段になったが，一対一のやりとりのため投稿内容が他人の目に触れることはなかった。また，掲示版はオープンな場所であったため，外からの検索が可能だったため，多くの自治体がネットパトロール等に力を入れてきた。

　それに対してスマートフォン時代は LINE が使われることが多い。吉田（2015）等が指摘している通り，特性上，基本的に記名で複数が同時に，しかも瞬時にメッセージを読むことができる。衆人環視のもと，名前を明かしてやりとりされるため，より巧妙で複雑になってきている。被害者不在の状況で悪口を言い合ったり，無視することを決めたりすることが多く，誹謗中傷の言葉が飛び交うことは減ってきている。また，スマートフォン普及の低年齢化により，言葉の勘違い等でのトラブルも多発してきている。さらに LINE は外から検索できず，大人が状況をわからないので，自治体等も対策に苦慮しているのが現状である。

表　ガラケー時代とスマートフォン時代のネットいじめの違い

	ガラケー時代	スマートフォン時代
主な手段	掲示板（メール）	LINE
年齢	中学生以上	小学生から
匿名性	匿名可能	基本的に記名
人数	掲示版は複数　メールは 1 対 1	基本的に複数
受信	メール開封時	瞬時
外からの検索	可能	不可能

11章
教師による「不登校」の子どもの援助

五十嵐哲也

　不登校という形で「学校での困り感」を表現する子どもへの支援は，長い間，学校における援助の大きなテーマとなっている。そして，多くの学校において様々な取り組みがなされているにもかかわらず，平成 25 年度間に不登校となった児童生徒数は，数年ぶりに増加へと転じた（文部科学省，2014）。

　不登校に至る背景課題は個別具体的であり，その対応は決して容易ではない。しかし，多くの援助者が，「学校でおこなう不登校に対する有効な援助」とはどんなものなのかについて，工夫を出し合うことが重要である。そして，その際には，「学校の中でチーム援助をおこなうにあたって，ある程度の共通認識が持てるような，不登校への理解の仕方はないのだろうか」ということや，「多くの子どもたちの中から，ある一定の不登校の芽を見つけられるような，早期発見の方法はないのだろうか」という観点を持つことが必要になるだろう。子どもたちを「不登校に至らせない」支援をおこなうことは，学校での重要な援助の方針になるべきである。そして，目の前で「不登校になりかかっている」子どもに対して，いかにして学校に目を向けさせることができるのかということも，重要なポイントになる。本章では，こうした学校心理学における二次的援助サービスの視点から，教師がおこなう不登校への援助の現状と今後の方向性について考えてみる。

1. 教師による「不登校」援助をめぐる研究状況

[1]「不登校」理解のための分類の試み
1) 直接的なきっかけに基づくもの

　文部科学省によれば，2015（平成 27）年度間に不登校であった小中学生は 126,009 名であり，全小中学生の 1.26%に相当するとされる（文部科学省，2016）。また，文部科学省は，その結果を「きっかけと考えられる状況」（複数回答可）によって分類しており，小中学生ともに，本人に係る要因としては「不安の傾向がある（小学生：33.7%，中学生：29.7%）」「無気力の傾向がある（小学生：28.6%，中学生：30.6%）」が上位を占めている状況にある（文部科学省，2016）。

2) 背景要因を考慮したもの

　以上の分類は，不登校に至る直接的な要因に着目したものである。しかし，不登校は，もともと何らかの背景課題を有している子どもに対し，あるきっかけがもたらされた場合に起こるという場合も多い。すなわち，きっかけの改善だけでは再登校に至らない場合も少なくなく，そもそも子どもが抱えている背景課題に着目する必要もある。この観点から，小澤（2003; 2006）は，心理的要因が強い場合（子どもの有する特性が学校環境となじまない，育ちの環境によって心理的成長が困難になっている，など），教育的要因が強い場合（学習のつまずきがある，友人関係のトラブルがある，教師との関係がうまくいっていない，など），福祉的要因が強い場合（家庭の養育上の困難さがあるなど）という 3 つの要因に，急性（急激なダメージによる突発的な不登校），慢性（日頃から休みがちな子が，大きなきっかけもなく不登校になる）という観点を加えた 6 分類を提唱している。

3) 子どもの状態像に着目したもの

その他，子どもが示す状態像という観点から不登校を分類する試みもなされている。たとえば，五十嵐・萩原（2004）及び五十嵐（2010）は，登校している児童生徒の不登校傾向に着目して調査をおこない，小学生では「休養を望む不登校傾向」「遊びを望む不登校傾向」，中学生では「別室登校を希望する不登校傾向」「遊び・非行に関連する不登校傾向」「精神・身体症状を伴う不登校傾向」「在宅を希望する不登校傾向」に分かれることを明らかにして，小学生では不登校傾向が複雑化していない可能性を示唆している。

4) 維持要因の観点からなされたもの

さらに，土屋・細谷・東條（2010）は，「なぜ，不登校が維持されているのか」という観点から子どものアセスメントをおこない，不登校を分類する必要性を述べている。そして，登校している子どもの「登校したくない気持ち」を尋ねる心理尺度の日本語版を開発し，「ネガティブ感情の回避」「対人場面からの逃避」「家族からの注意獲得行動」「不登校行動の具体的な強化子」という分類を示した。

このように，様々な観点から不登校を分類し，より明確に理解しようとする試みがなされている。ただし，その分類の観点は，ここで取り上げただけでも多岐にわたっている。今後は，これらの複数の観点を包括的に取り入れた分類法を模索することで，不登校理解をより適確かつ慎重に深めていくことが可能になると考えられる。その際，必ずしも分類に当てはまらない子ども，複数の分類に当てはまる子どもなどの存在をいかに取り込んでいくかというのも，実際の援助を考えていく上では重要な視点である。また，分類の最終目的は，それぞれに応じた援助方法を確立することであろう。したがって，各分類の子どもに対する援助の有効性について，統計的に検証するとともに，臨床的な視点からも縦断的検討を加えていくような実証研究の蓄積が必要になっている。

[2]「不登校」に至る可能性がある子どもの早期発見

1) 子どもの視点を生かす早期発見

では，登校しつつも不登校に気持ちが傾いている子どもは，どのように発見できるのであろうか。先に示した五十嵐・萩原（2004），五十嵐（2010），土屋・細谷・東條（2010）による調査項目は，登校している子どもを対象としている。そのため，登校しつつも，どのくらい学校に行きたくなくなっているのかを理解するのに有効であると考えられる。その他，同様に，子どもへのアンケート調査によって発見に努めようとする試みには，三浦（2006）及び土田・三浦（2011）のストレスチェックリストを用いた研究がある。そこでは，まず，「学校が嫌だと思う気持ち」と，「ストレス関連要因（ストレス反応，ストレッサー，ソーシャルサポート）の状況」を調査し，学校を嫌だと思っている子どものストレス状況に関するプロフィール票を作成している。そして，そのプロフィール票をもとにして，専門家と担任教師がコンサルテーションをおこない，①日常的な肯定的内容の言葉かけ，②悩みを話すように促す，③トラブルへの介入，④保護者への働きかけ，という方法を組み合わせた援助を実践して効果測定をおこない，働きかけの有効性が確かめられている。また，学級生活満足感の測定に広く用いられているQ-U は，その活用目的の一つとして不登校の予防を掲げている（河村，2006）。実際，Q-Uで測定される指標は，特に年度初めの段階での不登校傾向の状態と関連が深いことが示されており（五十嵐・萩原，2009），早期発見に有用だと言えよう。

2) 教師の視点を生かす早期発見

一方で，教師が知りうる情報を最大限活用し，不登校の早期発見・初期対応につなげようとする方法もある。たとえば，国立教育政策研究所生徒指導・進路指導研究センター（2012）は，「欠席日数＋保健室登校等日数＋（遅刻早退日数÷2）」という計算式を提示し，この日数が30

日以上であれば「不登校相当」，15日以上30日未満であれば「準不登校」として対応すること
を提案している。この指標は，不登校に至る者の多くが，前年度までに「欠席が多い」「欠席が
少なくとも遅刻や早退が多い」などの出欠席に関する何らかの兆候を示しているという研究結
果に基づいている。学校は，「年間30日以上の欠席」という基準だけではなく，多様な出欠席
情報を活用していくことが有効な取り組みにつながると考えられる。

　また，特別な援助を要する子どもに対し，個別支援シートを作成して校内で情報共有をおこ
なうシステムづくりの報告もなされている（小林，2009）。その内容は，上記のような出欠席情
報に加え，家族構成や生育歴，学校での生活状況（学習面や友人関係の様子など），これまで
おこなった援助や今後の援助目標，さらに援助の成果や課題などを盛り込んだものとなってい
る。さらに，中学校での不登校急増を防ぐために，小林（2009）は，小中連携シートの開発と
活用についても提案している。そして，中学校区単位や教育委員会単位でシートを活用するこ
とによって，大幅な不登校児童生徒数の減少につながった事例を報告している。

　これらに共通していると考えられるのは，様々な観点から子どもを丁寧に見ていくことが重
要であるという点である。多忙な職務を抱える中で，子どもに向き合う時間を確保するために
は，校内での連携・協力体制が欠かせない。そして，同時に，子どもの示すサインを見逃さず，
そこから多様な可能性を読み取っていくためにも，チーム援助は重要なポイントになるだろう。

［3］教師がおこなう「不登校」への援助

1）予防的援助

　以上のような実践によって，不登校になる可能性のある子どもを早期に発見することは，よ
り早い段階での予防的援助（二次的援助サービス）につなげることができる。その取り組みに
ついて，国立教育政策研究所生徒指導・進路指導研究センター（2012）は，特別な援助を要す
る児童生徒への学級編成上の工夫をおこなう必要を述べており，学校全体での取り組みの重要
性が示唆される。また，そこではゲームなどを活用して学級開きを工夫することや，対人交流
の機会を設けて人間関係への苦手意識を減らしていくことなどが提示されており（国立教育政
策研究所生徒指導・進路指導研究センター，2012），個々の教師の日々の取り組みが不登校予防
につながるということが見て取れる。特に，集団活動に関連した取り組みとしては，様々な心
理教育的手法を取り入れた試みが報告されている。その例としては，グループ・エンカウンタ
ー（曽山・本間，2004）や集団社会的スキル教育（江村・岡安，2003）などの一次的援助サー
ビスによって，不登校傾向の子どものストレス反応や，不登校感情そのものが変化するかにつ
いて検討されているものなどが挙げられる。

　一方，五十嵐（2011）は，登校している子どもの不登校傾向の増減と学校生活スキルとの関
連を検討し，あらゆるタイプの不登校傾向に共通して関与しているのは「心理・社会面」のス
キルだけではなく，「学習面」「健康面」のスキルについても同様に関与していたことを示してい
る。不登校への援助については心理・社会面の課題に注目しがちであるが，五十嵐（2011）
の指摘は，学校生活を送る上でのあらゆるスキルの低下が根底にあるとも推測されるものであ
る。したがって，その援助も多様な側面に対して検討されるべきであろう。実際，家近・石隈
（2012）は，中学生の学校享受感を高めるような教師の心理教育的援助サービスは，「生徒の悩
みの相談」という心理・社会面に対するものだけではなく，「進路に関するアドバイス」「学習
や授業の工夫」「生徒の健康管理への配慮」という，多様な領域にわたるものであることを指摘
している。それぞれの子どもにおいて，必要となる援助の領域は何かを見極めていくことが重
要であろう。

2）実際に不登校に至っている子どもへの援助

　では，実際に不登校に陥っている状況にある子どもに対し，教師はどのような援助（三次的

援助サービス）ができるであろうか。文部科学省（2014）によれば，小中学生の不登校に対し，特に効果のあった学校の措置として，「登校を促すため，電話をかけたり迎えに行くなどした」（48.5%），「家庭訪問をおこない，学業や生活面での相談に乗るなど様々な指導・援助をおこなった」（46.8%）（いずれも複数回答）というように，家庭への働きかけが上位を占めていることが明らかとなった。かしま・神田橋（2006）は，「君のことを気にかけ続けているよ」というメッセージとして家庭訪問が機能することを指摘し，家庭訪問のコツや，家庭訪問から教室復帰に至る援助の段階を提示している。そのような工夫をしながら家庭への働きかけをおこなうことは，保護者の援助者としての機能を発揮させ，援助チームとして協働していくことにつながるだろう。田村・石隈（2003）は，不登校事例に対する学校心理学的援助チームの実践を検討し，保護者の状況（来談意欲など）に応じて援助チームの形態を変化させることの有効性を指摘している。不登校への援助をおこなう際には，保護者への適確なアセスメントに基づいた方法の検討も欠かせないものであることが，あらためて指摘できる。

　また，山本（2007）は，子どもの状態像ごとに有効な教師の援助法について，実証的に検討を加えている。それによれば，自分の考えや感情，要望を相手に伝えることが苦手であることが背景にある場合には，学習指導や生活指導をおこなうとともに，家族を支えることが有効であることが示されている。また，規範意識の低さなど，行動や生活に乱れがある場合には，関係を維持しながら，生活指導をおこないつつ登校を促すことが有効であるとされている。さらに，融通が利かないなどの「強迫傾向」が強い場合には，別室登校や人的援助資源の充実など，校内援助体制の整備が重要であるほか，専門機関との連携も必要になることが示されている。加えて，不登校生徒特有の身体症状が重い場合には，児童生徒の気持ちを支えつつ，別室登校などの複数の援助資源を活用する体制づくりが有効であるとされている。以上の指摘から，教師は，不登校援助において複数の方法をおこなう準備をしておく必要があり，そのいくつかの方法を組み合わせることが求められていると言える。そして，その組み合わせの選択基準の重要なポイントとして，子どもの背景課題を適確に把握しておく必要があるということも示唆される。

　しかし，援助方法の組み合わせ選択の基準には，他にも「子どもの変化」という時間軸も重要であろう。小澤（2006）は，不登校が「前兆」の段階なのか，「回復」に向かっている段階なのかによって，自ずと援助方法が異なることを指摘している。たとえば，休み初めの段階では「心理的な刺激を減らすこと」，欠席状況に変化がない段階では「関心を持って一緒に活動すること」「わずかなことでも認め，ほめること」，回復に向かっている段階では「活動へ具体的な援助をすること」「受け入れの態勢づくりをすること」などを挙げている。とりわけ，復帰にあたっては，学校生活に慣れるための心身の準備が必要であり，適応指導教室（教育支援センター）等の利用も有効であろう。この点に関し，茅野（2004）は，学校全体で再登校に向けた「中間学級」を設置・運営した取り組みを報告している。

2. 断続的な欠席から通常登校へと変化した援助の実践例

[1] 事例の概要

　ここで示す事例は，断続的な欠席を続けていた小学校4年生男子に対し，1年強にわたってスクールカウンセラー（以下，SC）がおこなった学校心理学的援助の実践例である。

　当初，本児は，2学期の終わり頃から，朝になると「学校に行きたくない」と言ってベッドから出てこなくなったということであった。実際に欠席することが増加するようになり，心配した担任が連絡を入れた際，保護者から上記状況を伝えられたので，教育相談担当教諭と協議した上でSCとの面談が設定された。

SC との初回面接において，保護者及び本児との合同面接の場で話されたのは，「担任の先生が嫌だ」ということであった。本児は，「担任の先生が厳しく，ちょっとしたミスを許してくれなくて怒ることが多いので，たとえ自分が怒られていなくても怖くてしかたない」と話していた。保護者も，同様に「担任の先生は怖い」と感じており，電話連絡をするのがためらわれると話していた。

また，本児のみとの面接では，最初に昆虫の本を取り出したため，SC が興味を持つと，饒舌に昆虫のことを話し続けた。そして，飽きると次々に遊びを変えていき，時間になってもなかなかやめようとせず，心残りがあるようにしながら相談室を後にした。さらに，保護者のみとの面接では，「前々から，嫌なことがあると体調を崩し，休むことが多かった。それを許してきた私が悪いと思う」というように，子育てに自信が持てずに過ごしていること，今回のことも自分がうまく対応できないせいだと感じていることが語られた。

[2] 援助過程

1) 第 1 回チーム援助会議

このような情報をもとに，第 1 回チーム援助会議が開かれた。出席者は，担任，教育相談担当教諭，SC である。担任と SC がそれぞれの見立てを話し合い，今後の援助方針を立てることを目的とした。その様子は，以下の図 11-1 にまとめられる。

SC は，本児は同年代に比較してもやや自己中心的な面が強い一方で，他者評価に敏感であるなどの背景課題があるように感じられたが，現段階ではそうした大きな課題に取り組むよりも，ひとまず学校へ向かう気持ちを回復させることが重要であると考えた。そして，そのために必要なのは，本児と保護者の双方が，担任との関係を回復することであろうと推測された。もともと SC は，その担任は繊細で，丁寧に子どもたちを観察していくタイプの教師であると

《SC》			《担任》		
	見立て	援助方針		見立て	援助方針
本児	・対人的な関心は高いが，やや独特の興味関心を持っている。 ・繊細で他者の目を意識しやすい。	・担任の細やかさが伝わるような関わりをお願いしたい。 ・SC は，本児の積極性を引き出すようなカウンセリングを実施したい。	本児	・まじめでおとなしく，素直な子である。	・声かけや迎えなどを通して積極的に働きかけたい。
保護者	・子育てへの不安が高く，自責感情が強い。	・子育て方法の背後にある意味をともに考えることを通して，自信を回復する関わりをしたい。	保護者	・自分がどうしていきたいのかという考えが弱い気がする。	・話す機会を増やし，保護者の考えをしっかり聞きたい。

担任：登校しぶりがみられた段階で，母親から連絡をもらう。可能ならば本児と話し，「校門のところで待ってるよ」と伝える。直接話すのが難しくても，同様のことを保護者に伝える。（一人での登校が困難なら）保護者に連れてきてもらい，教室に一緒に向かう。

SC：本児の関心事に沿った活動をおこない，それに興味を持って関わることを通して，自分らしさに自信を持たせる。保護者に対しては，子育て上の苦労に共感しながら，本児のよい面にも着目できるよう促す。

図 11-1　第 1 回援助チーム会議において決定された援助方針

考えており，そのようなよい面が伝わっていくことが重要だという印象を持った。そこで，本児への登校しぶり場面に担任が丁寧に介入することを通じて，本児が「僕のことを気にかけてくれている」と感じ，保護者も「不安な気持ちをわかってくれている」と感じることを目指した。

2) 第2回チーム援助会議

第1回チーム援助会議の後，担任は，本児を迎えに行ったり，ときには校門で待ったりしながら，「あなたのことを待っているよ」「今日も顔を見ることができてうれしい」というメッセージを伝えていった。さらに，保護者へは，連絡帳に本児のよい面を毎日記すとともに，「登校したくないと言っている」という保護者からの電話連絡の際に，保護者の不安な気持ちの訴えを受け止めたり，「頑張って送り出してみてください」と励ましたりするようにした。これらによって，徐々に本児と保護者の「担任への壁」は低くなったようで，登校しぶりの回数は減少していった。

ただし，この間にSCが教室で行動観察をおこなったところ，緊張感が強い様子であった。動作はぎこちなく，友達から話しかけられてもうまく返事ができない場面が見受けられた。また，この段階ではすでに学年末であり，クラス替えがおこなわれることが決まっていた。そこで，ここまでの援助を振り返り，次年度における援助方針を決定するため，3学期末に第2回援助チーム会議が実施された（図11-2）。出席者は，担任，学年主任，教育相談担当教諭，養護教諭，SCである。援助チーム会議の結果，当面の目標は「進級後に，少なくとも登校しぶりの回数を増やさないこと」であり，そのために「学級で安心できること」「不安を抱えていそうな場合には早急に対処すること」を具体的な方針にすることとし，少しでも安心していられる友達がそばにいられるようにしたり，担任が積極的に話しかけたりすることの大切さを共通認識とした。また，養護教諭とSCはそれぞれの場で新しい環境に対する不安や緊張への対応をおこなうこととし，その他の本児の抱える課題については，登校状態が安定した後に対応していこうという方針が決められた。特に，本児は緊張場面で体調を崩す可能性も高いため，養護教諭は，毎朝の健康観察にとりわけ注意することも決められた。

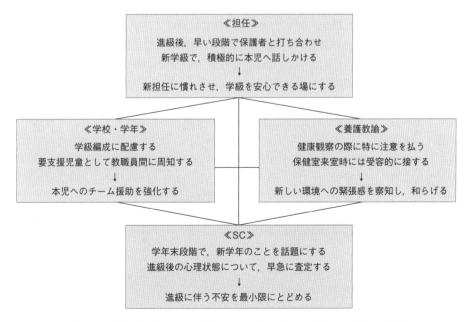

図11-2　第2回援助チーム会議において決定された進級に向けた取り組み

3）第3回チーム援助会議とその後の援助（図11-3）

そして，実際に進級したところ，本児の登校をしぶる様子は続いたものの，前年度末と比較して回数の増減は見られなかった。そこで，SC は「新しいクラスになじめないわけではなく，緊張はあるがうまくやっていきたい気持ちがある」と判断し，そうした「頑張りたい」気持ちが上回るようになることが大切だと考えた。そこで，4月末の連休前の時点で，新学級での援助策を検討するため，第3回援助チーム会議が実施された。出席者は，前年度から継続している教育相談担当教諭，養護教諭，SC と，新担任，新学年主任である。

新担任は，進級後も学級での緊張感はやはりあると考えていて，安心できるためには本児の自信を高める必要があるという考えであった。そこで，本児の好きな「昆虫」に注目し，理科で活躍する場面をつくりたいと述べ，実際，本児を「理科の係」に任命して授業準備をさせたり，理科の授業中に積極的に指名したりする援助を続けた。そうして，クラスの子どもたちの中に「すごいな」という感覚が出てきた頃を見計らい，先生と他の子どもが話している時に，本児をその話題に巻き込んでいくように心がけた。そうすると，本児の楽しい部分が引き出され，しだいに子ども同士の輪の中に入っていく様子が見受けられた。また，本児と個別に話をする際には，「昆虫好きな偉人がいるけれど，先生が大学生だった頃にも，昆虫のことを研究している大学の先生がいたよ」など，本児の興味・関心がよりよい方向に進んでいくような関わり方を心がけた。

そして，2学期頃には，SC との面接場面においても，クラスの友達に関するポジティブな話題が出てくることが増えてきた。また，保護者からの報告でも，「『行きたくない』と言うことはあるけれど，体調不良を訴えることはなく，学校から帰ってくると一日の様子を楽しそうに話している」ということであった。そこで，SC は，登校への不安定さはほぼ解消されつつあると判断し，より安定して登校を継続できるよう，本児の背景課題への援助に移行することが必要であると考えた。先に述べたように，本児は，同年代の子どもよりも自己中心的な面が強いと考えられる。自分が安心できると思った場面では，自分のやりたいこと，思ったことを押し通そうする面がある。しかし，その一方で，人からどう思われるかにも非常に敏感であり，緊張感が強い場面では（本来は強いはずの）自分の要求を極端に抑え込んでしまう。このように，本児は，自分の要求をうまくコントロールすることが苦手であるために，対人関係上の苦手さを抱えていると考えられた。そこで，SC は，面接におけるプレイの際，「いつも，いろいろ話したいことや，遊びたいことがいっぱいあるみたいだね。今日からは，『今日は，○○分

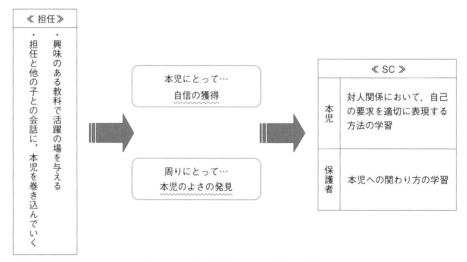

図11-3　第3回援助チーム会議後の援助

まで××遊びをする。その後，△△分まで，お話しする』というように，最初に時間を決めてみよう」と提案し，自分で自分の要求を検討できるように促した。また，そうして決めた約束を，時計の横に貼り，自分で切り替えができるように留意した。

　同時に，保護者に対しては，ここまで粘り強く関わってきたことへのねぎらいをおこなった上で，「調子がよさそうな時と，そうではない時で，家の中で違いはありませんか？そこから，何かうまく関わるためのヒントがあるかもしれませんね」と述べ，具体的にその違いを記録してきてもらうこととした。そうすると，保護者から，「『行きたくない』と言う前の日には，私が忙しくて話を適当に聞いていることが多い気がするけど，普通に行く前の日には，けっこう楽しく話をしたり，一緒に遊んだりということが多い気がします。」という発見が述べられた。そこで，「じゃあ，少し一緒に過ごす時間を意識して取ってみる，ということが大切なのかもしれませんね」と伝え，保護者も了承してその実践が続けられた。

　このような援助を続ける中で，保護者から，登校しぶりを訴えることはないという報告が多くなった。また，担任からも，学級で明るく過ごしているばかりか，授業中に積極的に発言する様子が見られるという報告があった。そこで，学年末をもって SC との面接は終結とし，引き続き学校全体で様子を見ていくこととなった。

[3] 事例から考えられる学校心理学的援助のポイント

　本児は，登校しぶりの背景課題として，自分の気持ちと周りとの折り合いをつけていくことの苦手さを抱えている子であった。そうした特性を持つ本児にとって，教室で強い統制をしようとする教師の存在と，自分の要求が我慢することなく認められる家庭での育ちという，いわば両極にある価値観の狭間で生活することは，大きな混乱をもたらすものであっただろう。そのため，友人関係場面では過度に緊張し，教室での居心地が悪くなり，登校意欲が低減したものと考えられる。

　それに対し，校内では，登校状態の改善を当面の目標に，チーム援助をおこなうこととなった。登校状態が改善することは，それ自体が本児の自信につながると考えられる。また，それとともに，保護者の精神的安定にも寄与することによって，保護者とともに本児の背景課題に援助を展開する「チーム援助」の取り組みがなされやすくなるとも考えられる。そこで，担任による援助を中心としながら，学校組織や学年組織，養護教諭，SC が共通認識のもとに役割を分担し，それぞれの援助をおこなった。そして，登校状態の安定が確認された段階で，SC が本児の「自分の気持ちと周りとの折り合いをつけていくことの苦手さ」に介入をおこなうとともに，保護者の今後の子育てへの介入もなされた。これらは，子どもの状況に応じてチーム援助の形態を適切に変化させていく試みであり，田村・石隈（2003）が指摘するタイプ2（担任・SC の2者が相互コンサルテーションをおこないながら，それぞれ保護者にコンサルテーションをおこなう方法）から，タイプ4（SC が担任と相互コンサルテーションをおこないながら，SC が保護者にコンサルテーションをおこない，同時にカウンセリングもおこなう方法）へという転換が認められたと言える。

　また，本児に対しては，心理教育的援助サービスの諸領域に対して，様々な援助がなされた。たとえば，学習面に対しては，本児が関心を持っていることを教室での学習活動に結びつけ，学習意欲を促すとともに，他の子どもたちとの関係改善にもつなげていった。さらに，健康面については，養護教諭を中心に，本児の「緊張場面で体調不良を生じやすい」という特徴に対応していった。加えて，進路面に対しては，自分の関心事は自分の将来にもつながっていく可能性があることを提示し，学習意欲や登校意欲につながるように働きかけた。これら諸領域への援助が自ずと心理・社会面への援助にもなっており，本児の精神的安定に結びついていたことは，事例の展開から明白であると言えるだろう。このような素地をもって，本児は，自

身の心理・社会面の背景課題に対し，安定した状態で本格的に取り組むことができたと考えられる。

　このように，本事例では，チーム援助による多領域への心理教育的援助サービスを実施することによって，断続的な欠席を通常登校の状態へと回復させることができた。学校だからこそできる，不登校への二次的援助サービスの理念が実践され，功を奏したものと考えられる。

3. 教師による「不登校」援助における今後の方向性

　以上のように，不登校への援助は多様さを求められながら，着実に展開を見せている。しかしながら，今後のより深い学校心理学的援助のためには，次のような視点が欠かせないだろう。

[1] 個々の教師による援助を支える仕組みづくり

　不登校に対して，学校全体でチームとして援助に取り組む必要があることは，提示した先行研究や事例を踏まえても明らかである。たとえば，家庭訪問という一つの方法を取り上げてみても，1人の教師が学校を不在にすることは，他の教師や組織としての学校の協力がなくては成し得ない。今日，各学校で様々な形態の不登校援助に関連する委員会が組織され，その援助実践がなされていることは，このような重要性についての認識に立脚するものであると言える。

　しかし，そうした組織はつくられればそれでよいのではなく，機能することが重要である。では，どのような学校において，有効な援助チームが組織されているのであろうか。横田（2011）は，この点に関して，管理職やコーディネーター等を中心とした学校組織風土が影響する可能性を論じている。また，山口（2003）は，メンバー選定の問題や会議設定の時間の問題を論じている。このような諸変数が，実際の不登校状態の変化にどのように影響を与えているのかについて，実証的に検証していく視点が必要であろう。そのことを通して，学校経営としての不登校援助のあり方を提示し，個々の教師の努力や力量の差だけに依拠しない援助システムの構築をおこなう方向性が求められよう。

[2] 多様な援助策を有機的に結びつける方法づくり

　また，先に述べたように，不登校援助の方法は多様であり，とりわけ学校心理学の観点からは「心理・社会面」だけではなく，「学習面」「進路面」「健康面」といった複数の領域への援助が有効になると指摘できる。こうした各領域への援助を実践していくため，石隈・田村（2003）は，援助チームシートの開発をおこなっている。これによって，それぞれの子どもはどのような領域に困り感を抱え，どのように援助をおこなっていくことが求められるのかが理解しやすくなっている。

　ただし，たとえば，教科においてどのような指導法が登校意欲を高めるのか，どのような健康行動の変化が登校意欲を高めるのかといった，心理・社会面以外の領域についての具体的援助方法に関しては，まだ検討に乏しい。教科の特性や学級集団の実態，子どもの発達段階に応じて，教師は学習指導の場でどのような援助ができるだろうか。身体的健康に不安があっても，登校意欲が高い子どもとそうでない子どもの間には，学校や学級，友人や教師にどのような違いがあるのだろうか。キャリア意識の形成は，いかにして実際の登校行動に結びつくのか。このような各領域に関する疑問を実証的に解決した上で，それらが複雑に交わりあう「学校という場」において，それぞれがどのような関連性を持って不登校の未然防止に役立つのかを見据える必要がある。

コラム5

子どもは他者にどのように援助を求めるのか？

永井　智

　教科書を忘れてしまったというような些細な困りごとから，いじめのように深刻な問題まで，子どもは日々様々な問題に直面する。こうした問題が自分自身の対処能力の限界を超えるような場合，他者に援助を求めることも非常に重要である。しかしながら子どもたちの中には，大きな問題に直面しながらも，誰にも援助を求めない子どもも存在する。

　このような他者に援助を求める現象を，心理学では「援助要請」と呼ぶ。人が援助要請をおこなうためには，主に「自分が困っており，他者の援助が必要であるということの自覚」，そして「実際に誰かに援助を要請するという決断」という2つの段階を経る必要がある（相川，1989）。そのため教師などの援助者は，援助要請を苦手とする子どもが，このどちらの段階でつまずいているのかを見極める必要がある。

　たとえば，「自分が困っており，他者の援助が必要であるということの自覚」の段階でつまずく子どもは，自分自身が感じているストレスに気づくことが苦手であったり，自力では解決ができない課題に直面したとしても，それを認めたくないという気持ちがあったりすることが多い。自分のストレスに気づくことが苦手な子どもに対しては，教師が子どもの困り感に注目し，積極的に声掛けをおこなっていくことが重要である。また，人間は誰でもできないことがあるということを，認め合えるクラス全体の雰囲気づくりなども重要である。

　他者の援助が必要であるということの自覚ができたとしても，「実際に誰かに援助を要請するという決断」を躊躇する子どももいる。こうした子どもは，「ちゃんと話を聞いてもらえるだろうか」「これくらい自分で何とかするべきなのではないだろうか」「相談したことを，他人に言いふらされてしまわないだろうか」などの様々な不安を感じていることが多い。こうしたときに援助要請の決断を後押しするのは，「相談することが助けになるだろう」という認知である。多くの研究では，この「相談することが助けになるだろう」という認知が，援助要請に対して重要な影響力を持つことが明らかになっている（永井・新井，2007）。こうした認知を子どもが持てるようになるためには，日頃から十分な信頼関係の構築に努めることが重要である。

　考えてみれば子どもは日ごろ，「困ったことがあれば人に相談しましょう」というメッセージよりも，「自分で考えましょう」「人に頼ってばかりではいけません」というメッセージを多く受け取っていると思われる。確かに人に甘えたり頼りすぎたりすることは，自立の妨げとなり，望ましいことではない。しかし，対処の限界を超えても人に頼ることができないとなれば，子ども自身が苦しむことになる。重要なのは，子どもに対して甘えの受容と自立の促進の両方をバランスよくおこなっていくことなのである。もちろんそれを実現するためには，相当の配慮が必要であり，どのようなバランスが適切かは，子どもによっても異なる。しかし，こうした子ども一人一人の特性を見極め，それぞれの子どもに応じた援助をおこなっていくことこそが，子どもの成長・自立を支援することそのものといえるであろう。

12 章
養護教諭が中心となる健康面からの援助

相樂直子

1. 子どもたちのメンタルヘルスの状況

[1] 身体症状で訴える子どもたちの SOS

　子どもは，心身の発達途上にあり，自分の状態を言語化することが難しい。よって，悩みやストレスを身体的な訴えや症状として表出することが多く見られる。

　文部科学省（2003）による「児童生徒の心の健康と生活習慣に関する調査」では，児童生徒の心の健康を示す指標を「自己効力感」「不安傾向」「行動」「身体的訴え」として検討した結果，「身体的訴え」が他の 3 つの要素「自己効力感」「不安傾向」「行動」と関連があることが認められた。児童生徒の身体的な訴えは，単なる身体的な症状にとどまらず，心の問題と関係があることが示唆されている。

　心と身体の関連について，小児科医の立場から述べているものもある。満留（2011）は，心の問題を抱えている子どもたちは，①からだの症状，②心の症状，③行動の異常として SOS を出し，発育が未熟な子どもたちは，心の変化が，視床下部の自律神経系・免疫系を通じて血管や臓器の働きに大きな影響を与えるため，からだの症状として発現することが多いことを述べている。

　学校では主に養護教諭が，健康相談の枠組みから，子どもの身体症状の訴えをもとに，心の問題にも対応している。2011（平成 23）年度に日本学校保健会がおこなった「保健室利用状況調査」では，養護教諭が健康相談等で継続支援した事例「有」の割合が，小学校 62.2%，中学校 82.9%，高校 91.2% であった。健康相談における主な内容は，「身体症状」「友達との人間関係」がどの校種も多く，高校では「進路の悩み」「学習の悩み」がそれに次いでいた。養護教諭は，子どもの多様な心身の問題に対応していることがわかる（日本学校保健会，2013）。

　高等学校の養護教諭である海老澤（2011）は，高等学校における健康相談事例 380 事例について，医学的診断の ICD-10 を用いて分類した。その結果，生徒の主訴は身体の不調が 59.7%，精神的悩みが 23.4% であったが，ICD-10 分類では，身体疾患は 23.4%，精神及び行動の障害は 76.8% であった。高校生は，身体の不調を訴えながら，その背景にメンタルな問題を抱えていることが推測されている。

　一方，原因ははっきりしないが何となく保健室に来室するという生徒も多数おり，不定愁訴を持つ子どもが，保健室を居場所としていることが示唆される（日本学校保健会，2013）。有賀（2013）は，不登校を予防するための早期支援の検討を目的に，高校 1 年生 3,985 名を対象に自記式質問紙調査をおこなった。その結果，登校回避感情の関連要因として，「不定愁訴がある」「対人恐怖心が高い」が挙げられ，子どもの不定愁訴が不登校の潜在群を捉える重要な指標となることを示している。

　しかしながら，未熟な子どもたちが訴える不定愁訴に対応するには困難性も高く，養護教諭が対応に苦慮している現状もあり，今後の課題とされている（金田（松永）・庄司，2011）。

[2] 子どもたちの援助要請

　援助要請には，個人が援助者に援助を求めるかどうかの認知的枠組みである「被援助志向性」と，悩みを解決・解消することを目的に他者へ援助を求める「援助要請行動」という概念がある。

　水野・石隈・田村（2006）は，中学生447名を対象に，教師やスクールカウンセラー・心の教室相談員に対する被援助志向性に関して質問紙調査をおこなった結果，学習・進路，心理・社会，健康面に対する被援助志向性の得点は，親しい友達が最も高く，スクールカウンセラー・心の教室相談員はきわめて低いこと，さらに，教師に対する被援助志向性も低かったことを報告している。同じく永井（2012）の中学生2,383名を対象とした援助要請意図に関する質問紙調査では，援助要請対象は教師やSCよりも，友人や親がより好まれていること，援助要請意図と悩みの経験，全般的な抑うつ症状との関連については，悩みは援助要請を促進し，抑うつ（無気力や活動性の低下）が援助要請を抑制するといった結果が示唆されている。

　援助要請に関して，小学生を対象とした調査もある。佐藤・渡邉（2013）は，小学校4～6年生739名を対象に小学生の悩みとそれに対する援助要請行動について質問紙調査をおこなった。その結果，児童は保護者と友人に援助を要請する傾向にあるが，養護教諭とスクールカウンセラーによる支援の方が，実際の問題解決に役立っていたことが明らかにされている。

　援助要請に関連して，医療や精神保健分野を中心に，問題や悩みについて助けを求めることを「援助希求」と呼んでいる。精神科医であり自傷行為の援助を専門とする松本（2009）は，自傷の本質を「誰にも相談せず，誰にも助けを求めずに，感情的苦痛を緩和すること」とし，自傷を繰り返す者は援助希求能力が乏しいことを述べている。養護教諭など，自傷した若者に関わる援助者は，小さな援助希求行動をこまめに支持・肯定することを通じて，少しずつでも援助希求能力をのばすことの重要性を示している。

[3] 子どもたちのメンタルヘルスに関する問題と対応

　メンタルヘルスとは，精神的健康の回復・保持・増進に関わる事柄の総称であり，学校におけるメンタルヘルスの問題には，①いじめや虐待など，心理社会的な問題要因に基づくもの，②発達障害や摂食障害，統合失調症など，医学的背景を持つものがある（日本学校保健会，2007）。近年，子どもの抱える心の健康問題は，心理・社会的対応にとどまらず，医学的対応を必要とするものが数多く含まれていることも指摘されており（日本学校保健会，2007），学校ではメンタルヘルスについて正しい理解を持ち，適切な対応をおこなうことが求められる。

　子どもたちのメンタルヘルスの問題について，養護教諭の対応事例として多いいじめ，自傷行為（リストカット），虐待を取り上げる。

1）いじめ

　いじめ問題については，学校で組織的な対応をおこなうことが求められるが，中でも養護教諭は，いじめ問題の発見者・情報収集者（アセスメント），予防的・治療的相談者（カウンセリング），担任や保護者への助言者（コンサルテーション），専門機関の紹介や援助資源の連絡調整役（コーディネート）の役割を担う（鎌塚，2015）。静岡県では，毎年小中学校の養護教諭を対象に保健室登校やいじめに関する実態調査を実施している。2014（平成26）年度は，810名の養護教諭を対象におこない，いじめの対応に関与した児童生徒数は，中学1年生，2年生が最も多く，小学生も学年が上がるにつれて増加していること，いじめ発見のきっかけは小・中学校共に「本人からの相談」が最も多いことがわかっている（静岡県養護教諭研究会，2015）。

　木下・斎藤（2013）は，いじめ問題に起因して不登校になった中学生女子生徒の事例を検討し，養護教諭が，生徒指導主事，担任，学年主任，校長，カウンセラーと支援チームを組み，不登校状態から保健室登校，教室復帰に向けたことを報告している。さらに，近年深刻化してい

る「ネット上のいじめ」の問題においても，児童生徒は，養護教諭を相談対象として選ぶ傾向にあり，養護教諭は，ネット上のいじめ問題に対応するキーパーソンでもある（竹内，2015）。

2) 自傷行為（リストカット）

松本・今村・勝又（2009）は，養護教諭808名に自傷をする生徒に対応した経験の有無を質問したところ，小学校60.8％，中学校96.8％　高校99.0％が「経験あり」とし，さらに最近1年間に対応した自傷をする生徒の人数は，「最近1年間はない」1.5％，「5人未満」83.3％，「5〜10人未満」12.6％，「10人以上」が2.6％であったことを報告している。子どもたちの自傷行為は，学校保健の主要な問題であることが示唆される。さらに，中学校及び高等学校の養護教諭の多くが自傷をする児童・生徒の対応に際して，継続的な関わりをおこないながらも「どう対応してよいかわからない」と感じていることも明らかにされている。自傷行為とその他健康を阻害する要因との関連を検討したものもある。山口・松本（2005）は，女子高校生126名を対象に，自傷，喫煙・飲酒，過食，ピアスの経験に関して質問紙調査をおこなった結果，14.3％に最低1回の自傷行為経験があり，6.3％が10回以上の自傷行為の経験があった。自傷行為体験者では，非経験者に比べて喫煙・飲酒経験，ピアス経験が有意に多く認められた。さらに，自傷者で過食経験のある者が有意に多く，10回以上の自傷経験者では非経験者よりも大食症質問票の得点が有意に高かった。「自傷行為」「過食」「嗜好物質によって気分を変えること」の間には密接な関係がある可能性が示唆されている。養護教諭が，リストカットを繰り返す高校生女子に対応について検討した事例もある（出水，2014）。ここでは，養護教諭の関わりとして，傷の手当てをしながら生徒の訴えを受容する「ながらカウンセリング」，校内連携の要となって支援するチームでの対応が挙げられている。

3) 摂食障害

摂食障害は思春期に好発し，中学・高校では，学校保健における課題の一つでもある。平成23年度，日本学校保健会がおこなった保健室利用状況調査では，養護教諭が1年間で把握した「摂食障害に関する問題」の生徒は，千人あたり中学では1.2名，高校では1.7人であった（日本学校保健会，2013）。竹村・中下（2013）は，学校保健の視点から摂食障害に関する文献研究をおこない，学校には，摂食障害の発症を未然に予防するための保健指導をおこなう役割，摂食障害の児童生徒等を早期発見し治療に結びつける役割の2つが期待されていることを示している。

一方，海老澤（2011）は，養護教諭として12年間で関わった摂食障害の3事例を検討し，摂食障害事例の多くが養護教諭のおこなう健康相談によって把握されており，摂食障害の生徒への養護教諭の関わりとして，心身両面に対するケアの必要性，バイタルサインのチェックと身体症状の観察を挙げている。相樂・石隈（2012）では，急激な体重減少が見られた高校女子生徒の事例について検討し，本人をまじえたチームの話し合いを継続的におこないながら，専門医の受診につなげ，その後入院治療，学校復帰，卒業といった経過を援助したことについて報告している。

近年は，学校の健康診断の結果から子どもの成長曲線を作成し，急激なやせの早期発見・早期治療につなげる取り組みが推進されており，学校では養護教諭を中心に，摂食障害の予防的介入をおこなうことが期待される。

[4] 健康面から介入する相談活動

心身の健康は，人が様々な活動をおこなう基盤となり，健康面の問題は，学習面，進路面，心理・社会面など，幅広く影響を及ぼす。これまでは，主に学校医・学校歯科医，養護教諭が健康相談をおこなうものとして扱われてきたが，2008（平成20）年学校保健法の改定により，健康相談の目的が「子どもの心身の健康に関する問題について，子どもや保護者等に対して，

関係者が連携し相談等を通して問題の解決を図り，学校生活によりよく適応していけるように支援していく」とされた（文部科学省，2011）。つまり，健康相談とは，養護教諭や学級担任等の関係者が連携して，子どもの健康面から介入し，学校生活全体を援助する相談活動と言えるだろう。健康相談のプロセスは，対象者の把握，問題の背景の把握，支援方針・支援方法の検討，実施・評価であり，関係者が支援チームをつくり，支援方針・方法を協議し，役割分担のもと組織的に対応していく（采女，2013）。

　一方，健康相談においては，養護教諭が関係者の連携を促進するコーディネーターの役割を担うことが求められている（采女，2013）。秋光・白木（2010）は，養護教諭，生徒指導と教育相談の担当の長，学年主任の計352名に質問紙調査をおこない，学校内のチーム援助における養護教諭のコーディネーション活動について検討した。その結果，養護教諭は「子どもの心身の状態把握」では援助チームの中で中心的な役割を担っていた。山寺・高橋（2004）の自傷行為を繰り返す高校生の事例の検討では，養護教諭が情報収集や心身の危機への介入，外部機関との連携のしやすさを生かし，校内職員や医師をつなぐコーディネーターとして機能していたこと，相樂・石隈（2011）の保健室登校の中学女子生徒の事例では，養護教諭が校内職員と保護者，スクールカウンセラーによるチームで援助し，チーム形成やチーム会議，チームの拡充といったコーディネーションを発揮し，生徒の教室復帰に向けたことが報告されている。養護教諭がコーディネーターとなり，健康面から介入して援助する有効性が示唆される。

2. 保健室を中心とした援助活動のモデル・実践例

　保健室を中心に健康面に援助ニーズのある生徒を把握し，学校全体でおこなう援助サービスのモデルを示す（図12-1）。

健康面に援助ニーズのある子どもの把握
以下の方法で，主に心身の健康面に援助ニーズのある子どもの把握をおこなう。
・保健調査の結果から必要と判断した子ども
・健康診断の結果から必要と判断した子ども
・欠席や遅刻・早退，保健室来室状況から必要と判断した子ども
↓
養護教諭によるインテーク面接
子どもに健康面に関する問題状況について話を聞く。子どもの援助ニーズを把握する。
↓
子ども本人を含めたチームでの援助活動
養護教諭がコーディネーターとなって，子どもと関係者をつなぎチームを形成する。
子ども本人をまじえたチームで話し合いをおこなう。

図12-1　保健室を中心とした援助活動のモデル

[1] 健康面に援助ニーズのある生徒の把握
1）保健調査より
　学校では，全学年において子どもたちの発育や健康状態等に関する保健調査をおこなう（学校保健安全法第11条）。保健調査は，地域や学校の実態に即して内容を精選し作成する。内容は，既往症や感染症の罹患，アレルギー，学校生活において必要な配慮や相談の希望などである。子どもが，自分の体調をチェックできる保健調査もあわせておこなうとより効果的である（図12-2，図12-3）。

118 12章 養護教諭が中心となる健康面からの援助

平成　　年度入学（　　　回生）　　組　　番　氏名

1.既往症
今までかかった病気などがあれば○で囲み、必要事項をご記入下さい。

病　　名	初発年齢	治療期間	医療機関名
心疾患　　（病名：　　　　）	オ	オ～　オ	
腎疾患　　（病名：　　　　）	オ	オ～　オ	
肝疾患　　（病名：　　　　）	オ	オ～　オ	
胃腸疾患　（病名：　　　　）	オ	オ～　オ	
皮膚疾患　（病名：　　　　）	オ	オ～　オ	
眼科疾患　（病名：　　　　）	オ	オ～　オ	
耳鼻科疾患（病名：　　　　）	オ	オ～　オ	
運動器疾患（病名：　　　　）	オ	オ～　オ	
結核	オ	オ～　オ	
肺炎	オ	オ～　オ	
川崎病	オ	オ～　オ	
黄血症	オ	オ～　オ	
糖尿病	オ	オ～　オ	
てんかん	オ	オ～　オ	
ひきつけ　けいれん	オ	オ～　オ	
自律神経失調症	オ	オ～　オ	
起立性調節障害	オ	オ～　オ	
その他　　（病名：　　　　）	オ	オ～　オ	
その他　　（病名：　　　　）	オ	オ～　オ	
その他　　（病名：　　　　）	オ	オ～　オ	

入院、または長期にわたる通院を要した病気やけががあれば、傷病名、期間、程度をご記入下さい。

傷病名	期間	程度
	年　月～　年　月	完治　通院中（　）回/週・月・年　服薬あり その他（　　　　　　　　）
	年　月～　年　月	完治　通院中（　）回/週・月・年　服薬あり その他（　　　　　　　　）
	年　月～　年　月	完治　通院中（　）回/週・月・年　服薬あり その他（　　　　　　　　）

2.予防接種と既往歴と副反応
当てはまる欄すべてに○をご記入下さい。

	未接種	接種済				感染有	副反応有
		1回目	2回目	3回目	4回目		
日本脳炎							
三種混合（ジフテリア・破傷風・百日咳）							
四種混合（ジフテリア・破傷風・百日咳・ポリオ）							
麻疹（はしか）							
風疹（三日はしか）							
水痘（みずぼうそう）							
流行性耳下腺炎（おたふくかぜ）							
肺炎球菌性肺炎（肺炎球菌ワクチン）							
インフルエンザ桿菌（HIB）							
BCG							
その他、任意で予防接種を受けたものがあればご記入下さい							

3.アレルギー疾患
当てはまる欄に必要事項をご記入下さい。

病　　名	初発年齢	治療期間	医療機関名
気管支喘息	オ	オ～　オ	
アトピー性皮膚炎	オ	オ～　オ	
アレルギー性結膜炎	オ	オ～　オ	
アレルギー性鼻炎	オ	オ～　オ	
食物アレルギー	オ	オ～　オ	
アナフィラキシー (含．食物依存性運動誘発、 運動誘発、昆虫、医薬品)	オ	オ～　オ	

食物アレルギー、アナフィラキシーがある場合、詳細についてご記入下さい。

原因となるもの	症　状	対処方法

4.その他連絡事項
授業や部活動、校外活動など、学校生活に関して注意が必要なことがあればご記入下さい。
特にない場合は「特になし」とご記入下さい。

1年	
2年	
3年	

上記以外の連絡事項、校医や担任に相談したいことがあればご記入下さい。
特にない場合は「特になし」とご記入下さい。

1年	
2年	
3年	

図 12-2　保健調査票の例（入学時に保護者が記入）

平成　　年度入学（　　　回生）　　組　　番　氏名

健康状態について最近一年間にあてはまるものがあれば◎、現在も症状がある場合は◎、該当しなければ×を記入してください。○・◎を記入した項目については、右欄に具体的な内容を記入してください。

	番号	項　　目	1年	2年	3年
内科	1	発熱しやすい。			
	2	頭痛、頭重がよくある。			
	3	咳が出たり、胸痛がある。			
	4	動悸や息切れしやすい。			
	5	ときどき脈が狂ったり、急に速く打つことがある。			
	6	胸やけ、吐気、嘔吐がある。			
	7	（時々・いつも）食欲がない。			
	8	腹痛、胃痛を起こしやすい。			
	9	下痢しやすい。			
	10	便秘になりやすい。			
	11	めまいや気分が悪くなることがよくある。			
	12	気を失って倒れたことがある。			
	13	手・足・顔がむくんだり、腫れたりする。			
皮膚科	14	肌が荒れやすい、かぶれやすい。			
	15	湿疹、じんま疹が出やすい。			
	16	その他、気になる皮膚病がある。			
耳鼻科	17	耳の聞こえが悪い、耳鳴りがするなど、耳に問題がある。			
	18	中耳炎になりやすい。			
	19	鼻水が多い、鼻がつまる。			
眼科	20	黒板の字が見えにくい。遠くを見るときに眼を細める。			
	21	めやにが出たり、充血しやすいなど、眼に問題がある。			
	22	色まちがいをすることがある。			
整形外科	23	腕、脚を動かすと痛みがある。			
	24	腕、脚に動きの悪いところがある。			
	25	背骨が曲がっている。			
	26	腰を曲げたり、反らしたりすると痛みがある。			
歯科	27	あごの関節が痛んだり、音がしたりすることがある。			
	28	かみにくい、食べにくいと思うことがある。			
	29	歯並びやかみ合わせが気になる。			
その他	30	排尿や性器のことで心配する。			
	31	月経不順や月経の時に具合の悪いことがある。			
	32	寝つきが悪かったり、眠ってもすぐ目をさます。			
	33	どもったり、ふるえたりする。			
	34	いつも不幸でゆううつな気分である。			
	35	体重や体型のことで気分が浮き沈みする。			
	36	すぐかっとなったり、いらいらする。			
	37	何か恐ろしい考えが浮かんできたり、理由なくおびえる。			
	38	上記以外の症状がある。			

質問内容に対し、必要事項を記入してください。
・1日の平均睡眠時間

1年	2年	3年
・　　時間	・　　時間	・　　時間

・最近一年間で治療した病気やケガがある場合はその内容を記入してください。
ない場合は、「なし」と記入してください。

1年	2年	3年

・心身の健康のことで診てもらいたいことや相談したいことがある場合はその内容を記入してください。
ない場合は、「なし」と記入してください。

1年	2年	3年

平成　　年度入学（　　　回生）　　組　　番　氏名

学年	○・◎を記入した番号	具体的な内容（原因・症状・手当て・その他必要なこと）
1年		
2年		
3年		
備考		

図 12-3　保健調査票の例（毎学年の初めに生徒が記入）

2）健康診断の結果より

　健康診断の結果から，学校医の助言をもとに，メンタルヘルスの問題を抱えている（疑いも含める）生徒を抽出し対象とする。例としては，過呼吸，過敏性腸症候群，大幅な体重の変動，無月経などがある。

3）保健室来室状況から必要と判断した生徒

　欠席，遅刻や早退，保健室来室の多い生徒，来室時の様子が気になる生徒を一覧表にまとめ，担任と情報交換をおこなう（表12-1）。ここからより援助ニーズの高い生徒を抽出する。

［2］養護教諭によるインテーク面接の実施

　把握した対象者について，養護教諭がインテーク面接を実施する（表12-2）。ここでは，主に生徒の心身の健康面に関する問題状況について生徒から話を聞く。生徒の意見を確認し，担任，その他の関係者とのチーム援助につなぐ。

［3］チーム援助の実践

　養護教諭によるインテーク面接の結果をもとに，関係者と連携を図り，チームを形成する。メンバーは，生徒本人，養護教諭（コーディネーター），担任，学校医，スクールカウンセラーなどであり，チームで生徒の問題状況について話し合う。ここでは，生徒本人が直接的・間接的にチームの話し合いに参加し，生徒自身が主体的に関わることをめざす。

　本モデルに沿って実践した2つの事例を紹介する。

事例1：高校1年A男　主訴：食物アレルギーへの不安

〈問題の概要〉

　入学時におこなった保健調査票に「食物アレルギーによるアナフィラキシーの既往あり，エピペンを持参している」との記載があった。宿泊行事前には，保護者から，養護教諭にアレルギーに関する対応の依頼について連絡があった。

〈養護教諭によるインテーク面接〉

　養護教諭が担任と情報交換をおこない，A男に食物アレルギーについて話を聞くことになった。A男は，「小学校の時にアナフィラキシーショックを2度起こし救急搬送された。アレルギーの専門医にエピペンを処方され，食事制限をして様子をみている」「その後，アナフィラキシーショックはないが，当時の恐怖感が今も残っている」と話した。養護教諭はA男に，担任や保護者，学校医をまじえて，再度話をしようと伝えた。

〈チーム援助の実践〉

　まず，養護教諭，担任，保護者による話し合いを持ち，A男の食物アレルギーの状況や，A男が宿泊行事の参加に不安を持っていることを共有した。援助方針を「①A男の宿泊行事の参加に関して安全面に配慮する。②A男の食物アレルギーに対する不安を軽減する」とした。

　その後，健康相談の枠組みを使って，A男，学校医，担任，養護教諭の四者で話し合いをおこなった。そこでは，A男が，1ヶ月後に宿泊行事が控えていることに関して，「宿泊先の食事が心配だ」「中学の修学旅行では，食べた後に症状がでるのではないかと気になり，食事もほとんどとれなかった」と話した。具体策として，「①エピペンは本人と担任がそれぞれ持参する。②宿泊先の食事の献立について，家庭で話し合い代替食品を持参する。③食事面の配慮について事前に同じグループの生徒や引率教員に伝えておく。④必要以上の食事制限が，体力低下につながるため，食事はきちんととる」ことを話し合った。母親にもこの話し合いの内容を伝え，家庭での協力を依頼した。

　その後，A男は，同じグループの友人に，食物アレルギーによる食事制限があること，エピ

120　12章　養護教諭が中心となる健康面からの援助

表 12-1　保健室頻回来室者一覧（一部抜粋）

日付	学年・組	氏名	性別	種類	時間	理由	対応等
5/14（火）	1年1組	A	男	内科	昼休み	鼻出血	圧迫止血
5/22（水）				内科	6時限目	気分不良	KT36.5　休養
5/25（土）				内科	3限休み時間	集中できない	KT36.5　休養
5/29（水）				内科	放課後	気分不良	休養→早退
5/30（木）				内科	5限休み時間	集中できない	健康相談
5/9（木）	2年5組	B	男	内科	3時限目	頭痛	KT37.5
5/15（水）				内科	1時限目	息苦しい	休養
5/21（火）				内科	3時限目	頭痛，過呼吸	KT37.1　休養
5/23（木）				内科	1時限目	頭痛，倦怠感	KT36.5　BP124/59　P54 休養
5/23（木）				内科	5時限目	気分不良	健康相談
5/29（水）				内科	2限休み時間	寒気	KT37.1　休養
5/30（木）				内科	昼休み	頭痛，気分不良	KT37.1
5/30（木）				内科	5時限目	過呼吸	BP127/73　P60　休養　健康相談
5/7（火）	3年6組	C	女	外科	昼休み	相談	健康相談
5/9（木）				外科	1時限目	気分不良	休養
5/10（金）				外科	昼休み	相談	健康相談
5/14（火）				外科	昼休み	相談	健康相談
5/16（木）				内科	昼休み	相談	健康相談
5/21（火）				内科	3限休み時間	気分不良	休養
5/23（木）				内科	昼休み	相談	健康相談
5/24（金）				内科	昼休み	相談	健康相談
5/28（火）				内科	3限休み時間	吐き気	休養
5/30（木）				内科	放課後	気分不良	休養
5/31（金）				内科	昼休み	気分不良，頭痛	休養→早退

表 12-2　養護教諭によるインテーク面接の概要（一部抜粋）

年　組 氏名	把握した方法・ 主訴　等	結果等	対応
1-1 A子	保健室頻回来室 不定愁訴（胸痛， めまい，頭痛，気 分不良，腹痛な ど）	・9月以降は体調良好。現在は落ち着いている。通院もしていない。 「高校に慣れるのに大変だった。中学入学直後も同じような感じで，夏休み頃から落ち着いた。」 「6〜8月は疲れがたまっていて体調も悪かった。最近はたくさん眠っているので大丈夫。」	担任と情報交換
2-2 B男	健康診断（内科 検診）の所見 保健調査の記載 ①胃腸障害，自 律神経の不調 ②眠れないこと がある	①ストレスが胃に出やすい。中3から高1まで通院と服薬を継続していた。現在は胃腸症状なし。「中3では受験，高1では高校生活に慣れることがストレスだった。」 ②兄がうつ病で通院治療している。兄の調子と連動して寝付けないことがある。 「兄のことが心配。自分の将来も不安になる。母の愚痴の聞き役になっている。」「担任に時々話を聞いてもらっている。」	・B男，担任，養護教諭による話し合い ・スクールカウンセラーの紹介
2-4 C子	①胃腸が弱い ②クラスの対人 関係	①もともと腸が弱い。ストレスがたまるとお腹をこわす。市販薬で排便コントロールをしている。 ②「クラスで気の合う友達がいないけどもう慣れた。」「体を動かすことが好きで部活で解消できている。」	担任と情報交換
3-6 D子	過呼吸	3年になってから，部活の練習中に過呼吸を起こすようになった。 「ダンス部の対人関係でストレスがたまる。部長なのでまとめるのが難しい」	・担任との情報交換 ・D子，養護教諭，部活顧問との話し合い

ペンを持参していることを自ら話し，協力を依頼していた。宿泊行事でＡ男は安心して食事をとることができ，事故もなく元気に活動していたとのことであった。

〈まとめ〉

保健調査の記載や保護者からの連絡をきっかけに，Ａ男の食物アレルギーに関して把握し，学校医をまじえたチームが形成された。健康面にニーズのある生徒について，専門性の高い学校医をチームのメンバーとしたことは大変有効であった。さらに，Ａ男本人が，チームのメンバーとともに，宿泊行事の参加について話し合う場がもたれた。ここでは，Ａ男が食物アレルギーに関する不安を話し，具体策を検討することができた。さらには，Ａ男が自ら友人に協力を依頼するといった，主体的な取り組みにもつながったといえる。

事例２：高校２年Ａ子　主訴：リストカットによる傷の手当

〈問題の概要〉

休み時間，Ａ子が「傷を目立たないようにしてほしい」とクラスの友人とともに保健室に来室した。左手背部に5cm程度の切り傷がある。養護教諭が，応急処置をおこないながら，Ａ子に傷の状態について話をきいたところ，「登校後に学校のトイレでホチキスの針を使って傷つけた」「中学の時にもよくあったから，痛みは慣れている」と話した。Ａ子はそれ以上のことは話したがらず，傷の手当てが終わるとそのまま教室に戻っていった。養護教諭は，担任に保健室来室時のＡ子の様子を伝え，クラスでの様子について話を聞いた。担任より，「左手に包帯をまいていたのは見たが，特に気にしていなかった」「自傷行為が何度かあったという中学からの引き継ぎがあり，気をつけて見ているところだった」という話があった。

〈養護教諭によるインテーク面接〉

養護教諭と担任が話し合い，傷の状態を確認するという理由で養護教諭がＡ子を呼び，再度話を聞くこととなった。Ａ子は，「バレー部の練習のことで友人と言い合いになり，LINE に気になる書き込みをされた。イライラして手を傷つけてしまった」と話した。養護教諭は，Ａ子に「隠さずに話してくれてありがとう」「傷は順調に回復している」「傷の様子を見ていくのでまた保健室に来るように」と伝えた。

〈チーム援助の実践〉

その後，養護教諭，担任，SC がＡ子に関する情報交換をおこない，援助方針を「①教科担任や部活顧問とも情報を共有しＡ子の様子を注意深く見ていく。②養護教諭がＡ子の健康相談を継続しておこなう。③必要に応じてスクールカウンセラーや学校医，保護者と連絡をとる」として経過を見ていくこととした。

数日後，養護教諭が再度Ａ子を呼び，傷の状態を確認し，その後の様子について話を聞いた。Ａ子は「色々考えて，バレー部を辞めることにした。今は自分で決めたことですっきりしている」と話した。養護教諭は，Ａ子が中学の頃にリストカットを繰り返していたことを考慮し，今後のことも考え，スクールカウンセラーと話をする機会を持ってはどうかと伝えた。Ａ子の同意が得られたため，Ａ子，スクールカウンセラー，養護教諭の三者で話をすることになった。

Ａ子，スクールカウンセラー，養護教諭の三者では，Ａ子が「対人関係のストレスはなくなったが，今は受験のプレッシャーが強い」「ストレスをためこみやすいタイプである」と話した。今のところ身体症状はなく，睡眠や食事の生活習慣にも支障はないということであった。今後，Ａ子がプレッシャーを感じていることについて話をきいてもらう，好きなことをやって気分転換を図るなど，ストレスマネジメントをおこないながら，受験勉強を続けることについて話し合った。

その後，Ａ子とスクールカウンセラーが定期的に話をする場を設定し，その様子について

は，養護教諭，担任と情報を共有し経過を見ていった。

〈まとめ〉

　Ａ子がリストカットをして保健室に来室したことについて，養護教諭が関係者と情報を共有し，早期にチームを形成し，援助方針の検討がなされた。チームでは，健康相談の枠組みから，養護教諭が，Ａ子と継続的に話をすること，スクールカウンセラーにつなぐことが検討された。リストカットというデリケートな問題について，Ａ子の抵抗感を低減しながら，専門家とＡ子をつなぎ，Ａ子を支えるチームがより充実したことが示唆される。

3. 心理教育的援助サービスへの示唆

1）健康面に関する豊富な情報の活用

　学校には，子どもたちの健康情報が豊富にある。健康診断の結果，子どもや保護者が記載した保健調査票，保健室来室状況のまとめ，子どもの出欠席の状況，担任や養護教諭がおこなう健康観察・健康相談の結果などである。これらの情報を活用しない手はない。ストレートに訴えることが難しい心の問題にこそ，子どもたちの心身に関する多様な情報を組み合わせ，問題状況のアセスメントをトータルにおこなうことが必要である。

2）子どもの身体的な訴えからの介入

　発達的にも未熟な子どもたちは，心のSOSを身体症状として表出しやすい。子どもが身体症状を訴える場合は，単なる身体の不調と捉えるだけでなく，その背景にある問題にも目を向ける必要がある。しかし，ここで注意しなければならないのは，心の問題として心理・社会面への対応にとどまり，肝心な身体面のチェックを怠ってしまうことである。発達障害や自傷行為など，子どもたちの現代的健康課題には，医学的・生物学的背景を持つものが増えており，身体の器質的な異常の有無を含めたアセスメントが必要であろう。

3）ネットワークを活用した援助活動

　本章では，養護教諭がチームのコーディネーターとなり，当事者である子ども本人と援助者をつないだ実践を紹介した。養護教諭は，校内外の様々な人と連携して学校保健活動を進めている。養護教諭は，援助ニーズのある子どもの早期発見に努め，子ども本人の意思を確認しつつ，適切な援助が実践されるように既存のネットワークを活用することが期待される。

13章
スクールカウンセラーから見た二次的援助サービス

半田一郎

1. 学校心理学から見たスクールカウンセリング

[1] 学校心理学におけるスクールカウンセラーによるカウンセリング

　学校現場では，子どもの直面する問題が多様化し，心理学的な支援の専門職であるスクールカウンセラー（SC）が学校に導入されてきた。一方で，SC が学校で活動する以前から，教育相談所や民間のカウンセリングルームなどの専門機関で子どものカウンセリングはおこなわれてきた。従来からのカウンセリングは，日常生活から離れた場面である専門機関などの面接室でおこなわれてきた。一般には，カウンセラーとクライエントの1対1で，週1回，1時間といった時間を定めておこなわれることが基本である。一方，学校という場は，子どもにとっては毎日の日常生活の場として捉えることができる。学校では，多くの子ども同士が関わり合い，影響しあって成長していくのである。また，教師などの多くの大人も，子どもに関わりを持ち，影響を与え，子どもの成長を支えている。また，教師にとっても，学校は職業生活の場である。このように，従来のカウンセリングがおこなわれてきた場と，学校という場にはかなりの違いがある。この点に関して，近藤（1995）は，SC の活動について「カウンセラーが働く場と子どもの現実生活の場との間に存在していた一定の距離，それによって保証されていたカウンセラーの匿名性や中立性や非個人性，あるいはクライエントとカウンセラーが出会う面接室という場の虚構性が，喪われ，脅かされ，壊されるという重大な変化が生まれ，これに応じてわれわれ自身が拠って立つ根本的なスタンスの変換や見直しが迫られるのである」と指摘している。つまり，SC が学校現場で活動する際には，学校現場に適したスタイルで活動していくことが求められるのである。

　こういった学校教育とカウンセリングの違いに根ざす問題にどのように取り組んでいくかが，SC の活動の焦点となる。そして，学校心理学で提供される援助のモデルは，近藤（1995）で指摘されているスタンスの変換後のモデルときわめて近いとされ（石隈，2002），学校心理学の視点から SC の活動を捉えることが重要だと言える。

　学校心理学において，SC は専門的ヘルパーとして位置づけられ，心理教育的アセスメント，カウンセリング，教師・保護者へのコンサルテーション，学校組織へのコンサルテーション，研究などの心理教育的援助サービスを担うことが期待されている（石隈，1999）。つまり，子どもとのカウンセリングは，幅広い SC の活動の中の一つだと捉えられる。

　また，学校での心理教育的援助サービスは，子どもの持つ援助ニーズの大きさに応じて三段階の援助サービスとして捉えられている。そして，SC はすべての児童生徒への一次的援助サービス，問題に直面し困難を持ち始めた一部の子どもに対する二次的援助サービス，ニーズの大きい特定の児童生徒への三次的援助サービスまでのすべての段階の援助サービスにおいて専門的な援助サービスをおこなうことが求められている。つまり，SC の活動は，特別に援助ニーズが大きい子どもを支援するだけではない。日常の些細なことで相談に訪れる子どもに対しても，カウンセリングをおこなうことも活動の一つとして捉えられる。学校生活の中で幅広く子どもへの援助サービスを提供していくことが求められる。

以上のような SC の活動は，コミュニティ心理学の提唱するコミュニティ・アプローチと重なる面が大きい。コミュニティ・アプローチは個人と社会システム間の適合性の改善を目指すことを目標としており，その援助活動は現実の生活環境であるコミュニティにおいておこなわれ，コミュニティの構成員全体を対象として取り組まれるものである（安藤，2009）。一方，学校も一種のコミュニティとして捉えることができる（箕口，2007）。SC の子どもへの支援は，学校というコミュニティにおいて，その学校に所属するすべての児童生徒を対象としておこなわれるのである。また，SC の子どもへの支援は子どもの問題を改善することではなく，問題への取り組みを通して学校という場で子どもが成長していくことを目指すのである。つまり，SC は学校と子どもとのよい相互作用の中で子どもが成長していくことを支援するのである。以上のことから，SC の活動も一種のコミュニティ・アプローチと考えることができる。

以上のように，SC は，単に子どもの面接活動をおこなうということではなく，広く学校教育との関わりの中で活動をおこなうことが求められ，SC によるカウンセリングも学校という場の特質に応じた活動をおこなうことが重要であると考えられる。

[2] スクールカウンセラー事業の経緯

不登校などの児童生徒の問題行動等への対応として 1995 年から「スクールカウンセラー活用調査研究」委託事業が開始された。初年度には各県に数校程度の配置で，全国では 154 校への配置であった。また，1998 年の中央教育審議会答申では，「すべての子どもがスクールカウンセラーに相談できる機会を設けていくことが望ましい」と述べられており，それを受けて配置は増加していった。2000 年には全国で 2,250 校に配置であった。また，2001 年からは国による補助事業という位置づけで「スクールカウンセラー等活用事業」として中学校を中心として各学校への配置が進められ，配置校数は全国で 4,406 校であった。また，2007 年には，公立中学校全校分に相当する約 1 万校の配置が可能となるよう予算が措置された。以上のように，公立中学校を中心として，すべての中学校に SC が配置される体制が整えられてきた。

そして，教育振興基本計画（文部科学省，2008）では，「いじめ，暴力行為，不登校，少年非行，自殺等に対する取組の推進」として，「教育相談を必要とするすべての小・中学生が適切な教育相談等を受けることができるよう，スクールカウンセラーやスクールソーシャルワーカー等の活用など教育相談体制の整備を支援する」と述べられている。さらに，2015 年の中央教育審議会答申（中間まとめ）においては，SC も「スクールカウンセラーを学校等において必要とされる標準的な職として，職務内容等を法令上，明確化することを検討する」（文部科学省，2015）とされ，子どもへの教育相談を充実させるために，SC は学校において重要な役割が期待されている。

統計情報を見ると，2014（平成 26）年度学校保健調査によれば，SC は，小学校では 58.7％，中学校では 91.8％，高等学校では 78.8％の学校に配置されている。しかし，週に 4 時間以上となる配置は，小学校では 14.2％，中学校では 62.8％，高等学校では 32.3％である。

以上のように，SC は日本において 20 年を超える歴史があり，学校教育において重要性や必要性が認識され，配置が広がってきた。そして「チームとしての学校」の一員としての役割が期待されている。SC を学校等において必要とされる標準的な職として位置づけ，配置の拡充や資質の確保が求められている（中央教育審議会，2015）。

[3] スクールカウンセラーの活動の概要

次に，SC の相談活動の全体像について見てみる。遠藤・栗加（2007）では，千葉市以外の千葉県内において SC が配置された公立中学・高等学校 295 校における SC 活動について「児童生徒からの相談が最も多く（52％），教職員は 34％，保護者は 14％であった。過去 6 年と同じ

傾向である」と報告している。また，児童生徒からの相談内容では，対人関係の相談（25%），不登校の相談（22%）が多かったとのことである。また，今村・関山（2014）においては，大学教育学部の附属学校園のSCの活動について報告している。相談件数は全体で29件であり，そのうち子どものみとの相談は8件，保護者のみとの相談は7件，保護者と子どもの両者との相談4件，教職員とのコンサルテーションは10件であったとのことである。また，青木・金成・安藤・安田・天形・島（2010）では大学附属の学校園におけるSCの活動を報告している。児童生徒との相談における面接は146回，保護者との面接は41回，教職員との面接は44回とのことである。児童生徒とは，相談以外にもエゴグラム体験や箱庭体験という援助サービスを提供しており，その回数は62回であり，総面接回数は293回とのことである。

　以上のような報告を見ると，SCの活動の中で子どもへの直接的な援助サービスは，量的にはSC活動全体の約半分程度と捉えることができるだろう。

[4] スクールカウンセラーへの援助要請

　今まで述べてきたようにSCは学校内で様々な活動をおこなっている。当然のことであるが子どもへの直接的な援助サービスはSCの活動の中で重要な位置づけを占めている。一方，カウンセリングは来談者の自発的な動機によっておこなわれることが基本である。つまり，SCによる子どもへの直接的な援助サービスにおいても，子どもが自分からSCに援助を受けようとすることが極めて重要である。

　援助を求めようとすることは，一般に援助要請という概念として理解される。そして，援助を求めることに対する個人の態度や認知という援助要請態度，行動に向けた意思決定という援助要請意図や援助要請意志，実際の行動という援助要請行動という3つの側面があると考えられる（本田，2015）。また，援助要請の認知面に焦点をあてた概念に被援助志向性（水野・石隈，1999）があり，様々な援助資源に対して援助を求めるかどうかの認知的な枠組みとして捉えられる。なお，被援助志向性は援助要請の態度と意図・意志を含む幅広い概念として扱われている（本田，2015）。子どもの援助要請や被援助志向性に関しても研究が積み重ねられてきている。

　以下に，SCへの援助要請に関する重要な研究を概観する。山口・水野・石隈（2004）では，中学生405名を対象に被援助志向性について調査をおこなっている。中学生の悩みについて「友人」「担任の先生」「心の教室相談員」「SC」などの11の選択肢から複数回答可で相談先を選択させた。その結果，専門的ヘルパー（SCと心の教室相談員）に援助を求めると回答した中学生は非常に少なく，悩みの領域によって1.9～3.0%であった。生徒が専門的ヘルパーとはなじみがないことがその理由ではないかと考察されている。水野・石隈・田村（2006）では，中学生447名を対象に各種ヘルパーに対する被援助志向性について調査をおこなっている。親しい友だちへの被援助志向性が最も高く，次に担任・教科担当教諭，そして養護教諭，最後に専門的ヘルパー（SC，心の教室相談員）という順であった。SCや相談員が常勤職ではないために子どもが接触する機会が持ちにくいことが影響しているのではないかと指摘されている。以上のように，中学生においては，SC等の専門的ヘルパーへの援助要請（被援助志向性）は非常に低いと考えられる。

　また，佐藤・渡邉（2013）では，小学生の援助要請について，4～6年生の計739名に対して調査をおこなっている。悩んだ経験があるという者の中で，SCに対する援助要請を最初からおこなおうと思わなかった者は平均で94.0%であった。また，SCに対する援助要請のおこないやすさについては，「かなり相談しやすい」との回答が3.7%，「どちらかというと相談しやすい」は9.2%，「あまり相談しやすくない」は21.8%，「相談しにくい」は65.3%との結果であった。つまり小学生においても，SCへの援助要請は非常に低いという結果が得られた。その

背景として SC の小学校での活動時間や場面が限定されていることが指摘されている。

　では，なぜ SC への援助要請が低いのであろうか？　その要因も様々に検討されてきている。たとえば，新見・近藤・前田（2009）では相談相手を限定せずに，相談しにくい悩みについて，相談しにくさの要因について中学生 377 名を対象に調査をおこなっている。その結果，相談実行によって利益があると捉えること，相談実行のコストが小さいと判断することが援助要請行動と関連があることが示された。なお，相談スキルは援助要請行動とは関連が示されなかった。また，水野（2014）では，援助ニーズのある中学生 145 名での分析の結果，SC の存在を知っている生徒，SC と会話経験のある生徒は SC の援助に対して肯定的に捉えていることが示唆されている。また，情動コンピテンスが高い，つまり自分の情動を把握できることが SC への援助への肯定的な意識に影響があると示唆されている。

　以上を踏まえて，SC への援助要請や被援助志向性を高めることを意図した介入に関しても研究がおこなわれている。松岡（2011）では，中学 3 年生を対象とした心理教育プログラムの前後での SC や相談員への「相談欲求」の変化について研究をおこなっている。総合的な学習の時間にストレスマネジメントや SC の紹介，模擬相談などのプログラムを 6 時間実施した結果，SC や相談員への「相談欲求」が有意に高くなったとの結果が得られている。また水野（2014）では，中学生を対象として SC の援助の説明や自分自身の感情を内省する機会を提供する等の心理教育プログラムをおこない，その前後で被援助志向性がどのように変化するか研究をおこなっている。その結果，被援助志向性はプログラムの前後で有意に増加したという結果が得られている。

[5]　スクールカウンセラーによる二次的援助サービスの焦点

　SC による子どもに対する直接的な援助サービスでは，問題に直面し困難を持ち始めた一部の子どもへの援助サービスである二次的援助サービスは重要な位置づけとなる。ところで，学校心理学における心理教育的援助サービスは，子どもが課題に取り組む過程で出会う問題状況の解決を援助し，成長を促進することをめざすものである（石隈，1999）。しかし，子どもの直面する「問題」は，2 つの側面を持つと捉えられる。情緒的な苦悩や現実的な困難を引き起こすという否定的な側面と，子どもは「問題」の解決を通して成長していくという肯定的な側面である。学校心理学では問題状況が大きくなって発達や教育を阻害しないように援助する。また，すでに問題状況が大きくなってしまっている場合には，それが子どもの人生を妨害する程度を最小限にするように援助するのである（石隈，1999）。

　一方，二次的援助サービスは，問題に直面し困難を持ち始めた子どもへの支援である。学校心理学の立場からは，二次的援助サービスでは，子ども自身が問題解決に取り組んでいくことを SC が支援し，そのプロセスで子どもが成長していくと捉えられる。学校という子どもの日常生活の場において，SC が子ども自身の問題への取り組みを支援する二次的援助サービスは，非常に意味のある活動だと言える。

　しかし，子どもの SC への援助要請や被援助志向性は非常に低いという調査結果が得られている。そのため，ただ単に相談室を開き子どもが相談に訪れるのを待っているだけでは，子どもへの二次的な援助サービスは上手く機能しないと考えられる。また，子ども自身が問題に取り組むことを SC が支援するという二次的な援助サービスにおいても，子どもの自発的な問題意識が重要である。子どもの SC への援助要請が低いということは，自発的な問題意識を持ちにくいことにつながると考えられる。

　以上のように，二次的援助サービスにおいては，子どもが SC を利用できるようにすることと，子どもの自発的な問題意識をもとに SC が援助サービスを提供することの 2 つが重要な焦点となると考えられる。

2. スクールカウンセラーによる二次的援助サービスの実際

　次に，SC による生徒への二次的援助サービスとして，面接相談，オープンルームについて述べる。面接相談については，筆者による実践事例を報告する。

[1] 二次的援助サービスとしての面接相談の実際
1) 学校及びスクールカウンセラー活動の概要
　A 中学校は，地方にある中学校で生徒数約 190 名，普通学級は各学年 2 クラスの計 6 クラス，特別支援学級 3 クラスの比較的小規模の中学校であった。
　SC の勤務は，週に 1 回，午前 4 時間または午後 3 時間であった。相談室は保健室の隣にあり，保健室からも出入りできる構造であった。
　SC の活動のマネジメントは，生徒指導主任が中心となっておこなわれた。不登校生徒を中心としてニーズの高い生徒やその保護者との面接が計画された。SC の年間の相談件数は，19 ケース 161 回であり，生徒との面接は 19 ケース 101 回であった。保護者との相談件数は 3 ケース 19 回あった。また，教職員とのコンサルテーションは，41 回であった。
　二次的援助サービスとしては，担任として気になる生徒や援助が必要ではないかと思われる生徒についても，SC との面接が計画的に実行された。生徒指導主任が担任から情報を集め，SC の空き時間との兼ね合いを見て，生徒との面談が計画された。生徒指導主任から計画を担任に伝え，担任から生徒本人に面談の日時を伝え，そして生徒がその時間に相談室を訪れて面談が実施された。
　相談活動以外の SC と生徒との関わりでは，SC は独自に作成した SC 便りを月に 1 回発行していた。内容は，ストレスマネジメントを中心に取り上げた。また，午前の勤務（2 週間に 1 回）の際に給食訪問をおこない，各学級を順番で回って生徒と一緒に給食を食べていた。

2) 面接相談の概要
　二次的援助サービスの面接は授業中に組まれており，面接時間は 25 分であった。勤務時間が限られている中で，三次的援助サービスも実施した上で，二次的援助サービスについてもできる限り多くの生徒を支援することを考え，面接時間は短い時間で設定された。生徒は，当日の朝に担任から面談の時間を告げられ，相談に行くように言われて来談する場合がほとんどだった。面談のねらいは生徒には伝えられていないことが多かった。SC からは，面談の目的を生徒に伝えて来談を促すように学校側に依頼したが，必ずしも実現されなかった。また，事前に，来談する生徒についての担任の問題意識がごく簡単に生徒指導主事から情報提供された。
　二次的援助サービスに該当する相談は，全体で 12 ケース，面接は 42 回であった。そのうち，学校の人間関係の問題が 6 ケースで，学習上の問題が 4 ケースで，その他が 2 ケースであった。1 回で終結となったケースが 4 ケース，2 回で終結となったケースは 4 ケースであり，3 回以上での終結は，4 ケースであった。なお，いったん終結となった後にも，自発的に来談したケースは 2 ケースであった。実際上の問題として，継続面接をおこなう時間はなく，ごく少ない回数での終結が必要だったことも背景となっている。

3) 面接の流れ
　以上のような設定や現実的な制約のもとで SC の生徒への二次的援助サービスは実践された。そのため，生徒との面接では，短い時間で効果的な関わりを持つことが重要であった。面接の焦点は，第 1 に信頼関係を構築すること，第 2 に生徒のアセスメントを適切におこなうこと，第 3 に生徒に具体的な提案をおこなうこと，第 4 に教職員と情報を共有することであった。
　初回面接のスタートは，ほとんどの場合，以下のような手順でおこなった。相談室のドアは，30cm ほど空けておき，相談室の様子が廊下から部分的に見えるようにし，SC は着席せず

立ったまま壁の掲示物や校舎外をながめるようにして生徒を待機した。これは，来談時の心理的な負担感を少しでも減少させることをめざしたものであった。生徒が来室したら，すぐに着席を促し，ドアはSCが閉めた。着席後，SCから名前や勤務形態などについて自己紹介するようにしていた。生徒からは，給食訪問やSC便りを通して知っているとの反応が3～4回得られた。次に，生徒に自己紹介を求めた。まず，名前をフルネームで聞き，漢字でどのように書くかについて口頭で説明を求めた。子どもは必ず自分の名前の正解を知っているため，答えを間違える不安が少ないと考えたためである。一般に生徒からの自発的な発言が少ない場合には，話すことそのものに抵抗がある場合と，何を話せばよいかわからない場合があると考えられる。名前を説明することは，後者の問題は全く生じないため，面接への抵抗をアセスメントする一助となった。また，授業時間中の場合には，その時の授業の科目を聞き，答えがあった場合には，今習っている単元を聞くことを手順としていた。自分の名前についてと同様の性質を持つ質問であることと，ある程度は学校や学習への適応状況を推測することができるからであった。次に，SCから生徒自身について「○○さんってどんな人？」と自分自身についての説明を求めることを手順としていた。自分自身について説明を求められることは，他者の目を意識する年代の中学生にとっては，やや難しい質問だと考えられる。「友だちからは，面白いって言われる」などと，他人から見た自分について答えがある場合には，他者との関わりの中で自分をある程度出すことができているのではないかという判断をすることができた。実際には，こういった答えが得られたのは，ごく限られた場合であった。反対に，「えー，わかりません」などという反応が返ってくる場合には，SCから「たとえば，面白いとか，まじめとか，静かとか，元気とか，いろいろあるでしょ，どれが近い？」と具体的に問いかけてみることが多かった。この段階で，生徒からは「（私は）どちらかというと○○かなぁ」との答えが得られることが大半であった。なお，この質問にも答えが得られないことも稀にあった。その場合には，自己表現や自己理解に課題があるのではないかとアセスメントすることにつながった。

　次に，得意なことや好きなことについて聞くことを手順としていた。自助資源を理解する目的であったが，話しやすい雰囲気づくりや生徒との関係づくりとしての意味が大きかった。好きなマンガやゲームやタレントなどを具体的に聞くように心がけたが，あまり話したがらない生徒も多かった。その場合でも，SCから「多分，僕は知らないと思うけど，試しに言ってみて」と促すと具体的な名前が挙がることが多かった。なお，こちらからは「うーん，なんか，名前だけは聞いたことがあるような気がする」，または「おおー，やっぱり知らなかった」などと答えるようにしていた。こういったやりとりの中で話がスムーズにやりとりされるようになることがほとんどであった。また，この話の流れで，本人自身ががんばっていることを聞くことも多かった。

　以上のようにある程度決まった手順で面接はスタートされた。同じ手順で面接を進めることによって，面接者であるSCは，生徒による反応の違いを明確に感じ取ることができると思われる。違いが明確になることは，生徒一人一人のアセスメントに役立つと考えられる。限られた時間の中で二次的援助サービスを進めていくためには，このような方法も一つの工夫だと言えるだろう。

　そして，ある程度生徒との関係が構築され，ある程度アセスメントが進んだこの段階で，主訴や来談のいきさつについて聞くことを手順とした。「今日は担任の先生から言われて話しに来たの？　先生は○○について話してきなさいとか，何か言ってましたか？」と聞くことが常であった。生徒からは担任から具体的な説明を受けたという話は出てこなかった。なお，後から担任に確認すると相談を促した理由などを説明したこともあったようだが，生徒の側には十分に伝わっていないこともあったのだと推測される。来談の意図が明確ではないことがほとんどであったが，SCとしては生徒の対処行動の一端を理解することにつながった。担任教員か

らSCへの相談を勧められることは生徒にとって思いがけない事態であり，それに対してどのように対処するのかということも生徒のアセスメントにつながった。不安に思ったり，抵抗を感じたりすることが自然であることを説明し，「『イヤです』とか言うの？」などと聞くこともあった。その答えを受けて，「そんなふうに困ったなぁと思っても自分で我慢してその場を切り抜けるわけなんだね，我慢強いのかもね」などと，来談するまでの一連の流れを対処行動として整理して，肯定的な意味を生徒に伝え返すことを心がけた。こういった働きかけは，生徒との信頼関係の構築につながるだけではなく，生徒のニーズに応える提案をおこなう際の下地づくりという面もあった。

　前述のように，ほぼすべてのケースで生徒は「先生に言われたから相談に来た」というスタンスであった。1ケースでは，生徒自身の問題意識を自分から相談としてSCに話してきた。それ以外のケースでは，生徒自身の問題意識を引き出して共有していくことが必要であった。「せっかくだから，何か話しておこうと思うことある？」などと問いかけることが多かったが，1ケースのみで困っていることが語られた。他のケースでは「特にありません」とのことであった。そこで，「学校でがんばってるみたいだよね。もっと，こんなことが起きたらよいなぁとか，何か思いつくことがある？」などと問いかけることが多かった。この問いかけには何らかの答えが得られ，そこから本人なりの問題意識をSCが理解し，一緒に考えていく手がかりとすることができた。

　本人の問題意識が共有できた段階では，それに則して，SCから何らかの提案をおこなうことが常であった。その問題状況に関して本人の反応や行動が語られた場合には，その行動が対処行動であることを説明し，機能している側面を説明し，その反応や行動に対して肯定的にフィードバックするよう心がけた。たとえば，友人からの攻撃的な言葉に対して言い返せないという反応であった場合，それが対処行動としてその場を穏便に乗り切るという機能を果たしていることを説明した。その上で，「その他に，こんなふうにできたらよいなぁとか，こんなふうにやった方がよいかもとか，何か思いつく？」などとその他の対処行動について検討するようにしていた。また，周囲からのサポートが不十分であることも多かったため，周囲からのサポートをどのように得ていくのか検討することも多かった。「あなたは一人でがんばってきたから，そういう人には，味方が必要なんだよ」と投げかけ，どのように味方つまり援助資源を増やしていくのかを生徒と一緒に考えた。

　そして，面接の最後には必ず担任の教員とどのように情報を共有していくのかについて確認し共通理解を持った。「担任の先生が面談を勧めてくれたわけだから，報告しないといけないと思うんだけど，どんなふうに報告しておく？」などと投げかけ，報告について共通理解した。その上で，本人から話した方がよいことを説明し，本人から報告する際の具体的な報告内容や報告の言葉について明確にした。守秘義務と報告義務は相反しがちであるが，適切に守秘と報告をおこなっていくために，本人に確認しておくことは極めて重要であったと考えられる。また，担任に自分の相談について報告することは，生徒が自分自身を出していくことの一部分であると考えられる。そのことをSCと一緒に検討することは，学校と上手く折り合いをつけつつ自分を出していくことの一助になっているのではないかと捉えられる。

［2］オープンルームによる実践

　SCによる子どもに対する二次的援助サービスでは，カウンセリングや面接の他にも「オープンルーム」と呼ばれる活動が実践されている。「オープンルーム」は「自由来室活動」（半田，1996）とも呼ばれ「休み時間・放課後などに生徒に自由に来室してもらい，スクールカウンセリングルームで自由に過ごしてもらう活動」（半田，1996）と定義される。他にも「遊び部屋」（木南，1998），「日常開放的空間モデル」（高岡，2002），といった類似の実践も報告されて

いる。利用者である子どもは，子ども同士でおしゃべりをしたり，本やマンガを読んだり，コラージュを作成したり，待ち合わせをしたり，宿題をしたり思い思いの活動をおこなっている（半田，2000）。

「オープンルーム」のような活動は従来からおこなわれてきた個別カウンセリングとはかなり異なった性質を持つ活動であるが，SC のおこなう援助サービスとしていくつかの機能を果たしていると考えられる。また，瀬戸（2005）では，「オープンルーム」の機能について生徒を対象として半構造化面接を実施し分析をおこなっている。その結果「オープンルーム」が悩みの相談等の機能である「問題解決機能」と学校の枠組みから自由な場を提供する「解放機能」の 2 つの機能を持っていることを明らかにしている。さらに，「開かれた異空間」「私的な異空間」から成る重層的な空間構造を持つ場であり，「スクールカウンセリングにおいて特徴的な，個人面接とも日常生活とも異なる中間領域」としての意義を明らかにしている（瀬戸，2006）。

以上のようにオープンルーム（自由来室活動）は，SC の活動の一つに位置づけられる。そして，学校心理学の枠組みからでは，子どもへの二次的援助サービスとして捉えることができる（石隈，1996）。また，半田（2009）では，オープンルーム（自由来室活動）は子どもが SC を援助資源の一つとして発見する場になると指摘している。

3. スクールカウンセラーによる心理教育的援助サービスへの示唆

[1] 教員からの働きかけをおこなうこと

以上のように，SC の活動においては，二次的援助サービスは重要な意味を持っている。しかし，子どもの SC に対する援助要請が低いということが大きな課題である。子どもとの面接相談についての今回の報告では，子どもの来談はすべてのケースで担任からの働きかけによる来談であった。実態調査によれば，不登校や問題行動などの相談においては，担任などの教員からの促しをきっかけによる来談が 40 ～ 60％という割合であり，本人の自発的な来談や保護者からの促しよりも高い値であった（鈴木，2013）。また，子どもから SC に相談するためには援助要請スキルが必要であるが（本田，2015），担任の勧めに応じて相談に来る場合には，援助要請スキルをほとんど必要としない。以上のことから，担任などの教職員から SC を利用するように促すことがきっかけとしては有効であると考えられる。

[2] 知られること

今回の実践報告においては，スクールカウンセラー便りを発行したり，学級を順に回って生徒と一緒に給食を食べるようにしていた。SC とのこういった活動が子どもの自発的な来談につながったわけではないが，SC の認知には役立っていたと考えられる。生徒が SC を知っていることは SC の援助を肯定的に捉えることに関連していることから（水野，2014），給食訪問や SC 便りなどの活動も担任が促した際の来談のしやすさにつながった可能性がある。またオープンルームも SC を知ってもらうためには有効であり，その直接的な機能だけではなく，別の機会での SC への来談につながっている可能性が考えられる。これら以外の活動でも，SC の存在を知ってもらう活動を工夫して実践することは，子どもが SC に相談することにつながっている可能性がある。学校の実情にあわせて，実践していくことが求められる。

[3] 子どもが自分自身の気持ちや考えを理解すること

今回の実践報告では，自発的な相談はおこなわれていなかった。そのため，相談に来た生徒と問題意識を共有するために，SC は関わり方に工夫し生徒から問題意識を引き出すようにしていた。一方，本田（2015）では，援助要請の心理理解に基づき 4 ステップでの介入をモデル

化している。問題状況の認識や解決への手立てを理解した上で支援を進めるように工夫されている。今回の実践報告での面接の流れと共通する部分が多いと思われ，子どもの援助要請を踏まえた上で面接相談を進めていくことが重要であると考えられる。

　また，水野（2014）では，自分の感情を把握すること（情動コンピテンス）とSCへの被援助志向性が関連していることが示されている。これらから，一次的援助サービスとしての心理教育プログラムや二次的援助サービスとしての面接相談など，様々な場面で自分の気持ちや考えを子ども自身が理解し表現することが重要であると考えられる。

コラム6

他人に合わせる子どもたち—過剰適応という子どもの実態

石津憲一郎

「他者に合わせる」と聞いたとき，あなたはそうする方だろうか。時にはそうすることもあるし，しないこともあるだろう。一方，他者の顔色を伺い，自分の気持ちよりも，他者から期待されることに注視せざるを得なくて苦しむ子どもたちは，実際には多い。このように，自分の気持ちや欲求よりも常に他者からどう思われるかを気にし，過剰に他者の意向に沿おうと努力する傾向を，「過剰適応」と呼ぶ。私たちも多かれ少なかれ，他者の意向を考えたり，他者に合わせたりすることはあるが，この傾向が過剰になると，主体感も失われ，様々な問題が生じ得ることが明らかになってきた。ここでの「合わせる」には，意見などが食い違った場合などに自分が「折れる」ことのみならず，予め他者の気持ちや期待を感じ取り，期待に沿うような行動を取ることで先んじて他者の期待や意向に合わせていくことも含まれる。

さて，過剰適応をそのまま読めば「行き過ぎた適応」となるが，具体像は想像しにくい。より現実に即してそれを理解するならば，「他者から求められる像にほぼ完全に近づくため，過剰に自分の欲求や気持ちを押し殺してでも，努力を続けようとすること」と捉えられよう。それゆえ，過剰適応の子どもたちは，自分が何をしたいのかよりも，自分が何を求められ，どうすれば認めてもらえるのか（もしくは，見捨てられることがないのか）を常に考えていることになる。思春期を対象とした，過剰適応の実証研究（たとえば，石津・安保，2008，2013）では，過剰適応傾向の高い子どもたちは，学校場面への適応は保たれているものの，ストレス反応が高いことが示されている。また，ネガティブな出来事に遭遇した際，過剰適応傾向が高い者ほど，ネガティブな出来事の影響を受けやすいことも示されている。子どもの学校適応は，学業や対人関係，部活などへの関与などから様子を推察できるのに対し，その子の抱えるストレスや苦しさといった，心の内的な状態を推察するのは難しい。特に，他者に合わせる過程で，自分の欲求や気持ちを押し殺してしまう子どもたちは，周囲から求められる（と感じている）適応像に沿うために，自分の本音も簡単に隠してしまう。本音に内包される不安や不満を周囲に語ることは，周囲から求められる適応像から離れた自分（期待されていない自分）を見せることであるゆえ，抵抗も大きい。そのため，心の中の苦しみは他者と共有されたり，表現されたりすることが少なくなる。さらに，「自分は不安や不満を感じていない」と，自己欺瞞的に感情をなかったことにし，自分を強引に納得させていることもあるだろう。しかし，隠されたり，なかったことにされたりした自分の欲求や自分の気持ちは，行き場がなくなってしまう。行き場のなくなった欲求や気持ちは，「身体化」や「行動化」につながっていきやすい。

過剰適応は，心理的適応を犠牲にしながらも，他者に合わせることで社会的適応を保つという刹那的な適応方略だが，これとは逆に社会的適応より心理的適応だけを目指すことも，また別のリスクを抱えている。こうした心理的適応と社会的適応の「天秤」については，澤田（2014）によるまとめが秀逸である。子どもや青年を対象とした過剰適応研究は，近接の概念である随伴性自己価値（e.g., Burwell & Shirk, 2006）や，情動知覚や情動の共有（石津・下田，2013）のように，視点の角度を変えつつ今後も研究がなされていくと考えられる。

第3部
学校心理学による三次的援助サービス

――援助ニーズの高い子どもへの援助

14章
子ども個人と環境に注目した生態学的アセスメント

飯田順子

　心理教育的アセスメントとは，援助の方針を立てるための情報収集と情報のまとめということであり（石隈，1999），子どもに対する援助方針を決める上で必要な情報を収集することは欠かせない。援助がうまくいかないとき，しばしば情報が不足していることが少なくない。この章では，心理教育的アセスメントについて，子ども個人のアセスメントと環境に注目した生態学的アセスメントという2つの視点に基づいて，最新の研究や実践を紹介する。

1. 子どものアセスメント

[1] アセスメントの焦点と方法
　アセスメントの1つの焦点は，子どものアセスメントである。学校心理学では，子どものアセスメントの際に，学習面，心理・社会面，進路面，健康面という子どもが援助を必要とする4つの側面から情報を集める。学習面については，子どもの得意な学習スタイル，子どもの認知的な特性，子どもの学習観（市川，2001）等に着目する。心理・社会面の心理面では，子どもの自分とのつきあい方（自尊感情のレベルや情緒の安定性等），社会面では子どもの周囲の人との関係の持ち方（友人関係，家族関係，教師との関係）に着目する。進路面では，子どもの将来展望，興味関心，就労観に着目する。健康面では，子どもの健康状態，食事や睡眠といった健康維持行動，ストレス対処法等に着目する。これらの情報を効果的に収集するために，学校心理学では援助チームシート（援助資源チェックシート，援助チームシート）が開発されている。

　これらは子どもが援助を必要とする側面を包括的に捉えるものであり，これらの側面は相互に関連していることが多い。たとえば，中学校で勉強で苦戦している生徒は，「自分は希望する高校に行けないのではないか」と自信をなくし，進路に対する展望が描けなくなるかもしれない。また，勉強で苦戦し，進路に対して展望を描けなくなることで，夜眠れなくなったりお腹が痛くなったりと，健康面に影響することも考えられる。また，健康面に影響が出てくると，全体的な意欲が低下し，友達づきあいも避けるようになることも考えられる。このように，これらの側面は相互に関連しており，子どもにとって切り離せるものではない。本人の主訴を丁寧に聞きながら気になっていることに寄りそい，意欲の低下にじっくりつきあい，子どもの悩みの中核にある自尊感情や自己効力感を回復していく対応が求められる（石隈，1999）。

　アセスメントの方法には，観察法，面接法（本人，保護者，教師を対象とした面接），検査法がある。行動観察の補助ツールとして，Child Behavior Checklist: CBCL（Achenbach, 1991）や小児自閉症評定尺度（Childhood Autism Rating Scale: CARS）（Schopler, Reichler, & Renner, 1986 佐々木監訳 1989）などがある。子どもの面接では，子どもとラポールを築くことを第一としながら，子どもの現在の主訴，子どもの自助資源・援助資源に着目する。保護者の面接では，主訴，問題の経過，成育歴，本人の性格・趣味・特技，家族歴，学級・担任・クラスメート・部活等の状況，相談歴や来談経由，面接への希望について聞きとりをおこなう。保護者の中には学校文化に馴染みがある保護者もいれば，学校文化に馴染みのない保護者もいる。多様

化する保護者の背景を理解し，子どもの面接と同様，保護者ともまずラポールを作ることが優先であり，ラポールができてはじめて保護者と共通の目標を持って取り組むことができる。学校の関係者との面接（担任，教科担任，前担任，部活顧問等）では，子どもの学級での様子，各教科や行事での取り組みの様子，友人とのつきあい方，学習面の状況について情報収集をおこなう。保護者と学校関係者で情報が一致しないことがある。そのときは，一致しないということが重要であり，状況や場面によって子どもの行動や見せている姿が異なることを捉える必要がある。

　次に検査法について述べる。子どものアセスメントでは，知能検査や性格検査等の心理検査を実施する場合がある。学校領域でよく用いられる検査には，日本版ウェクスラー式知能検査WISC-Ⅳ（上野・藤田・前川・石隈・大六・松田，2010），日本版KABC-Ⅱ（藤田・石隈・青山・服部・熊谷・小野，2013），田中ビネー知能検査Ⅴ（杉原・杉原・中村・大川・野原・芹沢，2003）などがある。性格検査では，文章完成法（SCT），エゴグラム，PFスタディ，風景構成法，樹木画検査，動的家族画（KFD）などが用いられる。検査法の実施では，検査結果の数値情報と同様に，検査中の行動観察で得られる質的情報が重要である。リヒテンバーガーら（上野・染木（訳），2008）の「心理アセスメントレポートの書き方」では，心理検査中の行動観察のポイントとして次の点が挙げられている。心理検査で得られる量的データと，行動観察で見られる質的データを統合して，解釈することが重要である。

【心理検査中の行動観察のポイント】
外見，ラポールの形成と維持のしやすさ，ことばづかい，失敗への反応，成功への反応，励ましへの反応，注意の持続時間，気の散りやすさ，活動水準，不安のレベル，精神状態，衝動性・熟慮性，問題解決方法，検査のプロセス，検査者に対する態度，自分に対する態度，特殊なくせや習慣，行動から見た検査結果の妥当性

---

[2] アセスメントツールとしての WISC-Ⅳ と KABC-Ⅱ

　ここでは，近年新たに改訂された WISC-Ⅳ 知能検査及び，KABC-Ⅱ について解説する。WISC-Ⅳは，1949年に D. Wechsler によって出版されたウェクスラー児童用知能検査の最新版である。ウェクスラー系の心理検査は，児童用知能検査として世界で最も広く利用されている（ジマーソンら；石隈・松本・飯田（監訳），2014）。ウェクスラー系の知能検査の改訂期間は改訂を経るにつれて短期間化する傾向がある。これは，フリン効果（Flynn, 1984）と呼ばれる時間経過に伴う検査得点の上昇や，検査項目が古くなることによる検査のバイアスや妥当性の問題を回避するため，検査素材を現代の受験者に適切な内容に変更するためのものである。また，WISC-ⅢからWISC-Ⅳへの改訂では，最新の知能の理論（CHC理論，図14-1参照，三好・服部，2010）に合わせて検査内容が見直されており，一般知能（g），結晶性能力／知識（Gc），流動性能力／推理（Gf），視空間能力（Gv），短期記憶（Gsm），認知的処理速度（Gs）と対応する能力が測定できるよう各下位検査が見直されている。一般知能の存在については，研究者間で意見が分かれるところであり図には？を付している。

　検査の実施により，一般知能を表す全IQ（FSIQ），言語理解（VCI），知覚推理（PRI），ワーキングメモリ（WMI），処理速度（PSI）の5つの合成得点が算出される。言語理解得点は，言語力を主に測定しており，言語概念形成や言語による推理力・思考力，言語による習得知識を測定する。知覚推理は，非言語による推理力・思考力，空間認知，視覚－運動協応を主に測定している。ワーキングメモリは，聴覚的ワーキングメモリや注意，集中を測定している。処理速度は，視覚刺激を素早く正確に処理する力，注意や動機づけ，視覚的短期記憶，筆記技能や視覚－運動協応を測定している（大六，2012）。特定の年齢集団における位置（個人間差）を

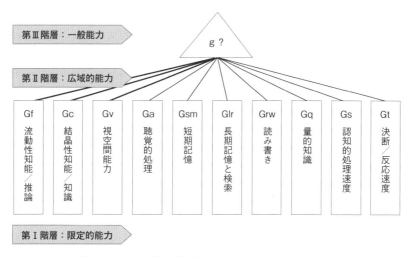

図 14-1　CHC 理論の概念図（三好・服部，2010 を参考に作成）

把握すると同時に，その子どもの中での強い能力と弱い能力という個人内差を把握できるところにこの検査の強みがある。

K-ABC は Kaufman Assessment Battery for Children の頭文字をとったものであり，米国の心理学者カウフマン夫妻によって 1983 年に開発された個別式検査である。K-ABC の基本理論には，次の 6 点がある。

①知能検査の理論と研究成果をもとにして知能を測る
　⇒ ルリア（Luria）の継次処理過程と同時処理過程に分けて測定する
②認知処理過程と習得度を分けて測る
③検査結果を教育的働きかけに結びつけられるようにする
④新しい検査課題を含める
⑤検査を実施しやすくし，採点が客観的であるようにする
⑥就学前の子ども，少数民族の子どもなど，どのような子どもにも公平かつ効果的な検査にする

改訂版である KABC-Ⅱ は米国版が 2004 年に作成され，日本版が 2011 年に完成した。今回の改訂に伴い，対象年齢がこれまでの 2 歳 6 ヶ月 -11 歳 11 ヶ月から，2 歳 6 ヶ月 -18 歳 11 ヶ月となり，適用年齢が大幅に拡張された。また，KABC-Ⅱ では，従来のルリアの認知処理に関する神経心理学理論に加え，前述の CHC の広域的能力及び限定的能力に関する心理測定モデルに基づいて解釈することも可能となった。ルリアの用語では，総合尺度（MPI）と継次処理，同時処理，学習能力，計画能力という 4 つの要素を測定する。CHC に準ずると，全 IQ（FCI），短期記憶，視覚処理，長期記憶と検索，流動性推理，結晶性能力，語彙，読み書き，算数が測定可能である。アメリカの原版では，KABC-Ⅱ から習得尺度が外されているが，個別に実施する学力検査が不足している日本の状況に鑑み，日本版は習得尺度が維持されている。そのため，従来通り，習得尺度と認知尺度を比較し，子どもの能力（aptitude）と学力（performance）の差を分析することが可能である。

これらの心理検査を実施するとき，心理士にはどの検査を実施すると主訴に答えられるかという視点から，心理テストを選択し，いくつかの検査を組み合わせて実施する力，つまりテストバッテリーを組む力が求められる。多様な検査についての知識を持ち，主訴に答えるためにどの検査を実施する必要があるか考え，検査を適切に実施し，主訴に答える形で検査結果をまとめ，検査結果を子どもの支援に結びつける力が求められている。

[3] 検査結果のフィードバックの重要性

　最後に検査結果を効果的に活用するという視点で，本人と関係者への適切なフィードバックの重要性について述べる。まず，本人への心理検査のフィードバックに関して，相澤（2007）は検査結果についてクライエントと語り合う中で，クライエントが自己理解を深めたり，新たな見方を提示してくれたりすることもあり，それもアセスメントに役立つとしている。心理検査をおこなう者の仕事は，検査の実施，解釈のみならず，このフィードバックの過程まで含まれる。アセスメント結果のフィードバックについて，学校心理士海外研修団（2009）でカリフォルニア州の高校を訪問した際に見学させていただいた個別支援計画（IEP）を作成するチーム会議の場面を紹介する。対象生徒は自閉症があり，人がたくさんいるところが苦手なため，チーム会議には参加できないということであった。そのため，学校心理士は事前に彼の声を録音し，①彼の自己紹介，②学校の好きなところ，③今年，学んだこと，④地域の中でしたいこと，⑤これから勉強したいこと（新しい目標），⑥サポートしてほしいこと，⑦僕の未来，をまとめたパワーポイントのスライド（"僕のIEP：僕の夢，僕の旅，僕の生き方"と名前がついている）を彼とともに作成し，その場で流した。スライドの最後は，「僕のIEPに参加してくれてありがとう」ということばで締めくくられていた。それを受けて，関係者（教科担任，特別支援担当教諭，スクールカウンセラー，保護者，管理職）で話し合い，彼のIEPを作成した。これらの活動は，自分の特徴に関して自己理解を深め，必要なサポートを周囲に伝える力を伸ばす（自助力）という点で重要である。アセスメント結果のフィードバックの良し悪しを判断する視点として，以下のようなポイントをクライエントに尋ねることが有効である。

　①説明はわかりやすかったですか。
　②説明は納得のいくものでしたか。
　③自分の強いところがわかりましたか。
　④自分の苦手なことがわかりましたか。
　⑤苦手なことに対して，どのように対処すればよいかわかりましたか。
　⑥検査を受けて良かったと思いましたか。
　⑦フィードバックを受けて，検査者との信頼関係に変化がありましたか。

　次に関係者への適切なフィードバックの重要性について，「学校心理学のパラドックス（Paradox of School Psychology）」という概念を用いて説明する。Gutkin & Conoley（1990）は，学校心理学のパラドックスを表現するため以下のような事例を提示している。

　　小学校3年生の子どもが学習の問題のために学校心理士にリファーされました。リファーを受けた学校心理士は，学齢期の学習上の問題について豊富な知識を持っており，その子どもの学習上の困難に対して，適切にアセスメントし，適切に原因を診断しました。その子どもの問題を正確に把握した上で，子どもが生活する学級において，子どもが適切な学習上の行動を示した際に報酬となる強化子を活用するという介入を計画し，レポートを作成しました。心理士は自らの専門性に基づいて，詳細なレポートを作成し，多職種間のチーム会議において担任の先生に介入計画を伝えました。効果的な介入を開始するための舞台は揃ったにもかかわらず，残念ながら期待された効果は得られませんでした……。なぜなら，心理士の計画を導入する立場の担任が，報酬となる強化子を子どもに活用することは賄賂を渡すに等しいと考えていたからです（そしてこの考え方は教師の間ではめずらしいものではないことです［Grieger, 1977］）。

　つまり，学校心理学のパラドックスとは，学校心理士が効果的に子どもを援助するためには，子どもの直接的な援助者である教師や保護者に注目し，彼らに対して効果的に働きかけること

ができたかどうかにかかっているということである。このように検査結果及び私たちがアセスメントで収集した情報は，子どもや子どもの直接の援助者が有効に活用できなければ，効果が発揮されない。心理士には，多様な背景や価値観を持つ子どもや子どもの直接の援助者（教師や保護者）に効果的に情報を伝えるコミュニケーション力が求められる。

2. 生態学的アセスメント

[1] ブロンフェンブレンナーの生態学的発達理論

　子どもは真空で育つ訳ではない。子どもは子どもが直接経験を積む家庭や学校という場において，多大な影響を受ける。そこで，文化というものを学んでいく。生態学的発達理論を提唱するブロンフェンブレンナー（Bronfenbrenner, 1989）は，個人の発達は，成長しつつある個人と変化しつつある生活場面との相互作用の中で起こるとしている。そして，子どもの発達はマイクロシステム（子どもが直接生活する場の中で起きている活動や相互作用），メゾシステム（家庭や学校，近隣や保育園などマイクロシステム間の関係），エクソシステム（地域の福祉サービスや父親や母親の職場環境といった子どもが直接参加するわけではないが，子どもの発達に影響するもの），マクロシステム（文化や法など下位のシステムを超えるシステム）という「入れ子」のようなシステムの中で起こるとされる（図14-2）。こうした視点は子どもの見立てをする時にとても重要である。たとえば，父親の転勤・単身赴任をきっかけに，思春期の男子生徒が精神的に不安定になっているケースに出会うことがある。身体的変化を受け入れていくことや，「自分とは何か」という発達課題に取り組む思春期男子にとって，同じ性別のロールモデル（生き方のモデル）である父親の存在は大きい。また，思春期男子を育てる母親にとっても，父親という相談できる大人の存在は大きい。転勤という父親の職場での出来事（エクソシステム上のイベント）が，子どもの生活の場である家庭（マイクロシステム）に影響し，子どもの発達に影響を及ぼす一例である。子どもの問題状況のアセスメントでは，各レベルのアセスメントと各レベル間の関係のアセスメントが重要である。また，ブロンフェンブレンナーは，マクロシステムレベルの変化が特に重要であると強調している。なぜなら，マクロシステムレベルの変化は，社会的な価値観や政策を通して，他のすべてのレベルに影響を与えるからである。

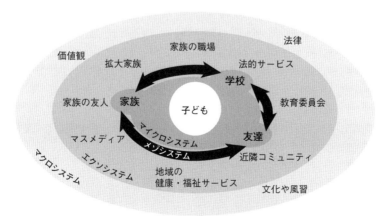

図14-2　ブロンフェンブレンナーの生態学的発達理論における4層構造
（ブロンフェンブレンナーの理論をもとに作成）

[2] マイクロシステムのアセスメント―子どもと学級集団の関係性のアセスメント

　子どもが直接生活する場の中でどのような関わりを持っているかというアセスメントが，マイクロシステムレベルのアセスメントである。学齢期の子どもが最も多くの時間を過ごす場所が，家庭と学校であろう。また，学年が上がるにつれ，子どもの移行対象は，家庭の重要な他者から友だちや先生といった学校の人間関係へと比重が移っていく。学校で子どもがどのような活動をし，どのような体験をしているのかということを丁寧にアセスメントしたい。学校心理学では，田上（1999）が提唱する子どもと環境の「折り合い」という視点を大切にしている。子どもが環境と折り合えているかを考えるポイントとして，①楽しい時間が持てているか，②安心して過ごせる人間関係があるか，③子どもが自分にとって意味のある行動ができているか，という3つの視点がある。同様に，中学生が家庭や学校のどこに居場所を感じられているかという「居場所感」に関する研究もある（杉本・庄司，2006）。また，昨今『教室内（スクール）カースト（鈴木，2012）』や『友だち地獄（土井，2008）』という社会学の本が非常に共感を集めている。子どもが通う学級や学校という場で子どもが目に見えない集団圧力や疎外感を感じていないかどうか，学級や学校が子どもにとってどのような場であるか，そういう視点で学級や学校を見直すことも重要である。

　マイクロシステムのアセスメントにおいて，マクロシステムからの影響を強く受けているものとして「マイノリティ・ストレス」がある（Meyer, 2003; 針間・平田，2014）。マイノリティ・ストレスとは，「スティグマ化された社会集団」に属する個人が，その社会的位置づけゆえに（それは「マイノリティ」という位置づけであることが多いが），さらされる過剰なストレスのことを指す（Meyer, 2003）。その特徴として，①固有のもの，②慢性的なもの，③社会的な基盤をもとにして生じるものとされている。多文化間カウンセリングをおこなうマーフィー重松（2004）は，多文化間カウンセリングの経験から，「子どもは誰でもほかの子どもと同じでありたいという強い必要性を感じる。異なっているというのは，辛い経験となることがある」（p. 177）「自分だけが一人，他人には理解できないような苦しみを味わっているという思いは，社会的に孤立した人には特に強烈なものになる」（p. 56）と述べている。人と異なる背景は，人種的背景，家族構成，家族の経済的状況，セクシャリティ，小児慢性疾患，障害等，様々な要因から生じうる。子どもの貧困問題が近年大きな社会問題となっているが（湯澤，2015），「貧困家庭はむしろ昔の方が多かったのになぜ今問題とされるのか」という声もあるが，集団の多くが貧困を経験している時代にはそれがマジョリティであり，多くの人がそのことを理解し共感する。一方，豊かになった現代において貧困家庭からくる児童生徒は，マイノリティであることが多い。そのため，周囲から理解を得られず何気なく発せられたことばに傷ついたり，自ら周囲との比較の中で劣等感を持つことが起こりうる。不登校やいじめの背景に，子ども一人ひとりが持つ差異からくるメンタルヘルスの問題が含まれていることも少なくない（Varjas, Meyers, Henrich, Graybill, Dew, Marshall, Williamson, Skoczylas, & Avant, 2006）。家族や社会が多様化する中で，これからの学校心理士には，生態学的視点に基づいてアセスメントする知識や技術が欠かせない。

[3] もう一つのマイクロシステムのアセスメント―子どもの学習環境としての家庭

　子どもの学習意欲の低下や学力の二極化といった問題に取り組む上で，学校の授業や教師の指導方法に着目すると同時に，子どもが学校外の時間をどのように過ごしているかということも重要である。陰山（2003）は，家庭教育の重要性を指摘し，「翌日の時間割は自分でそろえさせる」「宿題は食卓でさせよう」「宿題を親がやらない」「今日習ったことを口に出して読ませる」「『勉強しなさい』と言わない」といった16か条を提案している。家庭は，子どもの学習を応援し，支援する重要な基盤である。一方，日本では家庭学習や家庭教育の重要性は指摘され

ているが，家庭学習や家庭教育が子どもの学力にどのようにつながるのかという実証的な研究は少ない。

Walberg（1984）は，アメリカの学校システムを調査した結果，誕生から18歳まで，児童生徒が過ごす時間の約87％は学校外で費やされることを指摘している。そして，学校外で費やされる時間の量や質において，家庭の役割が高いことを指摘し，「家庭のカリキュラム」という概念を提唱している。Walberg（1984）は，生徒の認知，感情，行動における学習の8つの主要な決定因（生徒の能力，動機づけ，教授法の質，教授法の量，教室の心理的な雰囲気，家庭環境における学習上の刺激，学習面の目的を持つ仲間集団との触れ合い，テレビ視聴の量）の内，前半の4つは生徒の達成に直接的に影響し，後半の4つは支持的な要因であり，間接的に学習に利益をもたらすことを明らかにしている。Christenson & Sheridan（2001）は，子どもの学業成績に関連する家庭の変数を詳細に調査し，「構造」「サポート」「期待」「環境の豊かさ」という4つの要因の重要性を指摘している。「構造」とは，学校の勉強や，読書，学習活動を優先することや，どのように時間が使われているかということを定期的にモニタリングすること，権威的な養育態度，内省的な問題解決力を育てることなどが含まれる。「サポート」には，子どもが学ぶことを援助する責任を果たすこと，趣味で本を読むことを推奨したり話し合ったりすること，肯定的な情緒的交流を持つこと，愛情を表現することなどが含まれる。「期待」には，子どもが達成することを期待すること，努力や能力に帰属すること，子どもの学業の基準に興味を持つこと・設定することが含まれる。「豊かな環境」には，会話を頻繁に持つこと，日々の出来事について知的な会話を持つこと，正しい言語習慣の機会を提供すること，学習の機会に子どもの注意を向けること，子どもと一緒に読書すること，テレビの内容をモニタリングし話し合うこと，豊かな学習経験を持てるようにすることなどが含まれる。

Walberg（1984）やChristenson & Sheridan（2001）らの研究を参考に，飯田・島田（2015）は，子どもの学習を支援する親の関わりを調査する「家庭のカリキュラム」の研究を実施している。まず，「家庭のカリキュラム」に含まれる親の支援行動を調査し，7つの下位尺度，計38項目からなる尺度が作成された（表14-1）。そして，「家庭のカリキュラム」と発達課題の達成度・学力との関連を検討した結果，子どもの勤勉性と有意な相関が示された変数は，「親子関係」「言語発達の援助」「学業への期待・関心」「努力への帰属」「家庭での知的活動」であった。子どもの生活・学習環境としての家庭のアセスメントでは，家庭の物理的環境に加えて，家庭の価値観や子どもの学習や進路をサポートする保護者の行動に着目したアセスメントをお

表 14-1　「家庭のカリキュラム」の尺度構成（飯田・島田，2015）

下位尺度	具体的な項目
親子関係（6項目）	「親子関係が良かった」「親と良い心の関係が持てた」
学習への直接的援助（7項目）	「親が責任を持って自分が読み書きやその他の知識を学ぶのを手伝った」「家庭で，読み書きや算数などの勉強のやり方を教わった」
言語発達の援助（5項目）	「家にたくさん自分が読める本があった」「多くの語彙や文に接する機会があった」
制限・管理的援助（6項目）	「自分に対し，親はいろいろ制限していた」「遊びやテレビ視聴よりも，宿題などの勉強を先にやるように言われた」
子どもの学業への期待・関心（5項目）	「学校での成績や課題の達成に親が期待していた」「自分が成功することを親が期待し，後押しした」
努力への帰属（4項目）	「学校の成績について，自分の努力によって評価された」「親は，結果は自分の努力次第であると考えていた」
家庭での知的活動（5項目）	「本，新聞，雑誌などについて家族で見たり話し合ったりした」「日常的な出来事について親子で学んだ知識を使って話した」

こない，子どもをサポートするために家庭がどのようなサポートを必要としているかという視点で関わることが重要である。

[4] メゾシステムレベルのアセスメント―学校と家庭の関係性のアセスメント

次にメゾシステムレベルの問題を取り上げたい。このレベルは，マイクロシステム間の関係を表している。Christenson & Sheridan（2001）は，家庭と学校の関係は児童生徒の促進要因になりえる一方，阻害要因にもなりえると指摘している。学校と家庭の価値観や行動スタイルが大きく異なる場合，子どもは大きく異なる2つの世界を行き来することになり，子どもが学校に通う上での一つの障壁となりえる。

Buerkle, Whitehouse, & Christenson（2009）は，従来の学校から保護者へ子どもの家庭教育における保護者の役割や保護者の学校行事への参加を一方向に要請するコミュニケーションを「伝統的な関係」と呼んでいる。それに対して，「子どもの学校における達成」という共通の目標に基づき学校と保護者が両方向でコミュニケーションをはかる関係性を「パートナーシップモデル」と呼び，伝統的な関係からパートナーシップモデルへの転換を推奨している。

家庭と学校の関係を検討した興味深い研究がある。Adams & Christenson（2000）は，米国の都市近郊の1つの学校区において，保護者1,234名，教師209名を対象に家庭と学校の信頼関係についての調査をおこなっている（調査内容について，表14-2に示す）。その結果，小学校の両者の信頼の方が，中学校・高校の両者の信頼より高いことが示された（図14-3）。さらに，小学校と高校において，保護者と教師の信頼に有意差が見られ，保護者の信頼の方が教師の信頼よりも高いことが示された。そして，信頼を高めるために必要なことを尋ねた結果，家庭と学校のコミュニケーションの改善が重要であることが示された。また，信頼を予測する変数としては，接触の頻度や性別・年齢・人種といったデモグラフィック変数以上に，家庭と学校の関係の質が重要であることが示された。最後に，家庭と学校の関係が，高校生において一年間の取得単位，学業成績，出欠状況と有意な相関関係にあることが示された。小学校と高校段階において，教師よりも保護者の方が教師を信頼しているという結果は，興味深い。調査項目で挙げられているような項目をお互いに意識することによって，家庭と学校の関係を改善していくことは，子どもの学校における学業や生活に肯定的な影響を及ぼすと考えられる。

日本においても学校と家庭の連携に焦点を当てた研究が増えている（田村・石隈，2003；上村・石隈，2000）。田村・石隈（2003）は，不登校生徒を支援する事例における教師・保護者・スクールカウンセラーによるコア援助チームのモデルを提唱し，三者間の連携の重要性を示している（詳しくは，第18章）。また，上村・石隈（2007）は，ロールプレイを用いて教師の保護者面談の発話を収集し，保護者面談における連携構築プロセスや教師の発話の特徴を検討している。そして，保護者の理解や方針を取り入れながら教師が自分自身の理解や方針を修正するという教師の変容が，保護者との連携構築の鍵になることが示されている。子どもの発達や学校生活において，学校と家庭，教師と保護者の関係は重要な要素である一方，国内における研究は少ない。メゾシステムレベルの関係性を測定する尺度や，この関係性を促進する実践などが求められている。

ブロンフェンブレンナーの生態学的発達理論で示されているように，子どもは家庭・学校・仲間の間を行き来しながら発達していく。この相互関係が子どもに与える影響についても，アセスメントの一つの重要な視点である。スクールカウンセラーやスクールソーシャルワーカーは家庭と学校の関係を調整しやすい立場にあり，この両者の調整役としての役割も期待されている。

表 14-2　家庭と学校の関係に関する調査（Adams & Christenson, 2000 を翻訳）

保護者用フォーム

私は，先生が，以下のことをしてくれていると思う
・学習内容をうまく教えてくれている
・子どもがルールや指示を聞くよううまく教えてくれている
・仲間関係で問題があったとき解決できるよう援助してくれている
・子どもの進歩について私によく伝えてくれている
・私が子どもの教育に参加できるよう促してくれている
・子どものしつけをよくしてくれている
・問題や質問があるとき連絡がとりやすい
・学校に関係する必要な情報を伝えてくれている
・子どもの自尊感情をよく伸ばしている
・学習に対する肯定的な態度を伸ばすような関わりをよくしてくれている
・子どもが道徳的責任や倫理的責任を理解するよう援助してくれている
・親しみやすく近づきやすい
・私からの情報や意見を受けとめてくれる
・文化的な差異に敏感に応じてくれる
・私の親としての力を尊重してくれる
・子どもを大切にしてくれる
・子どもを第一に考えている
・尊敬に値する
・教室で子どもにとって一番良いことを実践してくれる

教師用フォーム

私は，子どもの保護者が，以下のことをしてくれていると思う
・家庭で子どもの学習内容をうまく教えてくれている
・子どもがルールや指示を聞くよううまく教えてくれている
・仲間関係で問題があったとき解決できるように援助してくれている
・子どもの教育によく参加している
・子どものしつけをよくしている
・質問や問題があるとき連絡がとりやすい
・子どもについて必要な情報を十分に伝えてくれている
・子どもの自尊感情をよく伸ばしている
・学習に対する肯定的な態度を伸ばすような関わりをよくしてくれている
・子どもが道徳的責任や倫理的責任を理解するよう援助してくれている
・親しみやすく近づきやすい
・私からの情報や意見を受けとめてくれる
・文化的な差異に敏感に応じてくれる
・私の教師としての力を尊重してくれる
・子どもの教育によく関わっている
・尊敬に値する
・子どもを第一に考えている

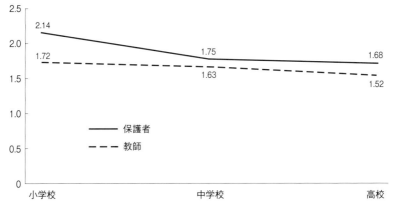

図 14-3　保護者と教師の信頼度の平均（Adams & Christenson, 2000 を翻訳）

3. 心理教育的援助サービスへの示唆

これまでの内容を踏まえ，以下3点，心理教育的援助サービスへの示唆を述べたい。

[1] 子どもの特性の理解と環境の理解

これまで述べてきたように，子どものアセスメントには子どもの特性の理解と環境の理解が欠かせない。子どもの特性の理解には，観察法，面接法，検査法を用いて，子どもの問題状況や困り感を理解し，子どもの自信が高まるよう支援を行うことが重要である。日本では心理検査の学校での利用が少ないが，子どもの理解のためには，検査によって得られる客観的な情報も重要である。客観的な情報があって，初めて子どもの問題状況の深刻さや子どもの援助ニーズが浮き彫りになることもある。その情報を踏まえて，子どもの環境の中にある援助資源（家庭における保護者やきょうだい，学校の先生や友人）を活用し，子どもと環境との折り合いを改善していくことを考える。また，子どもの問題状況の背景として，環境要因の影響が大きい場合もある。学級や家庭など子どものマイクロシステムを詳細に検討すること，またそこに影響を及ぼすメゾシステム，エクソシステム，マクロシステムの影響を検討することも欠かせない。また，集団の中でマイノリティの立場に置かれることからくるストレスを感じている子どもも少なくない。こうした子どもたちが学校や学級の中で居心地の悪さを感じないよう，多様性を尊重する風土を醸成することもこれからの学校に求められている。

[2] 子どもの自助力の育成

アセスメント結果は，子どもの支援に生かされて初めて意味を持つ。子ども自身がアセスメント結果を知り，自己理解を深め，自分の特性を周囲に説明していけるように支援することが，子どもの自助力（子どもが自分自身を助ける力）につながる。学校を卒業した後，専門家が子どもについてまわるわけにはいかない。また，現在の日本の教育制度では，幼稚園から就労まで一貫した支援体制が十分に整っているとはいえない。子どもの心理検査の結果や過去の支援記録が，次の学校段階にわたらないこともある。この制度上の課題は改善しなければならないが，子どもが別の環境に移ったとき，自分の特性を周囲に伝え，必要なサポートを受けられるように支援することも重要である。森村（2016）の『自分研究』の実践が参考になる。

[3] チームで行うアセスメント

前述のように，アセスメントの焦点は幅広いものである。子どもの直接的な援助者である保護者や教師が持つ情報は，子ども理解に欠かせない。また，教科担任は子どもの学習状況を把握できる立場にあり，養護教諭は子どもの健康面の情報を把握できる立場にある。また，成育歴の聴き取りや心理検査の実施に関しては，心理士の専門性が生かされる。そして，家庭に福祉的なニーズがあり地域資源につなぐ必要がある場合には，スクールソーシャルワーカーの専門性が生かされる。重要な情報が得られていないために，支援が滞るケースも多い。各専門家は，アセスメントを行うときに重視する視点が異なることが研究で示されている（新井・庄司，2014）。アセスメントの段階から，複数の専門家が関わり，多角的な視点から情報を集めることが重要である。

15章
一人ひとりの子どもに応じた支援教育

上村惠津子

　学校現場では，不登校，いじめ，発達障害など多様な子どもの問題に適切に対応することが求められている。子どもたち一人ひとりのニーズに応じる教育においては，特別支援教育が中核的な役割を担ってきている。本章では，特別支援教育に焦点をあて，一人ひとりの子どもに応じた教育の現状や課題を概観する。

1. 特別支援教育の現状

[1] 特別支援教育の現状

　2007年4月に学校教育法等が一部改正され，特別支援教育が制度化された。特別支援教育は，「一人一人の教育的ニーズを把握し適切な教育的支援を行う」ことを目的としている。その特徴は，「特別な支援を必要とする幼児児童生徒が在籍するすべての学校において実施されるものである」と文部科学省（2007）が示すように，在籍する学校や学級にかかわらず，特別な教育的支援が必要な子どもに対してニーズに応じた適切な支援を提供する点である。

　特別支援教育の制度化の背景には，発達障害のように，従来の特殊教育では対象とならないためにニーズを抱えながらも適切な支援を受けることができないまま通常の学級に在籍していた子どもたちが少なからずいたこと，そして，このような状況が学校現場においても重要な課題となっていた実態がある。特殊教育から特別支援教育への転換は，多様なニーズを抱える子ども，その対応に苦慮する教育現場にとって重要な意味を持つものであったと言えよう。

　このような特別支援教育の制度化に伴い，体制整備も進められてきている。その代表的なものが，個別の教育支援計画・個別の指導計画の作成，学校全体の支援体制を検討する校内委員会や個々の子どもの支援を学内外の関係者で検討する支援会議の開催，特別支援教育コーディネーターの配置であろう。2014年度の特別支援教育体制整備状況調査の結果を見ると，小中学校においては，校内委員会の実施，コーディネーターの指名の実施率が95％以上，実態把握が90％以上，個別の指導計画についても90％前後と高い実施率となっており，整備が進んできていることがうかがえる（図15-1）。

　このように，特別支援教育の体制が整ってきたためか，義務教育段階の全児童生徒数が減少しているのに対し，特別支援教育の対象となる児童生徒は増加傾向にある。2013年5月，特別支援教育に関わる児童生徒数は特別支援学校で6万7千人，特別支援学級では17万5千人，通級による指導においては7万8千人であり（図15-2），2003年度と比較すると，特別支援学校が1.3倍，特別支援学級2.0倍，通級による指導2.3倍となっている。

　さらに細かく児童生徒数の推移を見ると，特別支援学級では自閉症・情緒障害学級の在籍者数が最も多い。その数は，2003年度の3倍に達している。また，通級による指導では，注意欠陥多動性障害，学習障害，自閉症の児童生徒の占める割合が全体の43％と著しく増加している。このような変化は，ニーズを抱えながらも特殊教育の対象とならないために通常の学級に在籍していた子どもたちが，多様な支援を活用するようになった結果と見ることもできる。この点を踏まえれば，特別支援教育は，制度化より約10年ではあるものの，一定の成果を上げて

146   15章　一人ひとりの子どもに応じた支援教育

いると考えられよう。

図15-1　学校における支援体制の整備状況（文部科学省，2015）
国公私立計・幼小中高別・項目別実施率―全国集計グラフ（2014年度）

＊点線箇所は，作成する必要のある該当者がいない学校数を調査対象から引いた場合の作成率を示す。

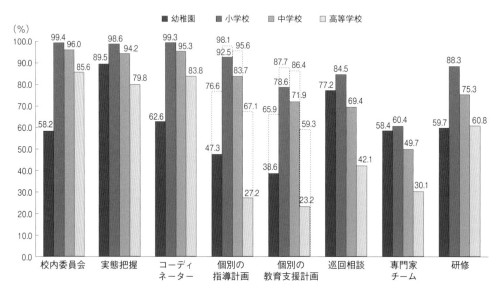

図15-2　特別支援教育の現状（文部科学省，2014）

[2] インクルーシブ教育システム構築へ向けた動向

　教育現場では，特殊教育から特別支援教育への転換により一人ひとりのニーズに応じた教育を充実させてきた。一方で，障害者に関わる制度もまた大きく転換が図られてきている。その流れを，「障害者の権利に関する条約」（以下，権利条約）が国連において採択された2006年12月にさかのぼり概観しよう。権利条約は，「障害に基づくあらゆる差別（合理的配慮の否定を含む）の禁止，障害者の社会への参加・包容の促進，条約の実施を監視する枠組みの設置等の措置を条約締結国等に求め」るものである（丹羽，2014）。2007年9月これに署名した日本は，2011年8月に「障害者基本法」の改正，2013年6月「障害者差別解消法」の成立と，国内法の整備を進め，2014年1月には権利条約の批准に至った。さらに，2016年4月からは「障害者差別解消法」が施行され，国・地方公共団体（国公立学校を含む）において合理的配慮の提供が法的に義務づけられることとなった。これらの流れは，「障害者差別解消法」に示されているように「障害の有無によって分け隔てられることなく，相互に人格と個性を尊重し合いながら共生する社会を実現する」ことをめざしたものである。

　教育に関して言えば，権利条約において「インクルーシブ教育システム」の理念が提唱されていることが注目すべき点であろう。インクルーシブ教育システムとは，「人間の多様性の尊重等を強化し，障害者が精神的及び身体的な能力等を可能な最大限度まで発達させ，自由な社会に効果的に参加することを可能にするという目的の下，障害のある者と障害のない者が共に学ぶ仕組み」（権利条約，2006）である。これを受け，2011年に改正された障害者基本法は，「可能な限り障害者である児童及び生徒が障害者でない児童及び生徒と共に教育を受けられるよう配慮しつつ，教育の内容及び方法の改善及び充実を図る等必要な施策を講じなければならない」ことを示した。これにより，中央教育審議会初等中等教育分科会は2012年7月「共生社会の形成に向けたインクルーシブ教育システム構築のための特別支援教育の推進（報告）」をまとめている。

　特別支援教育の現状からは，特別支援学級や通級による指導を活用する児童生徒が増加傾向にあり，それまでニーズを抱えながらも通常の学級に在籍することで適切な支援を受けることができなかった児童生徒が，様々な支援を活用している様子がうかがえた。しかしながら，インクルーシブ教育の視点で考えれば，特別支援教育の体制整備，特別支援学級や通級による指導の充実に加え，一人ひとりの子どもを可能な限り通常の学級へ位置づけながらニーズに応じた支援を提供していくことが求められていると言えるだろう。

2. インクルーシブ教育システム構築に向けた取り組み

　「共生社会の形成に向けたインクルーシブ教育システム構築のための特別支援教育の推進（報告）」（文部科学省，2012：以下，「報告」）では，以下に示す4点で取り組みの方向性を示している。①就学相談・就学先決定の在り方について，②障害のある子どもが十分に教育を受けられるための合理的配慮及びその基礎となる環境整備，③多様な学びの場の整備と学校間連携等の推進，④特別支援教育を充実させるための教職員の専門性の向上等の4点である。これら4点に焦点をあて，その概要を述べることとする。

[1] 合理的配慮及びその基礎となる環境整備

　障害のある子どもが通常の学級の中で教育を受けるためには，学級の教育活動に沿って子どものニーズに応じた支援を検討すると同時に，支援提供のための体制を整えることが欠かせない。障害がある子どもが他の子どもとともに教育を受けるための配慮は，「合理的配慮」と「基礎的環境整備」の2つで整理されている。

表 15-1　合理的配慮の観点

①教育内容・方法
　①-1　教育内容
　　①-1-1　学習上または生活上の困難を改善・克服するための配慮
　　①-1-2　学習内容の変更・調整
　①-2　教育方法
　　①-2-1　情報・コミュニケーション及び教材の配慮
　　①-2-2　学習機会や体験の確保
　　①-2-3　心理面・健康面の配慮
②支援体制
　②-1　専門性のある指導体制の整備
　②-2　幼児児童生徒，教職員，保護者，地域の理解啓発をはかるための配慮
　②-3　災害時等の支援体制の整備
③施設・設備
　③-1　校内環境のバリアフリー化
　③-2　発達，障害の状態及び特性等に応じた指導ができる施設・設備の配慮
　③-3　災害時等への対応に必要な施設・設備の配慮

表 15-2　基礎的環境整備の類型

①ネットワークの形成・連続性のある多様な学びの場の活用
②専門性のある指導体制の確保
③個別の教育支援計画や個別の指導計画の作成等による指導
④教材の確保
⑤施設・設備の整備
⑥専門性のある教員，支援員等の人的配置
⑦個に応じた指導や学びの場の設定等による特別な指導
⑧交流及び共同学習の推進

　「合理的配慮」は，学校の設置者及び学校が，障害のある子どもに対し，他の子どもと平等に教育を受ける権利を享受・行使することを確保するために，その障害の状況に応じて，必要かつ適切な変更・調整をおこなうことである。学校における合理的配慮は，「教育内容・方法」「支援体制」「施設・設備」の３つに大別され，類型が示されている（表 15-1）。

　「基礎的環境整備」は，国や都道府県，市町村が法令やそれぞれの財政措置に基づきおこなう教育環境の整備のことである。個々のニーズに応じる合理的配慮の基礎となる環境を整備するという意味合いから，「基礎的環境整備」と呼ばれることとなった。「報告」（2012）では，基礎的環境整備の内容を８つの観点から整理している（表 15-2）。

　合理的配慮・基礎的環境整備に関する研究は，国連で権利条約が採択された 2006 年頃より始まり，「報告」が公表された 2012 年以降に急増する。その多くは，合理的配慮とは何かを明らかにすることに焦点をあて，法的視点，海外との比較，教育現場の具体的状況などから課題を検討するものとなっている。山岡（2013）は，合理的配慮は「新しく出てきた概念である」が，「特別支援教育でおこなわれてきた個々のニーズに応じた配慮や支援のうち，配慮とほぼ同じものと考え」ることもできると指摘している。太田（2013）は，「①－１教育内容」を自立活動に関する内容，「①－２教育方法」を授業のユニバーサルデザイン化の内容，「②支援体制」を人的資源についての課題と整理している。いずれも，新たな概念である合理的配慮を既存の枠組みで捉え，理解を促進しようとする試みである。

　最近では，合理的配慮をいかに提供するかに研究の焦点が移り，障害の種類や学びの場ごとに特定の事例を通して支援方法や支援内容を検討する研究をはじめ，授業のユニバーサルデザイン化や ICT の活用といった支援方法に関する研究，合理的配慮の提供に至るまでのプロセスに関する研究などが多くを占めるようになってきている。合理的配慮という新しい概念を教

育現場で実現するための具体的方法を検討する段階に入ったと言える。2016年に発行された「特別支援教育」では，通級指導教室に在籍する子どもや視覚障害，肢体不自由のある子ども，高等学校における試験や授業などの事例を挙げ，合理的配慮提供の具体例を紹介している。これらの実践は，合理的配慮の内容だけでなく，実態把握から合理的配慮提供のための支援体制までトータルで紹介しているところに意義がある。また，基礎的環境整備を進めるにあたっては授業のユニバーサルデザイン化の考え方が参考になることも示されている（文部科学省，2012）。多様な工夫による基礎的環境整備は，障害のある子どものみならず，すべての子どもにとって適応しやすい環境づくりにつながる点において意義深い取り組みである（木舩，2015）。高等学校や大学における合理的配慮についても，授業改善（田中，2016）や受験時の配慮（近藤，2016; 上野，2014）などの視点から検討が進んできている。なお，独立行政法人国立特別支援教育総合研究所は，HP上に「インクルーシブ教育システム構築支援データベース」を設け，「『合理的配慮』実践事例データベース」を開設している（藤本，2015）。対象となる児童生徒の障害種や在籍状況，学年，基礎的環境整備の観点，合理的配慮の観点によりデータベースに登録された実践事例を検索することができる。このようなデータベースにより多くの実践事例が登録され，活用されることが望まれる。しかし，データベースの活用にあたっては，配慮の内容は，障害種や実態のみで決定されるものではない点に注意をする必要があるだろう。

　以上のように，合理的配慮を既存の枠組みで整理したり，具体例の紹介やデータベースの提供をおこなったりすることは，現場の教師が合理的配慮を理解し実践する際の大きな助けとなる点で意義がある。一方で，合理的配慮の背景についての理解も欠かせない。

　丹羽（2014）は，インクルーシブ教育システム構築に向けての進捗状況及び今後の方向性を文部科学省の立場から示している。手塚（2015）は，「障害者差別解消法」の制定に至るまでの議論にも焦点をあて日本の特別支援教育の制度について議論が交わされた経緯を紹介している。合理的配慮によりめざそうとする教育や社会について，教育の視点のみならず幅広い視点から理解することが必要であろう。近藤（2013）は，障害がある児童生徒・学生の支援におけるタブレットなどICTの活用例を紹介するとともに，合理的配慮の観点からこうした支援技術利用の位置づけを整理している。個々の児童生徒の特徴に応じる合理的配慮は，「特別扱い」との誤解を招く恐れもある。しかし，「障害のある児童生徒が同じ学びの場に参加することを前提として学習環境を整える配慮が行われている」欧米の取組みから，その背景には「障害のある児童生徒も他の児童生徒たちと等しく学ぶ権利を持った児童生徒であり，彼らが学びに参加するために，情報や活動へのアクセスの多様なあり方が認められるべき」という考え方があることを紹介し，合理的配慮導入期の日本の課題を示している。

　合理的配慮の提供が法的に位置づけられた現在，個々の子どもにどのような合理的配慮を提供するのか，その方法や内容に注目しがちである。しかし，合理的配慮は「他の子どもと平等に教育を受ける権利を享受・行使することを確保する」（文部科学省，2012）ことを目的としておこなわれるものであることを考えると，可能な限り通常の学級で学ぶことができるようにするための「合理的配慮」という理念や背景に対する理解をおろそかにしてはならないだろう。

[2] 教職員の専門性の向上

　基礎的環境整備を整え合理的配慮を適切に提供するには，一人ひとりの子どもの実態を適切に把握し，実態に応じた教育内容・教育方法を選択しつつ，教室及び学校全体の支援環境を整備する専門性が欠かせない。インクルーシブ教育システム構築においては教師の専門性を高めることが重要な課題となる。

　学校心理学は，子どもの問題状況の解決を援助し，子どもの成長を促進する心理教育的援助サービスの理論と実践を支える学問体系であることから，特別支援教育に関わる教師の専門性

と深く関連している。心理教育的アセスメントの理論と技法は，個人要因と環境要因から子どもの実態を把握し，援助目標の具体化を経て実践に至るまでの理論的枠組みを提供する。コンサルテーションの理論と技法は，複数のメンバーで支援をおこなうチーム援助や支援体制の構築に向けた視点，チーム援助を展開する際の具体的なプロセスを提供する。個々の子どもの実態に応じた援助を支える学校心理学の視点は，合理的配慮や基礎的環境整備の提供とも深く関わるものだと言えよう。

また，インクルーシブ教育システムの構築に向けては，障害がある子どもとともに学ぶ子どもの成長を促進する援助も決してないがしろにしてはならない。学校心理学では，すべての子どもを援助の対象と考えるとともに，子ども一人ひとりの自己実現を保護促進することを学校教育の役割と位置づけている。このような視点に立つ学校心理学の考え方は，学校全体の支援体制を問い直し，すべての子どもの成長を促進する援助の理論的基盤となりうるだろう。

[3] 多様な学びの場の整備と学校間連携などの推進

インクルーシブ教育システムは，障害がある子どもが可能な限り障害のない子どもとともに教育を受けられることをめざす取り組みである。一人ひとりの能力や特性などに応じた教育を十分に受けられる体制を整備するためには，通常の学級のみならず，通級による指導，特別支援学級，特別支援学校と多様な学びの場がそれぞれに機能していることが欠かせない。また，個々の子どもがニーズに応じてこれらの学びの場をより柔軟に利用できる体制づくりも求められている。

「報告」(2012) では，多様な学びの場の整備に向けた具体的な取り組みとして，通級による指導の充実や特別支援教室構想の実現へ向けた実践的検討，地域の特別支援学校や小中学校といった教育資源を組み合わせることにより地域のすべての子どもの教育的ニーズに応じるシステムの構築をめざしたスクールクラスターなどが示されている。多様な学びの場が柔軟に機能する体制づくりは，近年，特別支援教育を利用する子どもが増加し，結果としてインクルーシブ教育の理念とは逆の方向に進んでいるように見える現状を打開する鍵となることが期待される。

神奈川県では，障害のある子どもを含めたすべての子どもを対象として，教育的ニーズに応じた働きかけを「支援教育」と位置づけ，早くから包括的な支援に取り組んできた。神奈川県の実践を，以下に示す3つの特徴を中心に紹介する。

1つ目の特徴は，学校心理学を基盤としてコーディネーターの養成をしていることである。神奈川県では，特別支援学校においてアセスメント，カウンセリング，コンサルテーションに関する知識技能を有した教員を養成することを目的に，学校心理学を軸にした講座「スクールサイコロジスト養成研修講座」を 1993（平成 5）年度よりスタートさせている。このように，教育的ニーズを有する子どもたちを対象としたチーム援助の必要性を踏まえ，学校心理学を軸としてその要となるコーディネーターの養成にいち早く取り組んできた実績が神奈川県にはある。現在は，「教育相談コーディネーター養成研修講座」として，特別支援学校，小・中・高等学校の教員を対象に校種別に研修講座を実施している。このような養成講座の広がりや地区ごとの連携協議会などの開催が，学校種を超えた支援に対する共通理解やネットワークづくりを可能にし，連携しやすい土壌をつくることにつながっていると思われる。この点が神奈川県における特別支援教育の特徴の一つと言えよう。

2つ目の特徴は，特別支援教育コーディネーターにあたる役割を「教育相談コーディネーター」と位置づけ，「自らの力で解決することが困難な課題（教育的ニーズ）を抱え，周囲からの支援が必要となる子どもたち」を対象としている点である（神奈川県教育委員会，2010）。つまり，教育相談コーディネーターは，障害の有無にかかわらず，支援を必要としている子どもへ

よりよい支援を提供するためにコーディネーターとしての役割を担うのである。

3つ目の特徴は，自立活動教諭として理学療法士，作業療法士，言語聴覚士，心理職の4職種を配置している点である（神奈川県教育委員会，2010）。自立活動教諭は，県内の特別支援学校を5つのブロックに分け，ブロックごとに配置されている。自立活動教諭は，配置された特別支援学校，ブロック内の特別支援学校において支援をおこなうほか，地域の幼稚園，小・中・高等学校からの支援要請に基づき地域の子どもへの支援にも携わる。

このように支援教育の充実を図ってきた結果，神奈川県においても特別支援学級，特別支援学校に在籍する児童生徒が増加しているという現状があるという。これまでの取り組みにおいては，個別の教育的ニーズに対応しつつともに学ぶ仕組みづくりが十分ではなかったことをふまえ，障害の有無にかかわらず，できるだけ地域の学校，通常の学級，高等学校で学ぶ仕組みづくりを，現在の重点的な取り組みとしている。また，このような取り組みを担う機関として，2015（平成27）年度よりインクルーシブ教育推進課が設置されている。このような組織的基盤を背景に，障害のある児童生徒が，できるだけ通常の学級で学びながら，"必要な時間に適切な指導を受けることができる別の場"」として「みんなの教室」の設置にも取り組みはじめている（田中，2015）。障害のある子どもだけでなく，通常の学級に在籍する支援の必要な子どもも，「みんなの教室」を利用できるようにすることをめざしているとのことで，今後の取り組みの成果が期待される。

神奈川県の実践は，乳幼児期から卒業後に至るまで一貫した支援提供をめざした縦のつながりと，多様なニーズに対応するための関連機関との適切な連携をめざした横のつながりにより，連続性のある支援の提供を可能にする仕組みづくりとして大変参考になる。何より，20年以上も前から試行錯誤を重ねてきたことを考えれば，個々のニーズに対応した支援を提供する仕組みづくりには，長期的視点と地域の実態に応じた柔軟さが不可欠であることを示してくれていると言えよう。

[4] 就学相談・就学先決定のあり方

「報告」（2012）では，(1)(2)にあるように，インクルーシブ教育の実現に向け「合理的配慮」「基礎的環境整備」「多様な学びの場」を整備することが示された。しかし，個々の子どもの実態に即してこれらを有効に活用するためには，子どもの実態をアセスメントし必要な支援を検討するとともに，提供された支援が適切に機能しているかを見直すことが必要となる。報告書では，このような機能を教育相談が担うこととしている。

教育相談は，保護者をチームの一員として位置づけ，支援プロセスにおいて本人・保護者の意見を尊重しながら支援についてともに考える場面である。保護者と教師とでは，子どもに対する役割が異なることから，子どもの実態理解や教育目標，方針にズレが生じることも少なくない。学校での教育については，学校教育の中心的な担い手である教師の考えが優先されがちであるが，子どもの成長を長いスパンで見守る保護者や当事者である本人の考えを十分に尊重しつつ学校教育を展開することが不可欠であることから，教育相談が重要視されている。また，保護者と教師が子どもに関わる情報を交換することにより，子どもの実態理解や教育方針を共有し理解し合うことも教育相談の重要な役割の一つとなっている。

「報告」（2012）で示されている教育相談の特徴を3つにまとめると以下のようになろう。

第1に，乳幼児期を含めた早期から教育相談をおこなうことである。子どもが示す様々な問題状況に混乱する保護者にとって，早期からの教育相談は子どもの実態を理解し関わり方を学ぶ重要な機会となりうる。また，このような教育相談を通して，本人・保護者・学校や関係機関が早期から子どもの教育的ニーズと必要な支援について合意形成を図ることにより，多様な学びの場をどのように活用し，どのような合理的な配慮が必要かを検討する就学相談に無理な

くつなぐことができる。

第2に，就学先を決定する仕組みの「就学指導委員会」の機能を見直した点である。従来の「就学指導委員会」は就学先を決定することに重点が置かれてきたが，「教育支援委員会」として位置づけ，就学後に一貫した支援が提供できているかを助言する機能を果たす必要があることを示した。具体的には，個別の教育支援計画の作成についての助言，必要に応じた「学びの場」の変更についての助言，「合理的配慮」に関して本人・保護者，学校などの意見が一致しなかった場合の調整・助言などである。子どもの実態は，成長に伴い変化する。また，子どもの実態自体に大きな変化がなくても，環境が変われば必要な支援は変わってくる。一度決定した「学びの場」は決して固定したものではないという共通理解のもと，子どもの実態と環境の折り合いを見直し，適切な支援を検討する教育支援委員会は，「合理的配慮」「多様な学びの場」と子どもをつなぎ，一貫した支援を実現するための鍵を握ると言えるだろう。

第3に，「本人・保護者の意見」を就学先決定の手続きにおける総合的判断の中に位置づけた点である。このことは，就学先の決定や合理的配慮の決定にあたり本人や保護者の意見が最大限に尊重されることを意味する。学校心理学では，本人や保護者は援助チームの重要な一員として援助の検討や実践を担う役割を持つと考える。従って，本人・保護者の意見が尊重されることは当然のことと言えよう。むしろ，本人や保護者がそれぞれの意見を持ち，主張するための支援として，早期から教育相談をおこない，教育的ニーズについて理解促進，必要な支援についての検討，関わり方や支援機関などに関する情報提供に取り組むことが重要な意味を持つこととなろう。

以上のように，教育相談においては早期から保護者をチームの一員として位置づけ，支援プロセスにおいて本人・保護者の意見を尊重することが強調されている。支援会議自体が保護者との連携を促進する場になることが期待されていると考えることもできる。また，文部科学省（2012）が示すように，教育相談は相談の専門的知識を有する特定の教師のみがおこなうものではなく，すべての教師が担うべきものであることを踏まえれば，担任など身近な教師と保護者が子どもの実態や支援について普段からいかに情報交換し合うかが鍵になると思われる。直接的援助者である教師と保護者との連携を促進する面談については，上村（2014），上村・石隈（2007）が参考になる。

上村（2014）は，保護者面談を一般的なカウンセリングやコンサルテーションと比較し，その特徴を以下のように示した。まず，カウンセリングやコンサルテーションは来談者のニーズや主訴に基づいて展開されるのに対し，保護者面談では保護者のニーズが必ずしも優先されるとは限らない点である。次に，カウンセラーやコンサルタントが来談者の日常とは直接的な関わりを持たない間接的援助者であるのに対し，保護者面談をおこなう教師は学校での子どもの教育に深く関与する直接的援助者である点である。保護者と教師は，子どもと関わる場面が異なり，役割も異なるため，それぞれが有する子どもについての情報や，子どもを育てる上での価値観や教育観には自ずと違いが生じてくる。つまり，保護者と教師は，双方が直接的援助者だからこそ，第三者のように相手をそのまま理解することが難しく，情報や価値観，対応方針を共有しにくい関係にあると言えるだろう。

上村・石隈（2007）は，保護者面談にはこのような特徴があることを踏まえ，直接的援助者としての教師の特徴を活かした面談について，面談における教師の発話特徴から検討をおこなった。発話分析の結果，教師の発話は援助策具体化プロセスと関係構築プロセスの2つに大別された（図15-3）。さらに，教師の発話と一般的な相談活動のプロセスを比較したところ，以下に示す3つの発話特徴があると考えられた。①教師の発話には，面談目的の確認が曖昧であること，②保護者からの新たな情報を得て，教師がこれまでの対応について振り返る発話があること，③学校での今後の対応策について積極的に提案すること，の3点である。これらの発

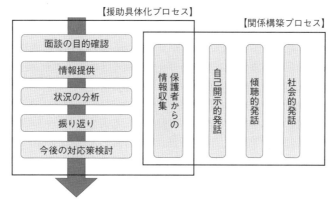

図 15-3 保護者面談における教師の発話分析結果（上村・石隈, 2007 を改変）

話特徴は，教師が直接的援助者であることが色濃く反映している。これらの結果から，教師の発話特徴を活かした保護者面談として，3つの提案が示されている。第1に，保護者と教師双方の面談目的が異なる場合や目的が明確にならない場合があることを踏まえ，日常の実態に関する情報交換から扱うべき問題の絞り込みに至るまでのプロセスに十分な時間をかけ，これらを両者で共有することに重きを置く点である。第2に，「振り返り」の発話の持つ機能を活かすことである。保護者の前で教師が自らの対応を振り返ることは，教師の専門性が危機にさらされる場面とも考えられる。しかし，「振り返り」の発話には，保護者と教師が支援チームの対等なメンバーであることを具現化する機能があると同時に，直接的援助者としての「揺らぎ」（尾崎，1999）を保護者と共有する重要な役割が含まれていると考えられる。このような「振り返り」の機能を理解することで，直接的援助者としての教師の特徴を活かした面談が可能になると思われる。第3は，学校における今後の対応策を積極的に提案していくことである。対応策を検討し提案する場面は，教師としての専門性を最も活かしやすい場面である。また，学校での教育の主たる担い手である教師には，間接的援助者と異なり，積極的かつ具体的に援助策を提案していくことが求められる。教師はカウンセラーではない。教師がおこなう教育相談では，カウンセラーになることをめざすよりも，直接的援助者としての特徴を活かすことが重要となろう。

　また，「報告」（2012）に示された就学相談や教育相談のあり方では，本人や保護者と関係者が現状を振り返りつつよりよい支援に向け検討し続けることが示された。学校や教師には，より柔軟な視点と調整力が求められていると言える。直接的援助者としての教師の発話特徴は，学校や教師の調整力を高めるにあたり，一人ひとりの教師がどのように行動すればよいのかを検討する際の視点となりうるのではないかと考える。

3. 心理教育的援助サービスへの示唆

　一人ひとりの子どもに応じた教育について，特別支援教育，インクルーシブ教育システム構築に向けた取り組みに焦点をあて概観した。近年の社会的な動きが示すように，一人ひとりの子どものニーズに応じる教育は，特定の場で検討・提供されるものではない。多様なニーズを有する子どもが必要な支援を受けつつ自分の特徴を活かして自己実現を図る社会をめざした取り組みである。そして，授業のユニバーサルデザイン化が示すように，インクルーシブ教育システム構築に向けた動きは，社会全体の包容力を高め，ニーズの有無にかかわらず生活しやすい環境づくりにつながるものと考えられる。

しかし，多様性を認め合う社会をめざした取り組みは，スタートしたばかりである。それだけに，課題が山積していることも事実である。

子どもの援助に携わる者は，この取り組みが，一人ひとりのニーズに応じた教育を検討し，実現に向け努力する地道な実践の積み重ねそのものであるということを忘れてはならない。こうした個々の実践の充実には，①子どものニーズを的確に把握し，ニーズに応じた支援を具体化するアセスメント力，②必要とされる多様な支援をアレンジするプロデュース力，③アセスメントから支援の実践に至るまでのプロセスを保護者と本人を含めたチームで検討をする調整力が不可欠である。これらはまさに，学校心理学における心理教育的援助サービスの理論と技法における「心理教育的アセスメント」「カウンセリング」「コンサルテーション」「コーディネーション」にあたる部分である。子どもの援助に携わる援助者にとって，学校心理学は，援助の見通しを持ちやすくする点において援助の重要な基盤になると思われる。一方で，子どもの支援にあたっては，異なる専門性を有する複数の援助者との協働が不可欠である。学校心理学の視点と他の専門性や領域の視点との共通点や相違点を把握しておくことも重要となろう。

また，障害がある子どもの社会参加を考えるとき，障害がある子どもへの支援のみならず，障害がない子どもへの支援や配慮を検討することも重要となる。合理的配慮は，社会的障壁の除去をめざすものであるが，社会的障壁には，障害がある人が利用しにくい施設や設備，制度に加え，障害がある人の存在を意識していない慣習や文化，障害がある人への偏見といった観念も含まれるという。慣習や文化，観念といった社会的障壁は，障害がない人が有する課題とも言える。長い時間をかけて作り上げてきた慣習や文化，観念を変えていくことは容易なことではない。包容力のある社会をめざす取り組みは，今，目の前の子どもがそのように振る舞うことをめざすというよりも，目の前の子どもが大人になって社会を築く年齢に成長したときに，障害がある人や自分と異なる考え方の人への偏見が少しでも少なくなり，ともに生きる社会へ向けた慣習や文化が形成されていくのをめざすということではないだろうか。そのように考えると，現段階では，むしろ，障害がない子どもたちが，障害がある子どもと過ごすことで経験する様々な感情から目をそらすことなく，丁寧に扱い取り上げていくことが重要だと考える。学校心理学では，すべての子どもを援助の対象と考えるとともに，子ども一人ひとりの自己実現を保護促進することを学校教育の役割と位置づけている。このような学校心理学は，障害の有無にかかわらず，すべての子どもの成長を促進する援助を検討し，学校全体の支援体制を問い直す視点を提供すると考える。

新たな取り組みと現実の隔たりを感じ，途方に暮れることもあるが，既存の知見や専門性を活用しながら，これまで以上に柔軟な発想や調整を可能にする専門性と実践力を高めていくことが，一人ひとりの援助者に求められている。

16章
反社会的行動を伴う子どもの援助

押切久遠

1. 反社会的行動とは何か

「非行少年たちはどこに行ったのか？」と言われるほど、非行をして検挙される少年（刑法犯少年）は減り続けている。その数は2003（平成15）年の約20万人から減少を続け、2015（平成27）年は65,950人と約68％の減になっている。戦後ピークの1983（昭和58）年の約32万人と比較すると、ほぼ5分の1だ。

その一方で、近年、社会を震撼させるような少年の重大事件が立て続けに起き、世論は必ずしも非行の状況が落ち着いているとは見ていない。そして、その度に学校や関係機関の対応は十分であったかということが大きな議論となる。また、文部科学省の調査によれば、2015（平成27）年度における小・中・高等学校における暴力行為発生件数は56,963件に上り、前年度と比べ約2,700件増加したが、特に小学校における暴力行為の増加が顕著で、5年前の2011（平成23）年度に比べ2倍以上の発生件数となっている。これらのことは、学校における子どもの反社会的行動への対応の重要性が、ますます高まってきていることを示唆している。

筆者は、もともと犯罪や非行をした人の再犯防止と社会復帰のための指導・援助に携わる保護観察官であり、社会人大学院において石隈先生に師事し、学校心理学の枠組み（石隈、1999）を用いた反社会的行動への対応について学んできた。

本章においては、学校心理学の中でも特に「3段階の援助サービス」「アセスメント」「ヘルパー」「援助チーム」といった概念を用いて、反社会的行動を伴う子どもへの学校における援助について考察したい。

何を反社会的行動とみなすかは、人によって様々であろうが、ここでは、反社会的行動を「非行及び不良行為」と定義して論を進めたい。

「非行」とは少年法上の非行であり、20歳未満の少年が犯罪、触法、ぐ犯にあたる行為をした場合を指す。図16-1のとおり、非行少年は、14歳以上（刑事責任年齢）で刑罰法令に違反する行為をした「犯罪少年」、14歳未満で同様の行為をした「触法少年」、犯罪や触法に至るおそれの高い「ぐ犯少年」の3種類に分けられる。具体的には、窃盗、傷害、恐喝等の刑法に定められた罪を犯したり、毒物及び劇物取締法、覚せい剤取締法、道路交通法等の特別法に違反したりした少年が、犯罪少年及び触法少年であり、理由もなく家出を何度も繰り返したり、犯罪

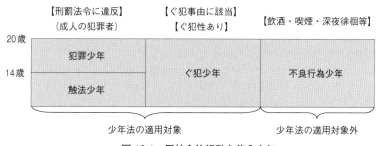

図16-1 反社会的行動を伴う少年

性のある者と深く関わったりして，将来犯罪や触法行為をするおそれの高い少年が，ぐ犯少年である。これらの少年は，少年法の適用対象となり，家庭裁判所に送られて保護処分を受ける可能性がある。2015（平成27）年，非行をして家庭裁判所に送られた少年は，約9万人であった。

「不良行為」については少年警察活動規則に定められており，飲酒，喫煙，深夜徘徊等の行為を指す。未成年者の飲酒及び喫煙は法律で禁止されているが，違反行為に対する罰則がないため，少年法上の非行にはあたらず，不良行為にあたる。不良行為少年は，警察等による補導の対象となるが，不良行為だけをもって家庭裁判所に送致されることはない。2015（平成27）年中に補導を受けた不良行為少年は，約64万人に上る。

すなわち，本章では，飲酒，喫煙，深夜徘徊，家出，不良交友から交通違反，盗み，暴力，薬物乱用まで幅広い問題行動を反社会的行動と捉えて，そのような行動を伴う児童生徒への援助について考えていきたい。

石隈（1999）は，学校心理学における援助サービスを，一次的援助サービス，二次的援助サービス，三次的援助サービスの3段階に区分している。これをもとに，筆者が学校における反社会的行動への3段階の対応を図式化したものが，図16-2である。

第1段階の対応とは，すべての児童生徒を対象に，非行予防教育をおこなうことである。多くの学校で実施されている非行防止教室，薬物乱用防止教室などはこれにあたる。また，非行を中心的なテーマとしていなくとも，他人の痛みについて考えさせたり，社会のルールを守ることの大切さを教えたりする教育も，広い意味での非行予防教育である。

第2段階の対応とは，非行の兆し（髪型や服装の変化，生活時間の乱れなど），不良行為，初発型非行（万引き，自転車盗，占有離脱物横領等）のある児童生徒を対象に，早期の発見と指導・援助をおこなうことである。この段階で有効な働きかけがおこなわれれば，多くの児童生徒が非行の進む手前で引き返すことができる。

第3段階の対応とは，非行の進んだ児童生徒を対象に，関係機関と連携して，つまり学校外の専門家等との援助チームを組織して，密度の高い指導・援助をおこなうことである。非行の進んだ子どもは，本人自身の資質的な問題の他，家庭や交友などの環境にも深刻な問題を抱えている場合が多く，手厚い関わりが求められる。そのため，関係機関としては，警察，児童相談所，家庭裁判所の他に，少年鑑別所，保護観察所，少年院などの機関も関わってくる可能性

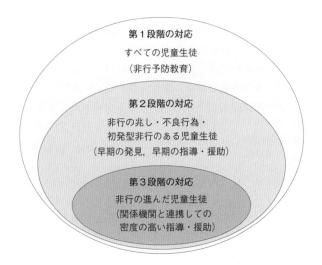

図16-2　反社会的行動への3段階の対応（3段階の対応，その対象，および対応の例）

がある。

　なお，この三階建ての学校対応においては，一次的援助サービス（第1段階の対応）が二次的・三次的援助サービス（第2・第3段階の対応）を支え，逆に，二次的・三次的援助サービスで効果的だった援助方法が一次的援助サービスに活用できるという相互作用的な関係にある（石隈，2012）。

　筆者は，保護観察官としての経験から，反社会的行動を生まないための第1段階の対応が重要であると考え，具体的な非行予防教育を提唱してきた（國分・押切，2001）が，本論では，反社会的行動が生じた後の対応，つまり，第2・第3段階の対応を中心に述べていきたい。

2. 反社会的行動を伴う子どものアセスメント

　より的確な対応のためには，多角的なアセスメントが不可欠である。石隈（1999）は，学校心理学におけるアセスメントの対象として，①援助者自身，②子ども，③子どもの環境の3つを挙げているが，ここでは，反社会的行動を伴う子どもとその環境に関するアセスメントのポイントを検討する。

[1] 子どもについてのアセスメントポイント

　子どもについてのアセスメントポイントを，学習面，心理・社会面，進路面，健康面から見ていきたい。

1) 学習面

　非行少年と面接していると，「学校の勉強についていけなかった」「授業中，先生の言っていることが全然わからなかった」「友達と会ったり，部活をしたりするのは楽しいけど，授業はつまらない」といった話がよく出る。彼ら（彼女ら）は，学習面でかなり苦戦してきた様子である。

　内閣府（2010）のアンケート調査でも，クラス内の成績について「悪い方」と答えた中学生は，一般の中学生では34.9%であったのに対し，非行少年（警察に補導された中学生または少年鑑別所に入った中学生）では79.5%であり，その比率には大きな違いがあった。また，学校の授業（勉強）について「だいたいつまらない」と答えたのは，一般の中学生では17.2%であったのに対し非行少年では53.1%，家庭での勉強時間について「ほとんど勉強しない」と答えたのは，一般の中学生では28.9%であったのに対し非行少年では75.5%という結果であった。

　学習面の遅れが，自己イメージや意欲の低下を招き，さらには反社会的行動へとつながりやすい状況を用意している可能性があるため，アセスメントに当たっては，まずこの点に注意しておく必要がある。

2) 心理・社会面

　いわゆる非行原因論の多くは，この側面から非行を捉えようとしてきた。

　心理面では，情緒や考え方（ビリーフ）が一つのテーマとなるが，ここで注目されるのは，サイクスとマッツア（Sykes & Matza, 1957）の「非行中和の技術論」である。彼らは，少年が非行を中和する（なかったことにする，正当化する）ための技術（認知方法）を身につけることによって，より容易に非行へと走れるようになると説く。中和の技術には，「責任の否定（私のせいじゃない。そんなつもりでやったんじゃない）」「加害の否定（だれも傷つけていない。被害者には十分なお金がある）」「被害者の否定（被害者が悪かったのだ）」「非難者への非難（大人だって陰で汚いことをしている）」「高度の忠誠心の訴え（私は仲間のためにそれをしたのだ）」の5種類がある（押切，2003）。

　また，小林（1989）が非行少年の認知傾向を原因帰属の観点から調査した結果によれば，非

行の進んだ少年ほど，自らの非行について反省せずに弁解したり正当化したりする傾向が著しく，自分の非行化の責任を自分以外の要因（たとえば家庭，学校，友人）に求める傾向がある。

これらの理論や調査結果には，非行少年が，自らの行動についての責任を回避あるいは転嫁し，心の安定を図ろうとする機制が示されている。筆者の臨床経験からも，こういった機制を用いる子どもは多いと感じる。この責任回避・転嫁が問題なのは，「今回の行動でどのような点が問題だったのか。今後気をつけるべき点は何か」と内省する機会を奪ってしまうからである。

そこで，アセスメントに当たっては，反社会的行動をした子どもが「中和の技術」を用いようとしていないか注意する必要がある。

さらに，生島（1999）は，非行をはじめとする少年の問題の背景には「悩みを抱えられない」ことがあると指摘している。生島によれば，非行少年に対する心理的援助の大きな目的は，外罰的で内省に乏しい少年に，うまくいかない原因は自分にも幾分かはあると気づかせ，「悩みを抱えられる」までに成長を図ることである。反社会的行動をしたことによって，本人に葛藤が生まれているか否かという点も，重要なアセスメントポイントである。

社会面を中心に総合的に非行を考察できる理論として，ハーシ（Hirschi, 1969）の「社会的絆の理論」がある。ハーシは，非行を抑止する社会的な絆として，①両親や学校や仲間への愛着（attachment），②非行に伴う損得を考慮した上での，進学や就職など社会秩序に沿った行動への投資（commitment），③宿題，スポーツ，地域活動など日常の諸活動への巻き込み（involvement），④社会的なルールに従わなければならないという規範観念（belief）の4つを挙げ，その絆が弱くなったり，失われたりした時に非行は発生すると唱えた。

この4つの観点は，アセスメントをおこなう上でも重要である。特に，筆者の臨床経験からも，① attachment と関連して，本人から見て「迷惑をかけたら悪いな」と思えるような人がいない，③ involvement と関連して，課外活動や家庭学習もせずにブラブラしている，または課外活動を止めて急にヒマになったといった状態の時に，反社会的行動は起こりやすいと思う。

3) 進路面

少年鑑別所に入った少年の教育程度の分布（2015年）を見ると，高校中退が30.2％と一番多く，中学卒業も20.7％と相当多い。中学生全体の高校進学率が約99％（2015年度），高校生の中途退学率が1.4％（2015年度）であることと比べると，非行少年が進学面でもかなり苦戦していることがうかがわれる。

また，非行少年には，中学卒業後あるいは高校中退後にブラブラしていたり，短期間で仕事を転々としたりと不安定な生活を送る中で事件を起こしている者が多い。面接の際に，彼ら（彼女ら）と今後の生活計画を話し合っても，「よくわかんないけど…」とか「とりあえずは…」とか，進路について煮え切らない返事が戻ってくることも多い。「将来どうしたらいいかなんて聞かれても，自分でもよくわからない」というのが本音なのだろう。

前述のハーシの② commitment のように，「自分は将来の進学や就職のために，今，我慢や努力をしなければならない」と思えれば，非行に走る可能性は低くなるであろうし，「将来なんて考えられないから，今がよければそれでいい」と思ってしまえば，安易な非行へと走ってしまう可能性が高まるであろう。

「進学や将来の仕事について，ある程度の希望や具体的イメージを持てているか」ということも，重要なアセスメントポイントである。

4) 健康面

非行少年には概して，昼夜逆転の暮らしを送っている者や，食生活が乱れている者や，タバコ・アルコールになじんでいて健康に気をつかわない者が多い。薬物（シンナー，覚せい剤，危険ドラッグ等）使用のある少年の場合は，特にその身体が蝕まれている。少年鑑別所に入っ

た少年の約2割は，医療措置を要する者である（2015年）。

その子の生活時間が急に乱れてきている様子はないか。ソワソワしたり，トロンとしたり，目つきが変わったりしていないか。こういったこともアセスメントポイントの一つである。

[2] 子どもの環境についてのアセスメントポイント

環境の中にいる子どもに焦点をあてることも学校心理学の特徴である（石隈，2004）。ここでは，子どもの環境として，家庭，友だち集団，学校・地域を取り上げる。

1）家庭

非行少年の家庭環境を見ると，親の離婚など何らかの事情により，ひとり親家庭で育った少年が比較的多い。たとえば，少年鑑別所に入った少年の37.8%は母親のみのひとり親家庭，9.3%は父親のみのひとり親家庭である（2015年）。実務上も，家庭を一人で支えながら，我が子の非行に疲労困憊している母親によく出会う。

また，法務総合研究所（2005a）が少年院の教官546人におこなった意識調査によれば，「指導力に問題のある保護者が増えた」と認識している教官が8割を超え，その問題の内容としては，「子どもの行動に対する責任感がない」「子どもの言いなりになっている」「子どもの行動に無関心である」「子どもの問題を他人のせいにする」が多かった。同研究所（2005b）が保護司2,260人におこなった調査においても，同様の保護者の問題点が指摘されている。親の「放任」や「無関心」も，反社会的行動を考える際の一つのポイントである。

さらに，同研究所（2001）が少年院在院者2,354人を対象におこなった実態調査によれば，保護者から身体的暴力，性的暴力，ネグレクトといった虐待を繰り返し受けた経験のある者は，約5割にも上った。反社会的行動の背後に家庭における被虐待の問題が隠れていないかということも，よく注意しておく必要がある。

2）友だち集団

アメリカの高名な犯罪学者サザランド（E. H. Sutherland）は，「犯罪行動の学習の主要部分は親密な私的集団の中でなされる」とした（瀬川，1998）が，確かに経験上も，反社会的行動と不良交友とは切っても切れない関係にある。どうも非行少年には，自ら主体的に行動する少年よりも，何となく仲間につられる形で行動する「付和雷同」型の少年が多いように思われる。少年事件の共犯率（2015年において25.6%）が，成人事件の共犯率（同10.8%）より相当高いことも，少年非行における「仲間」の存在の大きさを示している。

そこで，どのような友だちやグループと，どの程度付き合っているのか，そのグループにおいて本人はどのような地位にあるか，不良仲間以外の友だちはいるかなども，アセスメントの際の重要な着眼点となる。

非行の進んだ少年については，学校の不良グループ－暴走族－暴力団というつながりの中にいないか注意してみる必要がある。このつながりに深くからめとられていると，学校のみの対応でそこから離脱させることはなかなか困難である。また，暴走族とは別に，地域には様々な非行グループが存在し，それが少人数であったり，それほど凝集性が高くなかったりする上に，SNS等を通じて多様なメンバー構成で離合集散を繰り返すため，関係機関が迅速に情報を共有しなければそれを捉えにくいという点にも留意する必要がある。

地元にどのような非行グループがあるか，どのような非行グループができつつあるのか，そのグループに在校生や卒業生が属していないか，そのグループの背後に暴力団の存在がないか，また，本人はそのようなグループと関わっていないか，関わっているとすればどの程度の関わりか。そういった点も大切なアセスメントポイントである。

3）学校・地域

加藤・大久保（2005）は，公立中学校5校の生徒674名に調査をおこなった結果から，荒れ

ている学校の生徒は，落ち着いている学校の生徒に比べて，不良少年がやっていることを肯定的に評価していることなどを導き出し，「〈荒れている学校〉では，特定の生徒が問題行動を起こすと，それを面白がったり，心情的に支持する雰囲気があり，こうした生徒文化が問題行動のエスカレート，さらには学校や学級全体の荒れを引き起こす一つの要因となっているのではないか」と考察している。このように，学校の雰囲気が不良少年の行動を肯定することで，少年の行動がエスカレートしたり学校全体が荒れたりする場合があるということも，反社会的行動を見る際に考慮すべきことの一つと言える。

　また，非行少年たちは，時間をつぶすためにたむろする場所をつくることが多く，それは，保護者の不在がちな仲間の家であったり，特定の店舗または店舗の近くであったり，公園や河川敷や駅前であったりする。日頃（特に夜間）地域で子どもたちがたむろしそうな場所について，情報を集めたり，注意深く観察したりしておくことは，アセスメントをおこなう上で役立つ。

［3］ 自助資源と援助資源

　反社会的行動を伴う子どもを捉えようとする場合，我々はついその問題点（悪い点）を見つけ出すことに躍起になってしまう傾向があるが，これまで述べたようなアセスメントポイントを押さえつつ，子どもの自助資源と援助資源を明確にしていくことも重要であり，そこにこそ学校心理学の知恵が生きてくるのだと考える。

3. 反社会的行動を伴う子どもへの対応

［1］ 対応のポイント

　これまで見てきたアセスメントポイントは，対応のポイントとペアになっている。たとえば，学習面においては，学習のつまずきをなるべく早期にフォローするための配慮が，心理・社会面においては，責任回避・転嫁のビリーフを見直したり，葛藤を育てたり，人間関係形成のスキルを身につけさせたりするための働きかけが，進路面においては，進学や就職に関し具体的なイメージを持てるようにするためのキャリア教育が，健康面においては，保健・栄養指導や薬害教育が，対応として重要である。

　また，子どもの環境の調整を図っていくという視点も大切であり，たとえば，家庭訪問や保護者面談を通じた家庭の状況把握と保護者（特に母親）へのサポート，関係機関や地域住民と協働しての学校外での声かけ，子どもの居場所づくりなども効果的な対応である。

　そして，これらのポイントを踏まえた対応の方法には，大きく分けて，①本人へのカウンセリング，②保護者や教師へのコンサルテーション，③チームによる対応があると考える。以下，対応の担い手（ヘルパー）を明らかにした後，①・②についてふれ，「チーム援助」を念頭に置いて，③に言及したい。

［2］ 対応の担い手（ヘルパー）

　学校心理学において対応を考える際には，まずその担い手（ヘルパー）を検討する作業が必要である。

　検討の前提として，非行をした少年がどのような処遇を受ける可能性があるのかを見たのが，図16-3である。14歳以上の少年は，原則として家庭裁判所で扱われ，14歳未満の少年は，原則として児童相談所で扱われる。家庭裁判所が審判により決定する保護処分には，少年院送致，保護観察，児童自立支援施設・児童養護施設送致の3種類がある。14歳以上の少年で，刑事処分（懲役や罰金等）が相当と判断された者は，家庭裁判所から検察官へ送致（いわゆる

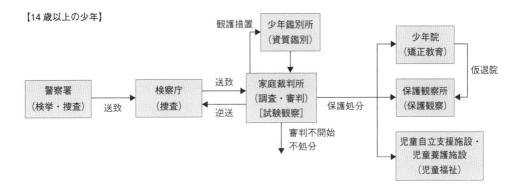
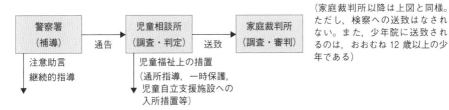

図16-3 非行少年の処遇の流れ（概要）

逆送）され，成人と同様の扱いを受ける。不良行為少年の場合は，通常，補導の際の注意・助言・保護者への連絡等で終了する。

よく質問を受けるのは，少年鑑別所と少年院の違いであるが，少年鑑別所は，家庭裁判所による処分決定の前に2〜4週間程度少年を収容し，主にその資質鑑別をおこなう施設であるのに対し，少年院は，家庭裁判所による処分の結果として少年を収容し，短期であれば平均5か月間，長期であれば平均13か月間にわたり矯正教育をおこなう施設である。そのため，少年鑑別所に入った場合，家庭裁判所の審判によっては保護観察等となり数週間で地域社会に復帰し，生徒であれば復学する可能性がある一方，少年院に入った場合には，ある程度の長期間をそこで過ごすことになるので，復学の可能性がある生徒については，その間に少年院，保護観察所等の関係機関と共に必要な調整を図っていくこととなる。

非行少年の処遇の流れを踏まえつつ，対応の担い手（ヘルパー）について，①非行関係機関・施設，②学校等，③家庭・地域に分けて整理したのが，表16-1である。

石隈（1999）は，心理教育的援助サービスの担い手を，専門的ヘルパー，複合的ヘルパー，役割的ヘルパー，ボランティアヘルパーの4種類に分類しているが，反社会的行動を伴う子どもへの対応では，非行関係機関・施設の職員が専門的ヘルパー，教師やスクールカウンセラーが複合的ヘルパー，保護者が役割的ヘルパー，近隣の人々や非行関係機関・施設のボランティアがボランティアヘルパーということになろう。ただし，非行関係機関・施設のボランティアの中には，少年補導委員など相当数を教師が兼ねているものや，保護司など専門的ヘルパーとボランティアヘルパーの中間に位置するものがある。

[3] カウンセリング

表16-1のとおり，反社会的行動を伴う子どもに関わる可能性のあるヘルパーは多種多様であり，それぞれの関わり方もその役割や場面に応じて異なる。それを前提に，たとえば，非行関係機関の職員である筆者が，カウンセリングをおこなう際に留意しているのは次のような点である。

第1に，相互コミュニケーションの中で，可能な限り関係を築いていくこと。非行という行動については受容しないが，非行をした少年についてはできるだけその心情に沿って理解しようとする。傾聴しつつ，こちらの思いも率直に伝えるうちに，「この人は説教してくるだけじゃない」「この人は少し話を聴いてくれる」と思ってくれれば，それが関係づくりの糸口となる。関係ができてくれば，こちらの言葉も相手に届きやすい。

第2に，本人のビリーフに着目すること。本人に責任回避・転嫁のビリーフが見られる場合，そのビリーフについて一緒に検討してみたり，もっと別の見方ができないか探ったりすることによって，非行行動の一部でもよいから「自分にも責任があった」と背負えるよう働きかけを試みる。

第3に，葛藤や切迫感を持たせること。非行をしたことについて何の悩みも何の緊張も生じていない少年，ヘルプシーキングを有していない少年に対し，どのように介入していくかということが，この分野における重要なテーマである。ビリーフを変化させることも葛藤を育てることも，自分のした非行をきちんと振り返らせ，その行動が他者に与えた影響を考えさせることによって実現する。

表 16-1　反社会的行動への対応の担い手（例）

非行関係機関・施設		学校・教育委員会・その他の関係機関	家庭・地域
職員	ボランティア等		
少年補導センター（地域によって名称が異なる）		校長	親
少年補導センター職員	少年補導委員	教頭・副校長	祖父母
警察署・少年サポートセンター		学級担任	兄弟姉妹
警察官	少年補導員	学年主任	親戚
少年補導職員	少年指導委員	生徒指導主事	近隣の人々
少年相談専門職員	少年警察協助員	教育相談担当	PTA・親父の会
スクールサポーター		進路指導担当	自治会役員
児童相談所		特別支援教育担当	地域スポーツ指導者
児童福祉司	民生・児童委員	部活顧問	少年スポーツ指導者
児童心理司	主任児童委員	養護教諭	学校評議員
児童精神科医		スクールカウンセラー	
家庭裁判所（一般相談受付あり）		スクールソーシャルワーカー	
裁判官	補導委託先	心の教室相談員	
家庭裁判所調査官	少年友の会会員	教育委員会指導主事	
少年鑑別所（一般相談受付あり）		教育委員会指導員	
法務技官		福祉事務所	
法務教官		自治体福祉担当課	
保護観察所		家庭児童相談員	
保護観察官	保護司	精神保健福祉センター	
	協力雇用主	保健所	
	BBS 会員	公共職業安定所	
	更生保護施設	NPO	
	自立準備ホーム	医療機関	
少年院			
法務教官	篤志面接委員		
精神科医	教誨師		
児童自立支援施設			
児童自立支援専門員	自立援助ホーム		
児童生活支援員			
家庭支援専門相談員			

上記の3つは，いずれも教師の方々であっても可能な働きかけであるが，ときに第3の働きかけをおこなうことは，教師やスクールカウンセラーの立場では非常に難しい場合がある。藤田（2002）も指摘するように，関係機関と連携して司法的枠組みを準備し，より教育指導的に関わっていくことが必要な場面があり，枠組みを用意してはじめて，カウンセリングが可能となる少年も多い。

なお，これまで述べたようなカウンセリングをおこなう上で，筆者は，来談者中心療法，認知行動療法，現実療法等の考え方を大切にしている。

[4] コンサルテーション

反社会的行動を伴う子どもに関するコンサルテーションの形としては，教師→保護者，スクールカウンセラー→教師・保護者，非行関係機関の職員→スクールカウンセラー・教師・保護者などが考えられる。特に，非行関係機関の職員やボランティアの一部は，非行少年への対応について，より豊富な知識と経験を持っており，また，少年鑑別所など多くの機関が非行に関する一般的な相談を受け付けているため，有用なコンサルタントとなりうる。

コンサルテーションをおこなう場合に，筆者が心がけているのは，①コンサルティのこれまでの努力や苦労を大切に扱うこと，そして，②なるべくこれまでとは違った視点を提示することである。

コンサルティは子どもの非行にさんざん振り回され，疲れ切ってしまっていることが多い。ていねいに話を聴き，これまでの苦労をねぎらうだけでも，そのエンパワーメントに役立つ。実際，スクールカウンセラーの丁寧な関わりによって，母親が，クライエントから子どもの援助のパートナー（相互コンサルテーションの当事者）へと変容する事例もある（田村，2008）。

また，事実関係や経過を一緒に整理し直すことによって，これまで効果のなかったこと（逆効果だったこと），少しは効果のあったこと，やってみる価値のありそうなこと，援助資源として活用できそうなもの，関係機関との連携の必要性などが見えてくる。

コンサルテーションの際も，コンサルティとコンサルタントが対等のパートナーであり，コンサルテーションの成功の鍵はコンサルティの積極的な関与にあるという，学校心理学の考え方（石隈，2004）を常にベースに持っておくべきである。

[5] チーム対応

1）対応の背景

反社会的行動への第2・第3段階の対応（図16-2参照）においては，児童生徒の非行がどの程度進んでおり，どのような関係機関がその子に関わっているのか（または関わる必要があるのか）を踏まえた上で，チーム対応をおこなう必要がある。

関係機関との連携の重要性は以前から強調されていた（たとえば，1978年の文部省局長通知）が，近年，「情報連携」から「行動連携」へという提言（2001，少年の問題行動等に関する調査研究協力者会議）を受けて，個々の児童生徒の問題行動に応じ関係機関が柔軟に指導・支援をおこなう「サポートチーム」の取り組みが活発化している。

また，2015（平成27）年2月に川崎市で起きた中学1年生殺人事件の検証を踏まえた当面の対応方策として，文部科学省（2015，局長通知）は，学校において「地域や関係機関との連携を担当する教員を明確に位置付け学校と地域や関係機関との連携を一層促進する体制を構築することを積極的に検討すること」とし，さらに，学校が少年サポートセンターと連携し，「個々の児童生徒の状況に応じた少年サポートチームの結成等による支援に積極的に取り組むこと」とした。

2) 対応の実際

非行のある生徒に対するチーム援助については，片桐（2002）の貴重な実践報告がある。この事例では，家庭裁判所の試験観察となった女子生徒（援助開始後 ADHD の診断を受ける）に対し，学校単位の援助チームを組織して，原学級担任，情緒障害特殊学級担任，学年主任，生徒指導主事，養護教諭，校長，教頭等の学校内メンバーに，家庭裁判所調査官，保護司，医師等の学校外メンバーも加わって，援助計画に基づく継続的な指導・援助がおこなわれ，成果を上げている。

この実践においては，学校に，援助チームをコーディネートする役割を担った生徒指導委員会（生徒指導主事，養護教諭，情緒障害特殊学級担任等から構成される）が常設され，その委員会が事案に応じて学級・学年・学校の３つ単位集団のいずれかによる援助チームを組織し，その活動状況を全教職員で共有するという仕組みが作られ，よく機能していた。この点について片桐も，「学校にはすでに確立されているシステムがあるので，それを生かしながら援助チームを機能させていく方が学校教育システムとして位置づきやすいのではないかと考える」と述べている。

また，国立教育政策研究所の調査研究報告書（2002）には，次のような事例が紹介されている。

①両親の離婚等を機に授業妨害や暴力行為を繰り返すようになった中学生について，出席停止の措置をとった上，学校，教育委員会，PTA 役員，民生・児童委員，自治会会長，警察，福祉事務所等がサポートチームを結成して対応した事例。このチームはさらに，「家庭関係対応班」「本人対応班」「本人の誘いを断れない他の生徒対応班」の３つに分かれて活動した。特に，福祉事務所の協力を得て，出席停止期間中に福祉施設における介護活動を体験させたことが効果を上げた。

②母親（母子家庭）の放任・虐待を背景に，授業妨害や粗暴行為を繰り返す小学生について，学校，教育委員会，自治体福祉課，家庭児童相談員，民生・児童委員，児童相談所等がサポートチームを結成して対応した事例。本人への指導を，学校，教育委員会，児童相談所が，母親の相談に乗ることを，家庭児童相談員と児童相談所が，母子の福祉を，自治体福祉課と児童相談所が，それぞれ担当した。その中で，母親が家庭児童相談員に，生活の苦しさ，養育上の不安，自分の幼少期の辛かった体験などを吐露し始め，変化を見せるようになった。また，本人は，地域のイベントに積極的に参加するうち，サッカーの少年団に入り，自分の居場所をつくることができた。

3) 対応上の留意点

こういった個別ケースごとの学校と関係機関との連携強化は，学校心理学における援助チームを実践するための場の広がりでもある。「援助チームの概念は，学校心理学に基づく心理教育的援助サービスの中核」（田村，2004）であり，サポートチームの充実発展に学校心理学は寄与していくことができる。特に，「相互コンサルテーション」「ネットワーク型援助チーム」「コーディネーション委員会」といった概念は重要であるし，実際にサポートチームを運営していく上では，石隈・田村式の「援助チームシート」や「援助資源チェックシート」が有用である。

また，学校心理学において指摘するように，「チーム援助が効果を上げるには，チームをまとめ，調整していくためのコーディネーターが必要である」（瀬戸，2004）し，「コーディネーターには，構成員間の信頼関係を構築しつつ援助チームの活動をおこなうことが求められる」（田村，2004）。国立教育政策研究所も，その調査研究報告書（2002）において，「関係機関間でコーディネート役を的確かつ迅速に定めることができるかどうかが，サポートチームの実効性・機動性を確保する上で極めて重要なポイント」であるとしている。コーディネーターがよりよ

く機能するよう，その養成も含めて学校心理学の立場から様々な提言をしていくことができると考える。

4）学校外システム

なお，最後に，自治体ぐるみの援助チームの取り組みとして，北九州市の例を紹介しておきたい。同市の戸畑駅前の複合施設「ウェルとばた」5階には，教育委員会，児童相談所，警察の少年サポートセンターが同居し，非行，虐待，いじめなどの様々な問題ケースに連携して対応している。

この3機関が素早く情報を共有し，それに基づいて，学校，福祉事務所，家庭裁判所，保護観察所，児童福祉施設などの多様な機関と迅速・的確に連携することにより，少年の再非行率を低下させるなど成果を上げている。

非行の問題は，学校のみで解決できることはむしろ少なく，子どもの資質，家庭環境，地域の交友関係など複雑な要因が絡み合って起こっているため，学校外の資源と連携した指導・援助が必要であることが多い。学校内の援助チームも重要であるが，その学校内システムと有機的につながることのできる北九州市のような実効性の高い学校外システムが存在すれば，よりよいチーム対応，つまり三次的援助サービスの提供ができることであろう。

コラム7

子どもの万引きの予防に関する実践的研究

大久保智生

　万引き被害の規模は日本全国で約1兆円と推定されているなど，大きな社会問題となっている。近年では，高齢者の万引き犯罪の増加が著しいが，万引き犯罪に占める子どもの割合が依然として高い地域もある。万引きはゲートウェイ犯罪と呼ばれ，重大な犯罪の入り口になりやすいことからも，学校で子どもの万引きをどのように予防し，対処するのかは重要な課題と言える。

　万引き犯罪は，香川県においても，人口1,000人当たりの万引きの認知件数が2009年まで7年連続全国ワースト1位になるなど，大きな社会問題となっていた。こうした中，香川県警察と香川大学の共同事業として香川県子ども安全・安心万引き防止対策事業が立ち上がり，県内の万引きの実態を把握し，その要因や背景を探り，防止対策を策定するために調査研究をおこなった（大久保・時岡・岡田，2013）。その結果，子どもを含め万引きの被疑者は一般的に万引きに関する規範意識は高いこと，子どもの万引きは中学生が最も多く，共犯者が存在する割合が高いこと，家族の対応が後悔につながることが明らかとなっている。したがって，調査結果に基づくのならば子どもの万引き防止は，万引きが悪いことだということは十分理解しているため，悪いことだと教えるのではなく，友人との関係の中で考え，家族の対応まで見据えておこなっていく必要があるということが示唆された。

　こうした調査結果を受け，香川県子ども安全・安心万引き防止対策事業では，世代別の万引き防止啓発動画を制作している。制作した動画は，単に万引きしてはいけないというのではなく被疑者の背景や万引きをするとどうなるかがわかるストーリーとなっている。その後，制作した動画を用いた万引き防止教育プログラムを開発し，その効果の検証をおこなっている。子どもの万引き防止では，家族の対応が抑止につながることから，子どもを対象とした教育プログラムだけでなく，保護者を対象とした教育プログラムも開発している。どちらのプログラムにおいても「万引きをやめましょう」というメッセージだけでなく，半数以上の子どもは万引きをしていないことからも自分たちには関係ない問題ではないという意味で「万引きの無い地域や関係づくりを一緒に考えましょう」というメッセージも織り込み，参加者を地域社会における万引き防止の担い手として捉え，参加者自らが万引き防止について考える構成としている。教育プログラムの流れは，①知識の確認（○×クイズに参加者が解答する），②現状の説明（解答をもとに万引きの実態を解説する），③動画の視聴（動画をもとに万引きの背景を考える），④対策の検討（ワークシートをもとに，万引き対策について参加者同士で話し合う），⑤まとめ（他者や地域の重要性を確認する），⑥振り返り（アンケートに回答し，振り返る）となっている。振り返りの調査の結果，万引きに関する実感，万引きに対する態度などでプログラムの効果があることが明らかとなっている。

　香川県子ども安全・安心万引き防止対策事業では，教育プログラムの実施だけでなく，店舗での対策も推進しているが，店舗で効果のある対策をいくらおこなっても，地域に万引き防止の機運がなければ，効果は持続しない。対策の効果を持続させるためには，地域社会の一員として何ができるのかを考えていく必要があると言える。したがって，防犯に関する実践研究は地域社会全体の認識を変えていけるような研究をおこなっていくことが重要になると言える。

17章
教師とスクールカウンセラーがチームで援助をおこなう

本田真大

1. スクールカウンセラーと教師の連携の状況

[1] スクールカウンセラーの活動と評価

　我が国のスクールカウンセラーの導入は1995（平成7）年度のスクールカウンセラー活用調査研究委託事業より始まった。スクールカウンセラーは当初公立中学校に配置され，現在では小学校や高等学校，保育カウンセラーとして幼稚園・保育所，さらには私立学校にも配置されている。また近年では「チームとしての学校」という考え方が打ち出され（文部科学省，2015），スクールカウンセラーが教師とよりよく協働することが今後ますます求められるであろう。

　スクールカウンセラーが派遣されている学校の教師からは，当該事業及びスクールカウンセラーは概ね肯定的に評価されているようである（伊藤，2000；文部科学省，2007）。しかし，河村・武蔵・粕谷（2005）の47都道府県の中学校教師4,701名のデータを分析した研究からは，スクールカウンセラー配置校の教師は非配置校の教師よりも「LD・ADHD（その可能性も含む）の問題」，「知的障害の子どもの問題」，「生活習慣の乱れた子どもの問題」，「暴力などの反社会的な行動をする子どもの問題」などへの期待が低いことが明らかとなり，配置されたスクールカウンセラーの活動内容を観察した教師がスクールカウンセラーへの期待を低下させた可能性を指摘している。さらに，スクールカウンセラー配置校の担任教師の満足感は管理職・担任外教諭・養護教諭よりも概ね低かった。これらのスクールカウンセラーへの期待や満足感の低さの要因として，河村ら（2005）は担任教諭が期待するスクールカウンセラーの活動領域と現状に差が大きいことと，担任教諭とスクールカウンセラーの連携が上手くできていないことの2点を指摘している。このように時間に余裕のない担任教師と上手く連携・協働できることはスクールカウンセラーにとって不可欠な資質・能力であると考えられる。

　スクールカウンセラーとの連携・協働に関して，伊藤（2000）の研究からは教師から見て積極的に情報開示するスクールカウンセラー（「相談内容についてはカウンセラーからできる限り話してくれた」）は情報開示に消極的なカウンセラー（「すべて話すことはないが，教師が聞いたことには答えてくれた」，「聞いたら話してくれたと思うが，ほとんど聞かなかった」）よりも当該事業の評価が高く，とりわけ「教師援助」（「学級担任の負担が軽減され授業に専念できる」，「学校として職場のチームワークが良くなる」など）の評価が高いことが明らかになった。スクールカウンセラーを対象とした研究からも，教師と積極的に情報を共有しようとするスクールカウンセラーの方が「接触」（「子どもたちと接触する機会を作ってみる」など）と「連携」（「教師の立場や教育方法を尊重しながら教師のできることを一緒に検討する」など）に対する自己評価が高かった（伊藤，1999）。これらの知見はスクールカウンセラーと教師の協働のあり方を考える上で重要であろう。

[2] 教師とスクールカウンセラーの協働

　連携・協働の形態には様々なものがあるが，ここではコンサルテーションとチーム援助について解説する。

1) コンサルテーション

　学校教育におけるコンサルテーションは「異なった専門性や役割をもつ者同士が子どもの問題状況について検討し今後の援助の在り方について話し合うプロセス」と定義される（石隈，1999）。自らの専門性に基づき他の専門家の子どもへの関わりを援助するものをコンサルタント，援助を受ける者をコンサルティと言う（石隈，1999）。コンサルテーションの実態を先行研究から算出すると，スクールカウンセラーやその他のコンサルタントに相談した経験のある教師は 50.4%（谷島，2010）や 60.4%（小林，2008）という値であった。またスクールカウンセラー対象の調査では，1年度間にコンサルテーションをおこなった教師の割合が学校教員全体の半数未満であったと回答したスクールカウンセラーが 77.0% であった（土居・加藤，2011）。もちろんコンサルテーションはコンサルティ（教師や学校）のニーズに応じておこなうものでありただ単に割合が高ければよいとは言えないが，実態として理解しておくことは必要であろう。

　コンサルタントとコンサルティが相互に入れ替わりながらおこなわれるコンサルテーション（相互コンサルテーション）はチーム援助と呼ばれる。チーム援助とは子どもの問題状況（学習面，心理・社会面，進路面，健康面）の解決をめざす複数の専門家と保護者によるチームによる援助のことである（石隈，1999）。学校心理学では教師もスクールカウンセラーも異なる専門性を有する対等な専門家同士であると考えるため（石隈，1999），学校でおこなわれる教師とスクールカウンセラーの協働の多くはチーム援助の形態で捉えることができよう。

　コンサルテーションやチーム援助などの教師とスクールカウンセラーの協働は 3 段階の心理教育的援助サービスのすべてにおいておこなわれ，協働する際には一次・二次・三次の援助サービス全体を意識することがよりよい協働の役に立つ（実践例は 2 ［1］参照）。

2) 教師とスクールカウンセラーの協働に影響する要因

　協働の促進・抑制要因について，伊藤（2009）は先行研究を展望し，チーム援助などによる学校組織へのコンサルテーションを促進する要因として，①シートなどの協働を促進する具体的なツール，②教師の抵抗感や動機の調整，③校長のリーダーシップ，④既存のシステムを生かし新たな視点を投入すること，⑤システムを校内に定着し維持するシステムの構築，を挙げている。

　教師の協働しやすさを理解する上で援助特性の研究が参考になる。谷島（2010）は小・中・高等学校の教師が学校コンサルタント（スクールカウンセラーなど）のコンサルテーションに求める援助特性を研究した。その結果，「教師への配慮」（「教職員とのコミュニケーションが円滑である」「相談室にこもらず，なるべく教職員と接するように努めている」など），「信頼できる態度」（「児童生徒への対応方法を親身になって考えてくれる」「教師の話をよく聞こうとする姿勢がある」など），「問題解決志向」（「児童生徒の状況を実際に見た上で問題を見立てている」「コンサルテーションが終わった後でも，その問題を気にかけてくれる」など）という 3 つの側面が見出された。援助特性の研究からは教師が協働相手としての学校コンサルタント（スクールカウンセラーなど）に求める資質・能力を知ることができる。

　協働を抑制する要因の中で，ここでは特に教師の援助を求める心理を取り上げる。人が援助を求めることや相談することは援助要請と呼ばれ（Srebnik et al., 1996），教師を対象とした研究もおこなわれている（たとえば，田村・石隈，2006）。援助を求めることに対する態度（援助要請態度）や認知（被援助志向性）は期待感と抵抗感という 2 側面に大別でき（本田，2015c），教師同士またはスクールカウンセラーとの協働をおこなう上で教師の期待感が低く抵抗感が高ければ自ら協働を申し出る可能性は低い。そのような教師に対してむやみに協働や相談をするように促すだけでは上手くいかないであろう。「助けて」と言えない個人（教師）が援助を求めやすくなることも大切であるが，「助けて」が届かない周囲の教師や学校，社会が変わることも

重要である。このような考え方から本田・水野（2017）は「援助要請に焦点を当てたカウンセリング」を提案しており，後述するように教師とスクールカウンセラーが協働する際にも有用なアプローチとなりうる（2 [2] 参照）。

[3] 教師がおこなうチーム援助とスクールカウンセラーの関わり

1) チーム援助の形成・維持プロセス

国内の実証的なチーム援助研究を中心にチーム援助の形成・維持プロセスとその関連要因を整理する。チーム援助のプロセスは「準備状態」，「チーム形成」，「チーム活動」，「チーム終結」と進み，最後に「引き継ぎまたはフォロー」へと至る（田村，2004）。このような流れの中でチーム援助の関連要因を整理したのが図17-1である。援助のプロセスがうまく進むためには，「形成促進の要因」，「活動の活性化の要因」，「終結の要因」という3つの要因を考える必要がある。そしてこれらの他に「チーム援助が諸変数に与える影響」，「個別・システムの両方に関わる要因」についても研究されている。

2) チーム援助の形成・維持プロセスの関連要因

「形成促進の要因」として，石隈・飯田（2006）はチーム援助の開催のきっかけはコーディネーター役の呼びかけが最も多く，保護者・スクールカウンセラー・外部専門家の呼びかけは少ないことを明らかにした。このことから，コーディネーション機能の「役割・権限」を強化することや，保護者・スクールカウンセラー・外部専門家の気づきを発信するシステムを構築する必要性が指摘される。さらに石隈・飯田（2006）はチーム援助の継続に関して，チーム援助会議の開催頻度はチーム援助の「事前の活動」，「話し合いの進め方」と正の関連があることを明らかにし，明確な目的のあるチーム援助会議が有効であるとしている。援助の目的を共有することの重要性は水野（2014）も指摘している。「活動の活性化の要因」については2つの要因が挙げられる。第1にチーム援助能力（スキル）の変数であり，昨今の現職教員を対象としたチーム援助に関する研修の多くがこの要因として位置づけられよう。さらに現職教員のみでなく，田村（2012）は教職志望学生を対象とした授業科目によるチーム援助志向性の変容について検証している。第2の要因は学校組織の変数であり，瀬戸（2007）は高校の組織特性としての「協働性」と「情報共有度」は不登校のチーム援助における「単独の対応」（「不登校の生徒の対応は，私が一人で対応してきたことが多い」）と負の関連を示し，「役割分担」（「不登校の生徒の対応で，チーム援助を実践する際，面接や家庭訪問など役割分担による組織的な対応が中心になっている」）と正の関連を示すことを明らかにしている。「終結の要因」に特化した実証的研究は見られないが，田村（2004）は事例の経過に伴う変化として，時期（新学期）が来れば引き継ぎに移行し，問題状況が解消すればフォローに移行すると述べている。

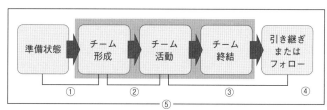

①形成促進の要因
②活動の活性化の要因
③終結の要因
④チーム援助が諸変数に与える影響
⑤個別・システムの両方に関わる要因

図17-1　個別のチーム援助の形成・維持プロセスモデル

これらの他に,「チーム援助が諸変数に与える影響」として教師のメンタルヘルスへの影響が検討されており（秋光・白木，2010；山口・山本・渡利・井上，2014),「個別・システムの両方に関わる要因」としてコーディネーションの行動と能力・権限（瀬戸・石隈，2002，2003）が検討されている。

教師がおこなうチーム援助にスクールカウンセラーが参加する場合には，図 17-1 のモデルを参考にすでにあるチーム援助の形成・維持プロセスを促進する働きかけを意識するとよい。具体的な実践例は後述する（2 [3] 参照）。なお,「チーム形成」,「チーム活動」,「チーム終結」の各段階でおこなわれるチーム援助会議の進め方は問題解決型コンサルテーションと同様であり，石隈（1999）が具体的方法を示している。上述のチーム援助の形成・維持プロセスに影響する要因からスクールカウンセラーの働きかけを考えることと同時に，各回のチーム援助会議に参加した際には石隈（1999）の示す方法を参照しながらチーム援助会議を効果的なものにする働きかけも欠かせない。

2. 教師とスクールカウンセラーのチームによる援助サービスの実践

[1] 3 段階の心理教育的援助サービスを意識した協働

ここでは一次的援助サービスの実施のための協働を通して二次的・三次的援助ニーズのある子どもの情報を共有し，必要に応じて個別の援助チームにつなげる方法を紹介する。

1）二次的・三次的援助ニーズのある子どもに対する一次的援助サービスの効果

一次的援助サービスとして通常の学級集団を対象とした人間関係づくりの活動を計画する上では，通常の学級には特別な教育的ニーズがあると教師が判断する子どもたちが約 6.5%存在する（文部科学省，2012）ことを常に意識する必要がある（本田，2015b）。これらの子どもたちは二次的・三次的援助ニーズを有する可能性が高く，さらに学級内にはその他の要因（友人関係，家庭環境など）によって二次的・三次的援助ニーズを抱える子どももいると考えられる。

このような二次的・三次的援助ニーズのある子どもに対する一次的援助サービスの効果を検証した研究がある。本田・大島・新井（2009）は中学 1，3 年生を対象に 1 学期に「上手な聴き方スキル」と「あたたかい言葉かけスキル」を取り上げたソーシャルスキル教育を実施し，二次的・三次的援助ニーズのある中学生（Q-U（河村，1999）により学級生活不満足群に該当した生徒）に与える効果を検証した。その結果，学校適応感の改善が見られ，二次的・三次的援助ニーズのある子どもと周囲の子どもたちには一次的援助サービスが有効であり，その上で二次的・三次的援助ニーズに応じた指導・援助を加えることの必要性が示唆された。

2）個別の援助チームの形成を見通した一次的援助サービスの協働

筆者のスクールカウンセラーとしての経験からは，学級・学年ですでに気になる子ども（個別またはグループ）の振る舞いがあり，その雰囲気が広がる前に改善したいと考える教師が人間関係づくりのための一次的援助サービス（ソーシャルスキル教育など）をスクールカウンセラーに依頼することが多い。つまり，スクールカウンセラーとしては教師が何らかの二次的・三次的援助ニーズのある子どもに気づき援助したいと思っていることを予想しながら一次的援助サービスについて協働するとよい。

筆者が教師と協働して一次的援助サービスをおこなう際には「スタート」（学級集団の状態），「ゴール」（担任教師の願い，一次的援助サービスによってめざす状態），「アプローチ」（スタートとゴールを結ぶ具体的方法）を共有するように話し合っている（本田，2015b）。「スタート」と「ゴール」は教師が中心に情報提供し，「アプローチ」はスクールカウンセラーの専門性を発揮して一緒に実践をつくり上げていくことになる。この話し合いの中で二次的・三次的援助ニーズがある（と教師が見ている）子どもの情報が共有され，その子どもに配慮した一次的援

サービスを計画・実践・評価する。実践後の評価において，二次的・三次的援助ニーズがあった子どもの様子を聞いてさらなる援助案を提案するなど継続的な関わりを教師と持つことで，子どもの問題状況が大きくなった際にすぐに援助チームを立ち上げる素地をつくることができる。また教師にとっても学級の様子を知っているスクールカウンセラーには相談しやすくなると期待される。

[2] 援助を求めず協働しない教師とスクールカウンセラーの関わり

本田（2018）は教師が援助を求めない心理を援助要請の概念からモデル化している。ここでは援助要請のカウンセリングによるアプローチ（本田，2015a）によって教師との協働を促進する方法を紹介する。

1）困っていない教師との協働

ニーズがあるのに困っていない教師の心理には2つの場合が考えられる。第1に，問題状況自体を適切に認識していない場合である。たとえば学級で起きている子ども同士の冷やかしやからかいを「よくあること」「ささいなこと」と考えて特段の指導・援助をしないままにしているが，他の教師の多くが「大きないじめになる前にやめさせた方がよい」と考えている場合が当てはまる。すなわち，「本人（担任教師）は困っていないが周りが困っている」状況と言える。この場合には他者の問題状況の認識を知り，より客観的な子ども集団の理解ができることが重要であるが，たとえ同じ学年団の教師でも他学級の学級経営に意見することがためらわれることもあろう。そのような場合にスクールカウンセラーから見た印象として問題状況を伝えることがよいきっかけになりうる。

第2に，問題状況の認識はあっても自分なりに対処しておりそれで十分であると考えている場合がある。学級での問題状況の原因は教師の指導に帰属されることも多い（「あの先生は厳しすぎるから反発される」，「あの先生は甘いから子どもが言うことを聞かない」など）。スクールカウンセラーとしてはあくまで教師と子どもの相互作用または折り合い（田上，1999）という観点から，教師の指導行動のメリットとデメリットを伝えることを大切にしたい。教師の指導が「良い－悪い」ではなく，「このような子どもにとっては合っている」という伝え方をすることが教師にとって脅威になりにくいであろう。それでも自らの指導・援助を子どもに合わせて変えようとしない教師の場合には，その教師の問題状況の認識自体を聞き，より客観的・多角的な問題状況の読み取りができるように話し合うことも有効であると考えられる。

2）助けてほしいと思わない教師との協働

自分なりに問題状況を認識し，自力で対処しても解決が困難であっても人に頼ろうとしない教師もいる。そのような教師の心理としては，過去に相談して役立たなかったり余計に上手くいかなかったりした経験が多いこと（過去の相談の否定的経験の蓄積），抑うつ症状や無気力などが強く人に相談すること自体が難しいこと，現実的な仕事が多すぎてゆっくりと相談するほどの心理的・物理的ゆとりがないことなどが考えられる（本田，2014，2015a）。

このような心理状態にある教師に対して，本田（2014）は周囲の教師が戸惑いや怒りをぶつけるのではなく，その教師の心理を共感的に理解し（「なぜこんなに困っていて『手伝いますよ』と言われても，素直に頼れないのか」），自分自身の日頃の関わり方を振り返る姿勢（「私は日頃からこの先生に相談相手として信頼されているのだろうか」）が望ましいと述べている。これはスクールカウンセラーの関わり方にも共通する。さらに，相談の否定的経験を多く重ねている教師が「相談することは悪くない」と思いやすくなるためには当該教師に情報を求めたり相談したりして（「先生の学級の○○さん，廊下で話した時に元気がないように見えたのですが，どんな生徒ですか？」），スクールカウンセラー自身が援助要請するモデルを見せることもよいであろう。言い換えれば，助けてほしいと思わない教師にチーム援助を始めるように促す

のではなく，スクールカウンセラーが当該教師にコンサルタントの役割を期待してチーム援助を立ち上げる関わりである。チーム援助は相互コンサルテーションであるため（石隈，1999），最初はコンサルタントの役割を多く担ってもらう形でチーム援助を進行し，次第に当該教師が困っていることが話題になるようにチーム援助を展開したい。

3）「助けて」と言えない教師との協働

他の教師やスクールカウンセラーに相談したい意図はあっても援助を求めない教師が「助けて」と言えない教師である。その心理としては援助要請の期待感（「相談すれば上手くいくだろう，解決するだろう」など）は高いものの，抵抗感（「相談すると能力がないと思われる」「一人で学級経営できないなんて未熟だ，恥ずかしい」など）も高いために葛藤している状態であると考えられる。そこで本田（2015a）は「『相談できる力』を引き出すカウンセリング」と「援助要請の抵抗感に配慮したカウンセリング」という方法を提案している。これらのカウンセリング技法を用いて相談したい気持ちと相談しづらさの葛藤に共感を示し，抵抗感を軽減する環境調整も含めて話を聴くことが重要である。

［3］学校・教師のチーム援助へのスクールカウンセラーの有効な関わり方

チーム援助へのニーズがあってもうまく開始できていない場合や，教師同士で既にチーム援助がおこなわれており，そこにスクールカウンセラーが効果的に関わる場合には，前述したチーム援助の形成・維持プロセスのアセスメントをおこない有効な関わり方の方針を立てることを提案したい。以下では複数の事例を複合したり創作を加えたりして作成した事例をもとに解説する。

1）準備〜形成期におけるスクールカウンセラーの関わり

> **事例1：教師集団にチーム援助に否定的な雰囲気がある**
>
> ある小規模（各学年2学級，1学級約25名）の中学校にはじめてスクールカウンセラーが配置された。前校長は異動し新たな校長が着任したばかりであり，教頭から学校の雰囲気や問題状況の程度，スクールカウンセラーへの期待を聞いた。
>
> この学校では学級の生徒数が少なく，一見すると教師集団にゆったりとしたのどかな雰囲気があり，生徒の不登校やいじめ，非行などはほとんど生じていなかった。しかし，何か生徒の問題状況（喫煙など）が起こると学年団を中心に協力するものの「担任がこの人数の生徒をまとめられなければ教師として力量不足だ」「生徒が少ないのだから大抵のことは担任1人で解決すべきだ」という雰囲気があった。そのため学級の生徒が不登校になると担任は他の教師からの評価を非常に気にして疲れてしまい，実際に不登校生徒1名の担任をしている若手の教師は他の教師と協働したくても言いだせないこともあった。前校長と教頭は困り果てて，このような雰囲気を変えるための小さなきっかけとしてスクールカウンセラーを要望し，教師同士が生徒への指導・援助でより気軽に協働してほしいと願っていたのである。

この事例ではスクールカウンセラーを活用するシステム自体が学校にまだ存在せず，それどころか教師同士が協働する形はあるがお互いに信頼しあって助け合う雰囲気は弱かった。養護教諭も教師集団の厳しい雰囲気を感じ取っており，不登校生徒の担任が大変そうだと思っても自分が関わることで余計に周囲の教師から冷たい視線を担任が受けないか心配し，手助けをためらうことがあった。この事例をチーム援助の形成・維持プロセスから見ると，「準備状態〜チーム形成」の段階と言えよう。

そこでチーム援助の「形成促進の要因」が重要となる。コーディネーター役の呼びかけで開

始することが多い現状を踏まえ（石隈・飯田，2006），教頭またはスクールカウンセラーがコーディネーターになることを考えていく。とはいえ着任したばかりのスクールカウンセラーが担任教師，養護教諭とチーム援助をおこなうことにより両者が今後置かれる状況（他の教職員からどう見られるか）に配慮も必要であり，筆者としてはすぐできることとして以下の2点から緩やかに関わりたい。第1に協働しやすい環境づくりである。スクールカウンセラーがはじめて配置されたので職員室に席を設けてもらい，職員室で教師と話す中で教師との関係をつくったり生徒の情報交換をしたりすることは必要であるが，この事例の場合にはあえて授業時間中に相談室にいる時間帯をつくることで，教師が職員室で話しづらい話題を話せる環境をつくることも有効であろう。職員室の席の位置によっても協働しやすさが変わってくる。たとえば職員室入口近くの席の場合は職員室に来た生徒と話す機会が多く，また入り口付近で生徒と教師が話す様子を見ることで教師と話す際の話題にもなる（「あの生徒，よく職員室に来て先生に励まされていますが，どんな生徒なんですか？」など）。一方でスクールカウンセラーが教師と放課後開始頃に職員室で話していると生徒の出入りが多く，落ち着いて話せないこともある。また，管理職の席に近い場合は担任教師がスクールカウンセラーの席に来て生徒の話をする時に教頭も自然と会話に入りやすく，三者での情報共有の機会をつくりやすい。特に事例の学校の場合は教頭も教師集団の雰囲気を変えたいと思っており，教頭とスクールカウンセラーが生徒の話をしている時に教頭が担任教師を呼び，三者で話す状況をつくりやすい。

　第2に，スクールカウンセラーの方が教師に援助を求めることである。はじめて来た学校でわからないことが多いこともあり，スクールカウンセラーが休み時間に廊下で生徒と交流し，気になる生徒について教師にコンサルテーションを受けに行く機会を積極的につくる。これは本田（2015a）が生徒に対して実践した方法の応用であり，援助を求めることに否定的な教師集団に対してスクールカウンセラーが援助を求めて助かったり感謝したりする姿勢を示すことで援助要請への否定的態度を和らげることをめざしたい。

2）形成〜活動期におけるスクールカウンセラーの関わり

> **事例2：教師によるチーム援助が滞っている**
> 　中学1年生の9月より2か月ほど不登校状態が続いている生徒がいる。勉強はもともと得意ではないが，担任が学年団の教師と一緒に調べたところ学級や部活動でいじめや人間関係の悪化といった不登校のきっかけとなる出来事は見つからなかった。
> 　生徒の欠席が続いてから担任は毎週1回の家庭訪問をおこなっている。生徒本人と母親の両方と会って話ができるが，状況が変わらないことにもどかしさと焦りを感じている。担任は教育相談担当の教師と話し合い，生徒と母親に「スクールカウンセラーと一度会って話してみてはどうか」と伝えるが，母親は「仕事を休めないので学校に行くのが難しい」と言い，生徒ははっきりとした返事をしない。担任はますます行き詰まりを感じ，スクールカウンセラーに入ってもらい状況変化のきっかけにしたいと考えている。

　この事例では教師同士の協働はおこなわれており，スクールカウンセラーを含めたチーム援助をしたいと教師が思っているがうまくチームを形成できないでいる状態であり，チーム援助の形成・維持プロセスとしては「チーム形成〜チーム活動」の段階と言える。この段階からチーム援助を進めるためには「活動の活性化の要因」が重要であり，教師のチーム援助能力（スキル）が特に問われる場面でもある。

　担任はスクールカウンセラーと子ども，そしてスクールカウンセラーと母親の関係をつなごうとしているものの，まずは教師の協働にスクールカウンセラーが加わることが先であろう。筆者としては担任の家庭訪問時に子どもと母親が抱くスクールカウンセラーへの相談の抵抗感

を把握することを提案したい。たとえば直接的に抵抗感を質問することや（母親に「スクールカウンセラーに相談するとなったら，心配なのはどんなことですか？」，生徒に「スクールカウンセラーの先生と相談したら，なんて言われそう？　相談した後はどうなりそう？」），スクールカウンセラーの話題を出した時の表情やしぐさが家庭訪問を繰り返す中で変化するかを観察することを提案できる。それらの抵抗感（たとえば「仕事が忙しくて時間がない」）の情報を学校でスクールカウンセラーが共有し，スクールカウンセラーが発行する通信（便り）で他の抵抗感（「担任に相談内容が伝わるのか？」など）を含めて具体的情報を伝えると，子どもと母親に興味を持って読んでもらえる可能性が高まる。このような展開で子ども，母親とスクールカウンセラーの間接的な関わりをつくり，担任教師の家庭訪問でもスクールカウンセラーの話題を出すことで少しずつ関わりに厚みを持たせ，チームを広げることが期待できる。

3）活動〜終結期におけるスクールカウンセラーの関わり

> **事例3：引き継ぎ相手との援助方針が大きく異なる**
> 　中学1年生のゴールデンウィーク明けから不登校になっていた生徒は，担任，養護教諭，保護者，スクールカウンセラーのチーム援助を続ける中で次第に元気になり，1月から「教室に行きたい」と意思表示をして登校できるようになった。年度末に担任と養護教諭が異動することになり，新年度の担任（予定）に引き継ぎをするが，「1月からほとんど来ているのだから，もう大丈夫でしょう」，「私はどの生徒も特別扱いしないで接していきますので」と言い，これまでの情報は聞いてくれるが新学期から当該生徒への援助的な関わりをしてもらえるのか担任も養護教諭も心配であった。

　この事例は「チーム活動〜チーム終結〜引き継ぎまたはフォロー」の段階であり，「終結の要因」を意識することになる。チーム援助が上手く機能し不登校生徒が本人の希望通りに学級復帰できても，進級後の新学期の配慮は欠かせない。確かに教師によって学級経営の方針も方法も異なり，新たな担任の学級では大きな困難なく新学期の学校生活を送れるかもしれない。しかし，長らくチーム援助をおこなってきた教師が考える配慮点は新年度の担任にもわかってほしいであろう。

　スクールカウンセラーの立場上難しいところは，スクールカウンセラー自身も基本的には単年契約であり，次年度も同じ学校に勤務するとは限らない点である。そのような中で引き継ぎ自体をより効果的なものにするために以下の2点を重視したい。第1に，引き継ぎをされる側の教師の思いや願いを丁寧に聴くことである。この教師の言う「特別扱いしない」に対して「それはないでしょう」と反応する前に，「特別扱い」とはどのような内容かを少し具体的に聞きたい。たとえば「1年生の時に不登校だったことは生徒がみんな知っているから，教師が他の生徒よりも優しく接したりすると，最初はよいが次第に生徒から不満が出てきて，かえって当該生徒の人間関係が悪化しかねない」，「不安は大きいだろうが不登校から復帰できた自信を持って新学期に臨むだろうから，かえって援助しすぎないでまずは様子を見て，自分の力で乗り越えられそうか見てみたい」などという思いがあるかもしれない。

　第2に，引き継ぐ情報を絞ることである。担任の思いや願いを聞けるとこれまでのチーム援助での生徒の情報と照らし合わせてどんなことが予想されるか，どんな配慮が必要か（必要なさそうか）をより具体的に検討できる。一方的に情報を引き継ぐのではなく，新たな担任と学級集団，当該生徒の折り合い（田上，1999）をイメージしながら担任の思いや願いも尊重した配慮方法を引き継げると実行しやすくなるであろう。年度末は普段に増してどの教員も忙しいであろうが，引き継ぎの際に新たな担任と一緒に新年度の援助案を検討すること自体を大切にしたい。

3. おわりに

　教師とスクールカウンセラーがよりよく協働し，また教師がおこなうチーム援助にスクールカウンセラーが上手く関わるために，本章では以下の3点を解説した。第1に，一次的援助サービスのコンサルテーションを個別のチーム援助につなげることである。スクールカウンセラーは教師の協働の申し出に対して3段階の心理教育的援助サービスの全体を意識して働きかけるとよい。第2に，援助要請に焦点を当てたカウンセリング（本田・水野，2017）を用いて協働しない教師と関わることである。学級の子どもたちにニーズがあっても他の教師に相談せずに協働しない教師の心理を共感的に理解し，その教師が協働しやすい方法でチームとなって関わる工夫をしたい。第3に，教師がおこなうチーム援助に参加する際にはチーム援助の形成・維持プロセスを考慮して関わり方を決め，チーム援助を促進する具体的方法を産み出すことである。「チームとしての学校」（文部科学省，2015）として今以上に求められる教師とスクールカウンセラーの協働に関する研究と実践を重ね，より質の高い協働を通して子どもと保護者への援助をおこなうことが望まれる。

コラム 8

大学における学校心理学

木村真人

大学における学生支援をめぐる動向

　大学で学ぶ学生の多様化とともに学生が抱える支援ニーズも多様化・複雑化し，大学における学生支援の重要性はますます高まってきている。大学における専門的な学生支援として，学生相談はその中心的な役割を担ってきた。しかしながら，従来のような個別の心理相談や学生が自主来室するのを待つ姿勢だけでは対応しきれないケース（不登校，発達障害学生への支援など）が増加している。事実，独立行政法人日本学生支援機構（2017）の調査によれば，学生相談における特に必要性の高い課題として，86.6%の大学が「悩みを抱えていながら相談に来ない学生への対応」を，65.8%の大学が「複雑かつ多様な相談内容への対応」を，64.9%の大学が「相談員と教職員との連携・協働」を挙げている。

大学における学校心理学の実践

　このような各大学が抱える学生相談・学生支援の課題に対して，学校心理学の考え方に基づくアプローチが実践されている。その一つがチーム援助である。近年大学でも注目されている不登校のケースを考えてみよう。不登校のケースでは，本人が自主的に相談に来ない（相談に行けない）場合が多く，またその背景にある困りごとやつまずきは学業，人間関係，心身の健康のことなど多様かつ複合的でもある。そのため，教員・事務組織・学生支援機関・保護者など，学生が抱えるそれぞれの問題に対応する関係者や，学生とのつながりを持つ関係者間の連携・協働が求められる。富永（2011）はチーム援助による不登校学生の復学援助の実践を報告し，大学においても「修学面」（教員・学習支援機関），「心理・社会面」（学生相談機関），「進路・就職面」（就職支援機関），「健康面」（保健管理機関）のそれぞれの専門家が異職種でチーム援助を組み，総合的な援助を目指すことの重要性を指摘している。チーム援助の視点を持つことで，学生が抱える複合的な問題に対して，それぞれの立場の専門家が情報を共有し，共通の目標を持って学生を支援していくことができる。不登校のケースに限らず，発達障害学生の支援においてもチーム援助の必要性が報告されている（永松他，2006；プール学院大学，2010）。なお学生一人ひとりのニーズに合わせたトータルな支援を提供する上で，チームのつなぎ役・調整役をするコーディネーターの存在が欠かせない。入学から卒業に至るまで，学生が直面する課題は各時期で異なり，かつ変化していくため，教員・学生相談機関・各部署が単独で支援するには限界がある。したがってコーディネーターが核となり，その都度，必要となる関係者が援助チームを組み，支援していくこととなる。学生相談・学生支援のスタッフには，コーディネーターの役割も今後さらに期待される。

今後の展望

　2016（平成28）年4月から「障害を理由とする差別の解消の推進に関する法律」（障害者差別解消法）が施行され，国公立大学では合理的配慮の提供が法的義務（私立大学は努力義務）となり，各大学において障害学生支援体制の整備・充実が進められている。大学で学ぶ障害のある学生も年々増加しており，これまで初等・中等教育段階で実践されてきた学校心理学に基づく実践を，大学での障害学生支援にどのようにつなげていくか，生かしていくかが課題である。また従来の大学における学生相談・学生支援の実践や理念を学校心理学の枠組みから整理するとともに，学校心理学の考え方に基づく実践を展開することで，大学における独自の援助活動モデルを構築していくことが望まれる。

18章
子ども・保護者参加の援助チームの展開

田村節子

1. 子ども・保護者参加の援助チームに関する先行研究の状況

[1] 保護者をパートナーとする援助チームの研究や実践

　諸外国では，SST（Student Support Team）や IEP Team（Individualized Education Plan Team）等の名称で保護者を含む援助チームがあり援助チームメンバーが活用可能なシステムやプログラムがある（石隈，1999）。SST ではコーディネーターは多様なチームを組むため，通常学級における障害がある様々な子どもが利用可能である（Walls, 2005）。また IEP チームでは，子ども中心のアプローチ（Student Centered Approach）をおこなうことが家族を満足させる（Childre & Chambers, 2005）とされている。そして障害のある子どもも含めすべての子どもの問題状況を解決すべくプログラムとして「Making Action Plans」（以下，MAPS と略）が，教室における活動を推進するために提供されている。MAPS は子ども中心のアプローチであり，プログラムは漫然とおこなわれるのではなく，プログラムや援助計画の目標は子どもの評価データに合わせる。さらに，援助者の資格を定め子どもを助けることが必須であることを明確に位置づけている。また ITP（Individualized Transition Plans）は，それまでの IEP に社会や地域への適応を踏まえた就労などへの「移行サービス」を加えたものであり（水谷・石田・柳本，2003），当事者（子どもや保護者）の意見も重要視している。

　わが国では「援助チーム」は学校心理学において理論的・実践的基盤となっている中核の概念である。チーム援助の定義には，援助ニーズの大きい子どもの学習面，心理・社会面，進路面，健康面における問題状況の解決をめざす複数の専門家と保護者によるチーム（石隈，1999）と保護者をパートナーとすることが明記されている。そして当事者である「保護者の援助力」に着目し「保護者をパートナーとする教師・保護者・コーディネーターらのコア援助チーム」（田村，1998; 石隈・田村，2003）の概念が1998年に提唱された。コア援助チームでは，保護者を「援助を受ける側」だけではなく「援助を提供する側」へも位置づけ，教師やコーディネーターらと対等な話し合いをおこないながら援助案を考え実行する。保護者の合意を取りながら協働していく援助チームの方法論は，円滑に援助が進む過程を促進する。わが国ではチーム援助は広く学校現場で実践され始めているが，保護者をパートナーとする実践は緒に就いたばかりである。

　以下にパートナーとして重要な保護者への援助のアプローチについて述べる。

1）保護者へのカウンセリング

　わが国においては，保護者へのカウンセリングでは①親と信頼関係を築くこと，②親としての自信を回復すること，③親を支えることが主な目的である（たとえば，山本・田上，2004）。諸外国における親へのカウンセリングでは①ストレス軽減，②ソーシャルサポート，③情報提供が主な目的である（たとえば，Galletti & Sturniolo, 2004）。

　保護者に対しては信頼関係を構築すると同時に，保護者の心理面へのサポートに加えてソーシャルサポートや情報提供を含むカウンセリングが必要であることが示唆されている。

2) 保護者へのコンサルテーション

わが国においては，保護者へのコンサルテーションでは，①問題解決のために保護者と一緒に問題に取り組んだり，②保護者が問題解決のスキルを得られるように働きかけるコンサルテーションが必要とされている（たとえば，上村・石隈，2000; 北濱・田中，2003; 吉川，2000）。石隈（1999）は，コンサルテーションを問題解決型コンサルテーションと研修型コンサルテーションで整理している。問題解決型コンサルテーションは，異なる専門家や役割を持つ者同士の「作戦会議」である。コンサルタントが専門家の立場から，コンサルティである教師等や保護者，地域機関の援助者等が子どもの発達や問題解決を効果的に援助できるよう働きかける。また研修型コンサルテーションは，教師・保護者のための研修会をおこなうもので，外部からの講師を招いたり，コンサルタント自身が講師になることもある。

一方諸外国においては，情報や知識等をまとめて実用的に提案し子どもへの行動に関する親のスキルの獲得が必要とされている（たとえば，Koonce & Harper, 2005; Lee & Hunsley, 2001）。

保護者がコンサルテーションによって問題解決のスキルを獲得することはわが国も諸外国も共通しており，問題解決型コンサルテーションや研修型コンサルテーションの機能は，援助チームの中核の活動として重要な示唆を与える。

[2] 子どもが参加する援助チーム

当事者を援助チームメンバーに加えるという視点は，ジャストフィットする（子どもの強さを活かし援助ニーズに応じる）援助を提供するためには欠かせない。海外ではPerson-centered planning（以下，PCP）がある。PCPでは子どもが選んだ人たちがチームメンバーとなり，子どもの持つ力に基づき子どもがミーティングを主導し自分の将来について話し合う。

わが国では，子どもを援助チームメンバーに入れた実践はこれまで手探りでおこなわれてきた。しかし，近年当事者である子どもと大人（援助者）が協働し，対等性を超えた信頼関係に基づく共同の意思決定をめざす「子ども参加型チーム援助」（田村・石隈，2017）の方法論が提唱され，今後の実践への広がりが期待されている。

2. 子ども・保護者をパートナーとする援助チームの実践と研究

[1] 保護者をパートナーとする援助チームモデル

1) コア援助チームとは

コア援助チームについて，筆者の実践及び研究（田村・石隈，2003）をもとに述べる。

①コア援助チームの利点

コア援助チームとは，援助の必要性が高い子ども一人ずつの支援隊のことであり，「保護者」「学級担任」「個別の援助チームのコーディネーター」の3名がいれば校内で柔軟に組むことができる。校内にあるシステムを変更したり新たに設けたりしなくても，すぐにチームが組めることが最大の利点である。したがって，異動してきたばかりの教師やスクールカウンセラー，経験の浅い新任・新卒教師でも援助チームをリードするコーディネーターさえいれば援助資源をコーディネートし柔軟にチームを組むことが可能である。

②保護者をパートナーとする援助チームをおこなう目的

コア援助チームは，短期の問題解決型の援助チームであり米国のSSTと似ている。保護者が援助チームのメンバーとなることは，子どもにジャストフィットする援助案を作成し援助をおこない，子どもへの心理教育的援助サービスの充実につながる。また援助チームは，①多面的アセスメント，②援助方針の決定，③援助案の作成，④援助案の実行，⑤援助結果の評価と

修正を繰り返すことで子どもの心理教育的援助サービスの充実を目指す。①から⑤の過程は保護者，教師，コーディネーターら援助チームメンバーの相互コンサルテーションによって実施される。保護者は同席できなくても間接的にチームに参加することが可能である。コーディネーターが事前に保護者の願いや提案を聞き代弁することで間接的な参加が可能となる。

　③援助チームの要となるコーディネーター

　コア援助チームのコーディネーターは校務分掌上の特別支援コーディネーターの他に，その子どもや保護者をよく知る援助者であれば誰でも可能である。すなわち学年主任や養護教諭，スクールカウンセラー等も可能である。ボトムアップ型のコア援助チームではチームで決定したことは，生徒指導委員会や管理職等に伝えて共通理解する。トップダウン型のコア援助チームでは，生徒指導委員会等の依頼を受けてコア援助チームを立ち上げる。

　ただしコーディネーターには次の「SSKKJJ」があることが理想的である。一人で6項目を満たすことが難しい場合には，たとえば，専門性や権限については，それを補える人に柔軟にメンバーに加わってもらう。

　　　S…信頼関係（親と学校の両方に信頼関係がある，ないしは構築できること）
　　　S…専門性（子どもを理解したり援助したりするための専門性や権威があること）
　　　K…権限（学校における子どもの環境を整える際に発動できる権限があること）
　　　K…継続性（援助を継続できること）
　　　J…情報集約（多面的な情報を集約し共通理解を促進できること）
　　　J…情（子どもや親，先生に対し，人間味のある対応ができること）

　2）コア援助チームの展開

　では，どのように保護者をパートナーとする援助チームを展開していくのか具体的に述べる。

　①保護者と援助チームを組む前にコーディネーターがおこなうこと

　援助チームを組む前にコーディネーターがおこなうことが2つある。「子どものアセスメント」と「保護者のアセスメント」である。

　子どものアセスメント　　子どものアセスメントには，「家庭生活のアセスメント」と，「学校生活のアセスメント」の2つがある。家庭生活のアセスメントでは，家庭での様子，余暇の過ごし方，医療機関等について保護者から情報を集める。学校生活のアセスメントについては，学級担任，前学級担任，部活顧問，養護教諭，学校事務担当職員（家庭の経済状況などの情報）等から情報を集めてまとめる。これらの子どもに関する2つのアセスメントから，今子どもが何に苦戦し，何を求めているのかについて仮説を立てる。

　保護者のアセスメント　　保護者のアセスメントでは「カウンセリングニーズ」と「コンサルテーションニーズ」の2つのアセスメントがある。「カウンセリングニーズ」とは，これまでの子育ての自信喪失など子どもについての親自身の悩みの解決のニーズである。親としての不安や葛藤がある場合には保護者自身の人格については扱わず，あくまでも相互コンサルテーションへの基盤につながるように，親の役割に焦点をあてたカウンセリングをおこなう。「コンサルテーションニーズ」とは，子どもに何をどうしたらいいかの課題の解決のニーズである。2つのアセスメントから，保護者のニーズを把握し保護者とのパートナーシップを築く基盤とする。具体的には，カウンセリングニーズが大きな保護者の場合には，カウンセリングをおこない情緒的に支えていくことが重要である。ある程度カウンセリングニーズが満たされ情緒的に安定してから援助チームのパートナーとして話し合いに参加してもらう。話し合いではコンサルテーションニーズに基づき一緒に援助案を考え何をどうしたらいいかを明確にしていく。

　②「援助者」としての保護者の位置づけ

　保護者は援助を提供する側と，援助を受ける側に位置づける。援助を受ける側としては主にカウンセリングニーズのある保護者が位置づけられる。援助を提供する側としては援助チーム

のメンバーと対等に話し合い，援助チームの活動を協働しておこなうパートナーとしてコンサルテーションニーズのある保護者を位置づけている。援助チームメンバーには，不登校や発達障害などの子どもを持つ保護者や学級担任，特別支援教育コーディネーター，管理職，スクールカウンセラーなどがなりうる。パートナーとなるためには対等性の獲得が重要となる。対等性とは，対等に意見が言える関係であり，上下関係ではなく横ないしは斜めの関係のことを指す。援助チームでは，保護者とのパートナーシップが援助の成功の鍵を握る。

③相互コンサルテーション

保護者をパートナーとする援助チームでは，相互コンサルテーションという形態の話し合いが定期的に持たれる。相互コンサルテーションとは，「異なった専門性や役割を持つ者同士がそれぞれの専門性や役割に基づき，援助の対象である子どもの状況について検討し，今後の援助方針について話し合う作戦会議のことである。コンサルタント（助言する者）とコンサルティ（助言を受ける者）の関係は一方向だけではなく，相互にもなりうる関係を指す」（石隈・田村，2003; 田村・石隈，1998; 田村・石隈，2013）。相互コンサルテーションは，子どもの4領域（学習面，心理・社会面，進路面，健康面）にわたって，子どもの自助資源，援助資源を含む多面的な情報収集をする「アセスメント」，「援助方針の決定」及び「援助案の作成」，責任を明確にするための「役割分担」，いつまでおこなうかの「期限の明確化」，そして援助をおこなった「結果の評価と修正」のプロセスからなる。保護者が同席できない場合にはコーディネーターが代弁者となる。

多面的アセスメント　アセスメントとは，情報収集とまとめのことである。子どもの4領域（学習面，心理・社会面，進路面，健康面）や5領域（知的能力・学習面，言語面・運動面，心理・社会面，進路面，生活面・健康面）の事実の情報を集める。各領域について「子どものいいところ」「気になるところ」「してみたこととその結果」の情報が得られると正確なアセスメントができる。保護者がメンバーに入っていると，家庭と学校等で子どもが見せる姿の違いも共通理解することができアセスメントが多面的におこなわれる利点がある。子ども本人からも情報を得ることができると援助方針等を考える際に役立つ。

援助方針・援助案の決定　アセスメントをもとに現時点での援助方針（「今子どもにとって何が必要か，配慮が必要なことは何か」）をメンバーで考える。メンバー間で援助方針が食い違わないようにメンバーが納得できるまで話し合い決定した援助方針をもとに具体的な案を考える。援助方針や援助案を話し合うことで援助のプロセスが目に見えるため，保護者や援助チームメンバー全員が何を今おこなっているのか共通理解することができる。

④説明と合意

相互コンサルテーションの過程は説明と合意のもとにおこなわれる。説明と合意は，相手の「気もちの尊重」と「納得」が鍵となる。コンサルテーションにおいては，コンサルタントではなくコンサルティが責任をとる。たとえば，スクールカウンセラーが教師に助言をし，その助言にそって教師が子どもに援助し援助がうまくいかなかった時には教師が責任をとる。そのためスクールカウンセラーには教師の持ち味を活かし，教師が提案を拒否したい場合にはそれを保証できるような関係が必要となる。相互コンサルテーションの場合には，互いにコンサルタントやコンサルティになるため，援助チームに参加した全員が援助の結果に責任を持つこととなる。米国では保護者に対するインフォームド・コンセントについて専門家の役割が厳しく問われている（たとえば，Etscheidt, 2003）。わが国においても今後，子どもへの援助方針や援助案の適切さや責任がより厳しく問われる可能性がある。

⑤援助チームシート・援助資源チェックシートの活用

相互コンサルテーションをおこないながら話し合った内容を保護者の了解を得て，援助チームシートや援助資源チェックシートに記録し保護者を含めたチームメンバーの援助における役

割や責任を明確にしていくことが可能である（石隈・田村，2003; 田村・石隈，2013）。

援助チームシート　子どもの自助資源の発見，及び援助の立案のためのシートである。子どもの4領域（学習面，心理・社会面，進路面，健康面）から情報を収集する。自助資源（いいところや得意なこと）の発見や，援助方針（援助の方向性を決める）を立てたり，援助案を考えたりする時に活用する。援助チームシートの構成は大きく分けて，情報収集（必要な事実の情報を集める），援助方針（援助の方向性を同じにする），援助案（小さな実現できそうな具体案を作って役割分担する）である。相互コンサルテーションをおこなう際の重要な情報となる。

援助資源チェックシート　人的資源や物的資源などの援助資源の把握をおこなうシートである。子どもとすでに関わりをもっている人や，子どもがほっとする場所，子どもをサポートをしてくれる人や場所等子どもの環境のアセスメントをおこなう。

[2] チームを組みにくい保護者がパートナーとなるステップ
1) 援助チームになりにくい保護者
　保護者は，子どものことを生まれた時から一番よく知っている人である。しかし，自分の子どもが問題状況を抱えてしまった時には，親は自分の子どもを守りたい一心で，教師に対して

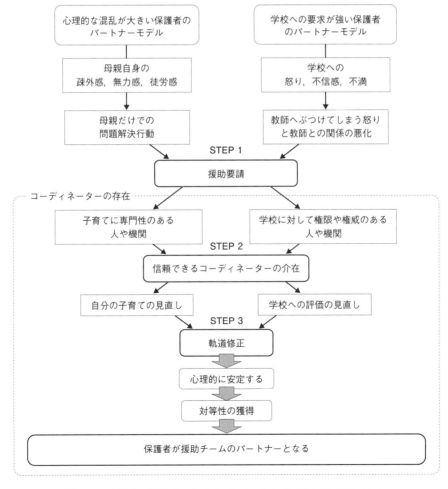

図18-1　保護者が援助チームのパートナーとなるプロセス（田村, 2009）

攻撃的になったり教師を遠ざけてしまったりする。このように心理的に揺れている保護者がパートナーとなるためにはいくつかのプロセスを経る必要がある（図18-1）。

①心理的に混乱している保護者

わが子が問題状況を抱えると親は誰しも混乱する。自分の子育てを責めたり，自分自身を否定したりする。親は援助者として対等になれない。そのため下記のような対応をおこなう。

〈ステップ1〉保護者の気持ちに耳を傾けて信頼関係を築く　　親には，当初カウンセリングニーズがあるため，十分に親の話に耳を傾ける。

〈ステップ2〉保護者を支える援助資源を増やす　　教師やスクールカウンセラーなど援助資源に支えられることにより，保護者が力づけられ心理的に安定し対等性を獲得することにつながる。

〈ステップ3〉先が見えるような具体的な援助案を示し援助者が実行する　　保護者の心理的な混乱は，子どもが問題状況を抱えたことに端を発しているため，子どもの問題状況が解決に向かうようなコンサルテーションニーズを満たす必要がある。保護者との合意を取りつつ，援助者は子どもへの援助を進めていく。このときに援助者がおこなっている援助の成果が，保護者には実感しにくいという「親・援助者間ギャップ」（田村，2008）が存在することを知っておく必要がある。

②要求や苦情が強い保護者

子どもが問題状況を抱えたとき保護者はわが子にしてほしい関わりなどを学校にお願いする。その願いや思いが伝わらないと感じたとき，保護者は強く苦情を言ったり学校に強い要求を出したり対応を責めたりする。一方，教師にとっては，保護者の願いや要求がわがままに思えたり，教師の援助方針や学校での限界が保護者に伝わらないというストレスを感じたりする。時には，対立の構造になりひどくこじれる場合もある。そのため下記のような対応をおこなう。

〈ステップ1〉親の思いを受けとめる　　まずは，保護者の思いに耳を傾ける。「怒りは困り」であり，怒りを伴う強い要求の裏には「援助ニーズ」が潜んでいる。そこで，「親は何に困り，何をしてほしいんだろうか」と，保護者の強い要求の言葉の裏側を考えてみることがポイントとなる。この作業は感情的に巻き込まれないためにも有効である。

〈ステップ2〉コーディネーターが間に入る　　保護者の要求が強い場合には保護者と担任教師や学校の両方の事情を理解できるコーディネーターが入ると，これまでの怒りの感情から学校への評価の見直しがなされる。コーディネーターが入ることは保護者が心理的に安定し対等性を獲得することにつながる（田村，2009）。

2）発達障害のある子どもを持つ保護者とのパートナーシップ

保護者をパートナーとする際には，保護者が子どもの障害を受容しているかどうかによってアプローチが異なってくる。具体的には，子どもの障害が幼少期に判明し療育や投薬が開始されている場合と，小，中，高校生になってから教師により発達障害が発見された場合では保護者への関わりが異なる。幼少期に判明した場合には，保護者が出産後乳幼児期を経て大変な心労，悲嘆，葛藤，心配，焦燥，諦めなどの心境をこれまで味わってきていることに留意する。また，多くの母親が抱く「母としての負い目」へも留意し，保護者に対し尊敬の念を抱くことが援助のはじめの一歩となる。この思いが保護者へ伝わらないと，保護者と援助者の関係がちぐはぐになってしまい，何をやってもうまくいかなくなりがちである。

一方，教師により発達障害が疑われた場合には，保護者は専門機関を紹介されることが多い。子どもの障害がわかって不可解な行動の原因がわかりほっとする親もいる。しかし，多くの保護者は大きなショックを受ける。さらに，保護者の多くは教師に対して「障害を理解し教師から援助が受けられる」というポジティブな感情と，「わかってもらえないむなしさ」などの

ネガティブな感情の両方を持つ。さらに，専門家であるコーディネーターに対しても援助資源としての期待がある一方，不信感などのアンビバレントな感情を持つことに留意する。また専門機関へつなぎたい一心で親の心情を察することができないと親から強く抗議されることもある。保護者の心情に配慮し慎重に専門の医療機関へ勧める。

3）「親・援助者間ギャップ」

援助開始当初は，保護者と教師や援助者との間に，援助に対する認識のずれが生じることがある。心理的な混乱や要求が強かったりする保護者の場合には，保護者自身の混乱や不満等を整理することに目が向くため，教師らがおこなう子どもへの援助活動の成果を認識しにくいことが明らかになっている。この認識のずれを，「親・援助者間ギャップ」（田村, 2008）という。

コーディネーターは，子どもへの援助の過程について保護者へ丁寧に伝え続けていくことが重要となる。保護者が心理的に落ち着いてくると援助の過程を冷静に受け止めることができる。

4）コア援助チーム・拡大援助チーム・ネットワーク型援助チームの展開

コア援助チームは，援助資源を活用する過程で，「拡大援助チーム」（コア援助チームをベースに学校内外での援助資源に参加を依頼）や，「ネットワーク型援助チーム」（拡大援助チームのメンバーが保有するネットワークを通じて広く援助を要請する形態）へと必要性に応じて広がっていく。つまり，コア援助チームは，子どもを援助するネットワークの基本形であり出発点となる。展開の仕方はケースに必要な援助内容により決定される。

5）こじれる学校問題解決への示唆

保護者とこじれてしまいうまく援助チームを組むことができない場合には，ネットワーク型援助チームを考慮する。具体的には福祉的サポート，医療的サポート，法的サポートを得ることを考慮する。保護者との関係がこじれる要因には，保護者の表向きの訴えの裏に保護者自身の日頃の大変さからくるストレスが関係していることがある。たとえば，一人親家庭における子育てと仕事の両立や経済的な大変さなどである。表面上の訴えについては学校でサポートをしつつ，保護者自身の大変さについては援助資源とつなげることが学校問題解決への一助となる。

［3］子ども参加型援助チームの展開

1）子ども参加型援助チーム

子ども参加型援助チームとは，「教師・保護者・コーディネーターらの援助チームに当事者である子どもが直接的・間接的に参加する形態」のことを指す。これまで子どもは援助チームで決められた援助案を受け身的に実行する対象として位置づけられていた。そのためアドボケーターとしての保護者や教師，スクールカウンセラーらが子どもの気持ちや要望を代弁し援助案等に反映させていた。しかし，援助を受ける子どもにとって提案された援助案が納得できないときには援助案を実行する際に大きな抵抗が生まれる。

2）子どもの wants と needs

子どもには欲求（以下, wants）と援助ニーズ（以下, needs）がある（石隈, 2013）。wantsは「したいこと・したくないこと・してほしいこと・してほしくないこと」であり, needs は「困っていることに対して必要な援助」のことである。子どもは wants を意識し言語化することは可能であるが, needs を意識し発言することは難しい。たとえば LD があり勉強がわからなくなっている子どもに，その子の特性にあった勉強方法を用いて子どもが希望している高校進学へつなげることが，その子の wants と needs を満たすこととなる。保護者や教師が子どもの wants を理解した上で，どのように needs を確定するかが援助の鍵となる。

したがって子ども参加型援助チームでは，子どもが納得する needs を定めることは必要条件となる。しかし，子どもは wants のみを意識しているため，子ども参加型援助チームでは，wants と needs を子どもと話し合い折り合うための過程が必要である。needs を定めるために

は，課題解決のアセスメントをコーディネーターが担う必要性がある。さらに，wantsの意味や援助ニーズを理解するために，保護者や教師など援助チームメンバーが，発達障害や心理学，教育等の専門知識を幅広く持つことも重要である。

3）子ども参加型援助チームにおけるチームメンバーの役割分担

子ども参加型援助チームでは援助方針や援助案の決定のために，子どもはチームメンバーと一緒に相互コンサルテーションに参加し決定した援助案について実行する（田村，2015）。

①子どもの役割

子どもは子どもの権利条約第12条（意見を表明する権利……児童が自由に自己の意見を表明する権利を確保する。児童の意見は，その児童の年齢及び成熟度に従って相応に考慮される）を基盤として，アセスメントでは援助ニーズの同定のために自分のwants（したいこと・したくないこと）を本音で語り，援助案や計画の立案に主体的に意見を述べることができる。断わる自由も保障される。無理のない案を提案または選択する。合意した具体案については主体性を発揮し実践する。実践した結果を次回に報告する役割も担う。

②保護者の役割

保護者は親権：民法第818条と監護・教育の権利と義務：民法第820条に基づき，アセスメントでは現在の問題状況，子どもの生育歴や家庭内の情報等を合わせて提供する。課題解決のための援助案や計画の立案に参加し保護者の分担を明確にする。話し合われた具体案に基づき，家庭内での本人を含めた家族への働きかけをおこなう。その反応を次回に提供する役割を担う。

③教師の役割

教師は学校教育の専門性に基づいてアセスメントでは観察や資料さらに友達や前担任等から得た学校での本人の様子等の情報を提供する。課題解決のための援助案や計画の立案に参加し

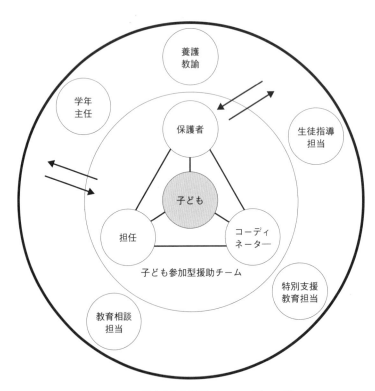

図18-2　子ども参加型援助チームモデルの例

教師の分担を明確にする。さらに話し合われた具体案に基づき，本人や学級や他教師への働きかけを直接的・間接的におこなう。その反応を次回に提供する役割を担う。

④コーディネーターの役割

コーディネーターは，スクールカウンセリングの専門性（学校心理学や特別支援教育，教育相談等）に基づき，アセスメントでは受理面接や観察，他教師からの聞き取り等で得られた情報を提供する。保護者・教師から得られた情報をまとめる際にリーダー役となる。アセスメントから仮説を立て援助方針の方向性を提案する。同時に出された援助案を具体的にするよう心がける。援助方針の修正もおこなう。さらに話し合われた具体案に基づき，本人や他教師への働きかけを直接的・間接的におこなう。その反応を次回に提供する役割を担う。

4）コーディネーターの3本の柱

これまでのコーディネーターの役割の他に「本音」「本質」「本気」の3本柱が子ども参加型援助チームのコーディネーターには必要である。子どもの感情に寄り添いつつ学校全体でスピード感をもって援助する姿勢が必要である。

本音で話し合う　子どもの主体性を考え何をするかを決め，さらに子どもの感情により添いつつ情緒面を支える。本音が語れる援助チーム会議はセラピーになる。

本質を捉える　子ども自身が自分の良さをどのように捉えているのか，問題状況をどう捉えているかということを子ども自身が気づくことを念頭において話し合う。保護者や子どもだけに変わることを求めず学校の課題の縮図と捉える。教師全体が変わっていく努力が援助チーム会議には必要である

本気で関わる　コーディネーターは事実を捉え寄り添い最後まで関わる。子どもの問題状況は急変する可能性があるためスピード感も必要となる（表18-1）。

表18-1　子ども参加型援助チームにおける子ども・保護者・教師・コーディネーターの役割分担

摘要	役割分担			役割分担の基盤
メンバー	アセスメント	援助方針	援助実践	
子ども	援助ニーズの同定のために自分のwants（したいこと・したくないこと）を本音で語る。	援助案や計画の立案に主体的に意見を述べることができる。断わる自由も保障される。無理のない案を提案または選択する。	合意した具体案については主体性を発揮し実践する。実践した結果を次回に報告する。	子どもの権利条約第12条「意見を表明する権利」(注)に基づく。
保護者	現在の問題状況，子どもの生育歴や家庭内の情報等を合わせて提供する。	課題解決のための援助案や計画の立案に参加し保護者の分担を明確にする。	話し合われた具体案に基づき，家庭内での本人を含めた家族への働きかけをおこなう。その反応を次回に提供する。	親権：民法第818条と監護・教育の権利と義務：民法第820条に基づく。
教師	観察や資料さらに友達や前担任等から得た学校での本人の様子等の情報を提供する。	課題解決のための援助案や計画の立案に参加し教師の分担を明確にする。	話し合われた具体案に基づき，本人や学級や他教師への働きかけを直接的・間接的におこなう。その反応を次回に提供する。	学校教育の専門性に基づく。
コーディネーター	受理面接や観察，他教師からの聞き取り等で得られた情報を提供する。保護者・教師から得られた情報をまとめる際にリーダー役となる。	アセスメントから仮説を立て援助方針の方向性を提案する。同時に出された援助案を具体的にするよう心がける。援助方針の修正もおこなう。	話し合われた具体案に基づき，本人や他教師への働きかけを直接的・間接的におこなう。その反応を次回に提供する。	スクールカウンセリングの専門性（学校心理学等）に基づく。

注：子どもの権利条約第12条（意見を表明する権利）……児童が自由に自己の意見を表明する権利を確保する。児童の意見は，その児童の年齢及び成熟度に従って相応に考慮される。

3. 子ども・保護者が入る援助チームによる心理教育的援助サービスへの示唆

現代は情報化社会となり子どもたちの問題状況はますます複雑となり問題状況が学校に山積している。本章で紹介した保護者や子どもをパートナーとする援助チームは短期の問題解決型のコア援助チームである。スピーディに的確に対応することが求められている今，コア援助チームのような小回りがきくチーム援助の形態は重要である。また，コア援助チームではチームメンバー全員が責任を共有する。誰か一人に責任を負わせず全員が責任を共有し，細やかに援助するという形態は日本の学校現場にあった援助方法の一つとして期待できる。

さらに，保護者をパートナーとする援助チームのポイントは，子どもの強さを活かし，援助ニーズに応じた援助案を作成することである。子どもの強みを活かす援助案を考えるために保護者や教師，コーディネーターは子どものアドボケーターの役割も果たしてきた。アドボケーターとは，子どもの意見や権利を代弁する代理者のことである。しかし，援助案を実行するのは当事者である子どもである。子どもの心をすべて代弁し子どもが納得する援助案を作成することは難しい。子どもには子どもの権利条約で保障されている自分の意見を表明する権利がある。そこで子ども参加型援助チーム（田村・石隈，2017）により子どもの wants や needs を表明する権利を尊重することは，子どもの主体性や自己決定を促し，子どもが実行可能な援助案を提供することにつながる。また，子どもは援助チームに参加することで自助資源に焦点があたり，承認欲求や自己肯定感も得られることが臨床上わかっている。さらに他の援助チームメンバーはチームに参加したことで得たスキルを次の経験に活かすことができる。

以上のように，援助チームでの話し合い（相互コンサルテーション）はコストパフォーマンスが高く，心理教育的援助サービスへ大きく貢献できるであろう。

コラム9

「子どもの貧困」と学校心理学

鈴木庸裕

　「子どもの貧困」とは，所得の高低により子どもへの教育投資や人的資本に格差が生まれ，学習環境のみならず，子どもの成長や発達に不利益が生まれることを指す。生活困窮や経済的問題は子どもが問題なのではなく，家庭や保護者の問題であるという理解がある。しかし，「子どもの貧困」とは，その生活自体が子どもの成長や発達に影響を与えるという視点から，子ども自身の心理や行動に焦点を当てたものである。不十分な衣食住や文化的社会的経験の不足のみならず，低い自己評価や不安感，孤立感などへの着目である。

　ゆえに，子どもが自らの生活困窮や他者との差異，保護者の姿などをいかに捉えているのか，何を感じているか，どのようなものの見方，感じ方，考え方，さらには生き方を持っているのか。私たちはこうしたことに関心を持つことが求められる。子どもから見る貧困とは何かという課題でもある。「子どもの貧困」とは，貧困問題が社会的問題としてようやく子ども自身の問題として明確に把握されはじめた，その現れを示す言葉といえる。

　その明確さを示すものとして，「子どもの貧困対策の推進に関する法律」（2014年6月）がある。誰もが夢と希望を持って成長できる社会の実現をめざすために，その第1条では「子どもの将来がその生まれ育った環境によって左右されることのないよう，貧困の状況にある子どもが健やかに育成される環境を整備するとともに，教育の機会均等を図るため，子どもの貧困対策に関し，基本理念を定め，国等の責務を明らかにし，及び子どもの貧困対策の基本となる事項を定めることにより，子どもの貧困対策を総合的に推進する」とある。

　学校教育と関わる具体的な施策には，学校を子どもの貧困対策のプラットフォームと位置づけ，①学校教育による学力保障の充実，②学校を窓口とした福祉関連機関との連携，③学校から社会福祉的支援へつなぎ総合的な対策を推進する，④教育費負担の軽減などがある。

　さらに，2017年1月の『児童生徒の教育相談の充実について─学校の教育力を高める組織的な教育相談体制─』（文部科学省教育相談等に関する調査研究協力者会議）は，いじめ，不登校，非行などとともに子どもの貧困への教育的支援に言及した。学校心理学に携わるものとして，この「生まれ育った環境によって左右されない」ことに，その家族とともに向き合うことが大切な姿勢となる。

　子どもの6人に1人が貧困世帯であるという日本の状況から見て，学校心理学は貧困問題を第1次的援助サービスの中で予防的に受けとめていかねばならない。これまで教育現場では，家庭の貧困や生活困窮を「家庭の問題」，「複雑な家庭」，「家庭の養育問題」として，これらを保護者の責務として捉えられることが少なくなかった。家庭養育への包括的な支援が求められる今日，教師自身も，市区町村の子ども福祉の窓口，児童相談所，子ども家庭支援センターといった社会福祉サービスやその法制度などへの関心と理解が必要になる。

　今後，学校心理学にとって，社会福祉や児童福祉，スクールソーシャルワークへの関心や協働との接点が求められる。これは，学校心理学のチーム援助をさらに充実させる上で大きなエポックになる。

19章
教師が変わるコーディネーション委員会

家近早苗

1. はじめに

　学校には，様々な援助資源が存在する。教師は授業，課外活動などの活動をおこないながら子どもへの援助もおこない，スクールカウンセラー（以下 SC）やスクールソーシャルワーカー（以下 SSW）などは主に援助を中心としておこなう。このような人的な資源の他にも，相談室や保健室などの場としての資源や，生徒指導委員会や校内委員会などの組織的な資源も存在する。そして，これらの援助資源や援助活動は，それぞれが連携，協力することでより効果的な子どもへの援助が可能になると考えられる。そこで本稿では，学校全体の教職員が協力して子どもへの援助をおこなうための体制づくりについて，学校組織の活用という視点から考える。

2. 学校におけるコーディネーション委員会

[1] 学校の組織体制づくり

　米国では，特に援助ニーズの高い子どもに対して，その援助を専門家同士が中心となり，心理教育的援助サービスを提供する。しかし，日本では，学校の中で教師やその他の職員と SC が協力して心理教育的援助サービスを実施しており，教師の担う部分は大きいと考えられる。Zaffuto（2005）は，日本の教師と米国の教師を比較し，日本の教師は教科に関する授業をおこなうだけでなく，生徒の社会性，心理面や情緒面の発達にまで関わることが求められることを特徴として示している。たとえば，長期休暇中の過ごし方の指導や，お祭りに出かけての街頭指導などの多岐にわたった指導である。さらに日本の学校の教師や SC の特徴として，生徒個人に対するカウンセリングのアプローチと異なり，「生徒指導部会」などを活用して組織的なアプローチをおこなうことを挙げている。

　子どもへの指導や支援を組織的な体制をつくっておこなうことについては，これまでに国の方針として示されている。2007 年の「特別支援教育の推進について（通知）」（文部科学省，2007）では，各学校に特別支援教育に関する委員会を設置し，全校的な支援体制を確立して発達障害を含む障害のある幼児児童生徒の実態把握や支援方策の検討等をおこなうことが明記されている。また，2009 年，「児童生徒の教育相談の充実について（報告）」（文部科学省，2009）では，校内の各組織（生徒指導，学校保健，進路指導，特別支援教育など）の連携と機能的な体制の構築が重要視されている。さらに 2010 年の「生徒指導提要」（文部科学省，2010）では，生徒指導を進めるにあたり，全教職員の共通理解，学校としての協力体制・指導体制を築くことや，家庭や地域社会，関係機関等との連携・協力を密にすることなどが協調されている。

　このような社会的な流れの中で提案された「チームとしての学校の在り方と今後の改善方策について（答申）」（文部科学省，2015）では，学校や学校組織の在り方について改善し，「自己完結型の学校」（馬場園，2016）から「社会に開かれたチームとしての学校」になることが示されている。石隈（2016）は，「チーム学校」を実現するための具体的な改善方策として，①教職員同士のチーム：専任教員，指導教員，養護教諭，栄養教諭などがそれぞれの専門性を活か

して，学習指導や生徒指導等の多様な教育活動をチームとしておこなう教職員の指導体制を充実させること，②教員以外の専門スタッフの参画：授業等において専門スタッフ（SC や SW，学校司書など）を校内に有機的に機能するように位置づけること，③地域や教育委員会との連絡・調整校内の教職員の支援ニーズの把握・調整，学校支援活動の運営・企画・総括など地域との連携体制の整備などを挙げている。またこのようなチーム援助体制の充実には，学校が家庭や地域とも連携・協働しながら，一つのチームとして機能するように，学校のリーダーシップ機能や学校の企画・調整機能，事務体制を強化すること，学校に関わる全ての職員がチームの一員であるという意識を共有することを示し，学校と専門スタッフとの「横と縦の連携」を充実させることの重要性を指摘している。

[2] 学校組織の特徴

学校組織について淵上（1995）は，学校組織や教師集団は，教師同士に職務上の緊密な結びつきが弱く，教師の自主性が保障され，学級経営や教科指導に関しては，教師の専門的能力に基づいた独自性が尊重された「疎結合システム」（Weick, 1976）であるとしている。「疎結合」とはお互いに働きかけられればそれに応えるが，通常は個々の独立性と分離性が保たれている状況を言う。また田尾（1995）は，学校をヒューマン・サービスの組織として位置づけ，このような組織は，下部組織の個業性と専門性が尊重されるため，幹部（校長）からの指示が効率的に伝播しないという欠点を持ち合わせており，幹部からの指示や命令がより明確に伝わることと，いわゆる横のコミュニケーションである連絡や調整がおこなわれることが組織の重要な機能になることを示している。たとえば学校では，学校行事や生徒を指導する場面で，学年での相談や決定が尊重されることや学年集団で指導体制をとることなどの，いわゆる「学年団」と呼ばれる集団の意見が尊重されることが少なくない。また，教師は自分の学級の児童生徒のことはよくわかっているが，他の学級や学年の子どもの情報については把握していないこともある。このようなことは，個業性や独立性が尊重されることと関連して起こる問題でもある。また中学校や高等学校には，教科に基づく専門性のため，自分の専門でない教科の授業には意見を出しにくいことがある。これは教科の専門性が尊重されていることと関連している。

[3] 学校の組織と 3 つの援助チーム

では，このような特徴を持つ学校において「横と縦の連携」を充実させるためにはどうしたらよいのだろうか。

このような援助資源の一つに，「学校内の援助サービスのシステム」がある。学校心理学（石隈，1999：2016）では，このシステムを，個別の子どもへの援助チーム（田村・石隈，2003），コーディネーション委員会（家近・石隈，2003），運営委員会（山口・石隈，2009）の 3 つのチーム援助で整理している（図 19-1）。

1）個別の援助チーム

個別の援助チームは，子どもの問題状況に応じてつくられ，問題解決とともに解散される性質を持つ。つまり，援助チームは，子どもの問題状況に応じて援助チームの開始から終了までのある一定の期間おこなわれる。そして，学校の中で起こる不登校やいじめの問題などに対応して臨機応変に作ることができることが特徴である。

田村・石隈（2003）は，SC として実践した援助チームの事例について，SC・保護者・担任との連携に焦点をあてて検討した。担任，保護者，SC で編成されるコア援助チームでは，参加者がそれぞれの専門性を活かすことが重要であり，メンバー同士の援助過程を「相互コンサルテーション」であるとした。そして，援助チームによる相互コンサルテーションをおこないながら，援助資源を活用することの有用性を示している。

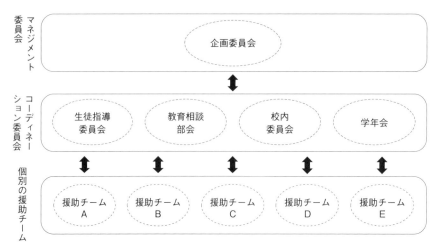

図 19-1　3 段階の援助チーム（石隈, 1999 より筆者が作成）

2）コーディネーション委員会

　コーディネーション委員会は校内組織に位置づけられており，定期的，恒常的に開催され，学校や学年での援助ニーズを把握しながらそのニーズに応じた活動がおこなわれる。コーディネーション委員会は，学校組織体制の中では，生徒指導委員会，教育相談部会，特別支援教育における校内委員会，学年会などにあたる。

　家近・石隈（2003，2007）は，中学校における実践事例から，コーディネーション委員会の機能に焦点をあて，その機能を明らかにしている。その結果，コーディネーション委員会は，①異なる専門性を持つ SC や教師等が協力しあいながら問題解決をおこなうコンサルテーション及び相互コンサルテーション機能，②学校全体としての取り組みとして，生徒に対する効果的な援助や情報の提供をおこなう学校・学年レベルの連絡・調整機能，③共有された援助方針をそれぞれの援助チームに伝えるチーム援助の促進機能，④管理職が参加することによって，校長の意思伝達や教職員との連携が図られることによるマネジメントの促進機能を見いだしている（図 19-2）。

3）マネジメント委員会

　マネジメント委員会は，学校全体の教育目標を達成するための意志決定や危機管理をおこなう委員会である。そして，心理教育的援助サービスはマネジメント委員会で扱われる重要なテーマである。

　山口・石隈（2009）は，マネジメント委員会の記録から，マネジメント委員会での意志決定のプロセスは，問題・情報の共有化，学校の課題に関する協議，決定，支持・伝達，終了の過程で循環的におこなわれることを示している。また，これらの研究をもとに，マネジメント委員会機能尺度を開発し，情報共有・問題解決，教育活動の評価と見直し，校長の意志の共有の 3 因子で構成され，マネジメント委員会の機能がチーム援助体制とチーム援助行動に影響を与えることを明らかにし

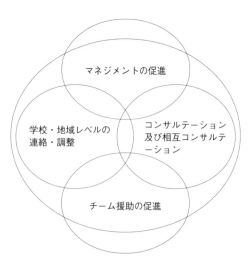

図 19-2　コーディネーション委員会の 4 つの機能
（家近・石隈, 2003 より）

ている（山口・樽木・家近・石隈，2012）。

3. 心理教育的援助サービスのモデル・実践例

　学校には組織的資源（学年会，生徒指導委員会等）があり，その組織を柔軟に構成できることも学校が持つ資源の一つである。たとえば，校務分掌上の枠組みや既存の組織的資源（例：教育相談部会，生徒指導委員会等）を各学校の実情や生徒の援助ニーズに応じるようなものに整備することによって，心理教育的援助サービスをおこなう人的資源（例：教育相談担当・養護教諭・生徒指導主任・SC）をより有効に活用できるようになる。校務分掌とは，学校教育の効果を上げるため，学校運営に必要な校務を校長が所属職員に分担することである（学校教育法施行規則第43条，第79条，第104条）。

　そこで，学校の組織的資源に注目した心理教育的援助サービスについて，コーディネーション委員会の実践例を取り上げ，その機能と効果について述べる。

[1] コーディネーション委員会の実践

　コーディネーション委員会は，学校の組織に組み入れることで定期的に開催され，恒常的にその機能を発揮することができる。そこで，生徒の問題状況への援助を実施した3つの中学校（A中学校，B中学校，C中学校）の実践を紹介し，コーディネーション委員会の概要について述べる。

1）A中学校：学校組織を見直し，機能していない組織を活用した事例

　A中学校では，平成X年より急激に学校内の生徒の行動が変化しはじめ，生徒の問題行動が多発し始めた。校内の器物破損から始まり，授業妨害・エスケープ，対教師暴力や暴言等により授業が成立しない状況が校内に生じるようになった。また学校の組織に「教育相談部会」は位置づけられていたが，定期的な活動がいつの間にかおこなわれなくなっていた。年に1回，教育相談週間を設けて二者面談を実施していたが，一人の生徒について1回面談をおこなうだけでその他の活動はおこなっていなかった。教育相談主任は，上述の教育相談週間の開催と生徒指導委員会への出席のみで，教育相談部会が十分に活用されている状況ではなかった。そこで，校長の発案により，既存の教育相談部会の研修会を拡大し，生徒の指導への共通理解，情報交換を目的とした教育相談部会を活用したコーディネーション委員会（月1回，約2時間半）を設け，校内の生徒の問題状況について，学年や教育相談，生徒指導という部門を越えて相談，援助活動をおこなうことにした（家近・石隈，2003）。

　A中学校のコーディネーション委員会では，教育相談部長が進行役をつとめ，学年の生徒状況を教育相談部員またはその代理の教師によって報告される。特に気になる，あるいは生徒の問題に困っている教師がそれぞれの問題を報告し，参加者全員でよりよい解決の方策や対応について考えを深めるやり方で進められている（図19-3）。また主要参加メンバーは，校長，教頭，教務主任，教育相談部長，生徒指導主任，教育相談部員，養護教諭，相談員，SCであるが，生徒の問題で困っている教師は誰でも参加可能な形になっている。

　A中学校では「企画委員会」（マネジメント委員会）が，学校運営や学校行事についての企画をおこない，さらに，職員会議での話し合いがおこなわれ学校全体の方向が決定される。たとえば，学校行事を実施する際に，学校全体の行事の検討については，「企画委員会」や職員会議でおこない，コーディネーション委員会では特に問題があると思われる生徒への対応や方針を中心にして行事の検討をおこなう。さらに，特に配慮が必要な生徒への対応や方針については，コーディネーション委員会での相談後，各学年会，生徒指導委員会等に参加担当教師が連携をとることができるようになっている（図19-4）。

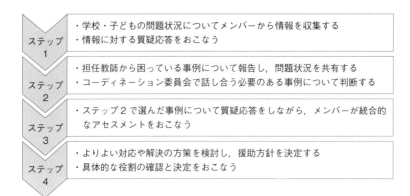

図 19-3　コーディネーションに委員会での話し合いのステップ

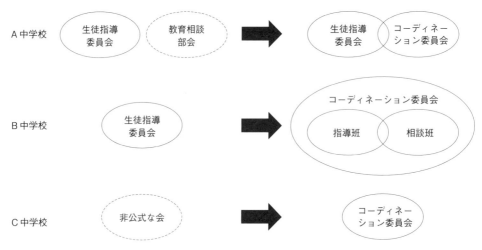

図 19-4　3校のコーディネーション委員会の成り立ち

2）B中学校：生徒指導と教育相談の組織を見直した事例

B中学校では，生徒の授業エスケープ，盗難，ゴミの散乱，落書き，喫煙，授業妨害，頭髪違反，踵踏み，遅刻，器物破損などの問題が多発していた。そこでB中学校は平成X年度より，「生徒1人1人の援助ニーズに応じたサポート体制作りをめざして」をテーマにして，学校改善に取り組み始めた。B中学校では，重点的に取り組む項目として一番に生徒指導の充実を挙げ，不登校生徒を減らし，生徒一人一人が生き生きと活動し，自分の力が発揮できる学校を目指していた（家近・石隈・岡村・丹下・横田・吉本，2010）。

B中学校のコーディネーション委員会は，既存の生徒指導委員会を2つの班に分け，組織されている（図19-4）。主に生徒指導，問題行動等を担当する「指導班」と，主に不登校に対する相談や指導を担当する「相談班」である。指導班，相談班共に定期的（毎週1回）に開催されている。「指導班」は，主に「生徒指導上の問題行動」に対する援助をおこなう。たとえば，校内のガラスの破損に対する指導の状況の把握や確認，虐待，けんかなどの問題に対する補導センター，警察との連携や保護者への連絡などであり，教師の指導や対応の仕方などについての情報の把握や検討をおこなう。また「相談班」は，主に教室に行くことができない生徒や，発達障害の生徒，登校を渋る生徒など，情緒的あるいは精神的な問題を持つ生徒に対して，チームを組んで問題の解決をおこなう。参加メンバーによる情報交換と，生徒の問題状況の把握，援助チームのメンバーの選定などをおこない，援助チームでの援助を中心としておこなってい

る。

B 中学校では，指導班と相談班の 2 つの班でコーディネーション委員会を構成し，その結果，非行傾向のある生徒への指導や支援に偏りがちであった教師の指導が，援助と指導というバランスをとりながら，学校全体の生徒への支援へとつながっている。

3) C 中学校：非公式の会を校務分掌に位置づけた事例

山谷・三浦（2015）は，コーディネーション委員会に注目し，C 中学校を対象として，コーディネーション委員会を校内に機能させるプロセスについて検討している。C 中学校は，学力の面では問題はないが，毎年不登校や登校しぶりによる相談室登校をする生徒がいるという課題がある学校であった。

そこで，コーディネーターの提案で，SC，教頭，コーディネーターの 3 名による「生徒交流会」を設置して一定の成果を得ることができたが，援助者の広がりがない，学年の教師との情報共有が難しく，「生徒交流会」が校内組織に位置づけられていないため校内における認知度が低いという問題が生じた。そこでコーディネーション委員会として「生徒交流会」を組織に位置づけ，メンバー（教頭・生徒指導部長・学年相談係・養護教諭・SC・言語療法士・コーディネーターなど）を明確にすることで定期的な子どもへの相談をするようにした（図 19-4）。その結果，校内に自分の意見を気軽に話せる場としての環境の整備，メンバーの役割の明確化，積極的な子どもとの関わりや援助の観察への意識の高まりが起こっている。

C 中学校では，コーディネーション委員会の設置によって，定期的な開催や自分の意見を気軽に話せる場としての環境の整備がおこなわれることで，機能を発揮することができるようになっている。コーディネーション委員会は，校内の組織に位置づけられていることによって，他の校内機関に働きかけ，活動の内容が全職員に広がりや組織的に援助活動として機能することが可能になっている。

[2] コーディネーション委員会が教師や学校に及ぼす影響

1) 教師の意識の変容

では，コーディネーション委員会が学校の問題について相談を継続することで，コーディネーション委員会に参加した教師の意識にどのような影響を与えるのだろうか。

家近・石隈（2007）は，A 中学校でのコーディネーション委員会の実践から教師に起こる変化について検討している。教師は，コーディネーション委員会に参加することで，①知識，②安心・自信，③意欲の向上を獲得すること，また，④自己修正をしながら，自身の⑤生徒への接し方が変わると感じ，さらに⑥仕事上の役割の明確化が起こっていると捉えている。

また，家近・石隈（2008）は，中学校の教師を対象に，「自分の学校の生徒が問題を起こしている時，自分の学級や学年の生徒であるかどうかにかかわらずどうするか」，「同僚の教師は，私のクラスの生徒が問題を起こしたときどうすると思うか」という質問をし，自由記述による回答を求めた。その結果，「教師の学校の問題に対する当事者意識」は，以下の 3 つの領域で整理できることを示している。①「感情・反応レベルの当事者意識」：校内で何か問題が起こったときや心配に思ったり，不安に思う，あるいは，こうしてほしいと思ったりするなどであり，問題状況の詳細をつかめないときの教師の反応を示している。②「認知・判断レベルの当事者意識」：どうにかしたいと思うことや見守ることなどであり，自分がどのようにしたらよいかを考え，迷い，行動を起こすかどうか判断をするレベルである。これは，自分自身が情報を集めようとするものと，他の教師が自分に知らせてほしいという欲求の両面が見られる。③「行動レベルの当事者意識」：直接的な関わりと間接的な関わりに分類できる。直接的な関わりは，生徒の問題状況に対して，現場にかけつける，声をかける，落ち着かせる，注意する，指導するなどの生徒に対しておこなう教師としての行動である。また，同僚の教師が，一緒に対

応してくれることや助けてくれるなどの行動をとることである。間接的な関わりは，どういう状況にあるのかわかっている先生に聞く，連絡が必要であれば連絡し対応する，学校全体で事実を確認して，職員全員で共通理解を図るなどのように直接その場での行動を起こすのではなく，その後も含めて，間接的に関わりを持とうとするものであると考えられる。

2) 学校全体への影響

コーディネーション委員会に参加することは，参加した教師だけでなく，教職員全体に影響を与える。家近・石隈・岡村・丹下・横田・吉本（2010）は，B中学校のコーディネーション委員会に3年間ほぼ毎回参加した教師（校長，教頭，研究主任，養護教諭）を対象に半構造化面接を実施し，コーディネーション委員会の学校全体への影響について検討している。B中学校の教師の回答からは，参加教師自身が新しいやり方を得ることや，成長したと感じていることが表現され，教師自身の変化だけでなく，自分以外の教師が成長したと捉え，学校全体での情報の流れができているという表現がその特徴として見られた。

学校全体の変化は，①『支えられ感』：自分だけでなく，他の人も考えてくれることや本音で話せることなどの安心感や，それを理解してくれる同僚の支えから構成されている。②『つながり感』：学年間の教師同士のつながりや信頼関係，引継ぎなどの「学年間や教師同士のつながり」，会議同士の連携が図れることなどの「校内組織の連携」，子どもの問題に関わる教師を増やすこと，多様な援助者の参加が可能になるなどの「参加者の広がり」である。③『援助者としての成長感』：広い視野を得ることができることなどの「知識や視点の獲得」と，すぐに援助・行動に移すことが可能になるなどの「自主的な援助」である。④『話し合いの活性化』：教師の能力や専門性を活かすこと，自分自身がやるべきことが見いだせることなどの「仕事上の役割の明確化」，少ない回数で援助の効果を感じる「時間の効率化」，援助が必要な子どもを発見し，子どもの情報を継続的に把握する「問題状況の把握」，問題の緊急性の優先順位を決定するなどの「方針の明確化」，校長や担当者としての「意思伝達」，自分たちの援助を周囲に示すことなどの「説明」である。

3) 教師の意識の変容に関する尺度

コーディネーション委員会の機能尺度（家近・石隈，2011；2016など）に加え，コーディネーション委員会に参加することで教師や学校が受ける変容についても尺度が開発されている。

家近・石隈（2012）は，コーディネーション委員会に参加することで影響を受ける教師の意識は，3因子で構成されていることを明らかにしている（表19-1）。第1因子は，生徒の問題を放っておかなくなる，もっと生徒と関わろうと思うようになる，生徒や生徒の問題に対して関わろうとする内容を表す「生徒への関わりの積極性」因子である。第2因子は，援助に関する役割がとりやすくなる，援助に関する願いや思いを伝えられると感じるなど，同僚の教師と協力していくことや援助者を増やすことなどに関する「援助者同士のつながり」因子である。第3因子は，事前に生徒の情報を収集するようになる，他の学年の様子を知ろうとするようになるなど，自分から進んで話し合いに参加しようとする積極性に関わる項目を示す「話し合いへのコミットメントの高まり」因子である。

[3]「ほんものチーム」としてのコーディネーション委員会

コーディネーション委員会は校務分掌上に位置づけられているため，教師個人に参加に対する不安や抵抗があったとしても，話し合いに参加することが求められる。そのため，充実した話し合いができなければ教師は時間の無駄であると感じ，形骸化してしまうことになる。

そのためただ単にコーディネーション委員会を継続するだけではなく，どのような委員会になっているかが重要になる。

この点については，アメリカの企業におけるチームを研究してきたKatzenbach & Smith

表 19-1　教師の意識の変化尺度 (家近・石隈, 2012)

Ⅰ　生徒への関わりの積極性
  1　生徒の問題を放っておかなくなる
  2　もっと生徒に関わろうと思うようになる
  3　生徒への接し方を工夫するようになる
  4　子どもの問題の理解の仕方が深まる
  5　自分から進んで生徒と関わるようになる
  6　自分の指導について振り返る
  7　生徒に接するときの目的が明確になる
  8　生徒の問題に対して，他の教師とコミュニケーションを取るようになる
  9　生徒の情報を把握しようとするようになる
  10　話し合いで得た情報を授業に活かすようになる
  11　問題への対処を早くするようになる

Ⅱ　援助者同士のつながり
  12　援助に関する役割がとりやすくなると思う
  13　援助に関する願いや思いを伝えられると感じる
  14　子どもの問題に関わる援助者が広がると感じる
  15　方針に従って援助ができるようになると感じる
  16　効率よく話し合いが進むようになると感じる
  17　援助について継続的にとらえられるようになると思う
  18　子どもの状態を説明しやすくなると感じる
  19　職員会議，運営委員会との情報の流れが良くなると感じる
  20　担任だけで問題を抱え込まなくてよくなると感じる
  21　学年会や保健室とつながっていると感じる
  22　同僚の協力に支えられていると感じる
  23　校長のリーダーシップに支えられていると感じる

Ⅲ　話し合いへのコミットメントの高まり
  24　資料を準備するようになる
  25　事前に生徒の情報を収集するようになる
  26　他の学年の様子を知ろうとするようになる
  27　参加者と違った意見でも言えるようになる
  28　自分の考えを理解してくれる教師を増やすことができると思うようになる
  29　自信を持って生徒への援助が出来るようになる
  30　今までと違う視点から考えるようになる
  31　具体的な援助を実行するようになる
  32　安心して指導できるようになる

(1993) のチームのモデルが参考となる。Katzenbach & Smith (1993) は，チームについて，そのチームの業績と効果から，なりかけチーム，にせチーム，ほんものチームで説明している。「なりかけチーム」は，メンバーが個人としての目標達成のために働くチームであり，一人ひとりの能力や努力に依存するチームである。「にせチーム」は，相互責任，共同成果，集合行動などのリスクを受け入れていないチームであり，チームでやることがマイナスになるチームである。「ほんものチーム」は，共通の目標やアプローチを持ち，対立や共同成果，集合行動などのチームとしてのリスクを受け入れており，メンバーの成功を全員で喜ぶことができるチームである。そして「ほんものチーム」は，メンバーの変更などがあってもチームとしての力を発揮できるチームである。

　コーディネーション委員会は，メンバーの編成などの見かけ上は同じように見えても，その内容や質により「にせチーム」であったり，「ほんものチーム」になったりする。「にせチーム」のコーディネーション委員会では，抽象的な議論や，経験論に終始し，具体的な援助の決定がなされないまま終わることも少なくない。このような話し合いを続けても，参加者には時間の無駄であるという気持ちしか残らないため，機能を発揮することができない。また，管理職やメンバーの入れ替えによって，それまで機能していた委員会が継続できなくなる場合もある。

このようなリスクを乗り越えることはコーディネーション委員会の活用においては特に留意すべきである。

[4] 学校の心理教育的援助サービスの向上につながるコーディネーション委員会

　学校心理学が提供する心理教育的援助サービスは，すべての子どもへの一次的援助サービス，子どもの問題の早期発見を目指す二次的援助サービス，特別な支援を要する子どもへの三次的援助サービスで整理されている。コーディネーション委員会は，特定の子どもの問題について取り上げながら，子どもや教師の問題を早期発見し，対応策を考えることもおこなう。これは，二次的援助サービスにあたる。このような委員会が定期的，恒常的に機能し，教職員全員が協力できる支援体制を整備することは，学校全体の教育機能を高めるとともに，学校組織の教育的レジリエンスにつながると考えられる。教育的レジリエンスは，「子どもの問題を予防するために，個人，家庭環境，学校環境，地域環境における危険因子の減少と保護因子を高めること，それでも起こるまさかの時に発揮される適応能力のこと」（Wang & Gordon, 1994）である。またコーディネーション委員会を通して起こる教師の成長は学校の重要な資源であり，教師が日々の活動に意欲を持って取り組むことも教育的レジリエンスを高めることにつながる。

　またコーディネーション委員会は，異なる専門性を持つ SC や教師等が協力しあいながら問題解決をおこなうコンサルテーション及び相互コンサルテーション機能，学校全体としての取り組みとして，生徒に対する効果的な援助や情報の提供をおこなう学校・学年レベルの連絡・調整機能，共有された援助方針をそれぞれの援助チームに伝えるチーム援助の促進機能，管理職が参加することによって，校長の意思伝達や教職員との連携が図られることによるマネジメントの促進機能を持っている。紅林（2016）は，「チーム学校」では，教職員の関係性（同僚性）を強化し，専門家と非専門家という性格の異なる２つの外部との関係性（協働性）を構築することで，結果的に教育効果を向上させようとするものであることを指摘している。コーディネーション委員会の機能は，このような指摘と呼応するものであり，学校全体の心理教育的援助サービスの向上に貢献する可能性をもつものである考えられる。

終章
チーム学校時代の学校心理学

水野治久・家近早苗・石隈利紀

　最終章では，チーム学校の視点から本書を振り返りたい。そして，一次的援助サービス，二次的援助サービス，三次的援助サービスとチーム学校がどのように有機的につながるのかについて編者らの考え方を示すことで，今後の学校心理学のあり方について考えていきたい。

1. 学校づくりとチーム学校

　一次的援助サービスは，学校づくりと関係がある。学校全体の動きに関連があるからである。ここでチーム学校とは何かについて再度，確認しておきたい。中央教育心理議会（2015）の「チームとしての学校の在り方と今後の改善方策について（答申）」（以下，チーム学校答申）によると，チーム学校は生徒指導分野に限ったことではない。むしろ，学校全体の機能強化のための提言であることがわかる。授業や特別支援教育，保護者などの関わり，学校コミュニティとの連携など，「チーム学校答申」の方向性は一次的援助サービスと共有する部分が大きい。石隈（2016）はチーム学校の意義を専門性に基づくチーム体制の構築，学校におけるマネジメントの充実，教職員一人ひとりが力を発揮できる環境の整備の3つの点からまとめている。そして，コーディネーターの役割の重要性を指摘し，その役割を担う職として，副校長・教頭，主幹教諭，教育相談や特別支援教育コーディネーターを挙げている。こうした人材をどう養成するのか，採用前は教員養成大学，採用後は教育委員会や各学校現場の動きが重要である。しかし，その前に，どのような人材がチーム学校に資するのか，コーディネーターとしてどのような役割が重要なのか，またその基盤となる資質は何か。これを明らかにしなければ，育成のための人材像が描けない。7章の「一次的援助サービスが定着する学校づくり」（西山）では，学校組織に一定の共通認知を形成することが大事だと指摘している。さらにミドルリーダーの行動を9つに整理している。そして，学年会や学年主任などとミドルリーダーがどのように動き子どもを支援していくのか具体的に論じている。こうしたことを日常的に学校の中にどう位置づけていくのか，チーム学校の具体化に向けて学校心理学の蓄積を集約し学校ぐるみ，市町村教育委員会，都道府県レベルの教育委員会をも視野に入れた実践が期待される。その意味で言うと，1章の横島・萩原の学校心理学を全面的に展開した高校づくりの実践は参考になる。不登校の減少や自己肯定感の向上だけでなく進路面や学習面の定着などの効果が期待される。

　しかし「チーム学校答申」にもあるようにチーム学校がめざす方向で子どもを援助するためには，学校の機能を強化する必要がある。そのためには，学校関係者は現在，自分がおこなっている業務を援助サービスという視点で捉え直し，足腰を鍛えていくことが要求される。たとえば，授業。授業をユニバーサルにデザインにすることにより，障害や特性の有無にかかわらず授業がわかりやすく伝わりやすくなる。そもそも，授業をユニバールデザイン（3章，小貫）にするための基礎は，授業の目当てを明らかにし，それを具現化することである。「チーム学校答申」がめざす方向でもある。

　これは，狭い意味の学力向上に貢献するだけではない。子ども一人ひとりの学びのニーズに応え，それが自由で自己実現的な進路保障につながっていくのである。子ども一人ひとりの

自己実現と考えた場合に，5章のキャリア教育（今西）の視点を忘れてはならない。また6章（樽木）の文化祭の役割上の葛藤の解決は，日本の学校が大事にしてきた集団づくりに有効である。こうした取り組みにより，子どもは社会性や情動面で発達していく。その意味では，4章の子どもの社会的能力をどう育成するのか（小泉）は予防的な介入ということで非常に大きな意味を持つ。

　一次的援助サービスにおいては，教師が子どもの援助をスクールワイドで展開するかということである。しかしその前提となるのが教師と子どもの人間関係である。その意味で言うと，2章「教師が子どもと信頼関係を結び，関わる」の中井が指摘するように教師と子どもの信頼関係がなくては心理教育的援助サービスは展開できない。そして，中井も指摘するようにこの信頼感は，子どもと教師だけのものではない，教師同士の信頼関係もまた重要なのである。

　一次的援助サービスの具現化には，学校全体の方向性の明確化，管理職のリーダーシップだけはなく，学校での活動を心理教育的援助サービスと捉えなおし，学校における授業，行事，キャリア教育，生徒指導などの機能を強化しながら，学校全体の機能を強化していく必要がある。

2. 苦戦する子どもをどう発見し効果的な援助につなげるか？

　しかし学校のマネジメントの強化により，学校全体が心理教育的援助サービスを実践できたとしても，どうしても，苦戦する子どもたちは存在する。こうした援助を必要とする子どもたちをどう発見するのかが非常に大きなテーマになりつつある。それは，子どもは自ら助けを求めることが難しいからである（後藤，2017）。

　日本の学校は欧米と異なり，学習集団が学習と生活のコミュニティである。教師は，学級を単位に集団で指導する（河村，2010）。そのために，教師は子どもの問題行動の現状や経過，生活上の態度について情報を収集する。その視点は，養護教諭やスクールカウンセラー（以下，SC）とは異なる（新井・庄司，2014）。指導的な視点に立つ教師は，援助が必要な子どもを発見しづらいのである。そのための様々な知見が第2部には散見される。教師が，援助ニーズのある子どもを発見しながら同時並行的に学級集団づくりをおこなっていかなければならない。それに応えるのが8章の「学級集団で苦戦する子どもの発見と援助」（武蔵・河村）である。昨今，深刻な不登校の状況が報告されている（朝日新聞，2016a）。不登校の背後に虐待や貧困が背後に存在するとも言われている。子どもは学校に行かない，行けないという行動化を伴いニーズを訴えることもある（11章，五十嵐）。さらに，子どもの不登校だけが課題なわけではない。子どもの問題行動の背景に感情の育ちの課題が隠されていると指摘するのは9章「感情の育ちの視点から見た子どもの苦戦」（大河原・長谷川）である。感情の制御ができない子どもが増えている。小学生の暴力行為が増え，教育委員会も組織的に動いている（朝日新聞，2016b）。昨今のネットの問題も看過できない大きな課題である。いじめの加害者も援助されるニーズがあり，予防への取り組みも大事だ（10章，戸田）。二次的援助サービスから一次的援助サービスへのつながりである。

　「チーム学校答申」にも，「子どもたちの問題行動の背景には，家庭，友人関係，地域，学校などの子どもたちの置かれている環境の問題があり，子どもたちの問題と環境の問題は複雑に絡み合っている」（p. 7）との指摘がある。さらに，2017年1月に発表された教育相談等に関する調査研究協力者会議（2017）による「児童生徒の教育相談の充実について―学校の教育力を高める組織的な教育相談体制づくり―」にあるように子どもの些細な変化をも見逃さない体制づくりが必要である。

　本書は，SC（13章，半田）や教育相談係がどう動くかといったことにも言及しているが，そのためのシステムづくり，学校の中にいる教師，養護教諭（12章，相樂）がどのように子ども

のニーズに応えていくかということも明らかにしている。また，各章には具体的な実践事例が豊富に掲載されている。石隈（2016）は学校における連携を縦軸と横軸で説明しているが，二次的援助サービスは，この2つの軸をもとに，管理職などのマネジメントレベル，そして学級担任や養護教諭，SC，SSWがお互いに連携をしながら子どもを支える様々な場面と仕掛けについて論じている。たとえば13章のSCの実践については，二次的援助サービスの対象となる子どもは，担任からSCに相談に行くように言われる。そしてSCはアセスメントをし，担任と情報を共有する。横の連携である。10章の，いじめの被害児童生徒の援助と，加害児童生徒の援助をどう実践していくのかについても，管理職や場合によっては教育委員会の担当者，第三者委員会などの外部の専門家と連携しながら，一方で，生徒指導主事，養護教諭やSCとどのように連携をしていくのか，学校の日常生活の中でどのように援助していくのか，これをもとに様々な実践が積み上がることを期待したい。

3. チーム学校時代に教員に求められること

「チーム学校答申」をまとめると，①専門性に基づくチーム体制の構築，②学校のマネジメント機能の強化，③教職員一人ひとりが力を発揮できる環境の整備の3点の特徴がある。紅林（2016）も指摘しているとおり，チーム学校答申は，学力向上や思考力の育成，いじめや不登校対策，教師の多忙解消などの学校現場が抱えている課題に対応できる体制づくりを意味している。

石隈（2016，2017）は，「チーム学校」で提案された3つの観点について，学校と専門スタッフとの「横と縦の連携」という視点から捉えている（図1参照）。チーム学校の実現のためには，個別の子ども，子どもの集団に対して，援助ニーズをアセスメントし，横方向の連携と縦方向の連携を組み合わせていくことが大事である。このような連携をつくりだすための知見や実践を提供するのが第3部である。横方向は，たとえばSCやSSWからの教師への連携，教師からSC，SSWへの連携がある。また，学年や養護教諭と担任といった教員同士の連携もある。教師と保護者の連携もある。学校心理学では「チーム」の最小ユニットが「コア援助チーム」である。18章の田村の提案は，ここに保護者も組み込み，複数の視点でアセスメントをすることが重要だと述べている。

学校内のチーム（体制）づくりは，学校独自の課題，人的資源や組織がもつ資源，地域の特徴などを幅広くアセスメントする必要がある。昨今増加してきた都市に特徴的な単学級の中学校と，複数の小学校から進学する比較的大きな中学校では取り巻く環境が異なる。地方に行くと，小学校の合併により，スクールバスで子どもが通うという風景も日常的になる。大学の附属校や私立学校のように試験を経て入学者が選抜される学校もある。さらに，教員集団で言えば，昨今，東京，名古屋，大阪は大量採用時代がまだ継続している。地方では，ベテラン教師が多くいる。地域の文化も異なる。さらに学級に一歩足を踏み入れていると，学級ごとの風景

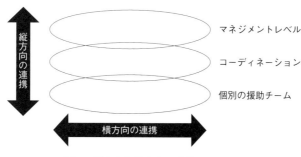

図1　縦方向と横方向の連携

が異なる。一口に問題行動といっても，人的な環境，教室の環境との相互作用によって子どもの見せる表情は様々だ。このようなアセスメントが 14 章（飯田）で示されている生態学的アセスメントであり，学校心理学におけるアセスメントの特徴となっている。個としての子どもだけでなく，子どもを取り巻く環境や子どもの援助者（資源）についてのアセスメントは，チーム援助へとつなぐことができる。

チーム学校より本当の意味で教師が学校の中で連携していくためには，この縦方向と横方向の連携が鍵である。そして，その仕組が，チーム援助，コーディネーション委員会，マネジメント委員会となるのである（19 章，家近）。15 章（上村）では特別支援教育の視点から連携のあり方を説明する。しかし教師にとって，連携することは，教師自身の生徒指導や学級経営のあり方についてうまくできなかったという不全感を抱きやすい（水野，2014；田村，2017；Mizuno, 2016）。17 章の本田はまさに援助要請しない教師と SC がどのように連携するかを援助要請の視点から解説している。16 章（押切）では子どもの非行に振り回され疲れ切っている教師に対して，少年鑑別所などの非行関係者がどう関わるかについての視点が提供されているが，横の連携は校内だけなく，関係機関との連携の方向性もありうる。ここではコンサルテーションが鍵概念となる。

4. おわりに

学校心理学は，子どもと教師のために存在する，極めて実践的な学問である。本書の初版『学校での効果的な援助をめざして―学校心理学の最前線―』から 9 年の月日が経過した。残念ながら，子どもの状況は改善には至っていない。不幸ないじめ被害者による自死や，小学校の暴力行為の増加，様々な課題が学校にはある。しかし，教育委員会や学校はこの状況に手をこまねいて眺めているだけではない。より積極的な予防教育にも力をいれている。これは，1 章の「心理教育的援助サービスの全面展開」（横島・萩原）に詳しい。3 章の授業のユニバーサルデザイン（小貫），4 章の子どもの社会的能力を育成（小泉）する取り組みなどがその例である。教育委員会レベルでもたとえば，大阪府の例を取り上げると，小学校の暴力行為に半減に向けて，チームでの対応をめざしている。この事業は，「小学校指導体制支援推進事業」と呼ばれ，校長経験者，教職志望大学院生，SC，SSW が定期的に，暴力行為が多く報告されている小学校に入り込み，支援している（朝日新聞，2016b）。

学校心理学は，石隈（1999）から始まり，そして，チーム援助，コーディネーション，コンサルテーションなど，教育心理学や特別支援教育，コミュニティ心理学の概念を整理しながら，学校現場に落とし込める概念を生み出してきた（Ishikuma, Shinohara, & Nakao, 2008）。これからの学校心理学は，学校現場へ応用し，学校心理学の理論をより洗練させていく時代（発展期）に入ると言えよう。実際に，このような観点に立った現場からの報告がある。たとえば，小坂・朝日（2012）は，常勤カウンセラーとして勤務する学校の 3 事例から，システム化された援助チームの活動が教員の被援助志向性を高める作用を事例検証と半構造化面接から明らかにしている。小沼・高橋・山口（2015）は，小学校の新任教師 1 名を対象に，指導教員がコンサルテーションした実践をチーム援助の視点からまとめている。野口・瀬戸（2016）はとある市公立小学校 24 校を対象に調査をおこない，不登校支援のキーパーソンとして養護教諭を挙げている。学校において，どのような職種やどのような関わりが連携を促進するのかについて明らかにする必要がある。

このような個別の子どもへのチーム援助と校内の体制づくりを踏まえた組織的なチーム援助を校内に位置づけることで，校内に横方向の連携と縦方向の連携が促進され，チーム学校のめざす学校のマネジメント機能を強化するリーダーシップの発揮につながるのではないだろうか。

文　献

第 2 版によせて

新井　雅・庄司一子（2014）．臨床心理士，教師，養護教諭によるアセスメントの特徴の比較に関する研究　心理臨床学研究, *32*, 215-226.

石隈利紀（1999）．学校心理学―教師・スクールカウンセラー・保護者のチームによる心理教育的援助サービス―　誠信書房

石隈利紀（2016）．チーム学校における連携―スクールカウンセラーの役割と課題―　一般社団法人日本心理研修センター（編）　公認心理師　臨床心理学臨時増刊号（pp. 33-35）　金剛出版

Ishikuma, T., Shinohara, Y., & Nakao, T. (2008). School psychology in Japan. In S. Jimerson, T. D. Oakland, & P. T. Farrell (Eds.), *The handbook of school psychology* (pp. 217-227). Thousand Oaks, CA: Sage. （飯田順子（訳）（2013）．日本の学校心理学　石隈利紀・松本真理子・飯田順子（監訳）　世界の学校心理学事典（pp. 403-414）　明石書店）

河村茂雄（2010）．日本の学級集団と学級経営―集団の教育力を生かす学校システムの原理と展望―　図書文化社

水野治久（2014）．子どもと教師のための「チーム援助」の進め方　金子書房

文部科学省中央教育審議会（2015）．チームとしての学校の在り方と今後の改善方策について（答申）

文部科学省初等中等教育局児童生徒課（2017）．平成 28 年度「児童生徒の問題行動・不登校等生徒指導上の諸課題に関する調査」（速報値）について

OECD (2014). Indicator D4: How much time do teachers spend teaching? In Education at a Glance 2014: OECD Indicators, OECD Publishing. Retrieved from http://dx.doi.org/10.1787/888933120005

嶋野重行（2008）．教師の指導態度に関する研究―AD 尺度の追試的研究―　盛岡大学短期大学部紀要, *18*, 43-55.

田村節子・石隈利紀（2003）．教師・保護者・スクールカウンセラーによるコア援助チームの形成と展開―援助者としての保護者に焦点をあてて―　教育心理学研究, *51*, 328-338.

弓削洋子（2012）．教師の 2 つの指導性機能の統合化の検討―機能に対応する指導行動内容に着目して―　教育心理学研究, *60*, 186-198.

1 章

萩原明子（2014）．フレックススクールにおける特別支援教育の実際　中等教育資料, *943*, 88-91.

茨城県教育委員会（2003）．県立高等学校再編整備の前期実施計画（平成 15 年度～平成 18 年度）

茨城県教育委員会（2006）．県立高等学校再編整備の後期実施計画（平成 19 年度～平成 22 年度）

茨城県教育委員会（2010）．第 2 次県立高等学校再編整備の前期実施計画（平成 23 年度～平成 25 年度）

茨城県教育委員会（2014）．県立高校教育改革の成果検証に係る報告書

茨城県教育委員会（2015）．第 2 次県立高等学校再編整備の後期実施計画（平成 29 年度～平成 32 年度）

茨城県高等学校審議会（2008）．産業構造等の社会の変化や生徒の多様化に対応した魅力ある学校・学科の在り方について（第 2 次答申）

茨城県立結城第二高等学校（2011）．文部科学省委託平成 22・23 年度特別支援教育総合推進事業（高等学校における発達障害のある生徒への支援）研究報告書

石隈利紀（1999）．学校心理学―教師・スクールカウンセラー・保護者のチームによる心理教育的援助サービス―　誠信書房

石隈利紀（2004）．学校心理学とその動向―心理教育的援助サービスの実践と理論の体系をめざして―　心理学評論, *47*, 332-347.

石隈利紀（2005）．一人ひとりの子どもの力と援助ニーズに応じるチーム援助―みんなが資源　みんなで支援―　健康教室, *56*(14), 3-25.

石隈利紀（2007）．特別寄稿：人とつながるオンリーワン　山形教育（山形県教育センター）, *341*, 26-28.

石隈利紀（2016）．私の授業論―苦戦している子どもの理解と授業 UD の効果―　授業 UD 研究, *2*, 48-53.

石隈利紀（監修）　熊谷恵子・田中輝美・菅野和恵（編）（2016）．ライフスキルを高める心理教育―高校・サポート校・特別支援学校での実践から―　金子書房

石隈利紀・阿久澤栄・安藤正紀（2015）．学校心理学は支援が必要な子どもたちに何ができるのか？　学校心理学研究, *15*, 59-71.

石隈利紀・鴨志田和子（2005）．高校生のための心理学ノート

小貫　悟・桂　聖（2014）．授業のユニバーサルデザイン入門　東洋館出版

文部科学省（2015）．中央教育審議会「チームとしての学校の在り方と今後の改善方策」（答申）

文部科学省・子どもを見守り育てるネットワーク推進会議（2010）．子どもを見守り育てる新しい公共の実現に向けた行動計画

横島義昭（2000）．高校における心理教育的援助サービスの実践　教育心理学年報, *39*, 38-39.

2 章

新井邦二郎（2009）．学校カウンセリング　新井邦二郎・佐藤　純・濱口佳和（編著）　教育心理学―学校での子どもの成長をめざして―（pp. 167-202）　培風館

Getzels, J. W., & Thelen, H. A. (1960). The classroom group as a unique social system. In N. B. Henry (Ed.), *The dynamics of instructional groups, sociopsychological aspects of teaching and learning: The 59th yearbook of the National Society for the Study of Education* (pp. 53-81). Chicago, IL: University of Chicago Press.

家近早苗（2014）．コーディネーション委員会への参加による教師の意識の向上　石隈利紀・家近早苗・飯田順子（編著）　学校教育と心理教育的援助サービスの創造（pp. 145-167）　学文社

石隈利紀（2016）．公認心理師に期待される修得課題―予防開発的心理教育を学ぶ―　野島一彦（編）　こころの科学増刊　公認心理師への期待（pp. 66-72）　日本評論社

石隈利紀・田村節子・生島　浩（2004）．心理教育的アプローチ　大塚義孝他（監修）　亀口憲治（編）　臨床心理学全書第 10 巻（pp. 124-198）　誠信書房

加藤弘通・大久保智生（2009）．学校の荒れの収束過程と生徒指導の変化―二者関係から三者関係に基づく指導へ―　教育心理学研

究, *57*, 466–477.

河村夏代・鈴木啓嗣・岩井圭司（2004）．教師に生ずる感情と指導の関係についての研究―中学校教師を対象として―　教育心理学研究, *52*, 1–11.

國分康孝（1992）．生徒 - 教師関係　氏原　寛・亀口憲治・成田善弘・東山紘久・山中康裕（編）　心理臨床大事典　培風館

国立教育政策所（2013）．教員環境の国際比較―OECD 国際教員指導環境調査（TALIS）2013 年調査結果報告書―　Retrieved from http://www. nier. go. jp/kenkyukikaku/talis/（2017 年 1 月 10 日）

国立教育政策所（2013）．OECD 生徒の学習到達度調査（PISA2012）　Retrieved from http://www. nier. go. jp/kokusai/pisa/（2017 年 1 月 10 日）

近藤邦夫（1994）．教師と子どもの関係づくり―学校の臨床心理学―　東京大学出版会

越　良子・西条正人（2004）．学年教師集団の雰囲気と教師 - 生徒関係および生徒の学校適応感の関連　上越教育大学研究紀要, *24*, 61–75.

久富善之（編著）（1994）．日本の教員文化―その社会学的研究―　多賀出版

三隅二不二・矢守克也（1989）．中学校における学級担任教師のリーダーシップ行動測定尺度の作成とその妥当性に関する研究　教育心理学研究, *37*, 46–54.

三隅二不二・吉崎静夫・篠原しのぶ（1977）．教師のリーダーシップ行動測定尺度の作成とその妥当性の研究　教育心理学研究, *25*, 157–166.

水本徳明（2000）．子どもと教師の豊かなつながりを求めて―学級経営と教室空間―　谷川彰英・無藤　隆・門脇厚司（編著）　21 世紀の教育と子どもたち 3　学びの新たな地平を求めて（pp. 142–179）　東京書籍

文部科学省（2006）．今後の教員養成・免許制度の在り方について（答申）　Retrieved from http://www.mext.go.jp/b_menu/shingi/chukyo/chukyo0/toushin/1212707. htm（2017 年 1 月 10 日）

文部科学省（2014）．教職員のメンタルヘルス対策検討会議の最終まとめについて　Retrieved from http://www.mext.go.jp/b_menu/shingi/chousa/shotou/088/houkoku/1332639. htm（2017 年 1 月 10 日）

中井大介（2012）．生徒の教師に対する信頼感に関する研究　風間書房

大西彩子・黒川雅幸・吉田俊和（2009）．児童・生徒の教師認知がいじめの加害傾向に及ぼす影響―学級の集団規範およびいじめに対する罪悪感に着目して―　教育心理学研究, *57*, 324–335.

Rosenthal, R., & Jacobson, L. (1968). *Pygmalion in the classroom*. New York: Holt, Rinehart and Winston.

角南なおみ（2013）．子どもに肯定的変化を促す教師の関わりの特徴―修正版グラウンデッド・セオリー・アプローチによる仮説モデルの生成―　教育心理学研究, *61*, 323–339.

竹村洋子（2008）．「問題行動」を示す児童とのかかわりに対する教師の評価に関する検討　教育心理学研究, *56*, 44–56.

田村節子・石隈利紀（2003）．教師・保護者・スクールカウンセラーによるコア援助チームの形成と展開―援助者としての保護者に焦点をあてて―　教育心理学研究, *51*, 328–338.

田崎敏昭（1981）．教師のリーダーシップ行動類型と勢力の源泉　実験社会心理学研究, *20*, 137–145.

都丸けい子・庄司一子（2005）．生徒との人間関係における中学校教師の悩みと変容に関する研究　教育心理学研究, *53*, 467–478.

上地安昭・古谷雄作（2014）．イラスト版教師のためのすぐに使えるカウンセリングスキル　合同出版

山本　奨（2007）．不登校状態に有効な教師による支援方法　教育心理学研究, *55*, 60–71.

弓削洋子（2012）教師の 2 つの指導性機能の統合化の検討―機能に対応する指導行動内容に着目して―　教育心理学研究, *60*, 186–198.

3 章

American Psychiatric Association (2013). *DSM-5: Diagnostic and statistical manual of mental disorders* (5th ed.). Washington, DC: American Psychiatric Publishing.（日本精神神経学会（監修）（2014）．DSM-5 精神疾患の診断・統計マニュアル　医学書院）

石隈利紀（1999）．学校心理学―教師・スクールカウンセラー・保護者による心理教育的援助サービス―　誠信書房

石隈利紀（監修）　水野治久（編）（2009）．学校での効果的な援助をめざして―学校心理学の最前線―　ナカニシヤ出版

小貫　悟（2013）．通常学級における授業改善　LD 研究, *22*(2), 132–140.

小貫　悟（2016）．アクティブ・ラーニングと授業のユニバーサルデザイン―アクティブ・ラーニング自体をUD 化するための〈視点モデル〉と〈授業設計基本フレーム〉の提案―　LD 研究, *25*(4), 423–430.

小貫　悟・桂　聖（2014）．授業のユニバーサルデザイン入門―どの子も楽しく「わかる・できる」授業のつくり方―　東洋館出版

文部科学省（1999）．学習障害児に対する指導について（報告）

文部科学省（2012）．通常の学級に在籍する発達障害の可能性のある特別な教育的支援を必要とする児童生徒に関する調査

4 章

アメリカ医療政策研究局（Agency for Health Care Policy and Research: AHCPR）（現：Agency for Healthcare Research and Quality：AHRQ）（1993）．Clinical Practice Guideline.

安藤美華代（2008）．心の健康教室 “サクセスフル・セルフ” 実践プラン―小学生の問題行動・いじめを予防する！―　明治図書出版

朝日新聞社会部（1999）．学級崩壊　朝日新聞社

CAP センター・JAPAN（2004）．CAP への招待―すべての子どもに「安心・自信・自由」の権利を―　解放出版社

Collaborative for Academic, Social, and Emotional Learning (2012). *2013 CASEL guide: Effective social and emotional learning programs, preschool and elementary school edition*. Chicago, IL: Collaborative for Academic, Social, and Emotional Learning.

Durlak, J. A., Weissberg, R. P., Dymnicki, A. B., Taylor, R. D., & Schellinger, K. B. (2011). The impact of enhancing students' social and emotional learning: A meta-analysis of school-based universal interventions. *Child Development, 82*, 405–432.

Elbertson, N. A., Brackett, M. A., & Weissberg, R. P. (2010). School-based social and emotional learning (SEL) programming: Current perspectives. In A. Hargreaves, A. Lieberman, M. Fullan, & D. Hopkins (Eds.), *Second international handbook of educational change*, Vol. 23 (pp. 1017–1032). Springer Science & Business Media.

Elias, M. J., Zins, J. E., Weissberg, R. P., Frey, K., Greenberg, M. T., Haynes, N. M., Kessler, R., Schwab-Stone, M. E., & Shriver, T. P. (1997). *Promoting social and emotional learning: Guidelines for educators*. Alexandria, VA: Association for Supervision and Curriculum Development.（小泉令三（編訳）（1999）．社会性と感情の教育―教育者のためのガイドライン 39―　北大路書房）

藤枝静暁・相川　充（2001）．小学校における学級単位の社会的スキル訓練の効果に関する実験的検討　教育心理学研究, 49, 371-381.

Hahn, R., Fuqua-Whitley, D., Wethington, H., Lowy, H., Crosby A., Fullilove, M., Johnson, R., Liberman, A., Moscicki, E., Price, L., Snyder, S., Tuma, F., Cory, S., Stone, G., Mukhopadhaya, K., Chattopadhyay, S., Dahlberg, L., & Task Force on Community Preventive Services. (2007). Effectiveness of universal school-based programs to prevent violent and aggressive behavior: A systematic review. *American Journal of Preventive Medicine, 33*(2S), S114–S129.

平木典子（2009）．アサーション・トレーニング―さわやかな〈自己表現〉のために―　日本・精神技術研究所

本田恵子（2002）．キレやすい子の理解と対応―学校でのアンガーマネージメント・プログラム―　ほんの森出版

池島徳大・竹内和雄（2011）．ピア・サポートによるトラブル・けんか解決法！―指導用ビデオと指導案ですぐできるピア・メディエーションとクラスづくり―　ほんの森出版

石川信一・戸ヶ崎泰子・佐藤正二・佐藤容子（2009）．中学生に対する学校ベースの抑うつ予防プログラムの開発とその効果の予備的検討　行動医学研究, 15, 69-79.

泉　徳明・小泉令三（2016）．教育委員会等のホームページで公開されている社会性と情動の学習プログラム等の分析　福岡教育大学紀要, 65(6), 1-8.

川井栄治・吉田寿夫・宮元博章・山中一英（2006）．セルフ・エスティームの低下を防ぐための授業の効果に関する研究―ネガティブな事象に対する自己否定的な認知への反駁の促進（実践研究）―　教育心理学研究, 54, 112-123.

小泉令三（2011）．子どもの人間関係能力を育てるSEL-8S①―社会性と情動の学習（SEL-8S）の導入と実践―　ミネルヴァ書房

小泉令三（2015）．一次的援助サービスとしての社会性と情動の学習（ソーシャル・エモーショナル・ラーニング）　日本学校心理士会年報, 7, 25-35.

小泉令三・山田洋平・箱田裕司・小松佐穂子（2013）．心理教育プログラムの実施回数による学習効果差の検討―小中学校におけるSEL-8S学習プログラムの実践を通して―　日本教育心理学会第55回総会発表論文集, 342.

國分康孝（1992）．構成的グループエンカウンター　誠信書房

國分康孝・小林正幸・相川　充（1999）．ソーシャルスキル教育で子どもが変わる「小学校」　図書文化

正木朋也・津谷喜一郎（2006）．エビデンスに基づく医療（EBM）の系譜と方向性―保健医療評価に果たすコクラン共同計画の役割と未来―　日本評価研究, 6, 3-20.

文部科学省（2010）．生徒指導提要

文部科学省（2016）．平成27年度「児童生徒の問題行動等生徒指導上の諸問題に関する調査」について

中野武房・森川澄男・高野利雄・栗原慎二・菱田準子・春日井敏之（編著）（2008）．ピア・サポート実践ガイドブック―Q＆Aによるピア・サポートプログラムのすべて―　ほんの森出版

NPO法人　日本こどものための委員会（2011）．10年のあゆみ―創立10周年記念誌―

Schaps, E., Battistich, V., & Solomon, D. (2004). Community in school as key to student growth: Findings from the Child Development Project. In J. E. Zins, R. P. Weissberg, M. C. Wang, & H. J. Walberg (Eds.), *Building academic success on social and emotional learning: What does the research say?* (pp. 189–205). New York: Teachers College Press.

仙田　満（1992）．子どもとあそび―環境建築家の眼―　岩波書店

竹中晃二（編著）（1997）．子どものためのストレス・マネジメント教育―対症療法から予防措置への転換―　北大路書房

堤さゆり・小泉令三（2012）．ボランティア学習と心理教育プログラム（SEL-8S）の組合せによる児童の自己有用感と社会性の向上　日本学校心理士会年報, 4, 63-72.

WHO（編）・JKYB研究会（訳）（1997）．WHOライフスキル教育プログラム　大修館書店

山崎勝之（2013）．トップ・セルフ　第8章　独立した教育名をもつ日本の予防教育　山崎勝之・戸田有一・渡辺弥生（編著）　世界の学校予防教育（pp. 297-304）　金子書房

山崎勝之・戸田有一・渡辺弥生（編著）（2013）．世界の学校予防教育　金子書房

横浜市教育委員会（2010）．個から育てる集団づくり51―子どもの社会的スキル横浜プログラム―　学研教育みらい

5章

愛知県総合教育センター（2012）．発達の段階に応じたキャリア教育の在り方に関する研究―「人間関係形成・社会形成能力」「キャリアプランニング能力」の育成を通して―　研究紀要, 102, 1-16.

中央教育審議会（2011）．今後の学校におけるキャリア教育・職業教育の在り方について（答申）

濱口桂一郎（2013）．若者と労働　中央公論新社

広井　甫・中西信男（1978）．学校進路指導　誠信書房

本田由紀（2009）．教育の職業的意義―若者, 学校, 社会をつなぐ―　筑摩書房

茨城県教育研修センター（2009）．キャリア教育に関する研究―キャリア教育を推進するためのカリキュラムの開発―　平成19・20年度研究報告書第65号

茨城県教育研修センター（2011）．キャリア教育に関する研究―キャリア教育の取組における工夫と改善―　平成21・22年度研究報告書第72号

今西一仁（2001a）．高校生の進路不決断傾向についての研究　平成13年度学校・教科教育実践研究Ⅱ研究論集（高知大学教育学部）, 5, 1-4.

今西一仁（2001b）．進路カウンセリングにエゴグラムを生かす　月刊学校教育相談, 15(12), 38-41.

今西一仁（2002）．生徒の進路選択・進路決定に関する心理教育についての研究　高知大学大学院修士論文　未公刊

今西一仁（2004）．進路指導に関するコンサルテーション　学会連合資格「学校心理士」認定運営機構（編）　学校心理士の実践―中学校・高等学校編―（pp. 99-111）　北大路書房

今西一仁（2010a）．学校心理学に関する研究の動向―学校における進路面の援助に関する研究を中心に―　教育心理学年報, 49, 140-149.

今西一仁（2010b）．紙上ゼミナールで学ぶやさしい交流分析　ほんの森出版

石隈利紀（1999）．学校心理学―教師・スクールカウンセラー・保護者のチームによる心理教育的援助サービス―　誠信書房

桂　戴作・芦原　睦・村上正人（監修）（1999）．自己成長エゴグラムのすべて　チーム医療

国立教育政策研究所（2013a）．キャリア教育・進路指導に関する総合的実態調査第一次報告書

国立教育政策研究所（2013b）．キャリア教育・進路指導に関する総合的実態調査第二次報告書

今野晴貴 (2012). ブラック企業―日本を食いつぶす妖怪― 文芸春秋

高知県教育センター (2014). キャリア形成に関するアンケート (小中学校版) Retrieved from http://www.pref.kochi.lg.jp/soshiki/310308/2014061600084.html

厚生労働省政策統括官 (労働担当) (2009). 今後の労働関係法制度をめぐる教育の在り方に関する研究会報告書 Retrieved from http://www.mhlw.go.jp/houdou/2009/02/dl/h0227-8a.pdf

三川俊樹・石田典子・神田正恵・山口直子 (2013). 高等学校におけるキャリア教育・職業教育の効果に関する研究―キャリアデザイン尺度の開発― 追手門学院大学心理学部紀要, 7, 57-77.

宮城まり子 (2002). キャリアカウンセリング 駿河台出版

文部科学省 (2004). キャリア教育の推進に関する総合的調査研究協力者会議報告書―児童生徒一人一人の勤労観, 職業観を育てるために―

文部科学省 (2011a). 高等学校キャリア教育の手引き 教育出版

文部科学省 (2011b). キャリア発達にかかわる諸能力の育成に関する調査研究報告書

文部科学省 (2016). 幼稚園, 小学校, 中学校, 高等学校及び特別支援学校の学習指導要領の改善及び必要な方策などについて (答申)

諸富祥彦 (2007). 「7つの力」を育てるキャリア教育 図書文化社

村上正人・桂 戴作・芦原 睦 (1999). 自己成長エゴグラムのすべて―SGEマニュアル― チーム医療

沖縄県立総合教育センター (2009). 平成20年度プロジェクト研究 沖縄県キャリア教育推進事例研究II―「沖縄県キャリア教育推進事例研究 (平成20年3月)」における効果の検証及びキャリア教育の視点に立つ教科指導―

大野精一 (1998). 学校教育相談の実践的な体系について 広島大学学校教育学部附属教育実践総合センターいじめ防止教育実践研究, 2, 1-41.

佐賀県教育センター (2009). 自己の将来の生き方を前向きに設計する児童・生徒を育てるキャリア教育のあり方―体験学習を軸にして小・中・高等学校を系統立てた学習プログラムづくりを通して―

坂本万礼・別役千世・山岡 晶 (2015). キャリア教育の充実に向けた教育課程や指導方法の工夫改善についての研究 平成26年度高知県教育センター紀要, 26-37.

坂柳恒夫・竹内登規夫 (1986). 進路成熟態度尺度 (CMAS-4) の信頼性と妥当性の検討 愛知教育大学研究報告 (教育科学編), 35, 169-182.

Schein, E. H. (1978). *Career dynamics: Matching individual and organizational needs*. Reading, MA: Addison-Wesley. (二村敏子・三善勝代 (訳) (1991). キャリア・ダイナミクス 白桃書房)

Schein, E. H. (1990). *Career anchors: Discovering your real values* (Revised ed.). San Francisco, CA: Jossey-Bass. (金井壽宏 (訳) (2003). キャリア・アンカー―自分のほんとうの価値を発見しよう― 白桃書房)

清水和秋 (1989). 中学生を対象とした進路不決断尺度の因子的不変性について―COSANを使用して― 関西大学社会学部紀要, 21, 143-176.

下山晴彦 (1986). 大学生の職業未決定の研究 教育心理学研究, 34, 20-30.

白井みなみ (2009). 自己実現教育の負の効果―理想と現実のギャップに苦しむ高校生像 Benesse教育研究開発センター 研究所報, 49, 60-70.

富永美佐子 (2006). 高校生のための進路選択自己効力感尺度の作成―内容的妥当性・併存的妥当性の検討から― 東北大学大学院教育学研究科研究年報, 54, 355-376.

冨安浩樹 (1997). 大学生における進路決定自己効力と進路決定行動との関連 発達心理学研究, 8(1), 15-25.

浦上昌則 (1993). 進路選択行動についての心理学的考察―自己効力理論を用いて― 進路指導研究, 14, 52-56.

山本幸生 (2010). 高校生のキャリア教育プログラムの開発と実践に関する研究―進路選択に対する自己効力感の分析を通して― 学校教育学研究, 22, 31-38.

6章

赤田圭亮 (2014). 標準授業時数と学校行事 樽木靖夫・古屋 茂・杉本成昭・赤田圭亮・蘭 千壽・高橋知已 自主シンポ② 学校行事のこれまでとこれから―学校行事を学校心理学の視点より考える― 日本学校心理士会2014年度大会プログラム・発表論文集, 26-27.

鹽谷 健・岡崎勝博・曽根睦子・遠藤正之・小澤富士夫・入江友生・高橋宏和・八宮孝夫 (1998). 学校行事が生徒の人格形成に及ぼす影響について (3) 音楽祭 筑波大学附属駒場中・高等学校研究報告, 37, 199-216.

柏木惠子 (1983). 社会の規範・価値を媒介する教育風土・育児文化 子どもの「自己」の発達 (pp. 301-313) 東京大学出版会

川崎市教育委員会 (2010). かわさき共生＊共育プログラム教師用指導テキスト 川崎市教育委員会

越 良子 (2013). 予防教育としての学級経営 山崎勝之・戸田有一・渡部弥生 (編著) 世界の学校予防教育 (pp. 355-374) 金子書房

宮野光夫・明石要一 (1992). 学級における仲間集団の凝集性に関するアクションリサーチ―壁新聞づくりの実践を通して― 千葉大学教育学部研究紀要, 40, 123-138.

長尾彰夫 (1999). 学校文化とは何か 佐藤三郎 (編) 世界の教育改革―21世紀への架け橋― (pp. 231-242) 東信堂

佐々木正昭 (2008). 特別活動の予防的開発的生徒指導としての役割についての考察 日本特別活動学会紀要, 16, 15-20.

滝沢孝一 (2000). 荒れたクラスからの脱出II 「クラス」からクラスへ 日本標準

樽木靖夫 (1999). 中学校における文化祭活動に対する生徒の自己評価の変容 日本教育工学会論文誌, 23, 147-154.

樽木靖夫 (2013). 学校行事の学校心理学 ナカニシヤ出版

樽木靖夫 (2015). 学校行事を学級経営につなぐ 蘭 千壽・越 良子 (編) ネットワーク論からみる新しい学級経営 (pp. 82-95) ナカニシヤ出版

樽木靖夫・石隈利紀 (2005). 文化祭での学級劇活動における中学生の集団体験及び担任教師の援助介入についての質的検討―集団発展及び分業的協力に焦点をあてて― 学校心理学研究, 5, 37-48.

樽木靖夫・石隈利紀 (2006). 文化祭での学級劇活動における中学生の集団体験の効果―集団発展, 分業的協力, 担任教師の援助介入に焦点をあてて― 教育心理学研究, 54, 101-111.

樽木靖夫・石隈利紀・蘭 千壽 (2011). 中学生の学級劇活動における分業の協力および教師の援助的介入に関する研究 日本学校心理士会年報, 3, 87-97.

山口 満 (2012). カリキュラム研究としての特別活動研究 日本特別活動学会紀要, 20, 25-27.

横浜市教育委員会（2010）．子どもの社会的スキル横浜プログラム―子から育てる集団づくり51―　学研教育みらい

7章

American School Counselor Association（2012）. *The ASCA national model: A framework for school counseling programs*（3rd ed.）. Alexandria, VA: American School Counselor Association.

馬場育実・西山久子（2012）．大規模小学校における組織的チーム援助の構築に関する研究　福岡教育大学教育実践研究指導センター教育実践研究, *20*, 239-246.

淵上克義（1992）．学校組織の人間関係　ナカニシヤ出版

林田篤伸・西山久子（2017）．中学生へのクラスワイドな積極的行動支援（PBIS）の成果に関する研究―一次的援助サービスとしての規範行動の向上に向けて―　福岡教育大学紀要, *66*, 125-133.

家近早苗（2013）．学校組織の活用と学校心理士　日本学校心理士会年報, *5*, 5-14.

今西一仁・金山健一（2017）．「チームとしての学校」に向けた校内支援体制づくり―システム・サイクル・コーディネーターに焦点を当てて　神戸親和女子大学大学院研究紀要, *13*, 51-62.

石隈利紀（1999）．学校心理学―教師・保護者・スクールカウンセラーらによる心理教育的援助サービス　誠信書房

井内昭子・西山久子（2013）．「学校適応を促進できるコーディネーター」を中心とした学校適応援助体制の段階的構築―通常学級に在籍する援助ニーズのある児童へのチーム援助の試行―　福岡教育大学教育学部附属教育実践総合センター教育実践研究, *21*, 227-234.

鎌田雅史・西山久子・迫田裕子（2017）．学校における教育相談定着化に向けた上方向の影響方略の有効性　心理学研究, *88*(2), 177-183.

春日井敏之・西山久子・森川澄男・栗原慎二・高野利雄（2011）．やってみよう！ピア・サポート　一目でポイントがわかるピア・サポート実践集　ほんの森出版

河村茂雄（2006）．学級づくりのためのQ-U入門―「楽しい学校生活を送るためのアンケート」活用ガイド―　図書文化社

小泉令三（2011）．社会性と情動の学習（SEL-8S）の導入と実践　ミネルヴァ書房

香田陽子・西山久子（2010）．小学校におけるチーム援助についての実践研究―チーム会議の運用と援助ツールの活用を通して―　福岡教育大学教育学部附属教育実践総合センター教育実践研究, *18*, 167-174.

栗原慎二・井上　弥（2010）．アセス（学級全体と児童生徒個人のアセスメントソフト）の使い方・活かし方　ほんの森出版

持丸修一郎・西山久子（2017）．学校適応を促進させるピア・サポートプログラムの研究―小規模小学校中・高学年での生徒指導の実践を通して―　福岡教育大学紀要, *66*, 1-8.

文部科学省（2010）．生徒指導提要

文部科学省（2015a）．チームとしての学校の在り方と今後の改善方策について（中央教育審議会第二次答申　第185号）

文部科学省（2015b）．これからの学校教育を担う教員の資質能力の向上について―学び合い，高め合う教員育成コミュニティの構築に向けて―（中央教育審議会答申）

西山久子（2012a）．学校における教育相談の定着をめざして　ナカニシヤ出版

西山久子（2012b）．香港における包括的スクール・カウンセリング―教師の研修システムを充実させた香港教育局の取組み―　日本学校心理士会年報　日本学校心理士会, *4*, 35-44.

西山久子（2013）．Ⅲ．全体のまとめ　独立行政法人教員研修センター（編）　平成25年度教育課題研修指導者派遣プログラム研修成果報告書「キャリア教育の充実」アメリカ（F-2団）（pp.40-45）　Retrieved from http://www.nctd.go.jp/lecture/report/h25/h25kaigaireport_f2usa.pdf

西山久子（2014）．Comprehensive School Counseling ProgramにおけるFrameworkの検討①―ミズーリ州におけるガイダンス・カリキュラムの構築をとりあげて―　福岡教育大学大学院教職実践専攻年報, *4*, 201-208.

西山久子・鎌田雅史・迫田裕子（2014）．教育相談定着化に向けた担当者のミドルリーダーシップに関する検討　日本教育心理学会総会発表論文集, *56*, 479.

大野精一（1997）．学校教育相談―理論化の試み―　ほんの森出版

大野精一（2005）．学校支援における学校心理士の役割と課題―学校教育相談の立場から今後の展望を中心に―　教育心理学年報, *44*, 27-28.

大野精一（2013）．学校心理士としてのアイデンティティを求めて―教育相談コーディネーターという視点から―　日本学校心理士会年報, *5*, 39-46.

Sugai, G.（2014）．子どもたちが健やかに成長する学校環境　教育心理学年報, *53*, 184-187.

高村文江・西山久子（2011）．中学校における教育相談コーディネーターのモデル像構築のための探索的研究―不登校生徒の支援ネットワークの視点から　福岡教育大学教育学部附属教育実践総合センター教育実践研究, *19*, 341-348.

渡辺弥生（1996）．ソーシャルスキル・トレーニング（講座サイコセラピー）　日本文化科学社

芳川玲子・岡田守弘（2011）．輔導教師を中心としたスクールカウンセリングシステム―台北市小中学校モデルの検討―　日本学校心理士会年報, *3*, 31-41.

Yukl, G., & Tracey, J. B.（1992）. Consequences of influence tactics used with subordinates, peers, and the boss. *Journal of Applied Psychology, 77*(7), 525-535.

8章

遠田将大（2014）．一次的援助サービスとしての集団SSTが特別な支援を要する児童に与える効果の検証―ふり返りにおける学習過程を比較して―　学級経営心理学研究, *3*, 105-113.

藤村一夫・河村茂雄（2001）．学校生活に対する児童認知とそれを推測する担任教師の認知とのずれについての調査研究　カウンセリング研究, *34*, 284-290.

藤村一夫・河村茂雄（2012）．チームを組んでの学校不適応児童への援助―学級集団の教育力を生かして―　学級経営心理学研究, *1*, 82-87.

藤村一夫・河村茂雄（2013）．学校生活満足度のタイプによる児童認知と教師認知のずれの実態と要因　学級経営心理学研究, *2*, 1-7.

藤原和政（2014）．中学生に対する学級単位の集団ソーシャル・スキルトレーニングの効果に関する研究―学級環境に着目した検討―　学級経営心理学研究, *3*, 75-85.

深沢和彦・河村茂雄（2012）．小学校通常学級における特別支援対象児の学級適応の現状　学級経営心理学研究, *1*, 2-12.

石隈利紀（1999）．学校心理学　誠信書房

石隈利紀・水野治久（2009）．学校での効果的な援助をめざして　ナカニシヤ出版

苅間澤勇人（2012）．学級集団に対するいじめ解消を目指した援助事例―再契約法による介入を中心にして―　学級経営心理学研究, 1, 59-69.

河村茂雄（1999a）．QUESTIONNAIRE-UTILITIES（小学校用）　図書文化社

河村茂雄（1999b）．QUESTIONNAIRE-UTILITIES（中学校用）　図書文化社

河村茂雄（2000a）．学級崩壊予防・回復マニュアル　図書文化

河村茂雄（2000b）．教師特有のビリーフが児童に与える影響　風間書房

河村茂雄（2010）．日本の学級集団と学級経営　図書文化

河村茂雄（2011）．生徒指導・進路指導の理論と実際　図書文化

河村茂雄（2012a）．学級集団づくりのゼロ段階　図書文化

河村茂雄（監修）武蔵由佳・杉村秀充・水上和夫・藤村一夫（編）（2012b）．集団の発達を促す学級経営　小学校高学年　図書文化

河村茂雄（2013）．教育的相互作用の高い学級集団の発達過程と教師の指導行動の関係の検討　学級経営心理学研究, 2, 22-35.

河村茂雄（2014）．学級リーダー育成のゼロ段階　図書文化

河村茂雄・武蔵由佳（2008a）．学級集団の状態といじめの発生についての考察　教育カウンセリング研究, 2, 1-7.

河村茂雄・武蔵由佳（2008b）．一学級の児童生徒数と児童生徒の学力・学級生活満足度との関係　教育カウンセリング研究, 2, 8-15.

河村茂雄・武蔵由佳（2012a）．学級集団内の教育的相互作用と集団同一視を測定する尺度の作成　学級経営心理学研究, 1, 32-43.

河村茂雄・武蔵由佳（2012b）．学級集団の状態と教育的相互作用の関係の検討　学級経営心理学研究, 1, 21-31.

水野治久（2014）．子どもと教師のための「チーム援助」の進め方　金子書房

文部科学省（2016）．平成27年度「児童生徒の問題行動等生徒指導上の諸問題に関する調査」について　初等中等教育局児童生徒課

森永秀典（2012）．教師カウンセラーによる6年生の学級経営の事例：学級生活満足度尺度を活用した学級経営　学級経営心理学研究, 1, 70-81.

村上達也・西村多久磨（2014）．小学生の担任教師への信頼感，ソーシャル・スキル，学級生活満足度の関連　学級経営心理学研究, 3, 1-10.

村上達也・西村多久磨（2015）．児童の学級生活満足度と品格の関連　学級経営心理学研究, 4, 46-55.

武蔵由佳・河村茂雄（2015）．小学校における学級集団の状態像と児童の学級生活意欲およびソーシャルスキルとの関連　学級経営心理学研究, 4, 29-37.

根田真江・苅間澤勇人（2013）．学級経営に困難を感じている担任への援助　学級経営心理学研究, 2, 68-73.

日本心理検査協会（2017）．日本教育・心理検査目録2017年版　日本心理検査協会

西村多久磨・村上達也（2014）．児童の学校生活満足度と学習スキル，学習動機づけとの関連　学級経営心理学研究, 3, 66-74.

佐々木佳穂・苅間澤勇人（2009）．スクールカウンセラーによる学級経営への支援　カウンセリング研究, 42, 322-331.

瀧澤洋司（2014）．Q-Uにおける「なれあい型学級」から「完全満足型学級」へと変遷していった学級の3年間：教頭と担任のあゆみ・特別活動を中心に　学級経営心理学研究, 3, 114-121.

9章

Damasio, A.（2003）. *Looking for Spinoza: Joy, sorrow, and the feeling brain.* New York: Harcourt.（田中三彦（訳）（2005）．感じる脳―情動と感情の脳科学 よみがえるスピノザ―　ダイヤモンド社）

Dennison, P. E.（2006）. *Brain Gym® and me: Reclaiming the pleasure of learning.* Edu-Kinesthetics Incorporated.（石丸賢一（訳）（2010）．ブレインジムと私―学習障害からの奇跡の回復―　日本キネシオロジー総合学院）

Docter, P.（監督）（2015）．映画 Inside Out（日本題：インサイドヘッド）　Pixer, Disney.

長谷川翠（2016）．感情の育ちを促す授業づくり―小学校5年生の保健「心の健康」―　平成27年度東京学芸大学大学院教育学研究科学校心理専攻修士論文

長谷川翠・大河原美以（2016）．小学校5年生保健の授業―単元名「心の健康」学習指導案―　Retrieved from http://www.u-gakugei. ac. jp/~ohkawara/

平木典子（2000）．自己カウンセリングとアサーションのすすめ　金子書房

Hornbeak, D. C.（2007）. *The superconfitelligent child: Loving to learn through movement & play.* Peak Producers Publications.

石隈利紀（1999）．学校心理学―教師・スクールカウンセラー・保護者のチームによる心理教育的援助サービス―　誠信書房

石隈利紀・水野治久（編）（2009）．学校での効果的な援助をめざして―学校心理学の最前線―　ナカニシヤ出版

Lanius, U., Paulsen, S., & Corrigan, F. M.（2014）. *Neurobiology and treatment of traumatic dissociation: Toward an embodied self.* New York: Springer.

LeDoux, J.（1996）. *The emotional brain: The mysterious underpinnings of emotional life.* New York: Simon & Schuster.（松本元・川村光毅他（訳）（2003）．エモーショナル・ブレイン―情動の脳科学―　東京大学出版会）

Lillas, C., & Turnbull, J.（2009）. *Infant/child mental health, early intervention, and relationship-based therapies: A neaurorelational framework for interdisplinary practice.* New York: W. W. Norton.

文部科学省（2001）．小学校学習指導要領解説　体育編

大河原美以（2008）．心が元気になる本1　イライラ，クヨクヨどうすればいいの？　あかね書房

大河原美以（2015）．子どもの感情コントロールと心理臨床　日本評論社

坂井建雄・久光　正（監修）（2011）．ぜんぶわかる脳の事典―部位別・機能別にわかりやすくビジュアル解説―　成美堂出版

田村祐子（2011）．Brain Gym®（ブレインジム）というアプローチ　こころの臨床 a la carte, 30(4), 423-428.

土江正司（2003）．フォーカシング―「感じ」の表現とこころの天気―　児童心理 2003年4月号臨時増刊（pp.171-159）　金子書房

10章

Aoyama, I., & Saxon, T.（2013）. Differences between cyberbullies, victims, and bully-victims in internalizing problems and peer relationships. *Global Education Review, 1,* 44-56.

Decety, J., Michalska, K. J., Akitsuki, Y., & Lahey, B. B.（2009）. Atypical empathic responses in adolescents with aggressive conduct disorder: A functional MRI investigation. *Biological Psychology, 80,* 203-211.

Farrington, D.（1993）. Understanding and preventing bullying. In M. Tonry（Ed.）, *Crime and justice: A review of research*（vol.

17, pp. 381–458). Chicago, IL: University of Chicago Press.

Finkelhor, D., Ormod, R. K., Turner, H. A., & Hamby, S. L. (2005). Measuring poly-victimization using the Juvenile Victimization Questionnaire. *Child Abuse & Neglect, 29*, 1297–1312.

Finkelhor, D., Turner, D., Hamby, S., & Ormrod, R. (2011). Polyvictimization: Children's exposure to multiple types of violence, crime, and abuse. *Juvenile Justice Bulletin*. Retrieved from https://www.ncjrs.gov/pdffiles1/ojjdp/235504.pdf

Garbarino, J., & deLara, E. (2002). *And words can hurt forever*. New York: The Free Press.

Kanakogi, Y., Inoue, Y., Matsuda, G., Butler, D., Hiraki, K., & Myowa-Yamakoshi, M. (2017). Preverbal infants affirm third party interventions that protect victims from aggressors. *Nature Human Behaviour, 1*, 0037. doi:10.1038/s41562-016-0037

Kärnä, A., Voeten, M., Little, T. D., Poskiparta, E., Alanen, E., & Salmivalli, C. (2011). Going to scale: A nonrandomized nationwide trial of the KiVa antibullying program for Grades 1-9. *Journal of Consulting and Clinical Psychology, 79*, 796–805. doi:10.1037/a0025740

Larkin, R. W. (2013). Legitimated adolescent violence: Lessons from Columbine. In N. Böckler, T. Seeger, P. Sitzer, & W. Heitmeyer (Eds.), *School shootings: International research, case studies, and concepts for prevention* (pp. 159-176). New York: Springer Science + Business Media.

Mahdavi, J., & Smith, P. K. (2002). The operation of a bully court and perceptions of its success: A case study. *School Psychology International, 23*, 327-341.

Minton, S. J. (2016). *Marginalisation and aggression from bullying to genocide: Critical educational and psychological approaches*. Rotterdam: Sense Publishers.

Mishna, F., Khoury-Kassabri, M., Gadalla, T., & Daciuk, J. (2012). Risk factors for involvement in cyber bullying: Victims, bullies and bully-victims. *Children & Youth Services Review, 34*, 63–70. doi:10.1016/j.childyouth.2011.08.032

宮川正文・竹内和雄・青山郁子・戸田有一（2013）．ネット問題とネット相談掲示板実践　一橋大学〈教育と社会〉研究, 23, 37-48.

Monks, C. P., & Coyne, I. (Eds.) (2011). *Bullying in different contexts*. Cambridge: Cambridge University Press.

森田洋司（監修）（2001）．いじめの国際比較研究―日本・イギリス・オランダ・ノルウェーの調査分析―　金子書房

森田洋司・清永賢二（1986）．いじめ―教室の病い―　金子書房

中井久夫（1997）．アリアドネからの糸　みすず書房

O'Moore, M., & Kirkham, C. (2001). Self-esteem and its relationship to bullying behaviour. *Aggressive Behavior, 27*, 269-283. doi:10.1002/ab.1010

小野　淳・斎藤富由起（2008）．「サイバー型いじめ」(Cyber Bullying) の理解と対応に関する教育心理学的展望　千里金蘭大学紀要, 5, 35-47.

大西彩子・戸田有一（2015）．認知のゆがみといじめ　吉澤寛之・大西彩子・ジニ, G.・吉田俊和（編）　ゆがんだ認知が生み出す反社会的行動―その予防と改善の可能性―（pp. 99-111）　北大路書房

折田明子（2009）．ソーシャルメディアにおけるなりすまし問題に関する考察　情報処理学会研究報告, 109, 21-26.

Osofsky, M. J., Bandura, A., & Zimbardo, P. G. (2005). The role of moral disengagement in the execution process. *Law and Human Behavior, 29*, 371-393.

Pepler, D. (2006). Bullying interventions: A binocular perspective. *Journal of the Canadian Academy of Child and Adolescent Psychiatry, 15*, 16-20.

Pornari, C. D., & Wood, J. (2010). Peer and cyber-aggression in secondary school students: The role of moral disengagement, hostile attribution bias and outcome expectancies. *Aggressive Behavior, 36*, 81-94.

Sainio, M., Veenstra, R., Huitsing, G., & Salmivalli, C. (2011). Victims and their defenders: A dyadic approach. *International Journal of Behavioral Development, 35*, 144-151. doi:10.1177/0165025410378068

阪根健二（2008）．教育関係者が知っておきたいメディア対応―学校の「万が一」に備えて―　北大路書房

Salmivalli, C., Kärnä, A., & Poskiparta, E. (2010). Development, evaluation, and diffusion of a national anti-bullying program, KiVa. In B. Doll, W. Pfohl, & J. Yoon (Eds.), *Handbook of youth prevention science* (pp. 238-252). New York: Routledge.

Smith, P. K. (1991). The silent nightmare: Bullying and victimisation in school peer groups. *The Psychologist, 4*, 243-248.

Smith, P. K. (2011). Why interventions to reduce bullying and violence in schools may (or may not) succeed: Comments on this special section. *International Journal of Behavioral Development, 35*, 419-423. doi:10.1177/0165025411407459

Smith, P. K., Cowie, H., Olafsson, R. F., & Liefooghe, A. (2002). Definitions of bullying: A comparison of terms used, and age and gender differences, in a fourteen-country international comparison. *Child Development, 73*, 1119-1133.

Smith, P. K., & Sharp, S. (1994). *School bullying*. London: Routledge.

Sutton, J., Smith, P. K., & Swettenham, J. (1999). Social cognition and bullying: Social inadequacy or skilled manipulation? *British Journal of Developmental Psychology, 17*, 435-450.

Takeuchi, K., Abe, K., Miyake, M., & Toda, Y. (2017). Smartphone summit: Children's initiative to prevent cyberbullying and related problems. In M. Campbell & S. Bauman (Eds.), *Reducing cyberbullying in schools: International evidence-based best practices* (pp. 213-223). Academic Press (Elsevier).

竹内和雄・戸田有一・高橋知音（2015）．青少年のスマートフォン＆インターネット問題にいかに対処すべきか―社会と教育心理学の協働に向けて―　教育心理学年報, 54, 259-265.

Toda, Y. (2011). Bullying (ijime) and its prevention in Japan: A relationships focus. In R. Shute, P. Slee, R. Murray-Harvey, & K. Dix (Eds.), *Mental health and wellbeing: Educational perspectives* (pp.179-189). South Australia: Shannon Research Press.

Toda, Y. (2016). Bullying (ijime) and related problems in Japan: History and research. In P. K. Smith, K. Kwak, & Y. Toda (Eds.), *School bullying in different cultures: Eastern and western perspectives* (pp. 73-92). Cambridge, UK: Cambridge University Press.

戸田有一（2004）．いじめによる心の傷―外国の場合―　坂西友秀・岡本祐子（編著）　いじめ・いじめられる青少年の心（pp.38-46）　北大路書房

戸田有一（2011）．いじめられる側にも問題があるのか―いじめ現象の理解といじめ対策実践の再考―　大久保智生・牧　郁子（編）実践をふりかえる教育心理学（pp. 97-111）　ナカニシヤ出版

戸田有一（2013）．いじめ研究と学校における予防実践支援　発達心理学研究, 24, 460-470.

戸田有一・青山郁子・金綱知征（2013）．ネットいじめ研究と対策の国際的動向と展望　一橋大学〈教育と社会〉研究, 23, 25-35.

戸田有一・ダグマー ストロマイヤ・クリスチアーナ スピール (2008). 人をおいつめるいじめ―集団化と無力化のプロセス― 谷口弘一・加藤　司 (編) 対人関係のダークサイド (pp.117-131) 北大路書房

土屋基規・P. K. スミス・添田久美子・折出健二 (編著) (2005). いじめととりくんだ国々―日本と世界の学校におけるいじめへの対策と施策― ミネルヴァ書房

Ttofi, M. M., & Farrington, D. P. (2011). Effectiveness of school-based programs to reduce bullying: A systematic and meta-analytic review. *Journal of Experimental Criminology, 7*, 27-56. doi: 10.1007/s11292-010-9109-1.

山崎勝之・戸田有一・渡辺弥生 (編著) (2013). 世界の学校予防教育―心身の健康と適応を守る各国の取り組み― 金子書房

11章

茅野理恵 (2004). 中学校における不登校生徒の再登校および学級復帰へのチーム援助の実践―中間学級の設置・運営を通して― 学校心理学研究, 4, 15-26.

江村理奈・岡安孝弘 (2003). 中学校における集団社会的スキル教育の実践的研究 教育心理学研究, 51, 339-350.

家近早苗・石隈利紀 (2012). 生徒の認知による教師の心理教育的援助サービスと学校享受感との関連 日本教育心理学会第54回総会発表論文集, 54, 779.

五十嵐哲也 (2010). 小学生用不登校傾向尺度の作成と信頼性・妥当性に関する研究 愛知教育大学教育実践総合センター紀要, 13, 211-216.

五十嵐哲也 (2011). 中学進学に伴う不登校傾向の変化と学校生活スキルの変化の関連性 教育心理学研究, 59, 64-76.

五十嵐哲也・萩原久子 (2004). 中学生の不登校傾向と幼少期の父親および母親への愛着との関連 教育心理学研究, 52, 264-276.

五十嵐哲也・萩原久子 (2009). 中学生の一学年間における不登校傾向の変化と学級適応感との関連 愛知教育大学教育実践総合センター紀要, 12, 335-342.

石隈利紀・田村節子 (2003). 石隈・田村式援助シートによるチーム援助入門―学校心理学・実践編― 図書文化

かしまえりこ・神田橋條治 (2006). スクールカウンセリングモデル100例 創元社

河村茂雄 (2006). 学級づくりのためのQ-U入門―「楽しい学校生活を送るためのアンケート」活用ガイド― 図書文化社

小林正幸 (2009). 学校でしかできない不登校支援と未然防止―個別支援シートを用いたサポートシステムの構築― 東洋館出版社

国立教育政策研究所生徒指導・進路指導研究センター (2012). 不登校・長期欠席を減らそうとしている教育委員会に役立つ施策に関するQ&A Retrieved from http://www.nier.go.jp/shido/fqa/FutoukouQ&A.pdf

三浦正江 (2006). 中学校におけるストレスチェックリストの活用と効果の検討―不登校の予防といった観点から― 教育心理学研究, 54, 124-134.

文部科学省 (2014). 平成25年度「児童生徒の問題行動等生徒指導上の諸問題に関する調査」について Retrieved from http://www.mext.go.jp/b_menu/houdou/26/10/__icsFiles/afieldfile/2014/10/16/1351936_01_1.pdf

文部科学省 (2016). 平成27年度「児童生徒の問題行動等生徒指導上の諸問題に関する調査」(速報値) について Retrieved from http://www.mext.go.jp/b_menu/houdou/28/10/__icsFiles/afieldfile/2016/10/27/1378692_001.pdf

小澤美代子 (2003). 上手な登校刺激の与え方―先生や家庭の適切な登校刺激が不登校の回復を早めます!― ほんの森出版

小澤美代子 (2006). 〈タイプ別・段階別〉続・上手な登校刺激の与え方 ほんの森出版

曽山和彦・本間恵美子 (2004). 不登校傾向生徒に及ぼす構成的グループ・エンカウンターの効果―Self-esteem, 社会的スキル, ストレス反応の視点から― 秋田大学教育文化学部研究紀要教育科学部門, 59, 51-61.

田村節子・石隈利紀 (2003). 教師・保護者・スクールカウンセラーによるコア援助チームの形成と展開―援助者としての保護者に焦点をあてて― 教育心理学研究, 51, 328-338.

土田まつみ・三浦正江 (2011). 小学校におけるストレス・チェックリストの予防的活用―不登校感情の低減を目指して― カウンセリング研究, 44, 323-335.

土屋政雄・細谷美奈子・東條光彦 (2010). 不登校アセスメント尺度改訂版 (SRAS-R) の一般児童への適用と妥当性の検討 行動療法研究, 36, 107-118.

山口豊一 (2003). チーム援助に関する学校心理学的研究―不登校に関する三次的援助サービスの実践を通して― 学校心理学研究, 3, 41-53.

山本　奨 (2007). 不登校状態に有効な教師による支援方法 教育心理学研究, 55, 60-71.

横田　隆 (2011). 不登校の子を担任する教師をどう支援するか―チーム援助の視点から― 児童心理, 65, 104-110.

12章

秋光恵子・白木豊美 (2010). チーム援助に関するコーディネーション行動とその基盤となる能力・権限が養護教諭の職務満足感に及ぼす影響 教育心理学研究, 58, 34-45.

有賀美恵子 (2013). 高校生における登校回避感情の関連要因 日本看護科学会誌, 33(1), 12-24.

出水典子 (2014). リストカットを繰り返す高校生への対応―養護教諭の立場から 学校保健研究, 56(1), 33-38.

海老澤惠子 (2011). 高等学校における健康相談事例のICD-10分類 学校保健研究, 53(5), 419-428.

海老澤恭子 (2012). 高校生の摂食障害33事例の実態―神経性思不振症の二次予防に関する検討― 学校保健研究, 54(5), 412-417.

鎌塚優子・柘植雅義・永井利三郎・古川惠美 (2015). 養護教諭のための発達障害児の学校生活を支える教育・保健マニュアル 診断と治療社

金田 (松永) 恵・庄司一子 (2011). 保健室における子どもの不定愁訴への養護教諭の対応について―先行研究の検討― 筑波大学発達臨床心理学研究, 22, 31-41.

木下正江・斎藤ふくみ (2013). 「いじめ問題に起因する不登校生徒」に対する養護教諭の支援 学校健康相談研究, 10(1), 25-34.

松本俊彦 (2009). 自傷行為の理解と援助―「故意に自分の健康を害する」若者たち 日本評論社

松本俊彦・今村扶美・勝又陽太郎 (2009). 児童・生徒の自傷行為に対応する養護教諭が抱える困難について―養護教諭研修会におけるアンケート調査から― 精神医学, 51, 791-799.

満留昭久 (2011). 子どもの心のSOSと身体症状 教育と医学, 59(2), 66-71.

水野治久・石隈利紀・田村修一 (2006). 中学生を取り巻くヘルパーに対する被援助志向性に関する研究―学校心理学の視点から― カウンセリング研究, 39(1), 17-27.

文部科学省 (2003). 心の健康と生活習慣に関する指導 実践事例集

文部科学省（2011）．教職員のための子どもの健康相談及び保健指導の手引き（pp. 5-7）

永井　智・新井邦二郎（2012）．中学生における援助要請意図に関連する要因―援助要請対象，悩み，抑うつを中心として―　健康心理学研究, 25(1), 83-92.

日本学校保健会（2007）．子どものメンタルヘルスの理解と対応―心の健康つくりの推進に向けた組織体制作りと連携―

日本学校保健会（2013）．平成23年度調査結果　保健室利用状況に関する調査報告書

相樂直子・石隈利紀（2011）．養護教諭が行う援助チームにおけるコーディネーションの検討―保健室登校の事例を通して―　カウンセリング研究, 44, 346-354.

相樂直子・石隈利紀（2012）．養護教諭が行う援助チームのコーディネーションの検討―高校における生徒参加型の援助チームの事例を通して―　教育相談研究, 49, 9-18.

佐藤美和・渡邉正樹（2013）．小学生の悩みとそれに対する援助要請行動の実態　東京学芸大学紀要芸術・スポーツ科学系, 65, 181-190.

静岡県養護教諭研究会（2015）．養護教諭にかかわる実態調査　Retrieved from http://s-tachibana.sakura.ne.jp

竹村佳那子・中下富子（2013）．学校保健の視点から捉えた摂食障害に関する文献検討　東京医療保健大学紀要, 8(1), 31-37.

竹内和雄（2015）．スマホ問題の鍵は養護教諭（下）　健康教室, 66, 10.

采女智津江（2013）．学校保健安全法と健康相談―養護教諭の役割―　学校保健研究, 54, 477-478.

山口亜希子・松本俊彦（2005）．女子高校生における自傷行為―喫煙・飲酒・ピアス・過食傾向との関係―　精神医学, 47, 515-522.

山寺智子・高橋知音（2004）．養護教諭をコーディネーターとしたチーム援助―実践事例と先行研究からみた長所と課題―　学校心理学研究, 4, 3-13.

13章

安藤延男（2009）．コミュニティ心理学への招待―基礎・展開・実践―　新曜社

青木真理・金成美恵・安藤久美子・安田雄生・天形　健・島　義一（2010）．平成20年度附属中学校「教育相談室」活動報告　福島大学総合教育研究センター紀要, 8, 81-85.

中央教育審議会（2015）．チームとしての学校のあり方と今後の改善方策について（答申）

遠藤みゆき・栗加　均（2007）．スクールカウンセラーの受理相談の分析（12）―千葉県スクールカウンセラーの属性と相談活動Ⅶ―　日本教育心理学会総会発表論文集, 49, 190.

半田一郎（1996）．公立中学校での学校カウンセラーとしての体験　こころの健康, 11, 18-23.

半田一郎（2000）．学校における開かれたグループによる援助―自由来室活動による子どもへの直接的援助―　カウンセリング研究, 33, 265-275.

半田一郎（2009）．子どもが活用するスクールカウンセラーと自由来室活動　石隈利紀（監修）　水野治久（編）　学校での効果的な援助をめざして―学校心理学の最前線―（pp. 125-134）　ナカニシヤ出版

本田真大（2015）．援助要請のカウンセリング―「助けて」と言えない子どもと親への援助―　金子書房

今村葉子・関山　徹（2014）．附属学校園スクールカウンセラーの活動報告（1）　鹿児島大学教育学部教育実践研究紀要, 23, 293-295.

石隈利紀（1996）．日本の学校教育におけるスクールカウンセラーの現状と課題―学校心理学の視点からスクールカウンセラーの事例を検討する―　こころの健康, 11, 36-48.

石隈利紀（1999）．学校心理学―教師・スクールカウンセラー・保護者のチームによる心理教育的援助サービス―　誠信書房

石隈利紀（2002）．学校における心理教育的援助サービスの現状と展望　沢崎俊之・中釜洋子・齋藤憲司・髙田　治（編）　学校臨床そして生きる場への援助（pp. 23-56）　日本評論社

木南千枝（1998）．"遊び部屋"から見えてくるもの　倉光　修（編）　臨床心理士のスクールカウンセリング2―その活動とネットワーク―（pp. 94-102）　誠信書房

近藤邦夫（1995）．スクールカウンセラーと学校臨床心理学　村山正治・山本和郎（編）　スクールカウンセラー―その理論と展望―（pp. 12-26）　ミネルヴァ書房

松岡靖子（2011）．心理教育プログラムが中学生の相談欲求および相談室イメージに及ぼす影響―ある公立中学校の3年生を対象とした実践から―　学校心理学研究, 11, 3-13.

箕口雅博（2007）．学校臨床における臨床心理地域援助　臨床心理地域援助特論（pp. 107-120）　日本放送出版協会

水野治久（2014）．子どもと教師のための「チーム援助」の進め方　金子書房

水野治久・石隈利紀（1999）．被援助志向性，被援助行動に関する研究の動向　教育心理学研究, 47, 530-539.

水野治久・石隈利紀・田村修一（2006）．中学生を取り巻くヘルパーに対する被援助志向性に関する研究―学校心理学の視点から―　カウンセリング研究, 39, 17-27.

文部科学省（2008）．教育振興基本計画

文部科学省（2015）．チームとしての学校の在り方と今後の改善方策について

新見直子・近藤菜津子・前田健一（2009）．中学生の相談行動を抑制する要因の検討　広島大学心理学研究, 9, 171-180.

佐藤美和・渡邉正樹（2013）．小学生の悩みとそれに対する援助要請行動の実態　東京学芸大学紀要（芸術・スポーツ科学系）, 65, 181-190.

瀬戸瑠夏（2005）．オープンルームにおけるスクールカウンセリングルームの場の機能　心理臨床学研究, 23, 480-491.

瀬戸瑠夏（2006）．オープンルームにおけるスクールカウンセリングルームという場の構造　教育心理学研究, 54, 174-187.

鈴木義広（2013）．スクールカウンセリング活動実態調査から見えること　村瀬嘉代子（監修）　東京学校臨床心理研究会（編）　学校が求めるスクールカウンセラー（pp. 187-196）　遠見書房

高岡文子（2002）．思春期の子どもたちへの接近―「日常開放的空間モデル」のスクールカウンセリング活動の展開―　近藤邦夫・志水宏吉（編）　学校臨床学への招待（pp. 167-184）　嵯峨野書院

山口豊一・水野治久・石隈利紀（2004）．中学生の悩みの経験・深刻度と被援助指向性の関連―学校心理学の視点を生かした実践のために―　カウンセリング研究, 37, 241-249.

14章

Achenbach T. M.（1991）. *Integrative Guide for the 1991 CBCL/ 4-18, YSR, and TRF Profiles.* Vermont: University Vermont. Department of Psychology.

Adams, K. S., & Christenson, S. L. (2000). Trust and family-school relationship examination of parent-teacher differences in elementary and secondary grades. *Journal of School Psychology*, *38*, 477-497.

相澤直樹 (2007). 心理検査の実施における留意点について　神戸大学発達科学部研究紀要, *14*, 227-230.

新井　雅・庄司一子 (2014). 臨床心理士, 教師, 養護教諭によるアセスメントの特徴の比較に関する研究　心理臨床学研究, *32*, 215-226.

Bronfenbrenner, U. (1989). Ecological systems theory. In R. Vasta (Ed.), *Annals of child development* (Vol. 6, pp. 187-251). Greenwich, CT: JAI Press.

Buerkle, K., Whitehouse, E. M., & Christenson, S. L. (2009). Partnering with families for educational success. In T. B. Gutkin & C. R. Reynolds (Eds.), *The handbook of school psychology*. Hoboken, NJ: John Wiley & Sons.

Christenson, S. L., & Sheridan, S. M. (2001). *School and families: Creating essential connections for learning*. New York: The Guilford Press.

大六一志 (2012). 心理検査法演習 I：WISC-IV　竹田契一・上野一彦・花熊　曉 (監修)　特別支援教育の理論と実践―概論・アセスメント (S.E.N.S 養成セミナー) ― (pp. 99-135)　金剛出版

土井隆義 (2008). 友だち地獄―「空気を読む」世代のサバイバル―　筑摩書房

Flynn, J. R. (1984). The mean IQ of Americans: Massive gains 1932-1978. *Psychological Bulletin*, *95*, 29-51.

藤田和弘・石隈利紀・青山真二・服部　環・熊谷恵子・小野純平 (2013). 日本版KABC-II マニュアル　丸善出版

学校心理士海外研修団 (2009). 第7回学校心理士海外研修報告―米国のスクールサイコロジスト―サンディエゴ州立大学における養成システムと実践活動　学会連合資格「学校心理士」認定運営機構

Grieger, R. M. (1977). Teachers attitudes as a variable in behavior modification concultation. In J. Meyers, R. Martin, & I. Hyman (Eds.), *School consultation: Readings about preventive techniques for pupil personnel workers* (pp. 137-148). Springfield, IL: Thomas.

Gutkin, T. B., & Conoley, J. C. (1990). Reconceptualizing school psychology from a service delivery perspective: Implications for practice, training, and research. *Journal of School psychology*, *28*, 203-223.

針間克己・平田俊明 (2014). セクシャル・マイノリティへの心理的支援―同性愛, 性同一性障害を理解する―　岩崎学術出版社

市川伸一 (2001). 学ぶ意欲の心理学　PHP 研究所

飯田順子・島田直子 (2015). 家庭学習に関する学校心理学的研究―家庭のカリキュラム尺度の作成と信頼性・妥当性の検討―　筑波大学心理学研究, *49*, 57-66.

石隈利紀 (1999). 学校心理学―教師・スクールカウンセラー・保護者のチームによる心理教育的援助サービス―　誠信書房

Jimerson, S. R., Oakland, T., & Farrell, P. (2007). *The handbook of international school psychology*. Thousand Oaks, CA: Sage. (石隈利紀・松本真理子・飯田順子 (監訳) (2014). 世界の学校心理学事典　明石書店)

陰山英男 (2003). 学力は家庭で伸びる―今すぐ親ができること41―　小学館

上村恵津子・石隈利紀 (2007). 保護者面談における教師の連携構築プロセスに関する研究―グラウンデッド・セオリー・アプローチによる教師の発話分析を通して　教育心理学研究, *55*, 560-572.

Lichtenberger, E. O., Mather, N., Kaufman, N. L., & Kaufman, A. S. (2004). *Essentials of assessment report writing*. Hoboken, NJ: John Wiley & Sons. (上野一彦・染木史緒 (訳) (2008). エッセンシャルズ―心理アセスメントレポートの書き方―　日本文化科学社)

Meyer, I. H. (2003). Prejudice, social stress, and mental health in lesbian, gay and bisexual populations: Conceptual issues and research evidence. *Psychological Bulletin*, *129*, 674-697.

三好一英・服部　環 (2010). 海外における知能研究とCHC 理論　筑波大学心理学研究, *40*, 1-7.

森村美和子 (2016). 困ったことを研究する「自分研究所」―子どもの当事者研究の可能性　藤野　博 (著)　柘植雅義 (監修)　発達障害のある子の社会性とコミュニケーションの支援―ハンディシリーズ―発達障害・特別支援教育ナビ　金子書房

大河原美以・小林正幸・海老名真昭・松本裕子・吉住あさか・林　豊 (2000). 子どもの心理治療における見立てと方法論―エコシステミックな見立てモデルの確立に向けて―　カウンセリング研究, *33*, 82-94.

Schopler, E., Reichler, R. J., & Renner, B. R. (1986). *The Childhood Autism Rating Scale (CARS)*. New York: Irvington. (佐々木正美 (監訳) (1989). CARS 小児自閉症評定尺度　岩崎学術出版社)

Shigematsu, M. S. (2002). *Multicultural encounters: Case narratives from a counseling practice*. New York: Teachers College Press. (辻井弘美 (訳) (2004). 多文化間カウンセリングのナラティヴ (物語)　東京大学出版会)

杉原一昭・杉原　隆・中村淳子・大川一郎・野原理恵・芹沢奈美美 (編) (2003). 田中ビネー知能検査V　田研出版

杉本希映・庄司一子 (2006). 「居場所」の心理的機能の構造とその発達的変化　教育心理学研究, *54*(3), 289-299.

鈴木　翔 (2012). 教室内 (スクール) カースト　光文社

田上不二夫 (1999). 実践スクールカウンセリング―学級担任ができる不登校児童・生徒への援助―　金子書房

田村節子・石隈利紀 (2003). 教師・保護者・スクールカウンセラーによるコア援助チームの形成と展開―援助者としての保護者に焦点をあてて―　教育心理学研究, *51*, 328-338.

上野一彦・藤田和弘・前川久男・石隈利紀・大六一志・松田　修 (2010). 日本版WISC-IV知能検査実施採点マニュアル　日本文化科学社

Varjas, K., Meyers, J., Henrich, C. C., Graybill, E. C., Dew, B. J., Marshall, M. L., Williamson, Z., Skoczylas, R. B., & Avant, M. (2006). Using a participatory culture-specific intervention model to develop a peer victimization intervention. *Journal of Applied School Psychology*, *22*, 35-57.

Walberg, H. J. (1984). Families as partners in educational productivity. *Phi Delta Kappan*, *65*, 397-400.

湯澤直美 (2015). 子どもの貧困をめぐる政策動向　家族社会学研究, *27*, 69-77.

15章

藤本裕人 (2015). インクルーシブ教育システム構築に関わるデータベースの活用と検索方法について　特別支援教育, *57*, 8-12.

上村恵津子 (2014). 教師が行う保護者面談の特徴と課題―教師の発話特徴と専門の視点から連携促進を考える―　日本学校心理士会年報, *7*, 5-15.

上村恵津子・石隈利紀 (2007). 保護者面談における教師の連携構築プロセスに関する研究―グラウンデッド・セオリー・アプローチによる教師の発話分析を通して―　教育心理学研究, *55*, 560-572.

神奈川県教育委員会（2010）．協働支援チーム宣言―自立活動教論（専門職）とのチームアプローチによる支援が必要な子どもの教育の充実― 神奈川県教育局子ども教育支援課

木舩憲幸（2015）．ユニバーサルデザインと合理的配慮 LD, ADHD & ASD, 57, 20-23.

近藤武夫（2013）．通常の学級における支援技術の活用 LD研究, 22, 150-158.

近藤武夫（2016）．障害のある受験生に対する合理的配慮 大学時報, 65, 44-49.

文部科学省（2007）．特別支援教育の推進について（通知）

文部科学省（2012）．共生社会の形成に向けたインクルーシブ教育システム構築のための特別支援教育の推進（報告） 中央教育審議会初等中等教育分科会

文部科学省（2014）．平成25年度文部科学白書―2020新たな成長に向けて・教育再生に向けた取組の加速―

文部科学省（2015）．平成26年度特別支援教育体制整備状況調査結果について（通知） Retrieved from http://www.mext.go.jp/a_menu/shotou/tokubetu/material/1356211.htm

文部科学省初等中等教育局特別支援教育課（2016）．特別支援教育 No.62.

文部科学省初等中朝教育局特別支援教育課（2016）．特別支援教育 No.63.

丹羽 登（2014）．インクルーシブ教育システムの構築に向けて～権利条約批准までの短期の統括と，今後の見通し―何が必要で何が進んだか― 特別支援教育研究, 686, 2-5.

太田裕子（2013）．通常の学級における発達障害のある子どもたちへの「合理的配慮」の在り方―本校での課題と課題解決のための取り組み― LD研究, 22, 54-57.

尾崎 新（1999）．「ゆらぐ」ことのできる力―ゆらぎと社会福祉実践― 誠信書房

田中みか（2015）．神奈川のインクルーシブ教育推進の取組 日本学校心理学会第17回大阪大会自主シンポジウム「通常の学校におけるインクルーシブ教育の現状と課題」

田中裕一（2016）．高等学校の授業における合理的配慮及び授業改善の実際 特別支援教育, 63, 32-35.

手塚和男（2015）．障害者権利条約における教育を受ける権利 三重大学教育学部研究紀要, 66, 83-107.

上野一彦（2014）．大学入試センター試験における特別措置 高橋知音（編） 発達障害のある人の大学進学―どう選ぶか どう支えるか―（pp. 76-88） 金子書房

山岡 修（2013）．保護者，当事者団体の立場から 通常の学級における発達障害のある子どもたちへの「合理的配慮」とは―障害に応じた配慮の現状と展望― LD研究, 22, 48-50.

16章

藤田博康（2002）．非行臨床における実践的アプローチモデル―非行少年の「悩み方」の観点から― 心理臨床学研究, 20 (1), 76-88.

古田 薫（2002）．少年院在院少年の被虐待経験の実態と教育・治療 アディクションと家族, 19 (2), 167-181.

学校と関係機関との行動連携に関する研究会（2004）．学校と関係機関等との行動連携を一層推進するために

Hirschi, T. (1969). *Causes of delinquency*. Berkeley, CA: University of California Press. （森田洋司・清水新二（監訳）（1995）．非行の原因―家庭・学校・社会へのつながりを求めて― 文化書房博文社）

法務省（2016）．平成27年矯正統計年報II

法務総合研究所（2001）．法務総合研究所研究部報告11―児童虐待に関する研究（第1報告）―

法務総合研究所（2005a）．平成17年版犯罪白書―少年非行―

法務総合研究所（2005b）．法務総合研究所研究部報告26―保護司の活動実態と意識に関する調査―

法務総合研究所（2016）．平成28年版犯罪白書―再犯の現状と対策のいま―

石川正興（2012）．多機関連携事例あれこれ 更生保護, 63 (3), 6-12.

石隈利紀（1999）．学校心理学―教師・スクールカウンセラー・保護者のチームによる心理教育的援助サービス― 誠信書房

石隈利紀（2003）．援助サービスのコーディネーション―そのあり方とコーディネーターの行動― 教育と医学, 51 (12), 4-13.

石隈利紀（2004a）．学校心理学とその動向―心理教育的援助サービスの実践と理論の体系をめざして― 心理学評論, 47 (3), 332-347.

石隈利紀（2004b）．コンサルテーションとは 日本学校心理学会（編） 学校心理学ハンドブック―「学校の力」の発見（pp. 112-113） 教育出版

石隈利紀（2012）．みんなの援助が一人の援助―どのように一次的援助サービスが二次的援助サービス・三次的援助サービスの土台になるか― 学校心理学研究, 12 (1), 73-82.

角野茂樹（2005）．大阪府の問題行動等への取り組み 月刊生徒指導, 12, 18-22.

片桐俊男（2002）．情緒障害特殊学級を起点とする心理教育的援助サービス―ADHDを有するとされた非行生徒に対するチーム援助を通して― 学校心理学研究, 2, 3-13.

加藤弘通・大久保智生（2005）．学校の荒れと生徒文化の関係についての研究―〈落ち着いている学校〉と〈荒れている学校〉では生徒文化にどのような違いがあるか 犯罪心理学研究, 43 (1), 1-16.

川瀬三弥子（1996）．児童相談所における非行事例のチーム処遇 心理臨床学研究, 14 (1), 22-32.

警察庁生活安全局少年課（2016）．少年非行情勢（平成27年1月～12月）

小林寿一（1989）．非行の原因帰属に関する研究―1. 非行少年の自己及び一般の非行に対する責任帰属― 科学警察研究所報告防犯少年編, 30 (2), 51-67.

國分康孝（監修） 押切久遠（著）（2001）．クラスでできる非行予防エクササイズ 図書文化

国立教育政策研究所生徒指導研究センター（2002）．問題行動等への地域における支援システムについて（調査研究報告書）

栗木雄剛（2004）．校区内ネットワークの充実―神奈川県平塚市におけるサポートチームの取り組み― 月刊生徒指導, 8, 20-23.

松田美智子（2001）．児童虐待について 刑政, 112 (11), 110-120.

文部科学省（2015）．平成27年度学校基本調査

文部科学省初等中等教育局長通知（2015）．連続して欠席し連絡が取れない児童生徒や学校外の集団との関わりの中で被害に遭うおそれがある児童生徒の安全の確保に向けた取組について

文部科学省初等中等教育局児童生徒課（2016）．平成27年度「児童生徒の問題行動等生徒指導上の諸問題に関する調査」

文部省初等中等教育局長・社会教育局長通知（1978）．児童生徒の問題行動の防止について

村松 励（2005）．非行臨床におけるアセスメント 家族療法研究, 22 (2), 62-65.

内閣府政策統括官（共生社会政策担当）（2010）．第4回非行原因に関する総合的研究調査

押切久遠（2003）．子ども本人への働きかけ　國分康孝・國分久子（監修）　育てるカウンセリングによる教室課題対応全書　3　非行・反社会的な問題行動（pp. 30-33）　図書文化

押切久遠（2005）．非行・問題行動関係の組織・機関　國分康孝・國分久子（監修）　教師のコミュニケーション事典（pp. 560-562）　図書文化

瀬川　晃（1998）．犯罪学　成文堂

瀬戸健一（2006）．消極的生徒指導と積極的生徒指導の検討の試み—生徒指導連絡協議会に参加した教師の認識に着目して—　学校心理学研究, 6, 53-65.

瀬戸美奈子（2004）．コーディネーションとは　日本学校心理学会（編）　学校心理学ハンドブック—「学校の力」の発見（pp. 134-135）　教育出版

嶋崎政男（2004）．学校と家庭・地域との連携のあり方　月刊生徒指導, 8, 32-35.

生島　浩（1999）．悩みを抱えられない少年たち　日本評論社

生島　浩・村松　励（編）（1998）．非行臨床の実践　金剛出版

少年の問題行動等に関する調査研究協力者会議報告（2001）．心と行動のネットワーク—心のサインを見逃すな，「情報連携」から「行動連携」へ—

鈴木明美（2003）．非行少年グループへのスクールカウンセラーの介入—学校での「居場所」作りを中心に—　カウンセリング研究, 36（4）, 154-162.

Sykes, G. M., & Matza, D. (1957). Techniques of neutralization: A theory of delinquency. *American Sociological Review, 22,* 664-670.

高橋　稔・杉山雅彦（2003）．中学校で不良行為を示す生徒を対象にした問題改善と予防に関する検討—日常の随伴性の分析と社会的刺激の機能の変化をねらった介入—　カウンセリング研究, 36（2）, 51-60.

田村節子（2004）．援助チームとは　日本学校心理学会（編）　学校心理学ハンドブック—「学校の力」の発見（pp. 122-123）　教育出版

田村節子（2008）．保護者が援助チームのパートナーとなるためには，援助チームメンバーのどのような関わりが有効か　学校心理学研究, 8, 13-27.

龍島秀広・梶　裕二（2002）．非行における臨床心理的地域援助—関係機関の連携方策について—　臨床心理学, 2（2）, 223-231.

Vold, G. B., & Bernard, T. J. (1985). *Theoretical criminology* (3rd ed.). London: Oxford University Press.（平野龍一・岩井弘融（監訳）（1990）．犯罪学—理論的考察（原著第3版）—　東京大学出版会）

渡部　正・亀井秀治・山入端津由・羽間京子（2002）．スクールカウンセリング活動における非行臨床家の実践　犯罪心理学研究, 40, 247-253.

矢作由美子（2003）．少年サポートチームの現状と課題—非行少年の心のサインが聞けるチーム作りへ—　文教大学付属教育研究所紀要, 12, 69-78.

山本　功（2005）．高校生のアルバイトは非行を抑止するか　犯罪社会学研究, 30, 138-150.

17章

秋光恵子・白木豊美（2010）．チーム援助に関するコーディネーション行動とその基礎となる能力・権限が養護教諭の職務満足感に及ぼす影響　教育心理学研究, 58, 34-45.

土居正城・加藤哲文（2011）．スクールカウンセラーと教員のコンサルテーション頻度と相互認識の関連　学校メンタルヘルス, 14, 37-49.

本田真大（2014）．「助けて」と言わない教師，「助けて」が届かない学校—援助要請の心理学から見えること—　児童心理, 68, 19-24.

本田真大（2015a）．援助要請のカウンセリング—「助けて」と言えない子どもと親への援助—　金子書房

本田真大（2015b）．特別支援教育における教師とスクールカウンセラーとの協働　指導と評価, 725, 36-38.

本田真大（2015c）．幼児期, 児童期, 青年期の援助要請研究における発達的観点の展望と課題　北海道教育大学紀要（教育科学編）, 65（2）, 45-54.

本田真大（2018）．援助要請行動の生起過程に基づく介入モデルの妥当性の検討　学校臨床心理学研究（北海道教育大学大学院教育学研究科学校臨床心理学専攻研究紀要）, 15, 23-30.

本田真大・水野治久（2017）．援助要請に焦点を当てたカウンセリングに関する理論的検討　カウンセリング研究, 50, 23-31.

本田真大・大島由之・新井邦二郎（2009）．不適応状態にある中学生に対する学級単位の集団社会的スキル訓練の効果—ターゲット・スキルの自己評定, 教師評定, 仲間評定を用いた検討—　教育心理学研究, 57, 336-348.

石隈利紀（1999）．学校心理学　誠信書房

石隈利紀・飯田順子（2006）．各学校段階における援助チーム実態と校内支援委員会の実態—援助チームの形成・維持に影響を与える要因に焦点をあてて—　筑波大学学校教育論集, 28, 29-44.

伊藤美奈子（1999）．スクールカウンセラーによる学校臨床実践評価ならびに学校要因との関連　教育心理学研究, 47, 521-529.

伊藤美奈子（2000）．スクールカウンセラー実践活動に対する派遣校教師の評価　心理臨床学研究, 18, 93-99.

伊藤美奈子（2009）．学校・学級組織へのコンサルテーション　教育心理学年報, 48, 192-202.

河村茂雄（1999）．楽しい学校生活を送るためのアンケートQ-U実施・解釈ハンドブック　図書文化社

河村茂雄・武蔵由佳・粕谷貴志（2005）．中学校のスクールカウンセラーの活動に対する意識と評価—配置校と非配置校の比較—　カウンセリング研究, 38, 12-21.

小林朋子（2008）．学校コンサルテーションにおけるコンサルティ-コンサルタントの連携に関する研究（1）—コンサルタントとしてのスクールカウンセラー・相談員についての教師の評価・意見—　静岡大学教育学部附属実践総合センター紀要, 15, 117-124.

文部科学省（2007）．児童生徒の教育相談の充実について　生き生きとした子どもを育てる相談体制づくり（報告）　Retrieved from http://www.mext.go.jp/a_menu/shotou/seitoshidou/kyouiku/houkoku/07082308. htm（2015年8月23日）

文部科学省（2012）．通常の学級に在籍する発達障害の可能性のある特別な教育的支援を必要とする児童生徒に関する調査結果について　Retrieved from http://www.mext.go.jp/a_menu/shotou/tokubetu/material/1328729.htm（2014年4月29日）

文部科学省（2015）．チームとしての学校の在り方と今後の改善方策について（チームとしての学校・教職員の在り方に関する作業

部会　中間まとめ）　Retrieved from http://www.mext.go.jp/component/b_menu/shingi/toushin/__icsFiles/afieldfile/2015/07/28/1360375_02.pdf（2015 年 8 月 20 日）

水野治久（2014）. 子どもと教師のための「チーム援助」の進め方　金子書房

瀬戸健一（2007）. 高校教師の協働に関する研究―不登校生徒へのチーム援助に着目して―　コミュニティ心理学研究, 10, 186-199.

瀬戸美奈子・石隈利紀（2002）. 高校におけるチーム援助に関するコーディネーション行動とその基盤となる能力および権限の研究―スクールカウンセラー配置校を対象として―　教育心理学研究, 50, 204-214.

瀬戸美奈子・石隈利紀（2003）. 中学校におけるチーム援助に関するコーディネーション行動とその基盤となる能力および権限の研究―スクールカウンセラー配置校を対象として―　教育心理学研究, 51, 378-389.

Srebnik, D., Cause, A. M., & Baydar, N. (1996). Help-seeking pathways for children and adolescents. *Journal of Emotional and Behavioral Disorders, 4*, 210-220.

田上不二夫（1999）. 実践スクール・カウンセリング―学級担任ができる不登校児童・生徒への援助―　金子書房

田村節子（2004）. 軽度発達障害の子どもに対するチーム援助のコーディネーション―学校心理学の枠組みから―　LD 研究, 13, 239-247.

田村修一（2012）. ケースメソッドが教職志望者の「チーム援助志向性」に及ぼす効果　北里大学一般教育紀要, 17, 133-149.

田村修一・石隈利紀（2006）. 中学校教師の被援助志向性に関する研究―状態・特性被援助志向性尺度の作成および信頼性と妥当性の検討―　教育心理学研究, 54, 75-89.

谷島弘仁（2010）. 教師がコンサルタントに求める援助特性に関する検討　教育心理学研究, 58, 57-68.

山口豊一・山本麻衣子・渡利　唯・井上朋美（2014）. 中学校におけるチーム援助の実態が教員のチーム援助志向性およびバーンアウトに与える影響　心理臨床学研究, 32, 119-124.

18 章

Etscheidt, S. (2003). An analysis of legal hearings and cases related to individualized education programs for children with autism. *Research and Practice for Persons with Severe Disabilities, 28*, 51-69.

Galletti, F., & Sturniolo, M. G. (2004). Counseling children and parents about epilepsy. *Patient Education and Counseling, 55*, 422-425.

石隈利紀（1999）. 学校心理学―教師・スクールカウンセラー・保護者のチームによる心理教育的援助サービス―　誠信書房

石隈利紀（2013）. 子どもの欲求（wants）とニーズ（needs）　水野治久・石隈利紀・田村節子・田村修一・飯田順子（編著）　よくわかる学校心理学（p. 12）　ミネルヴァ書房

石隈利紀・田村節子（2003）. 石隈・田村式援助シートによるチーム援助入門―学校心理学実践編―　図書文化

上村惠津子・石隈利紀（2000）. 教師からのサポートの種類とそれに対する母親のとらえ方の関係―特別な教育ニーズを持つ子どもの母親に焦点をあてて―　教育心理学研究, 48, 284-293.

北濱雅子・田中雄三（2003）. 母親面接に教師が同席することの意義―巡回教育相談等での経験から―　カウンセリング研究, 36, 81-90.

Koonce, D. A., & Harper, W. J. (2005). Engaging African American parents in the schools: A community-based consultation model. *Journal of Educational and Psychological Consultation, 16*, 55-74.

Lee, C. M., & Hunsley, J. (2001). Empirically informed consultation to parents concerning the effects of separation and divorce on their children. *Cognitive and Behavioral Practice, 8*, 85-96.

水谷由美・石田祥代・柳本雄次（2003）. アメリカ合衆国の ITP プロセスにおける Person-centered planning―カリフォルニア州での作成方法に焦点を当てて―　心身障害学研究, 27, 159-171.

田村節子（1998）. 教師・保護者・スクールカウンセラーの援助チームに関する実践研究―公立中学校における学校心理学的援助の一試行―　筑波大学大学院修士論文（未公刊）

田村節子（2003）. スクールカウンセラーによるコア援助チームの実践―学校心理学の枠組みから―　教育心理学年報, 42, 168-181.

田村節子（2008）. 保護者が援助チームのパートナーとなるためには，援助チームメンバーのどのような関わりが有効か　学校心理学研究, 8(1), 13-27.

田村節子（2009）. 保護者をパートナーとする援助チームの質的分析　風間書房

田村節子（代表）（2015）. 子ども参加型援助チームモデルの開発―発達障害がある子どもの援助に焦点をあてて―　KAKEN 研究課題番号：24531262　http://www.tsu-itc.org/kaken/s-tamura2014/

田村節子・石隈利紀（2007）. 保護者はクライエントから子どもの援助のパートナーへとどのように変容するか―母親の手記の質的分析―　教育心理学研究, 55, 438-450.

田村節子・石隈利紀（2013）. 石隈・田村式援助シートによる実践チーム援助―特別支援教育編―　図書文化

田村節子・石隈利紀（2017）. 石隈・田村式援助シートによる子ども参加型チーム援助―インフォームドコンセントを超えて―　図書文化

Walls, S. (2005). A descriptive study of the Student Support Team process in elementary schools in Georgia. *Humanities and Social Sciences, 66*(6-A).

山本淳子・田上不二夫（2004）. 父親の“わからなさ”への援助と父子関係の変容との関係　カウンセリング研究, 37, 319-327.

吉川　悟（2000）. 学校精神保健のサポート方法としてのシステムズ・コンサルテーション―教育現場の要求するコンサルテーションに向けて―　家族療法研究, 17, 238-247.

19 章

馬場園明（2016）.「チームとしての学校」の必要性―「チーム医療」の立場から　教育と医学, 64(6), 459-467.

淵上克義（1995）. 学校が変わる心理学　ナカニシヤ出版

家近早苗（2016）. コーディネーションとチーム援助の方法―コーディネーション委員会―　石隈利紀・大野精一・小野瀬雅人・東原文子・松本真理子・山谷敬三郎・福沢周亮（責任編集）　日本学校心理学会（編）　学校心理学ハンドブック（pp. 166-167）　教育出版

家近早苗・石隈利紀（2007）. 中学校のコーディネーション委員会のコンサルテーションおよび相互コンサルテーション機能の研究―参加教師の体験から―　教育心理学研究, 55, 82-92.

家近早苗・石隈利紀（2008）. 学校の問題に対する教師の当事者意識に関する研究　教育相談研究, 45・46, 59-64.

家近早苗・石隈利紀・岡村光幸・丹下真知子・横田　隆・吉本恭子（2010）．教師の心理教育的援助サービスに関する意識はコーディネーション委員会の参加によりどう変わるか―学校に焦点をあてて―　日本学校心理士会年報, 2, 65-72.

家近早苗・石隈利紀（2011）．心理教育的援助サービスを支えるコーディネーション委員会の機能尺度（中学校版）の開発―学校全体の援助サービスの向上をめざして―　学校心理学研究, 11, 57-68.

家近早苗・石隈利紀（2012）．中学校教師の心理教育的援助サービスに関する意識変容尺度の開発―コーディネーション委員会への参加に焦点をあてて―　教育相談研究, 49, 33-42.

石隈利紀（1999）．学校心理学―教師・スクールカウンセラー・保護者のサービスによる心理教育的援助サービス―　誠信書房

石隈利紀（2016）．「チーム学校」における連携―スクールカウンセラーの役割と課題―　臨床心理学（臨時増刊号）, 33-35.

Katzenbach, J. R., & Smith, A. E. (1993). *The wisdom of teams: Creating the high-performance organization*. New York: Harvard Business School Press.

紅林伸幸（2016）．不可解な「チーム」―学校臨床社会学からみた「チーム学校」の可能性―（特集「チーム学校」の可能性）　教育と医学, 64(6), 451-458.

文部科学省（2007）．特別支援教育の推進について（通知）　Retrieved from http://www.mext.go.jp/b_menu/hakusho/nc/07050101.htm

文部科学省（2009）．児童生徒の教育相談の充実について―生き生きとした子どもを育てる相談体制づくり―（報告）　Retrieved from http://www.mext.go.jp/b_menu/shingi/chousa/shotou/066/gaiyou/1287754.htm

文部科学省（2010）．生徒指導提要

田村節子（2003）．スクールカウンセラーによるコア援助チームの実践：学校心理学の枠組みから（教育心理学と実践活動）　教育心理学年報, 42, 168-181.

田尾雅夫（1995）．ヒューマン・サービスの組織―医療・保健・福祉における経営管理―　法律文化社

山口豊一・石隈利紀（2009）．中学校におけるマネジメント委員会の意思決定プロセスと機能に関する研究　日本学校心理士会年報, 1, 69-78.

山口豊一・樽木靖夫・家近早苗・石隈利紀（2012）．中学校におけるマネジメント委員会の機能がチーム援助体制及びチーム援助行動に与える影響―主任層に焦点をあてて―　日本学校心理士会年報, 4, 103-112.

山谷敬三郎・三浦公裕（2015）．コーディネーション委員会が教育現場に与える効果について―求められる学校心理士の専門性と役割―　北翔大学生涯学習システム学部研究紀要, 15, 1-12.

Wang, M. C., & Gordon, E. W. (1994). *Educational resilience inner-city America: Challenges and prospects*. Hillsdale, NJ: Lawrence Erlbaum Associates.

Weick, K. E. (1976). Educational organizations as loosely coupled systems. *Administrative Science Quarterly*, 21(1), 1-19.

Zaffuto, S. R. (2005). Integration of traditional Japanese educational guidance with school counseling: A collaborative approach for the challenges of program implementation. *Asian Journal of Counselling*, 12, 17-45.

終章

新井　雅・庄司一子（2014）．臨床心理士, 教師, 養護教諭によるアセスメントの特徴の比較に関する研究　心理臨床学研究, 32, 215-226.

朝日新聞（2016a）．不登校の小中生　長期化6割弱　朝日新聞10月28日朝刊　東京版

朝日新聞（2016b）．見守る目　児童の暴力防げ　最多レベルの大阪府, 半減へ取り組み　朝日新聞8月23日朝刊　大阪版

後藤綾文（2017）．子どもの援助要請　水野治久（監修）　永井　智・本田真大・飯田敏晴・木村真人（編）　援助要請と被援助志向性の心理学―困っていても助けを求められない人の理解と援助―（pp. 24-36）　金子書房

石隈利紀　（1999）．学校心理学―教師・スクールカウンセラー・保護者による心理教育的援助サービス―　誠信書房

石隈利紀（2016）．「チーム学校」における連携―スクールカウンセラーの役割と課題―　一般財団法人日本心理研修センター（編）公認心理師　臨床心理学臨時増刊号（pp. 33-35）　金剛出版

石隈利紀（2017）．「チーム学校」における心理教育的援助サービス―公認心理師の誕生と学校心理士のこれから―　日本学校心理士会年報, 9, 5-20.

Ishikuma, T., Shinohara, Y., & Nakao, T. (2008). School psychology in Japan. In S. R. Jimerson, T. D. Oakland, & P. T. Farrell (Eds.), *The handbook of school psychology* (pp. 217-227). Thousand Oaks, CA: Sage.（飯田順子（訳）（2013）．日本の学校心理学　石隈利紀・松本真理子・飯田順子（監訳）　世界の学校心理学事典（pp. 403-414）　明石書店）

河村茂雄（2010）．日本の学級集団と学級経営―集団の教育力を生かす学校システムの原理と展望　図書文化社

小沼　豊・高橋知己・山口豊一（2015）．新任教師と指導教員との「援助チーム」について―アセスメントを中心として―　日本学校心理士年報, 8, 99-109.

小坂浩嗣・朝日真奈（2012）．援助チームのシステム化と教師の被援助志向性の関連について―スクールカウンセラーとのチーム支援事例から―　鳴門教育大学学校教育研究紀要, 27, 89-99.

紅林伸幸（2016）．不可解な「チーム」―学校臨床社会学からみた「チーム学校」の可能性―（特集「チーム学校」の可能性）　教育と医学, 64, 451-458.

教育相談等に関する調査研究協力者会議（2017）．児童生徒の教育相談の充実について―学校の教育力を高める組織的な教育相談体制づくり―　Retrieved from http://www.mext.go.jp/component/b_menu/shingi/toushin/__icsFiles/afieldfile/2017/01/25/1381051_2.pdf（2017年3月28日）

Mizuno, H. (2016). Help seeking preferences of Japanese school teachers. Poster presented at 31st International Congress of Psychology (ICP2016). Yokohama, Japan.

水野治久（2014）．子どもと教師のための「チーム援助」の進め方　金子書房

文部科学省中央教育審議会（2015）．チームとしての学校の在り方と今後の改善方策について（答申）　Retrieved from http://www.mext.go.jp/b_menu/shingi/chukyo/chukyo0/toushin/__icsFiles/afieldfile/2016/02/05/1365657_00.pdf（2016年3月31日）

野口智世・瀬戸美奈子（2016）．不登校におけるチーム援助の実践と課題―A市小学校への調査をもとに―　三重大学教育学部研究紀要（教育科学）, 67, 309-314.

田村修一（2017）．教師の援助要請　水野治久（監修）　永井　智・本田真大・飯田敏晴・木村真人（編）　援助要請と被援助志向性の心理学―困っていても助けを求められない人の理解と援助―（pp. 47-57）　金子書房

コラム 1

市川千秋・榊原秀雄・柳原朝子・藤岡良寿（1995）．いじめ解決プログラムに関する研究　三重教育大学教育研究指導センター紀要, *15*, 1–9.

佐藤静一・高瀬亮子（1997）．「教師」の自己開示が「児童」の自己開示と学校モラールに及ぼす効果　熊本大学教育実践研究, *14*, 47–53.

四辻伸吾・水野治久（2013）．教師からの肯定メッセージ及び児童自身による良いところ見つけの取り組みが児童の自尊感情に及ぼす効果　学級経営心理学研究, *2*（1），60–67.

四辻伸吾・水野治久（2013）．児童の理想的学級像認知とスクール・モラールの関連　大阪教育大学紀要第Ⅳ部門教育科学, *61*, 235–247.

コラム 2

石隈利紀（1999）．学校心理学—教師・スクールカウンセラー・保護者のチームによる心理教育的援助サービス—　誠信書房

北尾倫彦・速水敏彦・島田恭仁（1986）．授業適応を規定する言語能力と言語的経験　大阪教育大学紀要（第Ⅴ部門）, *1*, 1–9.

北尾倫彦（編著）（2002）．学習不適応の心理と指導　開隆堂出版

小野瀬雅人（2011）．学校心理士の役割としての学習支援の方法と課題　日本学校心理士会年報, *3*, 5–12.

山本博樹（2010）．教材学習と授業　高垣マユミ（編）　授業デザインの最前線Ⅱ　北大路書房

山本博樹・織田　涼（2015）．高校「倫理」教科書の理解度を促す概説表現の効果—学習支援研究に基づく支援可能性の提示—　学校心理学年報, *7*, 145–158.

コラム 3

上野　淳（2008）．学校建築ルネサンス　鹿島出版会

松本真理子・ケスキネン, S.（編著）（2013）．フィンランドの子どもを支える学校環境と心の健康—子どもにとって大切なことは何か—　明石書店

コラム 4

デジタルアーツ（2015）．未成年者と保護者のスマートフォンやネットの利活用における意識調査　Retrieved from http://www.daj.jp/company/release/common/data/2015/070601_reference.pdf

小野　淳・斎藤富由起（2008）．「サイバー型いじめ」（Cyber Bullying）の理解と対応に関する教育心理学的展望　千里金蘭大学紀要生活科学部・人間社会学部, *5*, 35–47.

金綱知征・戸田有一・足達　昇・山崎澄夫・石原一彦・大橋正人・加納寛子（2014）．ネットいじめと匿名性信念　日本教育心理学会総会発表論文集, *56*, 62–63.

吉田明子（2015）．スマートフォン（LINE）がもたらす新しいいじめ　児童心理, *69*（1），96–101.

コラム 5

相川　充（1989）．援助行動　大坊郁夫・安藤清志・池田謙一（編）　社会心理学パースペクティブ1　個人から他者へ（pp. 291–311）　誠信書房

永井　智・新井邦二郎（2007）．利益とコストの予期が中学生における友人への相談行動に与える影響の検討　教育心理学研究, *55*, 197–207.

コラム 6

Burwell, R. A., & Shirk, S. R.（2006）. Self processes in adolescent depression: The role of self-worth contingencies. *Journal of Research on Adolescence, 16*, 479–490.

石津憲一郎・安保英勇（2008）．中学生の過剰適応傾向が学校適応感とストレス反応に与える影響　教育心理学研究, *56*, 23–31.

石津憲一郎・安保英勇（2013）．中学生の学校ストレスへの脆弱性—過剰適応と感情への評価の視点から—　心理学研究, *84*, 130–137.

石津憲一郎・下田芳幸（2013）．中学生用情動知覚尺度（EAQ）日本語版の作成　心理学研究, *84*, 229–237.

澤田匡人（2014）．本音と建前の天秤—適応にまつわるパーソナリティ研究の動向—　教育心理学年報, *53*, 37–49.

コラム 7

大久保智生・時岡晴美・岡田　涼（2013）．万引き防止対策に関する調査と社会的実践—社会で取り組む万引き防止—　ナカニシヤ出版

コラム 8

永松祐希・東原文子・高橋知音・横島義昭・石隈利紀（2006）．日本学校心理学会第7回大会シンポジウム　学校心理学の発想と実践　学校心理学研究, *6*（1），67–83.

独立行政法人日本学生支援機構（2017）．「大学等における学生支援の取組状況に関する調査（平成27年度）」集計報告（単純集計）　Retrieved from http://www.jasso.go.jp/about/statistics/torikumi_chosa/__icsFiles/afieldfile/2017/02/14/h27torikumi_chosa.pdf（2017年2月17日）

プール学院大学（2010）．発達障害を有する学生に対する支援活動　2010年度（最終年度）報告書

富永ちはる（2011）．ひきこもり・不登校となった学生の復学援助—閉ざした心を再び開かせたチーム援助—　大学と学生, *89*, 32–40.

コラム 9

阿部　彩（2008）．子どもの貧困　岩波書店

鈴木庸裕・佐々木千里・住友　剛（編）（2016）．子どもへの気づきがつなぐ「チーム学校」　かもがわ出版

山野良一（2008）．子どもの最貧国・日本　光文社

事項索引

■あ
愛着の関係　84
RCT（ランダム化比較実験）　39
意識的な呼吸　91
いじめ
　──加害　97
　──定義　92
　──のプロセスモデル　93
　──被害発見　94
　──防止　100
　　──対策推進法　95
　──免疫プログラム　101
　──予防　98
一次解離状態　85
一次解離反応　86
一次的援助サービス　36, 41, 47,
　53, 62, 66
インクルーシブ教育システム
　147, 149
WISC-IV　136
エゴグラム　50
SEL プログラム　38, 40, 41
STT 尺度　17
エビデンス（科学的根拠）　39
援助資源チェックシート　180
援助チーム　22
　──シート　112, 180
　個別の──　189
援助要請　93, 115, 125, 168
　──カウンセリング　171
オープンルーム（自由来室活動）
　129, 130
親・援助者間ギャップ　182
折り合い　140

■か
カウンセリング　123
　──コーディネーター　8
　──ニーズ　179
過覚醒状態　85
係の小集団での協力　55, 56, 60
かかわり技法　20
拡散型学級　78
学習支援員　11
拡大援助チーム　183
かたさ型学級　77
学級劇　55, 60
学級集団　80
　──づくり　83
　──の発達段階とそれに応じた児
　童生徒への対応　80
学級生活満足度尺度 QU　75
学級づくり　55, 57
学級での分業的協力　55, 57-60
学校外における学修　6
学校行事　53
　──の準備　53, 54
学校生活スキル　106

学校設定科目　5
学校組織の特徴　189
学校組織風土　112
学校適応援助　63
学校の組織体制づくり　188
合唱コンクール　55
家庭裁判所　160
家庭訪問　107
壁新聞　55
科目履修生　8
関係内攻撃　98
関係内の継続的攻撃　98
観察法　135
感情制御　84, 85
感情の育ち　84
　──を促すための授業　88
管理職　69
基礎的・汎用的能力　45
基礎的環境整備　147, 148
規範意識　36
キャリア　44
　──・アンカー　45
　──カウンセリング　47
　──・プログラム　51
　──教育　44
　──発達　44
キャンパスエイド　7
Q-U　170
教育支援委員会　152
教育相談　151
　──活動階層的援助システム
　70
教師－児童生徒関係　15
教師とスクールカウンセラーの協働
　167
　──に影響する要因　168
教師の意識の変化尺度　195
教師の意識の変容　193
教師の介入　57
教師の期待効果　16
教師の勢力資源　19
教師のリーダーシップ理論　16
教職員の専門性　149
共生社会の形成に向けたインクルー
　シブ教育システム構築のため
　の特別支援教育の推進（報告）
　147
協働しない教師とスクールカウンセ
　ラーの関わり　171
ぐ犯少年　155
KABC-II　136
健康相談　114, 116, 117, 121, 122
検査結果のフィードバック　138
検査法　136
研修型コンサルテーション　178
コア援助チーム　177, 178
構成的グループ・エンカウンター

　12
合理的配慮　25, 147, 148
コーディネーション委員会　190,
　191
コーディネーター的教員（推進役教
　員）　42
コーディネーターの役割　185
個人アプローチ　53, 60
子ども参加型チーム援助　178
子どもの wants と needs　183
子どもの教師に対する信頼感の規定
　要因　18
子どもの行動変容　43
個別支援シート　106
個別の援助チーム　189
コミュニティ・アプローチ　124
これからの学級経営　83
コンサルタント　168
コンサルティ　168
コンサルテーション　168
　──ニーズ　179
混沌・緊張期　80

■さ
サポートチーム　163
3 段階の心理教育的援助サービス
　170
CHC 理論　136
自治的集団成立期　80
児童自立支援施設・児童養護施設送
　致　160
児童相談所　160
社会性　36
　──と情動の学習（ソーシャル・
　エモーショナル・ラーニン
　グ：SEL）　38
社会的絆の理論　158
社会的障壁　154
社会的能力　36
就学相談　151
習熟度別授業　6
自由来室活動　129
銃乱射事件　95
授業展開の工夫　31
授業の構造イメージ　32
授業のバリア　26
授業のユニバーサルデザイン（UD）
　25
　──化　25, 26, 28, 149
　──モデル　28
守秘義務　129
障害者差別解消法　147
障害者の権利に関する条約　147
小集団形成期　80
小集団成立期　82
小中連携シート　106
少年院送致　160
触法少年　155

身体的な訴え　114, 122
心理学　5
　——演習　12
　——の授業　5
心理教育　106
　——的アセスメント　135
　——的な援助サービス　3, 5, 6, 9,
　　106
　——プログラム　66
進路成熟態度尺度　45
進路選択自己効力感　49
進路不決断　50
親和型学級　76
スクールカウンセラー（SC）
　　107, 123, 167
　——活用調査研究委託事業
　　124
　——への援助要請　125
school counseling　62
school psychology　62
スモールステップ　10
生態学的アセスメント　139
生徒支援委員会　9
生徒指導提要　63
生徒の教師に対する信頼感　17
世界保健機関　96
積極技法　21
全体集団成立期　80
前頭前野　85
専門的ヘルパー　123
早期発見　105
相互コンサルテーション　180
相互作用へのアプローチ　53, 61
ソーシャル・リレーション　21
■た
体験活動　53
体験講座　55
楽しい学校生活を送るためのアンケ
　　ートQU　75
多面的アセスメント　178
多様な学びの場　150
担任への壁　109
チーム援助　119, 168, 169
　子ども参加型——　178
　——会議　108
　——の形成・維持プロセス
　　169, 172
　——へのスクールカウンセラーの
　　有効な関わり方　172
チーム学校　3, 23
チームとしての学校　65, 167

中間学級　107
中集団形成期　80
中集団成立期　82
TALIS　15
適応指導教室（教育支援センター）
　　107
道徳不活性化　94
導入と定着　42
特別活動　53
特別支援教育　12, 25, 145
　——コーディネーター　145,
　　150
匿名性信念　98
トップダウン制御　87
友だち集団　159
■な
なりかけチーム　195
二次的援助サービス　75, 104,
　　126, 196
にせチーム　195
ネットいじめ　93
ネットワーク型援助チーム　22,
　　183
寝屋川市中学生サミット　100
■は
パーソナル・リレーション　21
発達障害　8, 25
　——のある子どもを持つ保護者
　　182
犯罪少年　155
反社会的行動　155
　——への3段階の対応　156
　——を伴う子どものアセスメント
　　157
被援助志向性　125
被加害者　94
非行　155
　——少年　155
　——の処遇　161
　——中和の技術論　157
PISA　15
PBIS　68
不安定型学級　78
Fight/Flight/Freeze（闘争・逃走・
　　固まる）反応　85
不登校　104
　準——　106
　——傾向　106
　——相当　106
フリースペース　6
不良行為　156

　——少年　156
ブレインジム　88
フレックススクール　3, 5
文化祭　53, 55, 60
平和の創造　101
ヘルパー　7, 161
辺縁系・脳幹部　85
崩壊型学級　78
報告義務　129
保健室　117
保健調査　117
　——票　119, 122
保護観察　160
保護者
　——がパートナーとなるステップ
　　181
　——の援助力　177
　——へのカウンセリング　177
　——へのコンサルテーション
　　178
　——面談　152
　——を含む援助チーム　177
保護処分　160
ボトムアップ制御　87
ほんものチーム　22, 194
■ま
マイクロシステム　139, 140
学び直し　6
マネジメント委員会　190
3つの援助チーム　189
ミドル・リーダー　67
無力被害者数　100
メゾシステム　139, 142
メタ分析　99
面接法　135
メンタルヘルス　115, 119
問題解決型コンサルテーション
　　178
問題行動　36
■や
役割期待　15
ユニバーサルデザイン　10, 25
ゆるみ型学級　77
養護教諭　114
　——が中心となる健康面からの援
　　助　114
横と縦の連携　189
予防的援助　106
■ら
リレーションの確立　83
ルールの確立　83

人名索引

A
Achenbach, T. M. 135
Adams, K. S. 142, 143
相川 充 40, 41, 113
相澤直樹 138
赤田圭亮 53, 54
明石要一 55
秋光恵子 117, 170
Akitsuki, Y. 99
阿久澤 栄 13
Alanen, E. 97
天形 健 125
安保英勇 132
安藤正紀 13
安藤久美子 125
安藤美華代 40
安藤延男 124
青木真理 125
青山郁子 96, 97, 100
青山真二 136
Aoyama, I. 94
新井邦二郎 20, 21, 113, 170
新井 雅 v, 144, 198
蘭 千壽 55
有賀美恵子 114
朝日真奈 200
芦原 睦 50
Avant, M. 140

B
馬場育実 65
馬場園 明 188
Bandura, A. 94
Battistich, V. 39
別役千世 45
Brackett, M. A. 38
Bronfenbrenner, U. 139, 142
Buerkle, K. 142
Burwell, R. A. 132

C
Chambers, C. R. 177
Childre, A. 177
茅野理恵 107
Christenson, S. L. 141-143
クリスチアーナ＝スピール 93, 98
Conoley, J. C. 138
Corrigan, F. 86
Cowie, H. 92
Coyne, I. 97

D
Daciuk, J. 94
ダグマー＝ストロマイヤ 93, 98
大六一志 136
Damasio. A. 84, 85
Decety, J. 99
deLara, E. 95
出水典子 116

Dennison, P. E. 88
Dew, B. J. 140
Doctor, P. 87
土居正城 168
土井隆義 140
Durlak, J. A. 39
Dymnicki, A. B. 39

E
海老澤恭子 114, 116
Elbertson, N. A. 38
イライアス，M. J. 43
江村理奈 106
遠藤正之 55
遠藤みゆき 124
遠田将大 80
Etscheidt, S. 180

F
Farrington, D. P. 99, 100
Finkelhor, D. 95
Flynn, J. R. 136
淵上克義 67, 189
藤枝静暁 41
藤本裕人 149
藤村一夫 79, 80, 82
藤岡良寿 24
藤田博康 163
藤田和弘 136
服部 環 136, 137
藤原和政 80
深沢和彦 78
古谷雄作 20, 21

G
Gadalla, T. 94
Galletti, F. 177
Garbarino, J. 95
Getzels, J. W. 16
Gordon, E. W. 196
後藤綾文 198
Graybill, E. C. 140
Grieger, R. M. 138
Gutkin, T. B. 138

H
八宮孝夫 55
萩原明子 3, 105, 200
Hahn, R. 39
箱田祐司 42
濱口桂一郎 51, 52
Hamby, S. L. 95
半田一郎 123, 129, 130, 198
針間克己 140
Harper, W. J. 178
長谷川翠 84, 88-90, 198
服部 環 136, 137
速水敏彦 34
林田篤伸 68
Henrich, C. C. 140
平木典子 40, 89
平田俊明 140

広井 甫 51
Hirschi, T. 158
久光 正 84
菱田準子 40
本田恵子 40
本田真大 125, 130, 167-173, 175, 200, 202
本田由紀 52
本間恵美子 106
Hornbeak, D. C. 88
細谷美奈子 105
Huitsing, G. 97
Hunsley, J. 178

I
市川千秋 24
市川伸一 135
家近早苗 22, 64, 106, 188-195, 197, 200
五十嵐哲也 104-106, 198
飯田順子 135, 136, 141, 169, 173, 200
池島徳大 40
今村扶美 116
今村葉子 125
今西一仁 44, 46, 47, 50, 51, 64, 198
井上 弥 65
井上朋美 170
入江友生 55
石田典子 45
石田祥代 177
石川信一 42
石隈利紀 iii-vi, 3-5, 7, 9, 13, 18, 21, 22, 25, 34, 46, 48, 49, 53, 55, 62, 76, 80, 83, 84, 106, 107, 111, 112, 115-117, 123, 125, 126, 130, 135, 136, 142, 152, 153, 155-157, 159, 161, 163, 164, 168-170, 172, 173, 177, 178, 180, 181, 183, 186, 188-195, 197, 199, 200
石津憲一郎 132
伊藤美奈子 167, 168
井内昭子 66
岩井圭司 17
泉 徳明 40

J
Jacobson, L. 16
ジマーソン，S. R. 136

K
陰山英男 140
鎌田雅史 69
鎌塚優子 115
上村惠津子 142, 145, 152, 153, 178, 200
Kanakogi, Y. 98
金山健一 64
神田正恵 45

神田橋條治　107
金田（松永）恵美　114
金成美恵　125
金綱知征　96, 103
苅間澤勇人　79, 80
Kärnä, A.　97
かしまえりこ　107
柏木恵子　55
春日井敏之　40, 65
粕谷貴志　167
片桐俊男　164
加藤弘通　16, 159
加藤哲文　168
勝又陽太郎　116
桂　聖　9, 10, 25
桂　載作　50
Katzenbach, J. R.　194, 195
Kaufman, A. S.　137
Kaufman, N. L.　137
川井栄治　41
河村夏代　17
河村茂雄　v, 65, 75-82, 105, 167, 170, 198
ケスキネン, S.　72
Khoury-Kassabri, M.　94
木舩憲幸　149
木村真人　176
木南千枝　129
木下正江　115
Kirkham, C.　97
北濱雅子　178
北尾倫彦　34
清永賢二　98
小林寿一　157
小林正幸　40, 106
小林朋子　168
香田陽子　65
小泉令三　35, 37, 38, 40, 42, 43, 65, 198, 200
國分康孝　16, 21, 40, 157
小松左穂子　42
近藤邦夫　16, 123
近藤菜津子　126
近藤武夫　149
今野晴貴　51, 52
小貫　悟　9, 10, 25, 28, 31, 197, 200
小沼　豊　200
Koonce, D. A.　178
小坂浩嗣　200
越　良子　22, 53
久富善之　23
熊谷恵子　136
紅林伸幸　196, 199
栗加　均　124
栗原慎二　40, 65
黒川雅幸　16
■ L
Lahey, B. B.　99
Lanius, U.　86

Larkin, R. W.　95
LeDoux, J.　84, 85
Lee, C. M.　178
リヒテンバーガー, E. O.　136
Liefooghe, A.　92
Lillas, C.　85
Little, T. D.　97
Luria, A. R.　137
■ M
前田健一　126
前川久男　136
Mahdavi, J.　99
Marshall, M. L.　140
正木朋也　39
松田　修　136
松本真理子　72, 136
松本俊彦　115, 116
松岡靖子　126
Matza, D.　157
Menesini, E.　97
Meyer, I. H.　140
Meyers, J.　140
Michalska, K. J.　99
三川俊樹　45
箕口雅博　124
Minton, S. J.　102
Mishna, F.　94
三隅二不二　16, 19
満留昭久　114
三浦公裕　193
三浦正江　105
宮城まり子　47
宮川正文　97, 100
宮元博章　41
宮野光夫　55
三好一英　136, 137
水上和夫　82
水本徳明　16
水野治久　v, 24, 25, 76, 84, 115, 125, 126, 130, 131, 169, 175, 197, 200
水谷由美　177
持丸修一郎　68
Monks, C. P.　97
森川澄男　40, 65
森村美和子　144
森永秀典　79
森田洋司　98
諸富祥彦　46
村上正人　50
村上達也　78, 79
マーフィー重松, S.　140
武蔵由佳　75, 78, 79, 82, 167, 198
■ N
永井　智　113, 115
永松祐希　176
長尾影夫　54
中井大介　15, 17, 18, 21, 22, 198
中井久夫　93, 98
中村淳子　136

中西信男　51
中野武房　40
Nakao, T.　200
中下富子　116
根田真江　80
新見直子　126
西村多久磨　78, 79
西山久子　62-66, 68-70, 197
丹羽　登　147, 149
野口智世　200
野原理恵　136
■ O
織田　涼　34
岡田守弘　62
岡田　涼　166
岡村光幸　192, 194
大河原美以　84, 85, 87-89, 198
岡安孝弘　106
岡崎勝博　55
Olafsson, R. F.　92
O'Moore, M.　97
大西彩子　16, 94, 98
小野　淳　94, 103
小野純平　136
大野精一　46, 48, 64
小野瀬雅人　34
大川一郎　136
折出健二　98
折田明子　98
Ormrod, R. K.　95
押切久遠　155, 157, 200
大島由之　170
Osofsky, M. J.　94
太田裕子　148
尾崎　新　153
小澤富士夫　55
小澤美代子　104, 107
■ P
Paulsen, S.　86
Pepler, D.　93
Pornari, C. D.　94
Poskiparta, E.　97
■ R
Reichler, R. J.　135
Renner, B. R.　135
Rosenthal, R.　16
■ S
相樂直子　114, 116, 117, 198
西条正人　22
Sainio, M.　97
斎藤ふくみ　115
斎藤富由起　94, 103
坂井建雄　84
榊原秀雄　24
坂本万礼　45
阪根健二　96
坂柳恒夫　45
迫田裕子　69
Salmivalli, C.　97

佐々木正昭　54
佐々木佳穂　79
佐々木正美　135
佐藤美和　115, 125
佐藤静一　24
佐藤正二　42
佐藤容子　42
澤田匡人　132
Saxon, T.　94
Schaps, E.　39
Schein, E. H.　45, 46
Schellinger, K. B.　39
Schopler, E.　135
瀬川　晃　159
関山　徹　125
仙田　満　35
芹沢奈菜美　136
瀬戸健一　169
瀬戸美奈子　164, 170, 200
瀬戸瑠夏　130
Sharp, S.　93
Sheridan, S. M.　141, 142
島　義一　125
島田直子　141
島田恭仁　34
嶋野重行　v
清水和秋　50
下田芳幸　132
下山晴彦　50
篠原しのぶ　16
Shinohara, Y.　200
鹽谷　健　55
白井みなみ　49
白木豊美　117, 170
Shirk, S. R.　132
庄司一子　v, 16, 114, 140, 144, 198
生島　浩　22, 158
Skoczylas, R.　140
Smith, A. E.　194, 195
Smith, P. K.　92, 93, 95, 98, 99
添田久美子　98
Solomon, D.　39
染木史緒　136
曽根睦子　55
曽山和彦　106
Srebnik, D.　168
Sturniolo, M. G.　177
Sugai, G.　68
杉原一昭　136
杉原　隆　136
杉本希映　140
杉村秀充　82
角南なおみ　17
Sutherland, E. H.　159
Sutton, J.　99
鈴木啓嗣　17
鈴木庸裕　187
鈴木　翔　140
鈴木義広　130

Swettenham, J.　99
Sykes, G. M.　157

T

田上不二夫　140, 171, 174, 177
高岡文子　129
高橋宏和　55
高橋知己　200
高橋知音　100, 117
高村文江　64, 66
高野利雄　40, 65
高瀬亮子　24
竹村洋子　16
竹村佳那子　116
竹中晃二　40
竹内和雄（Takeuchi, K.）　40, 97, 100, 103, 116
竹内登規夫　45
滝沢孝一　55
瀧澤洋司　79
田村節子　iv, 22, 107, 111, 112, 142, 163, 164, 169, 177, 178, 180- 184, 186, 189, 199, 200
田村修一　115, 125, 168, 169
田村祐子　88
田中みか　151
田中裕一　149
田中雄三　178
丹下真知子　192, 194
田尾雅夫　189
樽木靖夫　53-55, 58, 191, 198
田崎敏昭　19
Taylor, R. D.　39
手塚和男　149
Thelen, H. A.　16
戸田有一（Toda, Y.）　38, 40, 92-98, 100, 198
戸ヶ崎泰子　42
東條光彦　105
時岡晴美　166
都丸けい子　16
富永ちはる　176
富永美佐子　49
冨安浩樹　50
Tracey, J. B.　70
土江正司　88
土屋基規　98, 105
津谷喜一郎　39
堤さゆり　42
Ttofi, M. M.　99, 100
土田まつみ　105
Turnbull, J.　85
Turner, H. A.　95

U

上地安昭　20, 21
上野　淳　72
上野一彦　136, 149
采女智津江　117
浦上昌則　49

V

Varjas, K.　140
Veenstra, R.　97
Voeten, M.　97

W

Walberg, H. J.　141
Walls, S.　177
Wang, M. C.　196
渡邊正樹　115, 125
渡辺弥生　38, 40, 65, 98
渡利　唯　170
Wechsler, D.　136
Weick, K. E.　189
Weissberg, R. P.　38, 39
Whitehouse, E. M.　142
Williamson, Z.　140
Wood, J.　94

Y

谷島弘仁　168
山田洋平　42
山寺智子　117
山口亜希子　116
山口　満　54
山口直子　45
山口豊一　112, 125, 170, 189-191, 200
山本博樹　34
山本淳子　177
山本麻衣子　170
山本　奨　17, 107
山本幸生　46
山中一英　41
山岡　晶　45
山岡　修　148
山崎勝之　38, 40, 98
山谷敬三郎　193
矢守克也　19
柳原朝子　24
柳本雄次　177
安田雄生　125
横島義昭　3, 4, 200
横田　隆　112, 192, 194
吉田明子　103
吉田俊和　16
吉田寿夫　41
芳川玲子　62
吉川　悟　178
吉本恭子　192, 194
吉崎静夫　16
四辻伸吾　24
弓削洋子　v, 17
Yukl, G.　70
湯澤直美　140

Z

Zaffuto, S. R.　188
Zimbardo, P. G.　94

執筆者紹介（執筆順，*は編者）

水野治久（みずの・はるひさ）*
大阪教育大学教育学部教授
担当：まえがき，第2版によせて，終章

家近早苗（いえちか・さなえ）*
大阪教育大学大学院連合教職実践研究科教授
担当：第2版によせて，19章，終章

石隈利紀（いしくま・としのり）*
東京成徳大学応用心理学部教授
筑波大学特命教授・名誉教授
担当：第2版によせて，終章

横島義昭（よこしま・よしあき）
つくば国際大学高等学校副校長
前茨城県立土浦第一高等学校校長
担当：1章（共著）

萩原明子（はぎわら・あきこ）
茨城県立水戸桜ノ牧高等学校常北校教頭
担当：1章（共著）

中井大介（なかい・だいすけ）
愛知教育大学教育学部准教授
担当：2章

小貫 悟（こぬき・さとる）
明星大学心理学部教授
担当：3章

小泉令三（こいずみ・れいぞう）
福岡教育大学大学院教育学研究科教授
担当：4章

今西一仁（いまにし・かずひと）
高知県立四万十高等学校教頭
担当：5章

樽木靖夫（たるき・やすお）
千葉大学教育学部教授
担当：6章

西山久子（にしやま・ひさこ）
福岡教育大学大学院教育学研究科教授
担当：7章

武蔵由佳（むさし・ゆか）
都留文科大学教養学部准教授
担当：8章（共著）

河村茂雄（かわむら・しげお）
早稲田大学教育・総合科学学術院教授
担当：8章（共著）

大河原美以（おおかわら・みい）
東京学芸大学教育心理学講座教授
担当：9章（共著）

長谷川 翠（はせがわ・みどり）
国分寺市立第九小学校教諭
担当：9章（共著）

戸田有一（とだ・ゆういち）
大阪教育大学教育学部教授
担当：10章

五十嵐哲也（いがらし・てつや）
兵庫教育大学大学院学校教育研究科准教授
担当：11章

相樂直子（さがら・なおこ）
筑波大学附属高等学校養護教諭
担当：12章

半田一郎（はんだ・いちろう）
茨城県スクールカウンセラー
担当：13章

飯田順子（いいだ・じゅんこ）
筑波大学人間系准教授
担当：14章

上村惠津子（かみむら・えつこ）
信州大学学術研究院教育学系教授
担当：15章

押切久遠（おしきり・ひさとお）
法務省さいたま保護観察所長
担当：16章

本田真大（ほんだ・まさひろ）
北海道教育大学教育学部函館校准教授
担当：17章

田村節子（たむら・せつこ）
東京成徳大学応用心理学部教授
担当：18章

四辻伸吾（よつつじ・しんご）
大阪教育大学附属平野小学校副校長
担当：コラム1

山本博樹（やまもと・ひろき）
立命館大学総合心理学部教授
担当：コラム2

松本真理子（まつもと・まりこ）
名古屋大学心の発達支援研究実践センター教授
担当：コラム3

竹内和雄（たけうち・かずお）
兵庫県立大学環境人間学部准教授
担当：コラム4

永井 智（ながい・さとる）
立正大学心理学部准教授
担当：コラム5

石津憲一郎（いしづ・けんいちろう）
富山大学人間発達科学部准教授
担当：コラム6

大久保智生（おおくぼ・ともお）
香川大学教育学部准教授
担当：コラム7

木村真人（きむら・まさと）
大阪国際大学学生総合支援部学生相談室准教授
担当：コラム8

鈴木庸裕（すずき・のぶひろ）
日本福祉大学子ども発達学部教授
担当：コラム9

チーム学校での効果的な援助
学校心理学の最前線
2018 年 8 月 30 日　初版第 1 刷発行

定価はカヴァーに
表示してあります

編　者	水野治久
	家近早苗
	石隈利紀
発行者	中西　良
発行所	株式会社ナカニシヤ出版

☎ 606-8161　京都市左京区一乗寺木ノ本町 15 番地

Telephone　075-723-0111
Facsimile　075-723-0095
Website　http://www.nakanishiya.co.jp/
E-mail　iihon-ippai@nakanishiya.co.jp
郵便振替　01030-0-13128

装幀＝白沢　正／印刷・製本＝ファインワークス
Printed in Japan.
Copyright ⓒ 2009, 2018 by H. Mizuno, S. Iechika, & T. Ishikuma
ISBN978-4-7795-1309-1

◎ i-mode，Twitter，LINE など，本文中に記載されている社名，商品名は，各社が商標または登録商標として使用している場合があります。なお，本文中では，基本的に TM および R マークは省略しました。

◎本書のコピー，スキャン，デジタル化等の無断複製は著作権法上での例外を除き禁じられています。本書を代行業者等の第三者に依頼してスキャンやデジタル化することはたとえ個人や家庭内の利用であっても著作権法上認められておりません。